GREATER DUBLIN STREET ATLAS

Contents

Key to map symbols 2

Key to map pages 3

Route planning map at 8 miles to 1 inch 4-5

Dublin approaches map at 4 miles to 1 inch 6-7

Greater Dublin street maps at 4.4 inches to 1 mile . . 8-83

Central Dublin street map 84-85

Index to place names 86

Index to street names 86-112

Key to map symbols

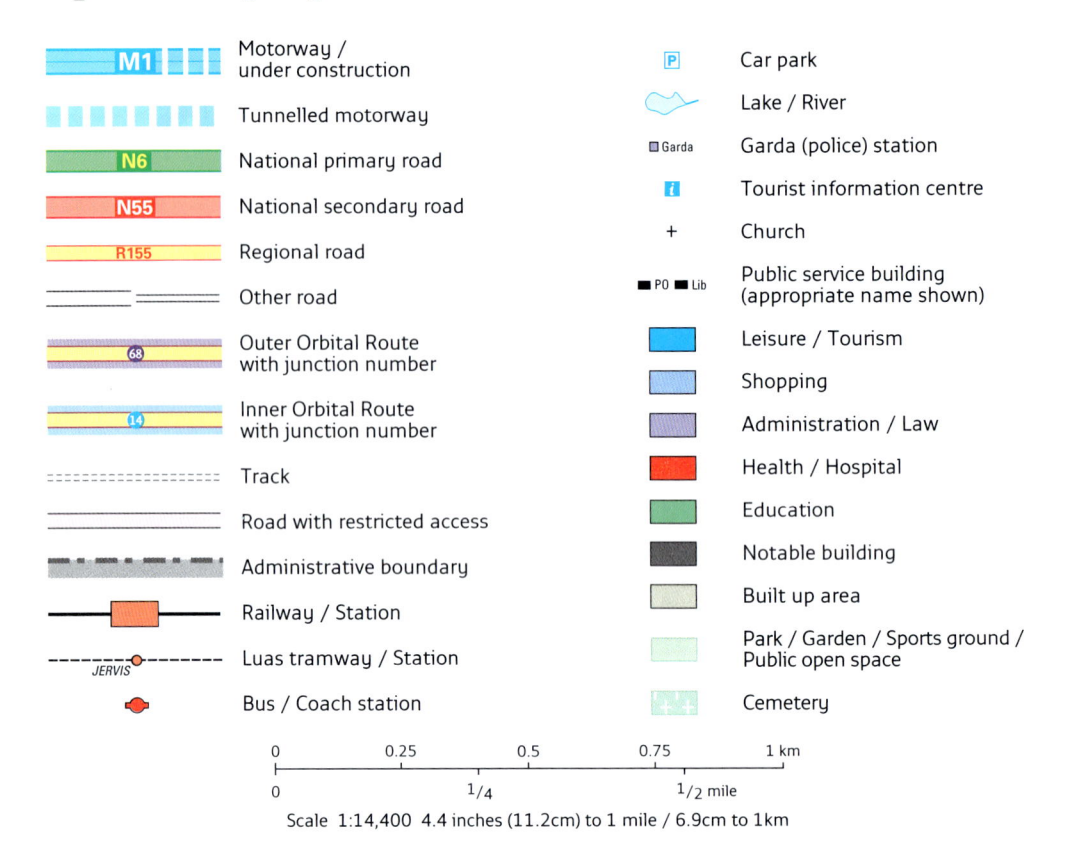

Symbol	Description
M1	Motorway / under construction
	Tunnelled motorway
N6	National primary road
N55	National secondary road
R155	Regional road
	Other road
68	Outer Orbital Route with junction number
14	Inner Orbital Route with junction number
	Track
	Road with restricted access
	Administrative boundary
	Railway / Station
JERVIS	Luas tramway / Station
	Bus / Coach station
P	Car park
	Lake / River
Garda	Garda (police) station
i	Tourist information centre
+	Church
PO Lib	Public service building (appropriate name shown)
	Leisure / Tourism
	Shopping
	Administration / Law
	Health / Hospital
	Education
	Notable building
	Built up area
	Park / Garden / Sports ground / Public open space
	Cemetery

Scale 0 – 0.25 – 0.5 – 0.75 – 1 km
0 – 1/4 – 1/2 mile

Scale 1:14,400 4.4 inches (11.2cm) to 1 mile / 6.9cm to 1km

Key to map symbols (pages 4-7)

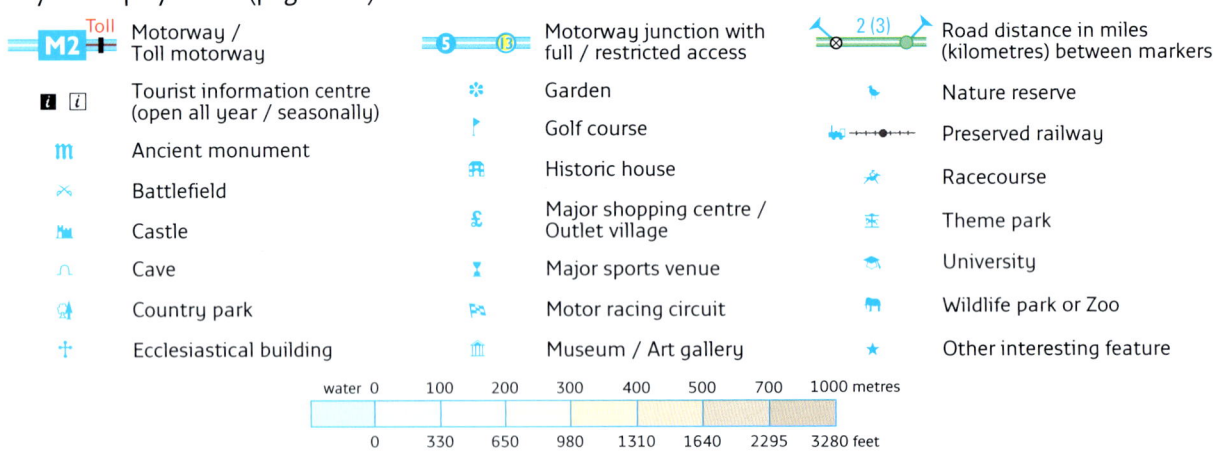

Symbol	Description
M2 Toll	Motorway / Toll motorway
i [i]	Tourist information centre (open all year / seasonally)
m	Ancient monument
×	Battlefield
	Castle
	Cave
	Country park
†	Ecclesiastical building
5 13	Motorway junction with full / restricted access
	Garden
	Golf course
	Historic house
£	Major shopping centre / Outlet village
	Major sports venue
	Motor racing circuit
	Museum / Art gallery
2 (3)	Road distance in miles (kilometres) between markers
	Nature reserve
	Preserved railway
	Racecourse
	Theme park
	University
	Wildlife park or Zoo
★	Other interesting feature

water 0 – 100 – 200 – 300 – 400 – 500 – 700 – 1000 metres
0 – 330 – 650 – 980 – 1310 – 1640 – 2295 – 3280 feet

Published by Collins
An imprint of HarperCollins Publishers
77-85 Fulham Palace Road, Hammersmith, London W6 8JB

www.collinsbartholomew.co.uk

Copyright © HarperCollins Publishers Ltd 2011

Collins® is a registered trademark of HarperCollins Publishers Limited

Mapping generated from Collins Bartholomew digital databases

Based on Ordnance Survey Ireland by permission of the Government of Ireland.
Ordnance Survey Ireland Permit No. 8045
© Ordnance Survey Ireland/Government of Ireland

All rights reserved. No part of this publication may be reproduced, stored in a retrieval system, or transmitted, in any form or by any means, electronic, mechanical, photocopying, recording or otherwise, without the prior written permission of the publisher and copyright owners.

The contents of this publication are believed correct at the time of printing. Nevertheless, the publisher can accept no responsibility for errors or omissions, changes in the detail given, or for any expense or loss thereby caused.

The representation of a road, track or footpath is no evidence of a right of way.

Printed in China

Imp 002 (DUN) Imp 001 (TRADE)

e-mail: roadcheck@harpercollins.co.uk

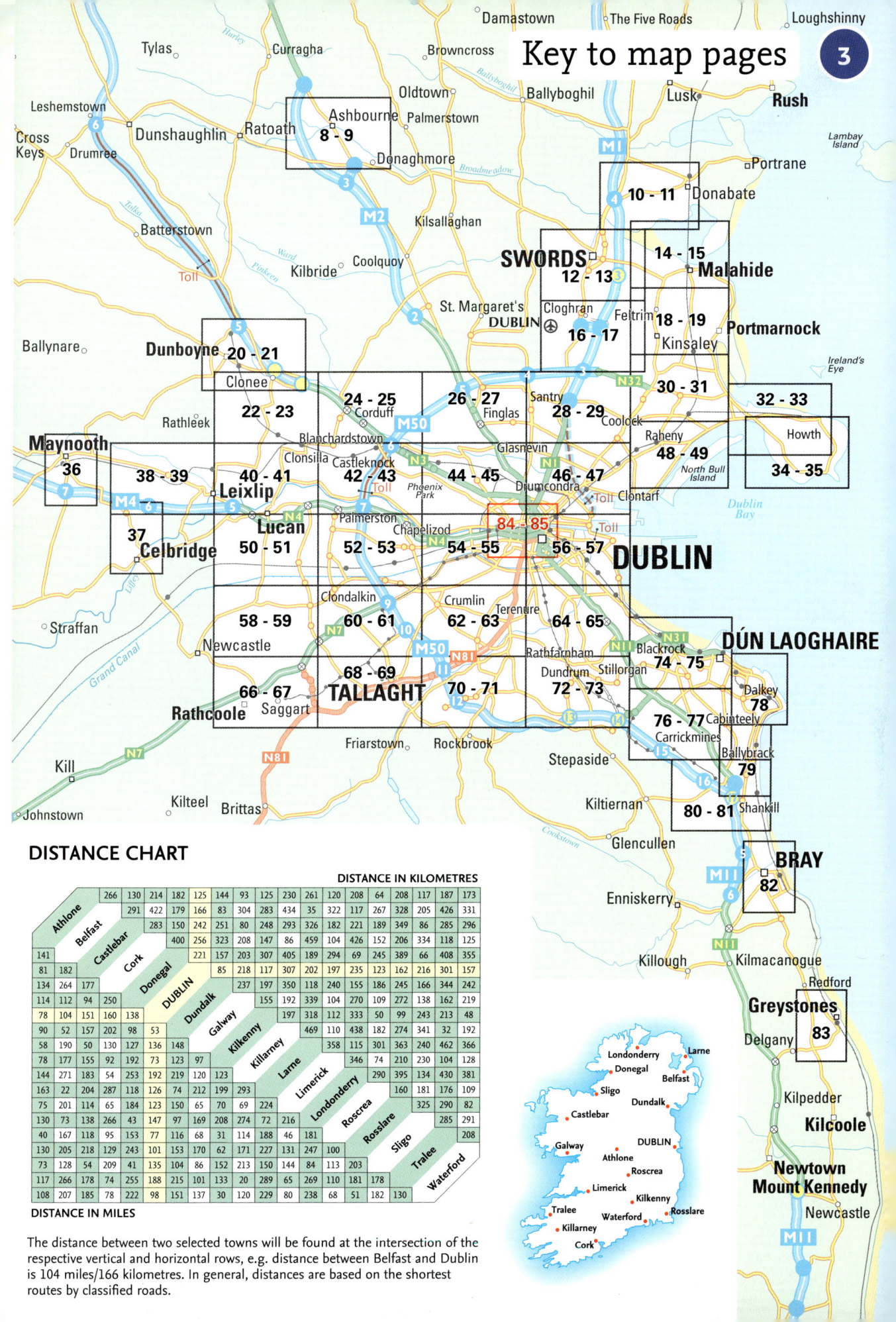

Key to map pages

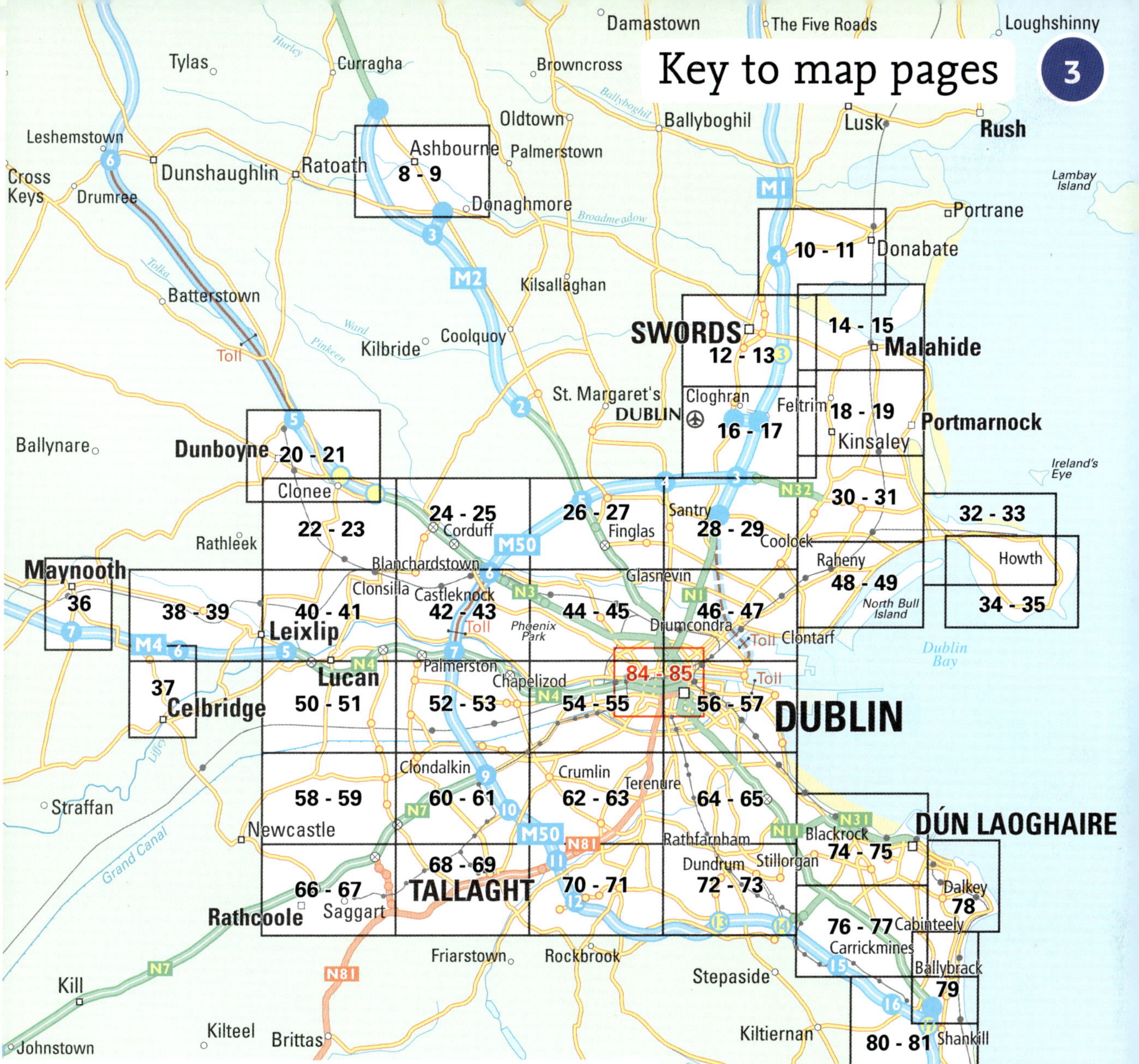

DISTANCE CHART

DISTANCE IN KILOMETRES

Athlone		266	130	214	182	125	144	93	125	230	261	120	208	64	208	117	187	173
	Belfast		291	422	179	166	83	304	283	434	35	322	117	267	328	205	426	331
		Castlebar		283	150	242	251	80	248	293	326	182	221	189	349	86	285	296
			Cork		400	256	323	208	147	86	459	104	426	152	206	334	118	125
141				Donegal		221	157	203	307	405	189	294	69	245	389	66	408	355
81	182				DUBLIN		85	218	117	307	202	197	235	123	162	216	301	157
134	264	177				Dundalk		237	197	350	118	240	155	186	245	166	344	242
114	112	94	250				Galway		155	192	339	104	270	109	272	138	162	219
78	104	151	160	138				Kilkenny		197	318	112	333	50	99	243	213	48
90	52	157	202	98	53				Killarney		469	110	438	182	274	341	32	192
58	190	50	130	127	136	148				Larne		358	115	301	363	240	462	366
78	177	155	92	192	73	123	97				Limerick		346	74	210	230	104	128
144	271	183	54	253	192	219	120	123				Londonderry		290	395	134	430	381
163	22	204	287	118	126	74	212	199	293				Roscrea		160	181	176	109
75	201	114	65	184	123	150	65	70	69	224				Rosslare		325	290	82
130	73	138	266	43	147	97	169	208	274	72	216				Sligo		285	291
40	167	118	95	153	77	116	68	31	114	188	46	181				Tralee		208
130	205	218	129	243	101	153	170	62	171	227	131	247	100				Waterford	
73	128	54	209	41	135	104	86	152	213	150	144	84	113	203				
117	266	178	74	255	188	215	101	133	20	289	65	269	110	181	178			
108	207	185	78	222	98	151	137	30	120	229	80	238	68	51	182	130		

DISTANCE IN MILES

The distance between two selected towns will be found at the intersection of the respective vertical and horizontal rows, e.g. distance between Belfast and Dublin is 104 miles/166 kilometres. In general, distances are based on the shortest routes by classified roads.

Route planning map

TO ENNISKILLEN
TO SLIGO
TO WESTPORT
TO GALWAY
TO LIMERICK
TO CASHEL
CAVAN
LONGFORD
ROSCOMMON
WESTMEATH
OFFALY
LAOIS
NORTH TIPPERARY
Boyle (Mainistir na Búille)
Carrick-on-Shannon (Cora Droma Rúisc)
Cavan (An Cabhán)
Longford (An Longfort)
Roscommon (Ros Comáin)
Mullingar (An Muileann gCearr)
Athlone (Baile Átha Luain)
Ballinasloe (Béal Átha na Sluaighe)
Moate (An Móta)
Clara (Clóirtheach)
Tullamore (Tulach Mhór)
Portarlington (Cúil an tSúdaire)
Mountmellick (Móinteach Mílic)
Portlaoise (Port Laoise)
Birr (Biorra)
Banagher (Beannchar)
Ferbane (An Féar Bán)
Portumna (Port Omna)
Roscrea (Ros Cré)
Nenagh (An tAonach)
Castlerea (An Caisleán Riabhach)
Granard
Edgeworthstown
Kilbeggan
Rochfortbridge
Strokestown
Tulsk
Elphin
Lanesborough
Ballymahon
Lough Ree
Shannon
Slieve Bloom Mts
Lough Derg
Athleague
Clonmacnoise
Shannonbridge
Mountrath
Borris-in-Ossory
Stradbally
Kinnitty
Clonaslee
See page 6

5

DUBLIN PLACES OF INTEREST
1. BOOK OF KELLS
2. CHRIST CHURCH CATHEDRAL
3. CROKE PARK & GAA MUSEUM
4. DUBLIN CASTLE
5. DUBLINIA
6. GUINNESS STOREHOUSE
7. IRISH MUSEUM OF MODERN ART
8. OLD JAMESON DISTILLERY
9. ST. MARY'S CATHEDRAL
10. ST. PATRICK'S CATHEDRAL

6 Dublin approaches

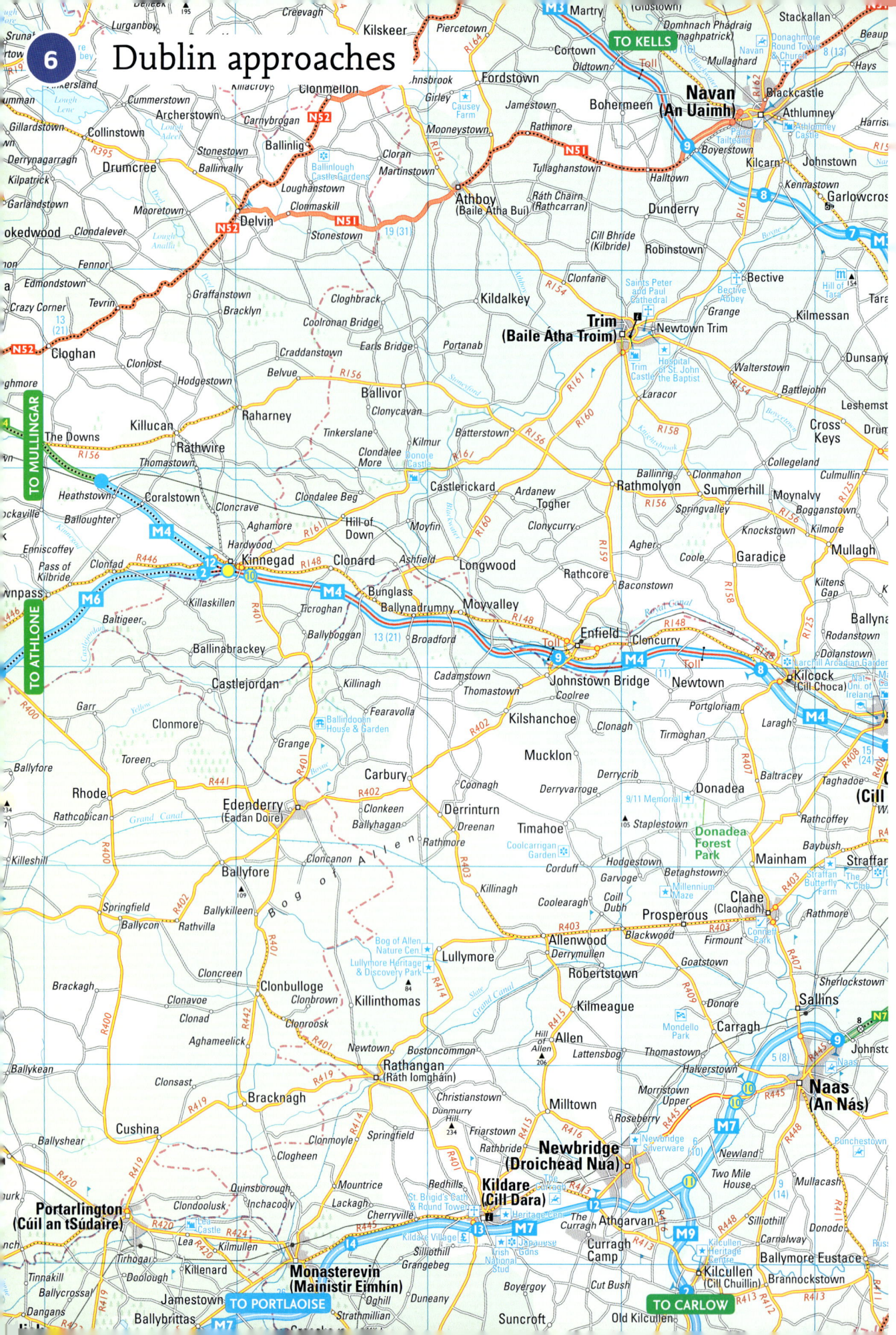

Lurganboy
Creevagh
Kilskeer
Piercetown
M3
Martry
Stackallan
TO KELLS
Domhnach Phádraig
Cortown
Oldtown
Navan
Donaghmore Round Tower & Church
Mullaghard
Hays
Toll
R164
R162
Fordstown
Clonmellon
Cummerstown
Archerstown
Carnybrogan
N52
Girley
Causey Farm
Jamestown
Bohermeen
Navan (An Uaimh)
Blackcastle
Athlumney
Athlumney Castle
Harristown
Gillardstown
Collinstown
Lough Lene
Lough Adeel
Mooneystown
Rathmore
Parc Tailteann
Boyerstown
R395
Stonestown
Ballinlig
Cloran
R154
N51
Tullaghanstown
Kilcarn
Johnstown
Derrynagarragh
Drumcree
Ballinvally
Ballinlough Castle Gardens
Martinstown
Halltown
Kilpatrick
Loughanstown
Kennastown
Garlowcross
Garlandstown
Mooretown
Clonmaskill
Athboy (Baile Átha Buí)
Ráth Chairn (Rathcarran)
Dunderry
R161
Delvin
N52
N51
19 (31)
Cill Bhríde (Kilbride)
Okedwood
Clondalever
Lough Analla
Stonestown
Robinstown
M3
Fennor
Clonfane
Saints Peter and Paul Cathedral
Bective
Bective Abbey
Hill of Tara
154
Tara
Edmondstown
Graffanstown
Cloghbrack
R154
Kildalkey
Grange
Kilmessan
Crazy Corner
Tevrin
Bracklyn
Coolronan Bridge
Trim (Baile Átha Troim)
Newtown Trim
13 (21)
N52
Cloghan
Clonlost
Craddanstown
Earls Bridge
Portanab
Hospital of St. John the Baptist
Trim Castle
Dunsany
Hodgestown
Belvue
R156
Ballivor
Walterstown
Battlejohn
Clonycavan
R161
R160
Laracor
R154
Leshemstown
TO MULLINGAR
Killucan
Raharney
Tinkerslane
Kilmur
Batterstown
R156
R158
Cross Keys
Drum
The Downs
Rathwire
Clondalee More
Donore Castle
R161
Collegeland
R156
Thomastown
Ballinrig
Clonmahon
Culmullin
Castlerickard
Ardanew
Rathmolyon
Summerhill
Moynalvy
Heathstown
Coralstown
Clondalee Beg
Togher
R156
Springvalley
R156
Bogganstown
R125
Cloncrave
Balloughter
M4
Aghamore
Hill of Down
Moyfin
Blackwater
R160
Clonycurry
Knockstown
Kilmore
R161
Hardwood
Agher
Coole
Garadice
Mullagh
Enniscoffey
Clonfad
R446
Kinnegad
R148
Clonard
Ashfield
Longwood
R159
Rathcore
Pass of Kilbride
12
2
10
M4
Bunglass
Baconstown
R158
Kiltens Gap
M6
Killaskillen
R401
Ticroghan
Ballynadrumny
Moyvalley
Royal Canal
Ballyna
TO ATHLONE
Baltigeer
Ballyboggan
13 (21)
Broadford
R148
Enfield
Cloncurry
R148
R125
Rodanstown
Toll
9
M4
Toll
8
Dolanstown
Ballinabrackey
Cadamstown
Johnstown Bridge
7 (11)
Newtown
Kilcock (Cill Choca)
Larchill Arcadian Gardens
Castlejordan
Killinagh
Thomastown
Coolree
Nat. Uni. of Ireland
R400
Garr
Fearavolla
Kilshanchoe
Portglorian
Clonmore
Ballindoolin House & Garden
R402
Clonagh
Tirmoghan
Laragh
M4
Grange
Mucklon
R407
Toreen
R401
15 (24)
Ballyfore
Carbury
Derrycrib
Baltracey
R408
Taghadoe
R441
Coonagh
Derryvarroge
Donadea
Rhode
Edenderry (Éadan Doire)
R402
Clonkeen
Derrinturn
9/11 Memorial
Rathcobican
Grand Canal
Ballyhagan
Dreenan
Timahoe
105
Staplestown
Donadea Forest Park
Rathcoffey
R400
Rathmore
Coolcarrigan Garden
Baybush
Killeshill
Cloncanon
Bog of Allen
R403
Corduff
Hodgestown
Mainham
Straffan
Ballyfore
Garvoge
Betaghstown
Straffan Butterfly Farm
The K Club
109
Killinagh
Millennium Maze
R403
Springfield
R402
Ballykilleen
Coolearagh
Coill Dubh
Clane (Claonadh)
Ballycon
Rathvilla
R403
Prosperous
Rathmore
Allenwood
Blackwood
R403
Firmount
Connell Park
Bog of Allen Nature Centre
Lullymore
Derrymullen
R401
Lullymore Heritage & Discovery Park
Robertstown
Goatstown
R407
Cloncreen
84
R414
Sherlockstown
Brackagh
Clonbulloge
Grand Canal
R409
Clonavoe
Clonbrown
Killinthomas
Sallins
Kilmeague
Donore
R400
Clonad
R442
Clonroosk
R415
Mondello Park
Carragh
N7
Aghameelick
R401
Hill of Allen
Allen
206
9
Johnstown
Newtown
Bostoncommon
Lattensbog
Thomastown
5 (8)
Ballykean
R419
Rathangan (Ráth Iomgháin)
Halverstown
R445
Naas
Clonsast
Christianstown
Morristown Upper
10
R445
Naas (An Nás)
R419
Bracknagh
Dunmurry Hill
234
Milltown
10
Cushina
R414
Springfield
R415
Friarstown
R416
Roseberry
R445
M7
R448
Punchestown
Ballyshear
Clonmoyle
Rathbride
Newbridge (Droichead Nua)
Newbridge Silverware
6 (10)
Newland
R419
Clogheen
R401
Two Mile House
Mullacash
R420
Quinsborough
Mountrice
Redhills
Kildare (Cill Dara)
The Curragh
R413
11
9 (14)
Portarlington (Cúil an tSúdaire)
Clondoolusk
Inchacooly
Lackagh
St. Brigid's Cath. & Round Tower
12
R411
R420
R424
Cherryville
R445
Heritage Cen.
The Curragh
Athgarvan
R416
R448
Silliothill
Donode
Lea Castle
Lea
Kilmullen
R420
14
M7
13
Kildare Village
Japanese Gdns
Irish National Stud
M9
Carnalway
Tirhogar
Killenard
Silliothill
Curragh Camp
R413
Kilcullen Heritage Centre
Ballymore Eustace
Tinnakill
Doolough
Monasterevin (Mainistir Eimhín)
Grangebeg
Kilcullen (Cill Chuillin)
Brannockstown
Ballycrossaun
Jamestown
Oghill
Duneany
Boyergoy
Cut Bush
R413
R412
R413
R411
R419
Dangans
TO PORTLAOISE
Strathmillian
TO CARLOW
Ballybrittas
M7
Suncroft
Old Kilcullen

TO ARDEE
TO DROGHEDA
Newgrange
Roughgrange
Donore
Brú Na Bóinne (Newgrange & Knowth Megalithic Tombs)
Platin
Caulstown
Julianstown
Painestown
Smithstown
Laytown
Sonairte National Ecology Centre
Corballis
Mosney
Yellow Furze
Lougher
Beaumont
Whitecross
Rathdrinagh
Hilltown
Irishtown
Duleek (Damhliag)
Bellewstown
Lisdornan
Stamullen
Gormanston
Sicily
Duleek Cross
Brownstown
Deenes
Carnes
Legganhall
Kentstown
Balrath
Tobertown
Balscaddan
Balbriggan (Baile Brigin)
Greenanstown
Fourknocks Megalithic Tomb
Slanduff
Irishtown
Cloghan
Dallyhaysy
Clonard
Walterstown
Balgeeth
Ardcath
Proudstown
Hawkinstown
Fourknocks
Naul
Balrothery
Red Island
St. Patrick's Island
Skerries (Na Sceirí)
Screen
Rathfeigh
Clogherstown
Clonalvy
Séamus Ennis Centre
Ardgillan Castle
Black Hills
Shenick's Island
Roadmain
Commons Upper
Hynestown
Kilmoon
Garristown
Baldwinstown
Walshestown
Balcunnin
Primatestown
Damastown
The Five Roads
Loughshinny
Riggins
Adamstown
Ballykea
Gerrardstown
Tylas
Curragha
Browncross
Ballough Heritage Centre
Collinstown
Gaulstown
Ballymadun
Lusk (Lusca)
Cabinhill
Rath
Ashbourne (Cill Dheagláin)
Oldtown
Ballyboghil
Rush (An Ros)
Drishoge
Corduff
Dunshaughlin
Ratoath
Palmerstown
Rogerstown Estuary Nature Reserve
Glebelands & Glebewood Gdns
Milltown
Burrow
The Nose
Donaghmore
Lambay Island
Killossery
Lispopple
Portrane (Port Reachrann)
Glascarn
Greenoge
Balheary
Newbridge House & Farm
Ballisk
Pelletstown
Powderlough
Kilsallaghan
Rathbeal
Donabate
Swords (Sord)
Fairyhouse
Newtown
Prospect Point
Malahide (Mullach Íde)
Batterstown
Mullinam
Chapelmidway
Coolquoy
Skephubble
Malahide Castle, Talbot Botanic Gardens and Fry Model Railway
Kilbride
Ward
St. Margaret's
Cloghran
Feltrim
Portmarnock (Port Mearnóg)
Portmarnock
Baytownpark
Dunboyne (Dún Búinne)
Dublin
Kinsaley
Ireland's Eye
Killshane
Dunsoghly Castle
Ballymacoll
Balgriffin
Hamwood House & Gardens
Kilgraigue
Clonee
Mulhuddart
See page 3
Santry
Nat. Aquatic Centre
Nat. Transport Mus.
Howth
Nose of Howth
Finglas
Coolock
Corduff
Raheny
Carton House
Rathleek
Blanchardstown
Dublin Zoo
Glasnevin
Maynooth (Maigh Nuad)
Leixlip (Léim an Bhradáin)
Clonsilla
Castleknock
Botanic Gdns
M50 Dublin Port Tunnel: toll for non-HGV traffic only
Phoenix Park
Drumcondra
Clontarf
North Bull Island
Visitor Centre
Zoo
Old Jameson Distillery
Croke Park
Dublin Bay
Castletown
Palmerston
Lucan (Leamhcán)
Chapelizod
IMMA
Book of Kells
Toll
Celbridge (Cill Droichid)
Waterways Visitor Centre
DOUGLAS 3 hrs (Apr-Sept)
HOLYHEAD 1½-3¼ hrs
LIVERPOOL 8 hrs
DUBLIN (BAILE ÁTHA CLIATH)
Adamstown
Stacumny
Kilmainham Gaol
Storehouse
Dublinia
Celbridge Abbey
Clondalkin
Crumlin
Terenure
University College Dublin
HOLYHEAD 1¾ hrs
Hazelhatch
Coolfitch
Milltown
Blackrock
DÚN LAOGHAIRE
National Maritime Mus.
Lodge Park Walled Gdn & Steam Mus.
Newcastle (An Caisleán Nua)
Kingswood
Rathfarnham
Monkstown
James Joyce Tower & Mus.
Ardclough
Brownsbarn
Dundrum
Dalkey
TALLAGHT
Stillorgan
Dalkey Castle
Dalkey Island
Athgoe
Saggart
Rathcoole (Ráth Cúil)
See page 3
Leopardstown
Carrickmines
Killiney
Killiney Bay
Oughterard
Redgap
Friarstown
Rockbrook
Fernhill Gdns
Stepaside
Ballybrack
The M50 is now barrier-free between junctions 6 and 7. Unregistered users can pay the toll in shops or garages where a 'Payzone' logo is displayed. Alternatively the toll can be paid online at www.eflow.ie or by calling 1890 50 10 50. The toll must be paid by 8pm on the following day.
Mount Seskin
Kill (An Chill)
Porterstown
Raheen
Two Rock Mountain
Kiltiernan
Shankill
Brittas
Thornberry
Kilteel
Monaspick
Cunard
Glendoo Mountain
Glencullen
Rathmore
Prince Williams Seat
Old Connaught
BRAY (BRÉ)
Heritage Centre
Eadestown
Hempstown
Agriculture Heritage Display Cen.
Enniskerry (Ath'an Sceire)
National Sea Life Centre
Bray Head
Kilbride
Threecastles
Curtlestown
Powerscourt
Killruddery House & Gdns
Oldcourt
Kippure
Kilmacanogue
Little Sugar Loaf
Windgate
Tipperkevin
Wicklow Mountains National Park
Tonduff
Killough
Great Sugar Loaf
Redford
Blessington (Baile Coimin)
Maulin
Templecarrig
Greystones (Na Clocha Liathe)
Kippure Adventure Centre
Sorrel Hill
War Hill
Powerscourt Waterfall
Delgany
Lackan
Sally Gap
Djouce Mountain
Pollaphuca Reservoir
Gravale
Ballygannon
Glenroe Open Farm
Humphrystown
TO WICKLOW
Ballynockan
Mullaghcleevaun
Newtown Mount Kennedy
Kilcoole (Cill Chomhghaill)
Valleymount
Moanbane
Lough Tay
0 2 4 6 miles
0 2 4 6 8 10 km

A
B
C
1
2
3
4
M2
R135
R125
Cookstown
1916 Rebellion Mon.
Rath Cross Roads
Dunreagh
ASHBOURNE INDUSTRIAL PARK
RATH LODGE
RACE HILL LODGE
RACE HILL LANE
RACE HILL PK
RACE HILL MANOR
RACE HILL CRES
RACE HILL RD
THE ASHES
WEST. GRN
WEST. VW
BRINDLEY PK GDN
BRI. PK SQ
BRI. PK CRES
ST. JOHNS WD. CT
ST. JOHNS WD. PK
ST. JOHNS WD. DR
TUDOR
TUDOR CRES
GROVE
TUDOR HTS
TUDOR GRO
Sch
HUNTERS LANE
HUNTSGROVE
BROOKVILLE
KILDERRY HA
RISE
CLUAIN
Health Centre
KILLEGLAND PARK
KIL. CT
Lib
Shopping Centre
FREDERICK STREET
PO
CEM
Garda
Milltown
COOKSTOWN BRIDGE
BALLYBIN ROAD
Ballybin
ASHBOURNE
MAPLE GRO
ASHDALE CRES
MILLTOWN ESTATE
THE HAWTHORNS
BROAD MEADOW CASTLE
BACHELORS WK
CASTLE STREET
BRIDGE ST
PINE CT
MEAD. BR. CT
CRESTWOOD ROAD
CRESTWOOD GREEN
CRESTWOOD PARK
CRESTWOOD AVE
CASTLE THE GREEN
CASTLE PARK
CASTLE WAY
CASTLE CR.
CASTLE CL.
DEERPARK
DEERPARK
DUBLIN ROAD
CEM
Killegland
BROAD MEADOW RIVER
BOURNE VIEW
WESTV.
THE BAILEY
Sch
KILLEGLAND RD
BOURNE AVENUE
BOURNE CT
PARK HI
LINDS. MWS
BROADMEADOW RD
KILL RISE
GREEN GRO
TARA PL
TARA CL
ALDERBROOK GLEN
ALDERBROOK RISE
ALDERBROOK DOWN
ALDERBROOK RD
ALD. VALE
ALD. PK
DEERPARK
BROADMEADOW GREEN
CHERRY LANE
THE BRIARS
HICKEY'S LANE

9

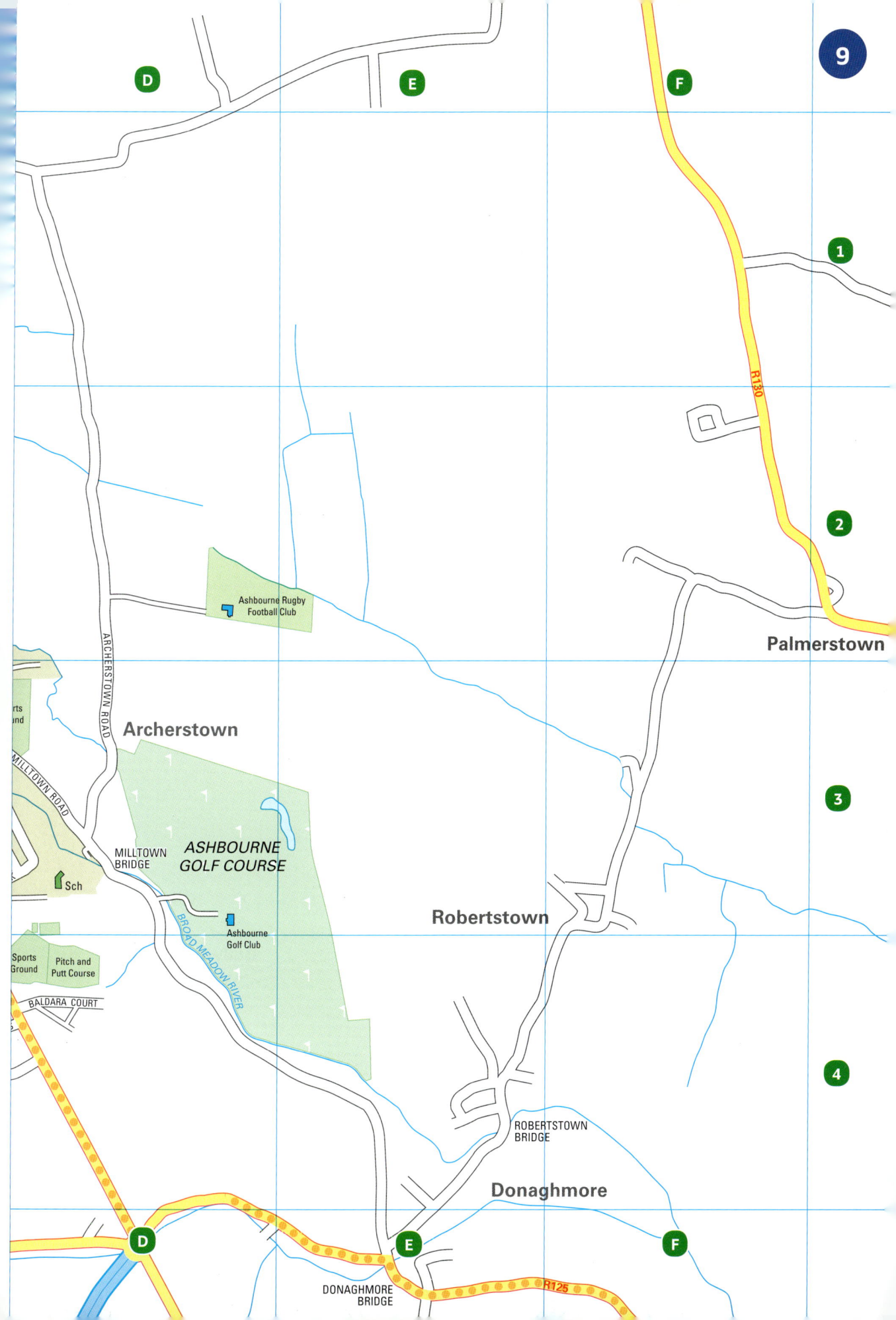

Palmerstown

Archerstown

Ashbourne Rugby Football Club

ARCHERSTOWN ROAD

MILLTOWN ROAD

MILLTOWN BRIDGE

Sch

Sports Ground

Pitch and Putt Course

BALDARA COURT

ASHBOURNE GOLF COURSE

Ashbourne Golf Club

BROAD MEADOW RIVER

Robertstown

ROBERTSTOWN BRIDGE

Donaghmore

DONAGHMORE BRIDGE

R130

R125

10

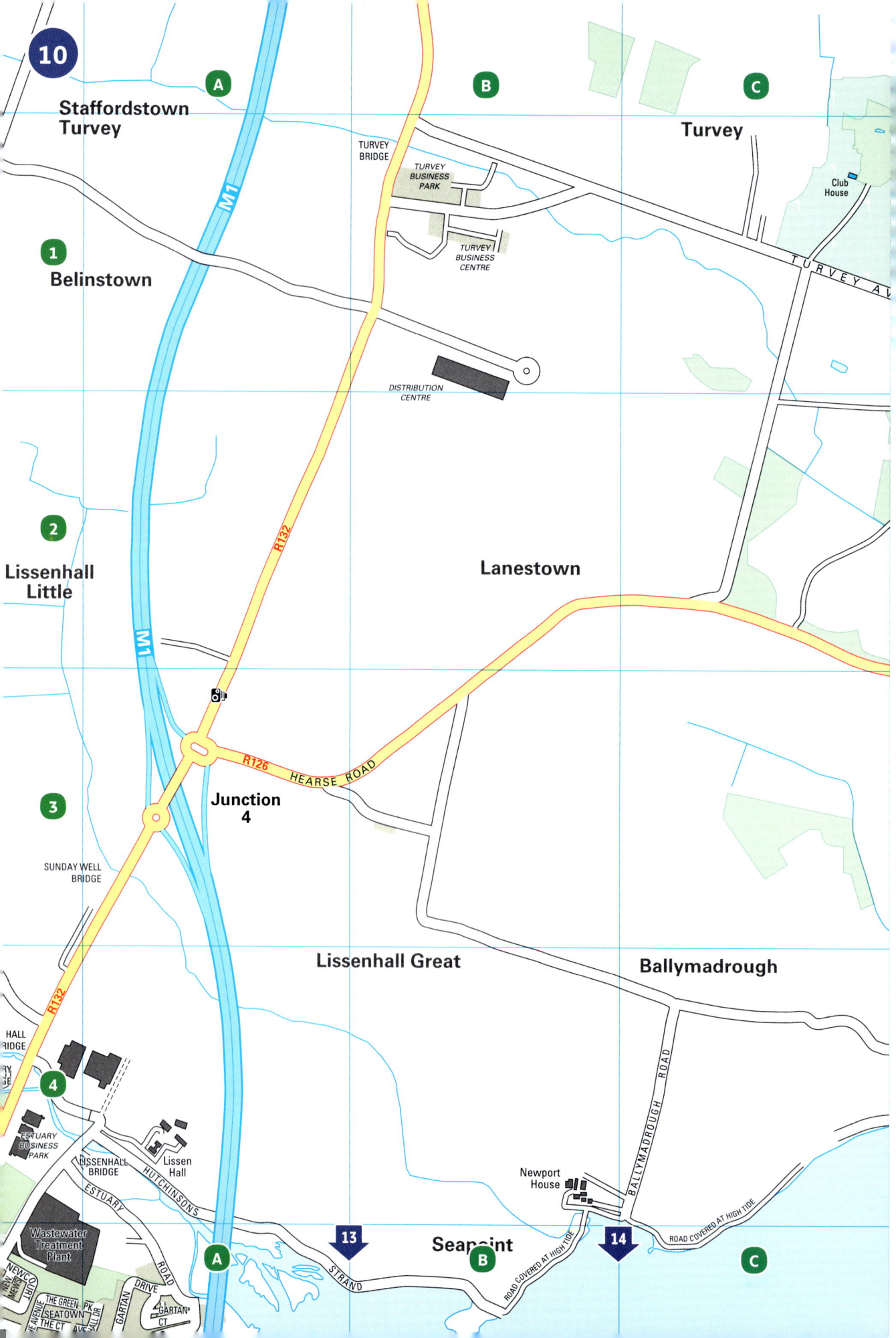

Staffordstown Turvey

Turvey

1 Belinstown

TURVEY BRIDGE
TURVEY BUSINESS PARK
TURVEY BUSINESS CENTRE

Club House

TURVEY AV

DISTRIBUTION CENTRE

2 Lissenhall Little

Lanestown

M1
R132

R126 HEARSE ROAD

Junction 4

3
SUNDAY WELL BRIDGE

Lissenhall Great

Ballymadrough

BALLYMADROUGH ROAD

HALL BRIDGE

4
ESTUARY BUSINESS PARK
LISSENHALL BRIDGE
Lissen Hall
HUTCHINSON'S
ESTUARY ROAD
Wastewater Treatment Plant

Newport House

13 STRAND
Seapoint
ROAD COVERED AT HIGH TIDE
14
ROAD COVERED AT HIGH TIDE

NEWCO
THE GREEN
SEATOWN
GARTAN DRIVE
GARTAN CT

Donabate

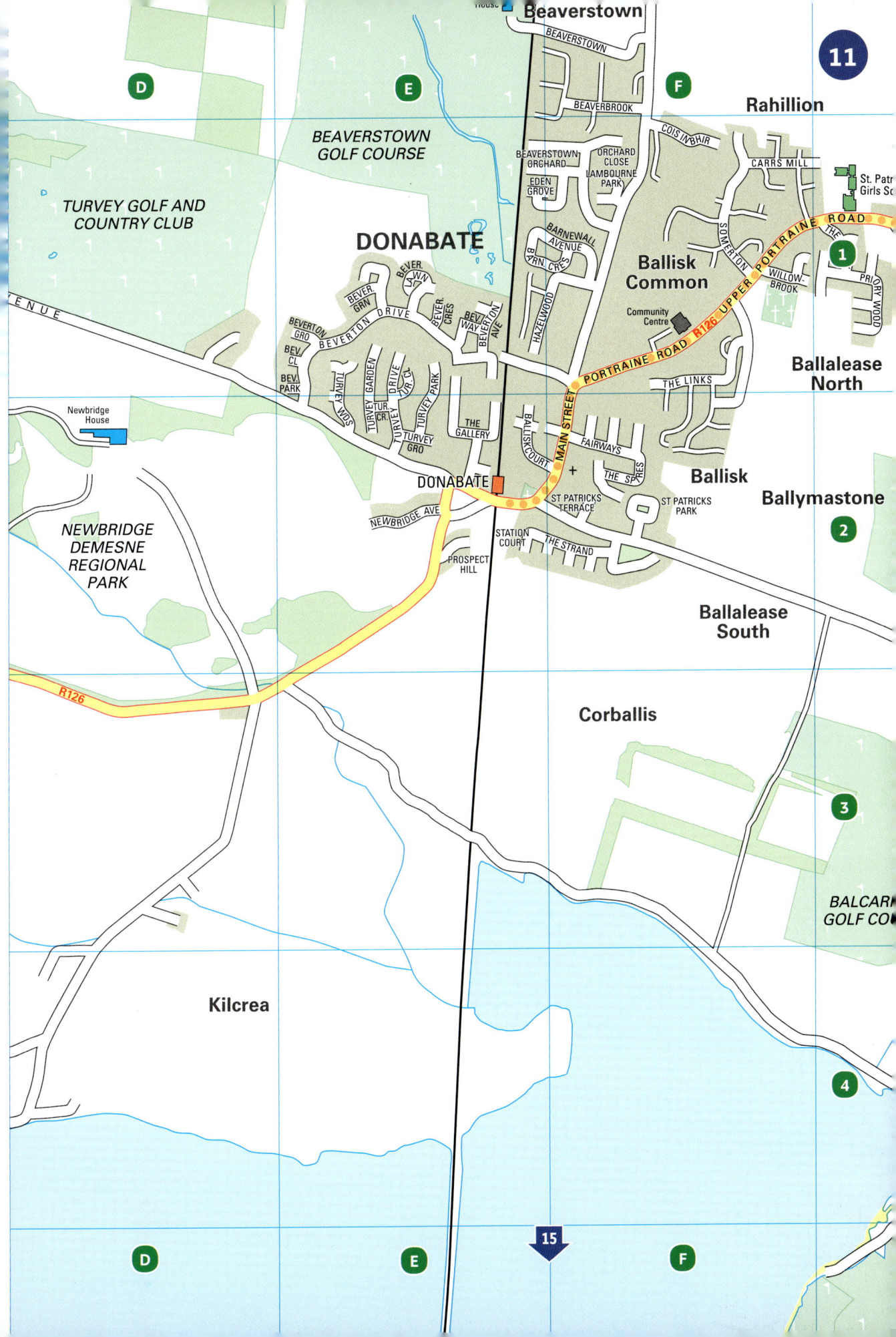

Beaverstown • **Rahillion** • **Ballisk Common** • **Ballalease North** • **Ballisk** • **Ballymastone** • **Ballalease South** • **Corballis** • **Kilcrea**

- Beaverstown Golf Course
- Turvey Golf and Country Club
- Newbridge House
- Newbridge Demesne Regional Park
- Balcarrick Golf Course
- St. Patrick's Girls School
- Community Centre

Streets: Beaverstown, Beaverbrook, Coisinbhir, Carrs Mill, Beaverstown Orchard, Orchard Close, Lambourne Park, Eden Grove, Barnewall Avenue, Barn. Cres., Hazelwood, Somerton, The Priory, Willow Brook, Beverton Lawn, Beverton Grn, Beverton Gro, Beverton Drive, Bev. Cl, Bev. Park, Bever. Cres., Bev. Way, Beverton Ave, Turvey Wds, Turvey Garden, Tur. Cr., Turvey Drive, Tur. Cl., Turvey Park, Turvey Gro, The Gallery, Balliskcourt, Main Street, Fairways, The Links, The Spires, Newbridge Ave, St Patricks Terrace, St Patricks Park, Prospect Hill, Station Court, The Strand, Portraine Road, Upper Portraine Road, R126

Page 11

Outlands
Mooretown
Windmill Lands
Hilltown
WARD RIVER VALLEY PARK
FOREST LITTLE GOLF COURSE
AIRSIDE RETAIL PARK
Brackenstown House
Pinnockhill Roundabout
St Finian's Community College
Fingal Co Council Depot
Shopping Centre
Lib
Health Centre
Schools
Community Centre
Sch
PO
Round Tower
School
Garda
Movies @ Swords
Veterinary Hospital
Travelodge Hotel
Tara Winthrop Private Clinic
Kilronan Equestrian Centre
Kingdom Hall (Jehovah's Witness
National Show Centre
Halting Site
Club House
SPORTS GROUND
SANDFORD WOOD
CIANLEA
LIOS CIAN
RATHBEALE ROAD
R125
R132
DUBLIN ROAD
DUBLIN STREET
BRACKENSTOWN ROAD
BRACKENSTOWN AVENUE
PARK AVENUE
RIVER VALLEY ROAD
HILLTOWN WAY
HIGHFIELD GREEN
BROOKDALE GREEN
FOREST BOULEVARD
RATHINGLE ROAD
FOREST ROAD
CHERRY AVENUE
COOKS ROAD
NAUL ROAD
NEVINSTOWN
CASTLEFARM
BROADMEADOW
GLASMORE PK
WINDMILL AV
OAKWOOD AV
ST. COLUMBAS RISE
CARLTON COURT
HAWTHORN PARK
CEDER PARK
RIDGEWOOD AV
THE OAKS
BOROIMHE BEECH
BOROIMHE HAZEL
16

D
E
F
10
Seapoint
Newport House
Lissen Hall
LISSENHALL BRIDGE
ESTUARY BUSINESS PARK
HUTCHINSONS STRAND
ROAD COVERED AT HIGH TIDE
Prospect Point
1
Wastewater Treatment Plant
LAWLESS MEMORIAL PARK
FB Estuary Roundabout
NORTH STREET BUSINESS PARK
BALHEARY ROAD
HOTCHSTONE BRIDGE
GARTAN DRIVE
GARTAN CT
ESTUARY ROAD
NEWCOURT
NEW MEWS
THE GREEN PK
SEATOWN PARK
THE CRESCENT
THE AVENUE
THE CT
THE DRIVE
LISSEN HALL DR
ESTUARY CT
SEATOWN RD
SEATOWN W
R132
SEATOWN VILLAS
MANTUA PARK
Fingal Community College
Lib
Swords Castle
Court House
NORTH STREET
SEATOWN ROAD
SEATOWN TERRACE
Seatown Roundabout
SWORDS BUSINESS PARK
TIONSCAIL INDUSTRIAL ESTATE
Seatown House
M1
Council Offices
Castle Shopping Centre
ST. COLUMCILLS PARK
Schs
SEATOWN WALK
CHAPEL LANE
MAIN ST
PO
OAKLANDS PK
OAKLANDS AVENUE
CASTLE DR
CASTLE AVENUE
CASTLE PK
The Plaza Shopping Centre
LONGLANDS
ASHLEY AV
FB
SEAMOUNT VIEW
The Pavilions Shopping Centre
Malahide Roundabout
R106
MALAHIDE ROAD
MONT. VW
ST. WERBURGHS
MILESIAN GRO
MILESIAN LAWN
MILESIAN AV
MILESIAN CT
CLIFFORDS LANE
FOXWOOD
DRYNAM ROAD
DRYNAM CT
SWORDS
R132
SPORTS GROUND
SEABURY GARDENS
SEABURY WOOD
SEABURY MEADOWS
SEABURY DALE
SEABURY ORCHARD
SEABURY AV
SEABURY ROAD
SEABURY HEIGHTS
SEABURY PARK
CASTLE LNS
LISSADEL CRES
LISSADEL WOOD
LISSADEL PARK
LISS. GROVE
SEABURY VIEW
14
ESTUARY WALK
THE WARREN
SWORDS ROAD
WATER. DR
WATER. AV
WATER. WK
WATER. CRES
WATERSIDE DRIVE
WATERSIDE LWN
WATERSIDE CT
WATERSIDE CLO
WATERSIDE GRN
WATERSIDE PARK
WATERSIDE
LAKESHORE DRIVE
LAKEVIEW DR
FELTRIM INDUSTRIAL PARK
FELTRIM HALL
R125
GAINS. CRESC
GAINSBOROUGH GREEN
GAINSBOROUGH AVE
GAINS. LAWN
GAINS. DOWNS
GAINS. CT
GAINS. PARK
TALBOT RD
3
ASPEN DR
ASPEN PK
ASPEN ROAD
KINSEALY COURT
School
Shopping Centre
ASPEN
ASHDALE CLOSE
ASHDALE RD
BIRCHDALE RD
BIRCHDALE CLOSE
BIRCHDALE DRIVE
BIRCHDALE PK
THE CLOSE
THE LAWN
THE RISE
THE GREEN
MELROSE PARK
THE GROVE
THE HEIGHTS
THE WK
THE CRES
MOUNT DRINAN
KINSEALY DOWNS
THE DRIVE
THE VILLA
THE AVENUE
THE PARK
HOLYWELL VIEW
HOLYWELL SQUARE
HOLYWELL GARDENS
HOLYWELL AVE
HOLYWELL GRO
HOLYWELL DRIVE
HOLYWELL RD
HOLYWELL WK
HOLYWELL PK
HOLYWELL WAY
HOLYWELL CL
HOLYWELL GLEN
HOLYWELL RISE
HOLYWELL ROW
HOLYWELL CRES
HOLYWELL HEATH
DRYNAM DRIVE
DRYNAM CRESCENT
DRYNAM GRO
DRYNAM RISE
DRYNAM SQUARE
DRYNAM PL
4
Junction 3
KETTLES LANE
FELTRIM ROAD
17
18

14

Lissenhall Great

Ballymadrough

Kilcrea

Newport House

Seapoint

Prospect Point

Seatown House

SPORTS GROUND

Swords Sailing & Boating Club

Malahide Yacht Club

Milford

Cross

Band Room

School

Yellow Walls

Ard Na Mara

Abington

Auburn Grove

Yourell's Well

PAR 3 GOLF COURSE (9 HOLE)

Sports Pavilion
PITCH & PUTT

TALBOT BOTANIC GARDENS

Malahide Castle

GRAVE YARD

Malahide Demesne

Malahide

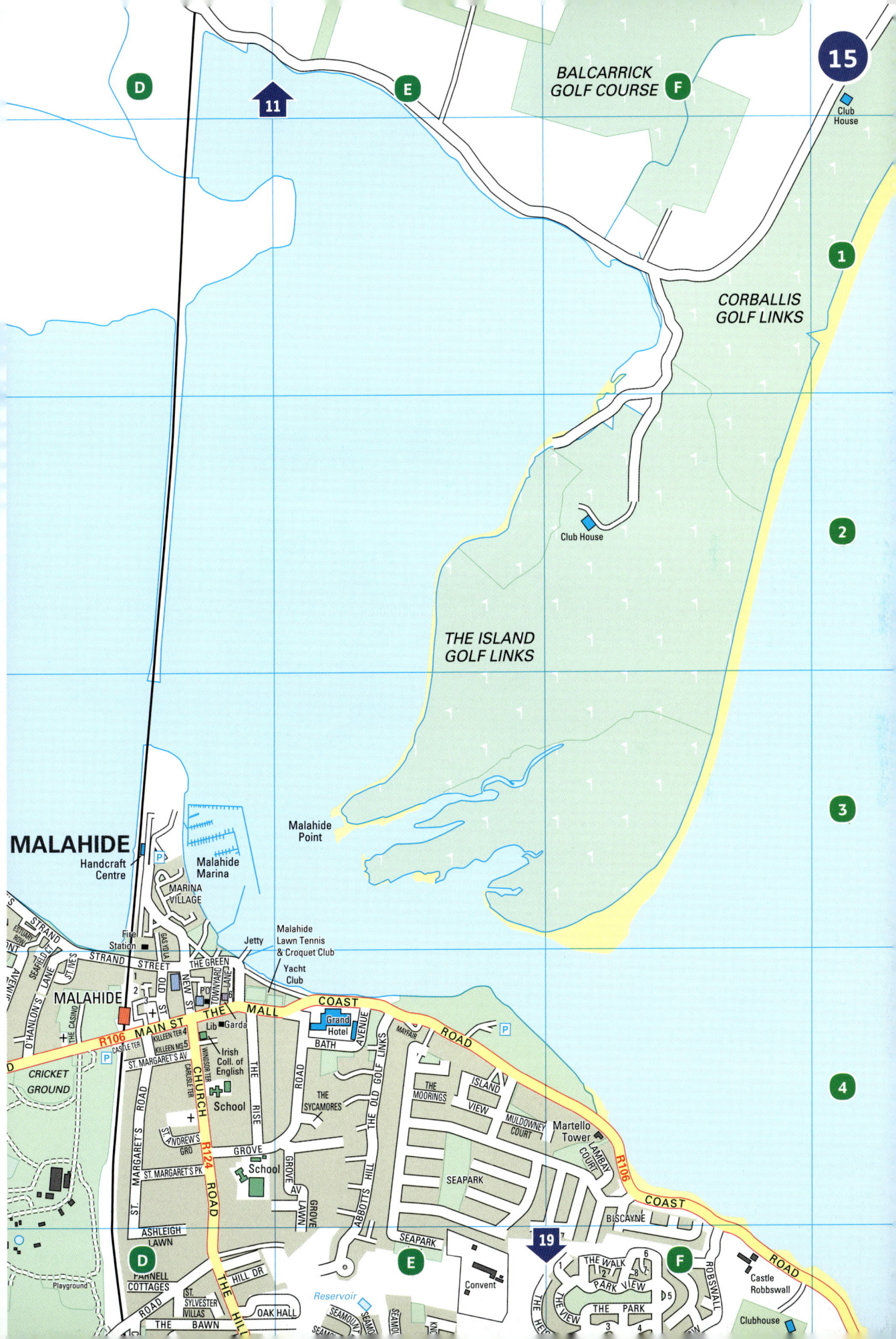

BALCARRICK GOLF COURSE

CORBALLIS GOLF LINKS

Club House

THE ISLAND GOLF LINKS

Club House

Malahide Point

Handcraft Centre
Malahide Marina
MARINA VILLAGE
Fire Station
Jetty
Malahide Lawn Tennis & Croquet Club
Yacht Club

Grand Hotel
Lib • Garda
Irish Coll. of English
School
School
Martello Tower
Cricket Ground
Convent
Castle Robbswall
Clubhouse
Playground
Reservoir

MAIN ST — R106
COAST ROAD — R106
CHURCH ROAD — R124
STRAND STREET
THE MALL
BATH AVENUE
THE OLD GOLF LINKS ROAD
SEAPARK
BISCAYNE
ROBBSWALL
THE WALK
PARK VIEW
THE PARK
THE VIEW
THE HEIGHTS
SEAMOUNT
KNOCK
OAK HALL
THE BAWN
THE HILL
HILL DR
ST. SYLVESTER VILLAS
PARNELL COTTAGES
ASHLEIGH LAWN
ST. MARGARET'S PK
ST. MARGARET'S ROAD
ST. MARGARET'S AV
ST. ANDREW'S GRO
CARLISLE TER
WINDSOR TER
KILLEEN MS
KILLEEN TER
CASTLE TER
O'HANLON'S LANE
THE CASINO
ST. NES
ESTUARY ROW
STRAND
SEAFIELD AVENUE
GAS YD LA
NEW ST
OLD ST
TOWNYARD LANE
THE GREEN
THE RISE
ABBOTT'S HILL
GROVE AV
GROVE LAWN
THE SYCAMORES
THE MOORINGS
ISLAND VIEW
MULDOWNEY COURT
MAYFAIR
LAMBAY COURT
SEAPARK

15
11
19
1
2
3
4
D E F

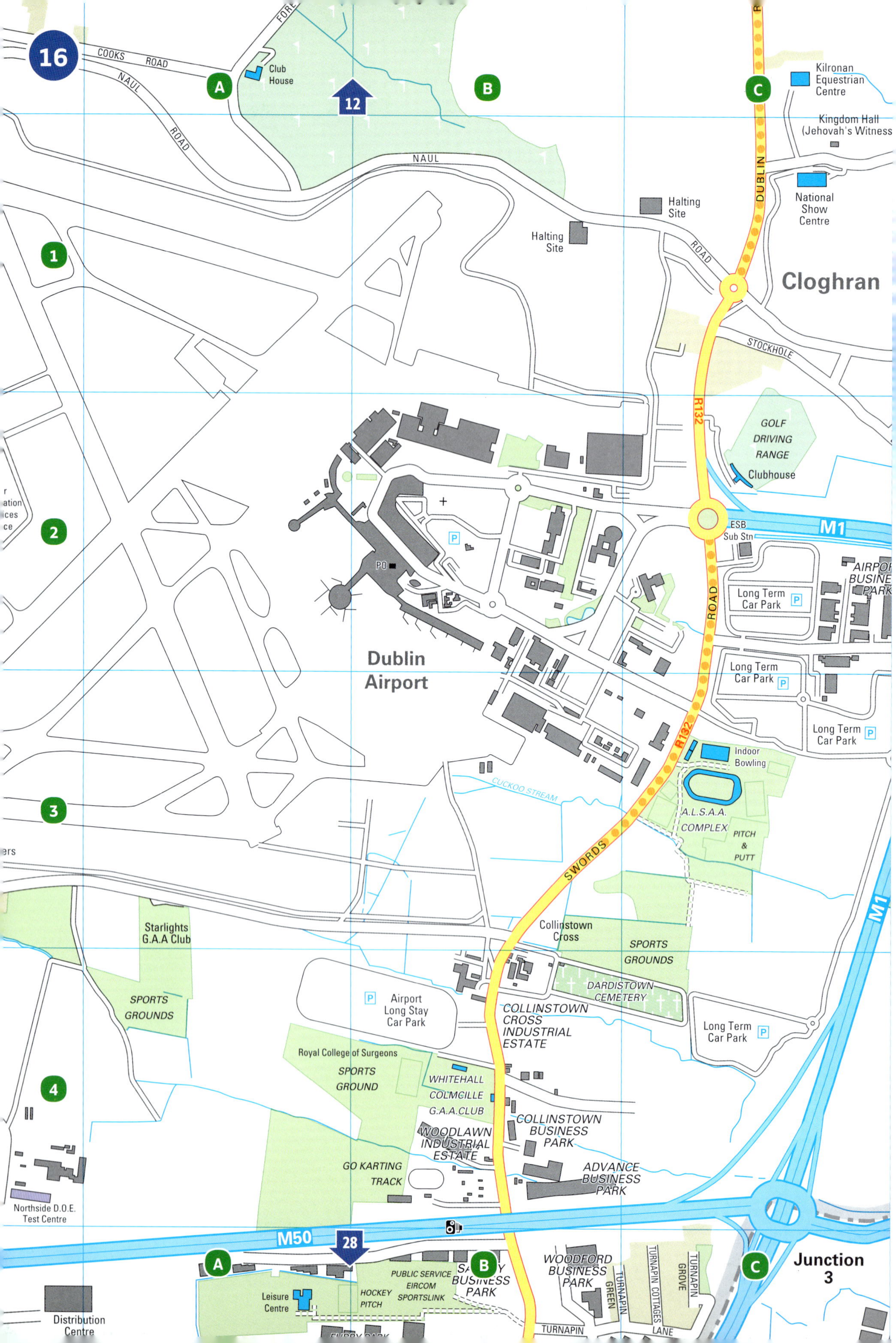

COOKS ROAD
NAUL ROAD
NAUL ROAD
Club House
12
Kilronan Equestrian Centre
Kingdom Hall (Jehovah's Witness
National Show Centre
Halting Site
Halting Site
DUBLIN ROAD
Cloghran
STOCKHOLE
R132
GOLF DRIVING RANGE
Clubhouse
ESB Sub Stn
M1
AIRPORT BUSINESS PARK
Long Term Car Park
Long Term Car Park
Long Term Car Park
PO
Dublin Airport
CUCKOO STREAM
Indoor Bowling
A.L.S.A.A. COMPLEX
PITCH & PUTT
SWORDS ROAD
Collinstown Cross
SPORTS GROUNDS
DARDISTOWN CEMETERY
Starlights G.A.A Club
SPORTS GROUNDS
Airport Long Stay Car Park
COLLINSTOWN CROSS INDUSTRIAL ESTATE
Long Term Car Park
Royal College of Surgeons
SPORTS GROUND
WHITEHALL COLMCILLE G.A.A.CLUB
COLLINSTOWN BUSINESS PARK
WOODLAWN INDUSTRIAL ESTATE
GO KARTING TRACK
ADVANCE BUSINESS PARK
Northside D.O.E. Test Centre
M50
28
Junction 3
Leisure Centre
HOCKEY PITCH
PUBLIC SERVICE EIRCOM SPORTSLINK
BUSINESS PARK
WOODFORD BUSINESS PARK
TURNAPIN GREEN
TURNAPIN COTTAGES
TURNAPIN GROVE
TURNAPIN LANE
Distribution Centre

Map 17

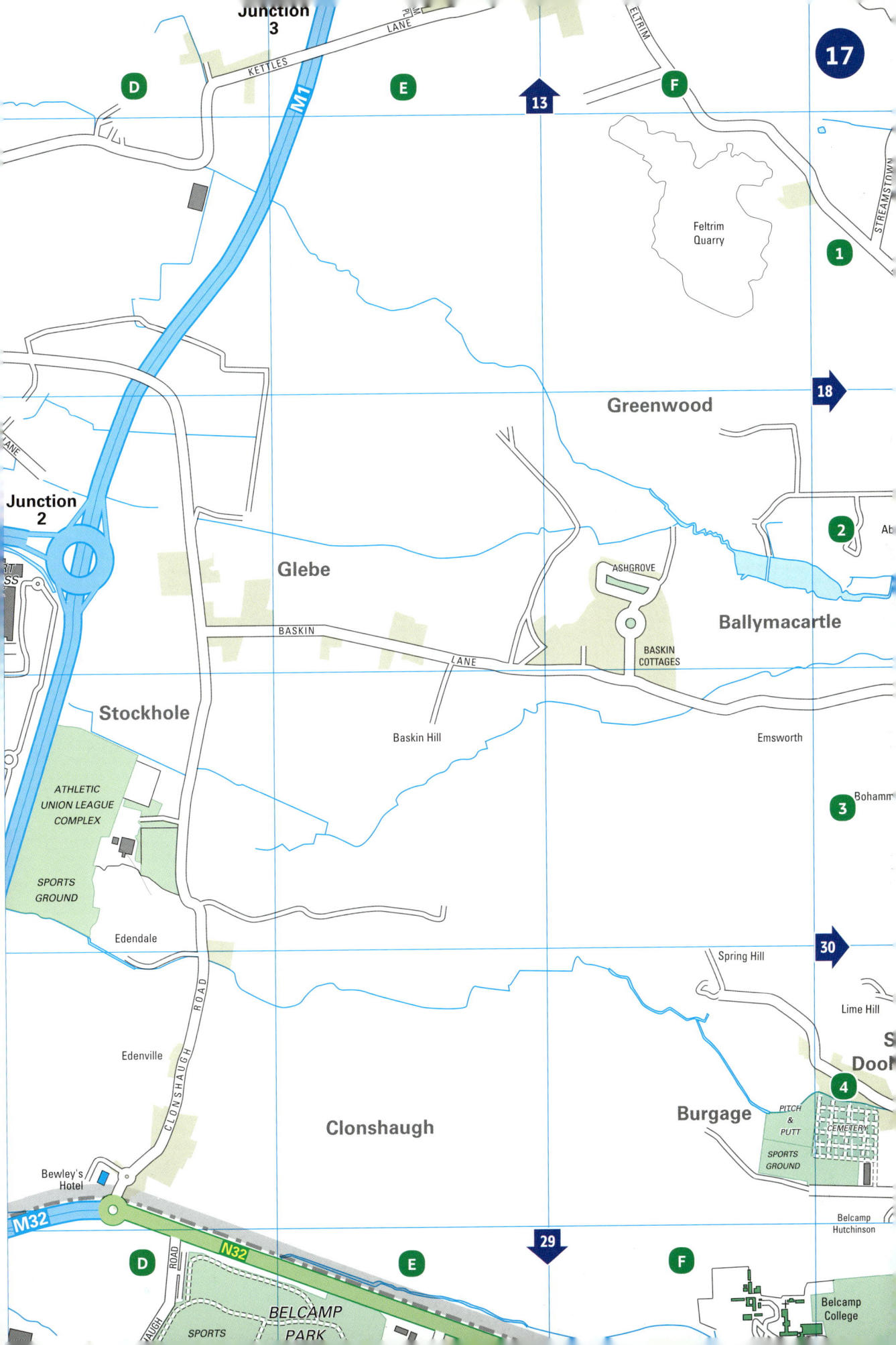

Junction 3 — KETTLES LANE — ELTRIM

D · E · F

M1

Feltrim Quarry

STREAMSTOWN

13 ↑ · 18 →

1

Greenwood

Junction 2

Glebe

ASHGROVE

Ballymacartle

2

BASKIN LANE

BASKIN COTTAGES

Stockhole

Baskin Hill

Emsworth

ATHLETIC UNION LEAGUE COMPLEX

SPORTS GROUND

Bohamm

3

Edendale

Spring Hill

30 →

Lime Hill

Edenville

S Doo

CLONSHAUGH ROAD

PITCH & PUTT

CEMETERY

4

Clonshaugh

Burgage

SPORTS GROUND

Bewley's Hotel

Belcamp Hutchinson

M32 · N32

29 ↓

D · E · F

BELCAMP PARK

SPORTS

Belcamp College

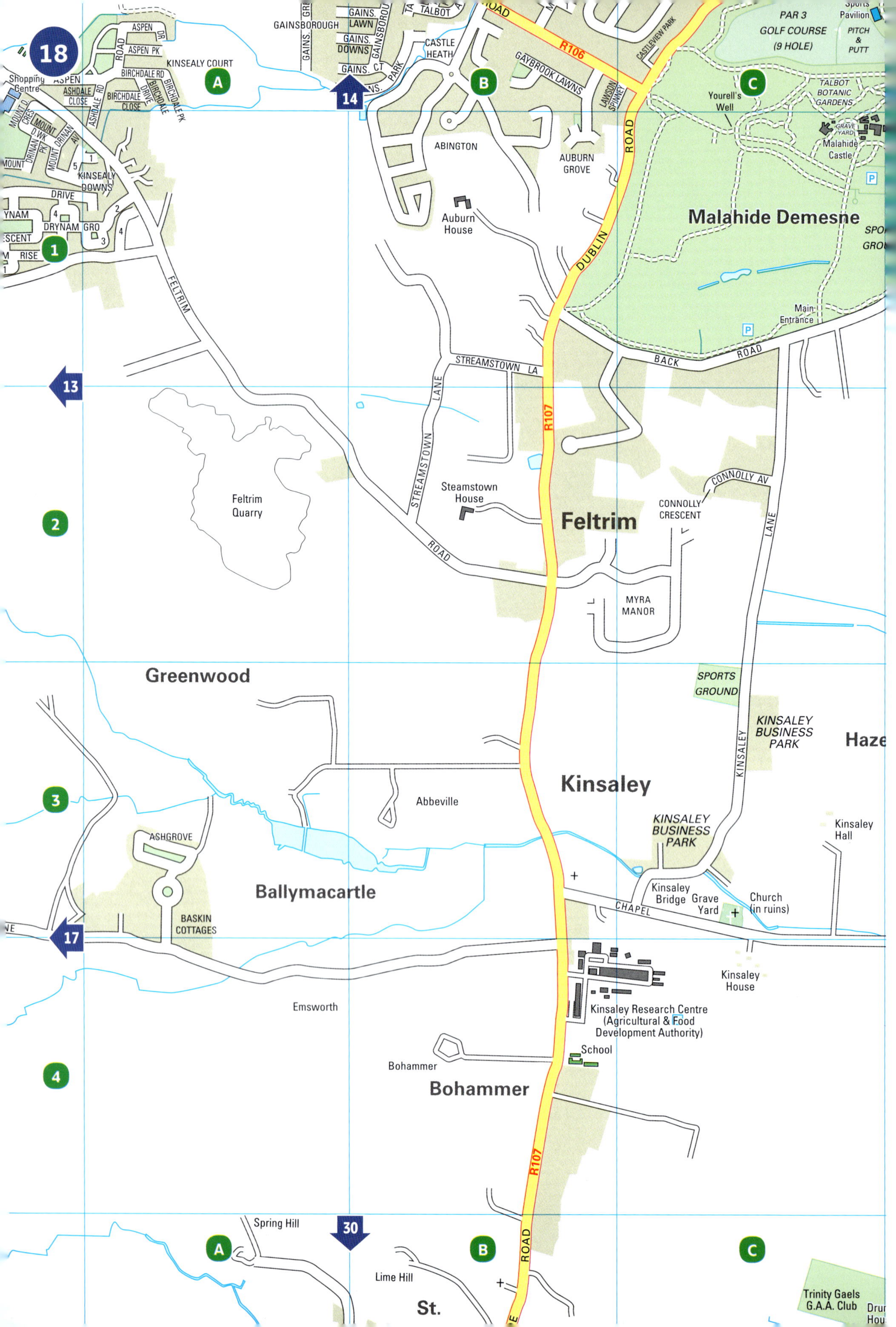

18
14
13
17
30
A
B
C
1
2
3
4
Shopping Centre
ASPEN
ASPEN DR.
ASPEN PK
ASPEN ROAD
ASHDALE RD
ASHDALE CLOSE
BIRCHDALE RD
BIRCHDALE CLOSE
BIRCHDALE DRIVE
BIRCHDALE PK
KINSEALY COURT
KINSEALY DOWNS
MOUNT DRINAN
DRYNAM GRO
DRIVE
RISE
GAINSBOROUGH
GAINS. LAWN
GAINS. DOWNS
GAINS. CT
GAINSBOROUGH PARK
TALBOT
CASTLE HEATH
GAYBROOK LAWNS
LAWSON SPINNEY
CASTLEVIEW PARK
R106
ABINGTON
AUBURN GROVE
Auburn House
DUBLIN ROAD
PAR 3 GOLF COURSE (9 HOLE)
Sports Pavilion
PITCH & PUTT
Yourell's Well
TALBOT BOTANIC GARDENS
GRAVE YARD
Malahide Castle
Malahide Demesne
Main Entrance
BACK ROAD
FELTRIM
FELTRIM ROAD
STREAMSTOWN LA
STREAMSTOWN LANE
R107
Feltrim Quarry
Steamstown House
Feltrim
CONNOLLY AV
CONNOLLY CRESCENT
KINSALEY LANE
MYRA MANOR
Greenwood
SPORTS GROUND
KINSALEY BUSINESS PARK
Kinsaley
Abbeville
Haze
ASHGROVE
Ballymacartle
BASKIN COTTAGES
Kinsaley Hall
Kinsaley Bridge
Grave Yard
Church (in ruins)
CHAPEL
Kinsaley House
Kinsaley Research Centre (Agricultural & Food Development Authority)
Emsworth
School
Bohammer
Spring Hill
Lime Hill
ROAD
St.
Trinity Gaels G.A.A. Club

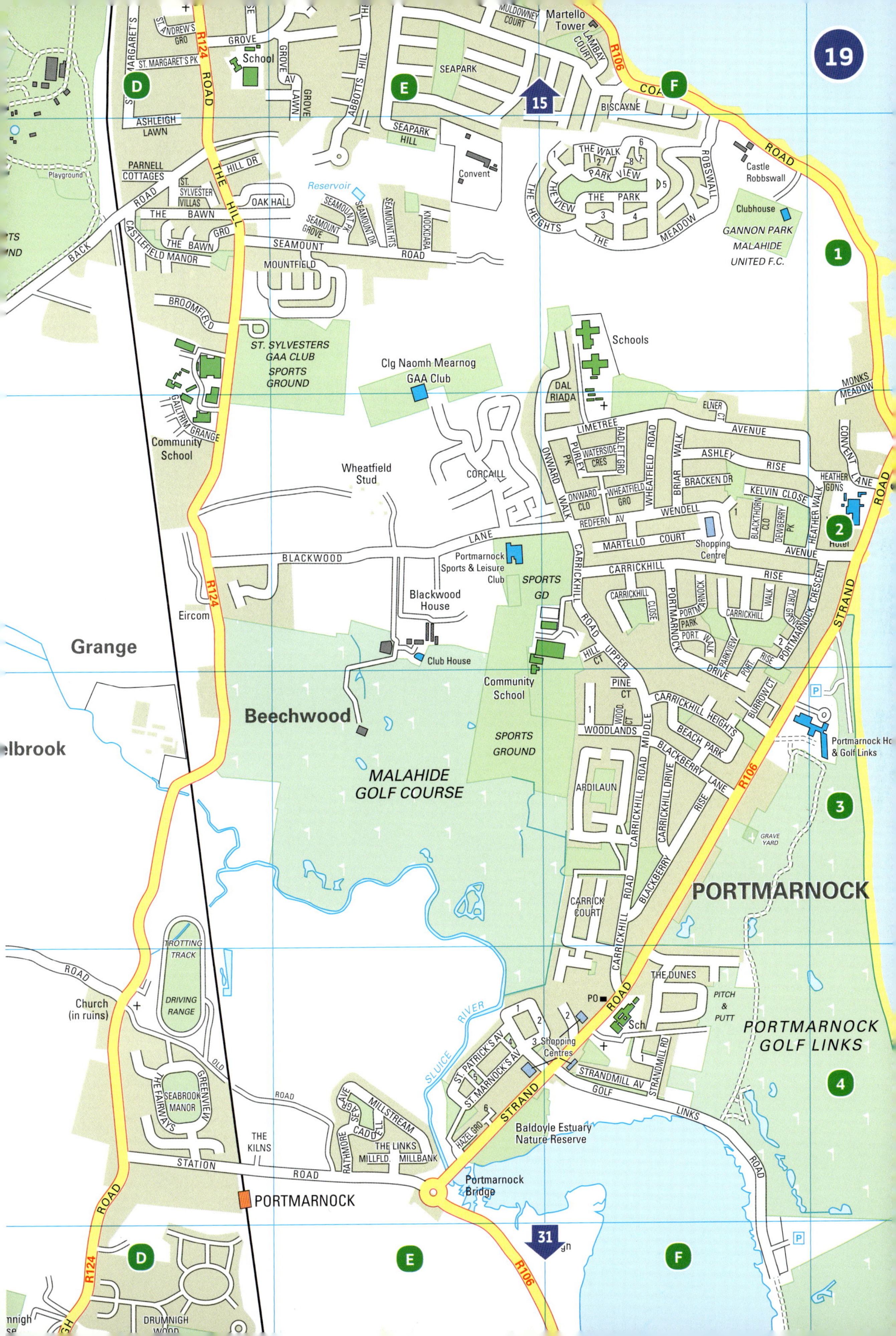
D
E
F
15
Martello Tower
MULDOWNEY COURT
LAMBAY COURT
R106
COAST ROAD
BISCAYNE
SEAPARK
SEAPARK HILL
ST. ANDREW'S GRO
GROVE
School
ST. MARGARET'S PK
ST. MARGARET'S
GROVE AV
GROVE LAWN
ABBOTTS HILL
R124
THE HILL ROAD
ASHLEIGH LAWN
PARNELL COTTAGES
HILL DR
Playground
Convent
Castle Robbswall
Reservoir
ST. SYLVESTER VILLAS
OAK HALL
THE BAWN
THE BAWN GRO
SEAMOUNT PK
SEAMOUNT DR
SEAMOUNT GROVE
SEAMOUNT HTS
KNOCKDARA
SEAMOUNT ROAD
BACK ROAD
CASTLEFIELD MANOR
MOUNTFIELD
THE WALK
PARK VIEW
THE VIEW
THE PARK
THE HEIGHTS
THE MEADOW
ROBSWALL
Clubhouse
GANNON PARK
MALAHIDE UNITED F.C.
1
BROOMFIELD
ST. SYLVESTERS GAA CLUB SPORTS GROUND
Clg Naomh Mearnog GAA Club
Schools
DAL RIADA
MONKS MEADOW
GAILTRIM GRANGE
Community School
ELNER CT
LIMETREE AVENUE
ASHLEY RISE
CONVENT LANE
WATERSIDE CRES
PURLEY PK
RADLETT GRO
WHEATFIELD ROAD
BRIAR WALK
BRACKEN DR
HEATHER GDNS
KELVIN CLOSE
HEATHER WALK
Wheatfield Stud
CORCAILL
ONWARD WALK
ONWARD CLO
WHEATFIELD GRO
REDFERN AV
WENDELL
BLACKTHORN CLO
DEWBERRY PK
2
Hotel
BLACKWOOD LANE
MARTELLO COURT
Shopping Centre
AVENUE
CARRICKHILL RISE
Portmarnock Sports & Leisure Club
SPORTS GD
CARRICKHILL CLOSE
PORTMARNOCK PARK
PORT. WALK
CARRICKHILL WALK
PORT GROVE
PORTMARNOCK CRESCENT
STRAND ROAD
Blackwood House
Eircom
CARRICKHILL ROAD UPPER
HILL CT
PARKVIEW
DRIVE
PORT. RISE
Grange
Club House
PINE CT
Community School
CARRICKHILL HEIGHTS
BURROW CT
P
Portmarnock Hotel & Golf Links
Beechwood
WOOD. CT
WOODLANDS
BEACH PARK
lbrook
SPORTS GROUND
MIDDLE
BLACKBERRY LANE
MALAHIDE GOLF COURSE
ARDILAUN
CARRICKHILL ROAD
CARRICKHILL DRIVE
RISE
3
GRAVE YARD
BLACKBERRY
PORTMARNOCK
CARRICK COURT
TROTTING TRACK
DRIVING RANGE
ROAD
Church (in ruins)
THE DUNES
PO
Sch
PITCH & PUTT
PORTMARNOCK GOLF LINKS
SLUICE RIVER
ST. PATRICK'S AV
ST. MARNOCK'S AV
Shopping Centres
STRANDMILL RD
STRANDMILL AV
GOLF LINKS ROAD
4
OLD ROAD
THE FAIRWAYS
SEABROOK MANOR
GREENVIEW
SEAGRAVE
MILLSTREAM
CADDELL
RATHMORE
THE LINKS
MILLFLD.
MILLBANK
HAZEL GRO
STRAND
Baldoyle Estuary Nature Reserve
THE KILNS
STATION ROAD
Portmarnock Bridge
PORTMARNOCK
31
DRUMNIGH WOOD
nnigh

Brookville Stud Farm
A
B
C
M3 PARKWAY (PACE)
P
Junction 5
TETRARCH GROVE
R157
1
PLUNKETT HALL
THE COURT
THE CLOSE
AVENUE
THE CRES
THE
THE GROVE
THE PARK
THE GROVE
LUTTERELL HALL
THE GREEN
THE AVENUE
THE DALE
DUNBOYNE BUSINESS PARK
ROAD
Pumping Station
TOLKA
RIVER
M3
Newtown Bridge
R156
SUMMERHILL
ROAD
THE LAWN
THE PARK
THE CRES
THE AVENUE
THE DRIVE
THE CLOSE
THE COURT
ST. PETER'S PARK
THE PADDOCKS
KILBRINA
THE PADDOCKS
TEMPLE MANOR
GARNETT HALL
THE DRIVE
THE GROVE
COURT
THE COURTHILL DRIVE
SADLEIR HALL
ST. PATRICK'S PARK
OLD FAIR GREEN
OLD FAIR GREEN
CEDAR DR
CEDAR CT
MAPLE DR
ROSEDALE
THE MEADOWS
THE ELMS
CRESCENT CL
SILVER BIRCHES
NAVAN
SPORTS GROUND
MEADOW VIEW
Garda
2
PO
AVONDALE SQ
DUNBOYNE
WILLOW
MILLFARM
Hall
Sch
St. Peter's College
PARK
GRAVE YARD
MAIN ST
Hall
Comm Cen
ELTON DR
ELTON CT
ELTON GROVE
STATION
ROAD
NEWTOWN
ROAD
CASTLEVIEW ESTATE
Hotel
Lib
Community Service Centre
ROAD
HAMILTON HALL
DUNBOYNE
R156
ROOSKE CT
LARCHFIELD
MAYNOOTH
THE CLOSE
THE COURT
THE HEIGHTS
THE WALK
THE PLACE
THE DRIVE
WOODVIEW HEIGHTS
CONGRESS PARK
THE AVENUE
THE CRES
THE GRN
THE DRIVE
CONGRESS HALL
BEECHDALE
3
THE DOWNS
THE GROVE
THE VIEW
THE WAY
THE PARK
DUNBOYNE CASTLE
Castlefarm House
Dunboyne Athletic Club
SPORTS GROUND
St. Peter's Dunboyne
CHESTNUT GROVE
4
ROOSKE CEMETERY
22
A
B
C
Stirling Stud

D
E
F
BRACETOWN
BUSINESS
PARK
Glenmore
1
Gunnocks
House
THE MAYNE
Merrycourt
2
DAMAST
INDUST
ESTA
BLIN
ROAD
Loughsallagh
Bridge
DAMASTOWN
DRIVE
DAMAST
INDUST
PARI
3
TOLKA
RIVER
Dunboyne
Tennis Club
CLONEE
BYPASS
M3
Clonee
Bridge
Clonee
R156
PO
Club
House
ROYAL
MEATH
PITCH
& PUTT
CLUB
SUMMERSEAT
COURT
NAVAN
ROAD
DAMASTOWN
WALK
DAMASTOWN
23
NAVAN
Littlepace
Stud
BEECHFIELD
MEADOWS
RISE
BEECH. LAWN
BEECH. PL.
LITTLEPACE
VIEW
DRIVE
CLOSE
WAY
CRES
PACE
CRESCENT
PACE VIEW
AVENUE
4
HUNTER'S
RUN
COURT
MEADOW
WOODS
LITTLEPACE
CRESCENT
ROAD
Shopping
Centre
Sch
THE PARK
THE GLADE
THE VIEW
THE CLOSE
BEECH. WAY
BEECH. GRN
BEECHFIELD VIEW
WALK
WOODS
LITTLEPACE
GALLOPS
PARK
R149
Summerseat
House
BEECHFIELD DRIVE
BEECHFIELD
BEECH. CL
HAZELBURY
GREEN
CASTAHEANY
HUNTER'S
RUN
THE GROVE
THE WAY
THE DRIVE
Stirling
House
D
E
BEECH. HTS
BEECHFIELD ROAD
BEECH. CT
23
DRIVE
AVENUE
LINNET
RISE
CL
WALK
FIELDS
HAZELBURY
PARK
F
HANSFIELD
THE RISE
THE
PARK
CRES

22

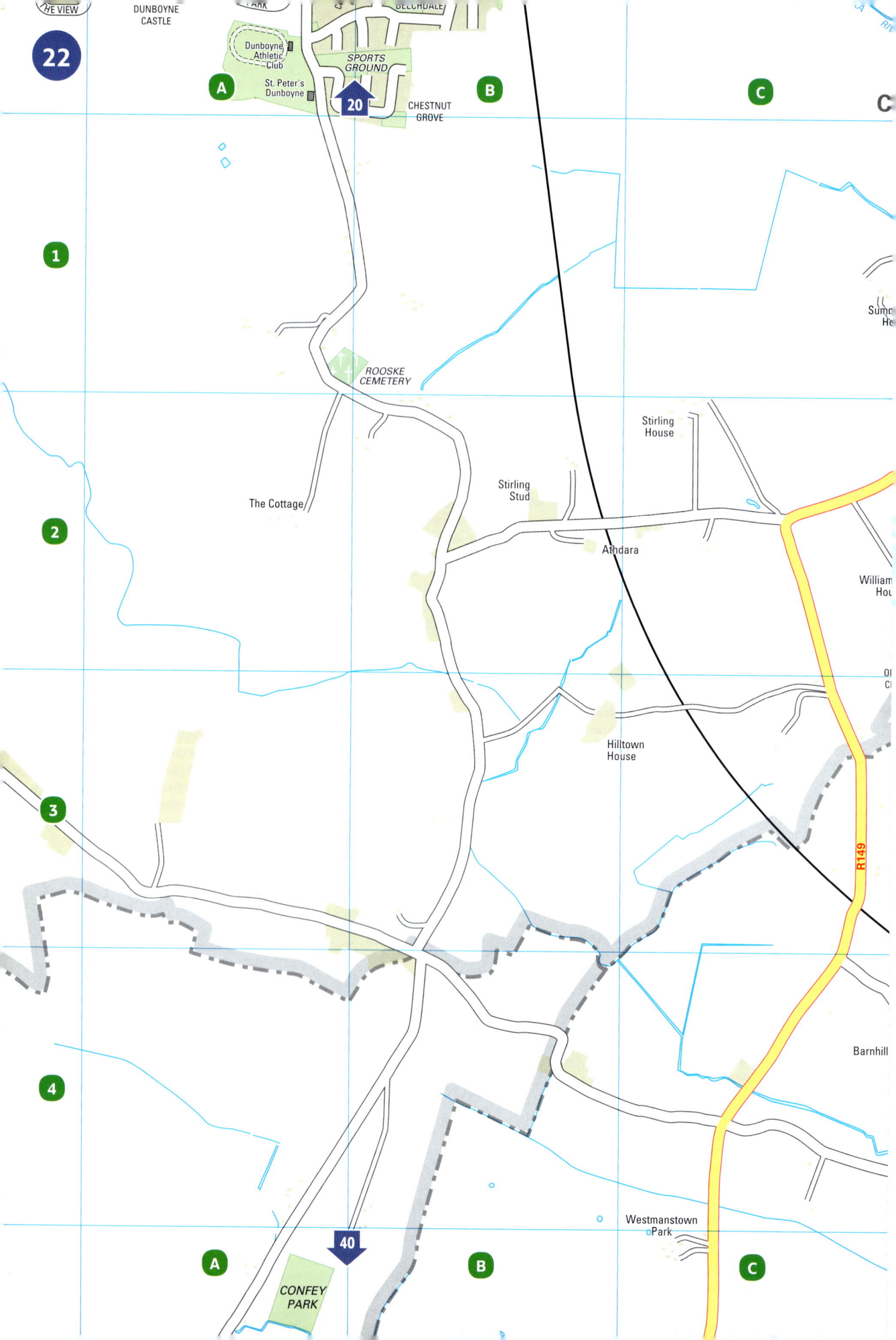

A
- DUNBOYNE CASTLE
- Dunboyne Athletic Club
- St. Peter's Dunboyne

B
- SPORTS GROUND
- CHESTNUT GROVE
- 20

1
- Rooske Cemetery

2
- The Cottage
- Stirling House
- Stirling Stud
- Athdara
- William House

3
- Hilltown House
- R149

4
- Barnhill
- Westmanstown Park
- Confey Park
- 40

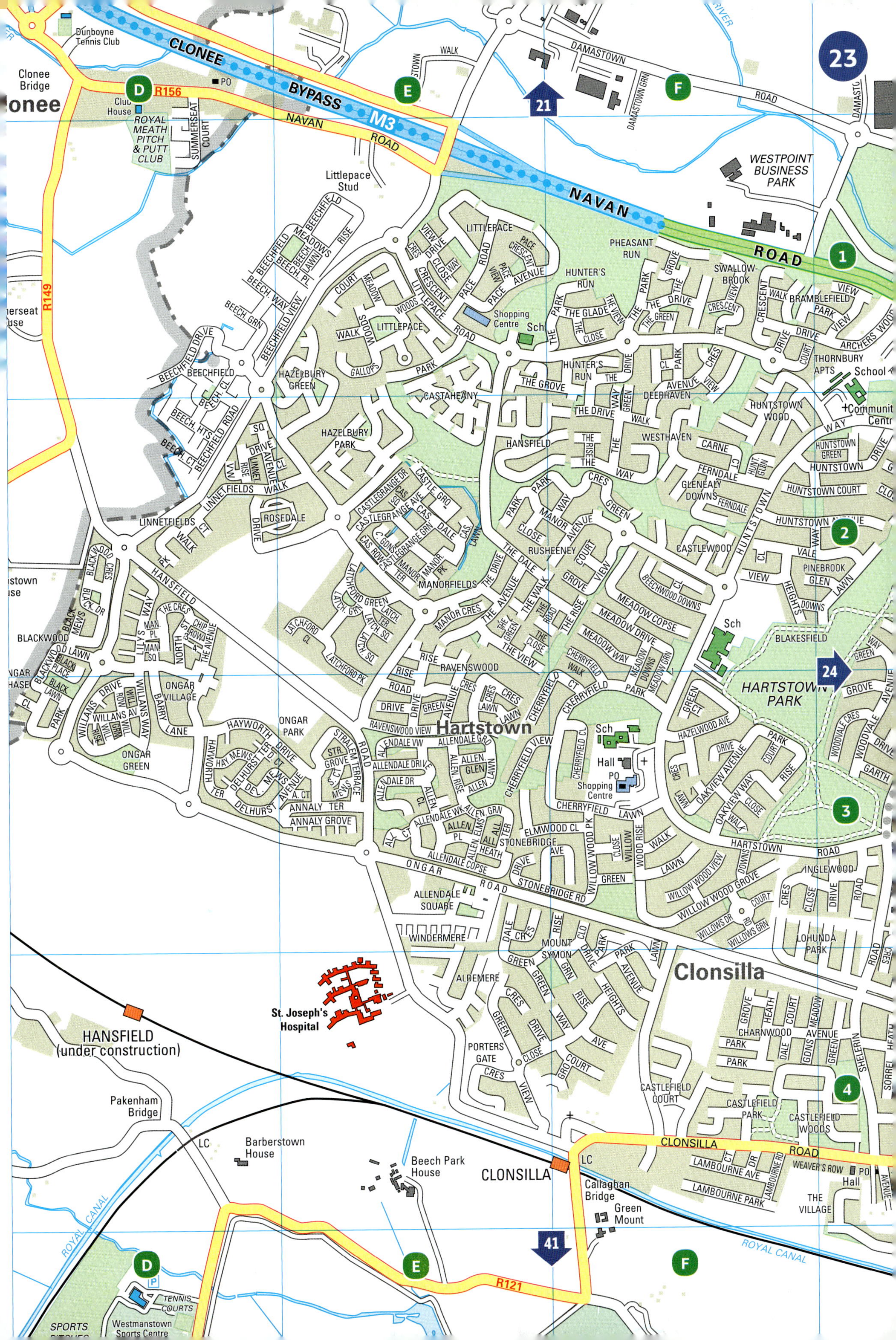
Dunboyne Tennis Club
Clonee Bridge
Clonee
CLONEE BYPASS M3
R156
PO
Club House
ROYAL MEATH PITCH & PUTT CLUB
SUMMERSEAT COURT
NAVAN ROAD
DAMASTOWN
DAMASTOWN GRN
WALK
ROAD
WESTPOINT BUSINESS PARK
NAVAN ROAD
Littlepace Stud
R149
BEECHFIELD MEADOWS
BEECHFIELD RISE
BEECH LAWN
BEECH. PL
BEECH. WAY
BEECH. GRN
BEECHFIELD VIEW
BEECHFIELD DRIVE
BEECHFIELD
BEECH. CL
BEECH. HTS
BEECHFIELD ROAD
BEECH. CT
LITTLEPACE
PACE CRESCENT
PACE VIEW
PACE AVENUE
PACE ROAD
LITTLEPACE CRESCENT
LITTLEPACE ROAD
LITTLEPACE WOODS
Shopping Centre
Sch
PHEASANT RUN
HUNTER'S RUN
THE GLADE
THE CLOSE
THE GREEN
THE DRIVE
SWALLOWBROOK CRESCENT
BRAMBLEFIELD PARK
BRAMBLEFIELD VIEW
ARCHERS WOOD
THORNBURY APTS
School
Community Centre
COURT
MEADOW
WALK
GALLOPS
HAZELBURY GREEN
HAZELBURY PARK
CASTAHEANY
PARK
THE GROVE
HUNTER'S RUN
DEERHAVEN
WESTHAVEN
CARNE
HUNTSTOWN WOOD
HUNTSTOWN GREEN
HUNTSTOWN
HUNTSTOWN COURT
HUNTSTOWN AVENUE
HUNTSTOWN WAY
HANSFIELD
FERNDALE
GLENEALY DOWNS
CASTLEWOOD
PINEBROOK VALE
PINEBROOK GLEN
PINEBROOK HEIGHTS
PINEBROOK DOWNS
PINEBROOK LAWN
LINNETFIELDS
LINNET FIELDS WALK
ROSEDALE
CASTLEGRANGE DR
CASTLEGRANGE AVE
CASTLE GRO
MANOR CRES
MANORFIELDS
RUSHEENEY
BEECHWOOD DOWNS
MEADOW COPSE
MEADOW DRIVE
MEADOW WAY
BLAKESFIELD
HARTSTOWN PARK
BLACKWOOD
BLACKWOOD LAWN
BLACKWOOD CRES
HANSFIELD
LATCHFORD GREEN
LATCHFORD CL
LATCHFORD PK
RAVENSWOOD
RAVENSWOOD VIEW
Hartstown
CHERRYFIELD
CHERRYFIELD WALK
CHERRYFIELD VIEW
CHERRYFIELD LAWN
HAZELWOOD AVE
OAKVIEW AVENUE
OAKVIEW WAY
OAKVIEW WALK
WOODVALE
WILLANS DRIVE
WILLANS AV
WILLANS WAY
ONGAR VILLAGE
ONGAR GREEN
ONGAR PARK
HAYWORTH DRIVE
HAYWORTH TER
DELHURST
STRALEM TERRACE
ALLENDALE VW
ALLENDALE DRIVE
ALLENDALE GLEN
ALLENDALE COPSE
ANNALY TER
ANNALY GROVE
Sch
Hall
PO
Shopping Centre
ELMWOOD CL
STONEBRIDGE
STONEBRIDGE RD
WILLOW WOOD PK
WILLOW WOOD VIEW
WILLOW WOOD GROVE
WILLOWS DR
WILLOWS GRN
HARTSTOWN ROAD
INGLEWOOD
LOHUNDA PARK
ONGAR ROAD
ALLENDALE SQUARE
WINDERMERE
MOUNT SYMON
ALDEMERE
Clonsilla
CHARNWOOD AVENUE
PORTERS GATE
St. Joseph's Hospital
HANSFIELD (under construction)
CASTLEFIELD COURT
CASTLEFIELD PARK
CASTLEFIELD WOODS
SHELERIN
Pakenham Bridge
LC
Barberstown House
Beech Park House
CLONSILLA
CLONSILLA ROAD
LAMBOURNE AVE
LAMBOURNE PARK
WEAVER'S ROW
PO
Hall
THE VILLAGE
Callaghan Bridge
Green Mount
ROYAL CANAL
R121
TENNIS COURTS
SPORTS
Westmanstown Sports Centre
21
24
41
D
E
F
1
2
3
4

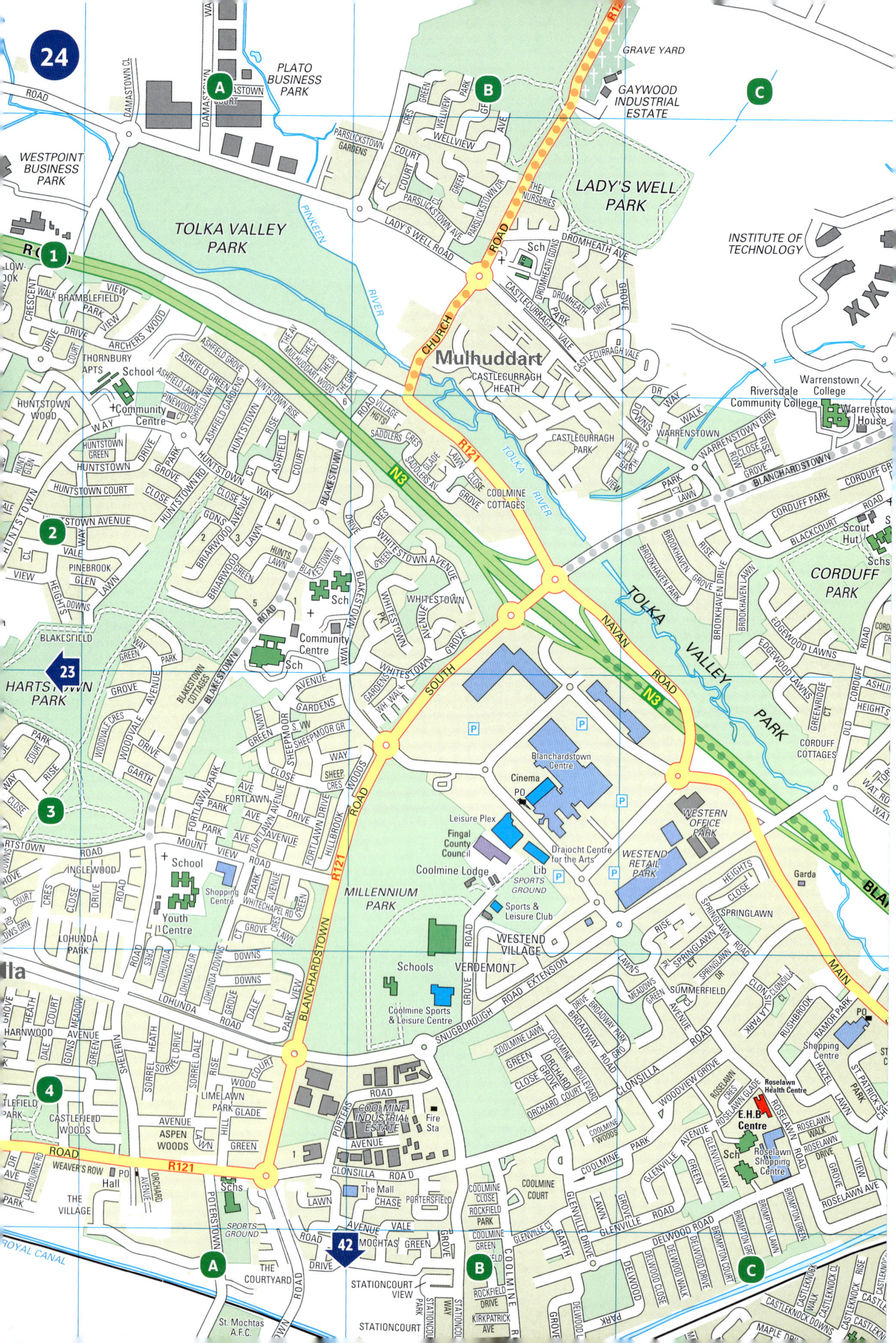
A
B
C
PLATO BUSINESS PARK
GRAVE YARD
GAYWOOD INDUSTRIAL ESTATE
WESTPOINT BUSINESS PARK
TOLKA VALLEY PARK
LADY'S WELL PARK
INSTITUTE OF TECHNOLOGY
PINKEEN RIVER
PARSLICKSTOWN GARDENS
LADY'S WELL ROAD
DROMHEATH AVE
CHURCH ROAD
Mulhuddart
CASTLECURRAGH HEATH
CASTLECURRAGH PARK
Warrenstown College
Riversdale Community College
Warrenstown House
WARRENSTOWN
BLANCHARDSTOWN
CORDUFF PARK
Scout Hut
Schs
TOLKA RIVER
COOLMINE COTTAGES
N3
R121
1
2
3
4
THORNBURY APTS
School
Community Centre
HUNTSTOWN WOOD
HUNTSTOWN
HUNTSTOWN COURT
HUNTSTOWN AVENUE
PINEBROOK GLEN
BLAKESFIELD
23
HARTSTOWN PARK
BLAKESTOWN ROAD
Sch
WHITESTOWN AVENUE
WHITESTOWN
SOUTH
NAVAN ROAD
TOLKA VALLEY PARK
CORDUFF COTTAGES
Blanchardstown Centre
Cinema
PO
Leisure Plex
Fingal County Council
Draíocht Centre for the Arts
Lib
Coolmine Lodge
SPORTS GROUND
Sports & Leisure Club
WESTERN OFFICE PARK
WESTEND RETAIL PARK
Garda
MILLENNIUM PARK
WESTEND VILLAGE
VERDEMONT
Schools
Coolmine Sports & Leisure Centre
SNUGBOROUGH ROAD EXTENSION
FORTLAWN
INGLEWOOD
Shopping Centre
Youth Centre
LOHUNDA PARK
BLANCHARDSTOWN ROAD
SPRINGLAWN
SUMMERFIELD
CLONSILLA ROAD
MAIN
Shopping Centre
Roselawn Health Centre
E.H.B Centre
Roselawn Shopping Centre
ROSELAWN AVE
COOLMINE INDUSTRIAL ESTATE
Fire Sta
CASTLEFIELD WOODS
ASPEN WOODS
ROAD R121
WEAVER'S ROW
Hall
THE VILLAGE
Schs
SPORTS GROUND
The Mall
CLONSILLA ROAD
COOLMINE COURT
GLENVILLE ROAD
DELWOOD ROAD
ROYAL CANAL
42
THE COURTYARD
STATIONCOURT VIEW
STATIONCOURT
St. Mochtas A.F.C.
CASTLEKNOCK

BLANCHARDSTOWN CORPORATE PARK
COV RES
BLANCHARDSTOWN CORPORATE PARK
BUSINESS PARK
D
E
F
MILLENNIUM BUSINESS CENTRE
CAPPAGH ROAD
1
Grange Hou
NORTH ROAD
BLANCHARDSTOWN INDUSTRIAL PARK
BALLYCOOLIN BUSINESS & TECHNOLOGY PARK
ROS
BLANCHARDSTOWN BUSINESS & TECHNOLOGY PARK
SHEEPHILL PARK
SHEEPHILL GREEN
WESTWAY
CLOSE
RISE
SHEEPHILL AVENUE
VIEW
GROVE
LAWNS
PARK
ROAD
Veterinary Research Laboratory (A.I. station)
ROSEMOUNT BUSINESS PARK
STADIUM BUSINESS PARK
2
Corduff
CORDUFF WAY
CORDUFF GDNS
CORDUFF AVENUE
CORDUFF
SNUGBOROUGH
BALLYCOOLIN ROAD
Seed Testing Centre
National Aquatic Centre
SKELLIGS CT
WATERVILLE
THE NEW ROAD
Department of Marine Fisheries Research Centre
Meat Control
26
BLASKET SQUARE
ANNAGH CT
GARN SQ
DURSEY ROW
BANTRY SQUARE
ARRAN CT
ROAD
M50
Abbotstown (Veterinary Research Laboratory)
Abbotstown (Veterinary Research Laboratory)
WATERVILLE TERRACE
WATERVILLE ROAD
3
Mortuary
Laboratory
Institute of Horology
James Connolly Memorial Hospital (A&E)
The M50 between junctions 6 and 7 is now barrier-free. Unregistered users can pay the toll in shops or garages where a 'Payzone' logo is displayed. Alternatively the toll can be paid online at www.eflow.ie or by calling 1890 50 10 50. The toll must be paid by 8pm on the following day.
LANE
Driving Range
Dunsink Observatory
Elmgreen Golf Centre
DUNSINK
BLANCHARDSTOWN BYPASS
HERBERT ROAD
VILLA BLANCHARD
MILL ROAD
MILLSTEAD
STREET
BRIGID'S COTTAGES
RIVER ROAD
RIVER ROAD
Blanchardstown
Sch
ELMGREEN GOLF COURSE
4
NAVAN
SNMOOR
TALBOT
SPORTS GROUND
CASTLEKNOCK
ROSELAWN COURT
ROSELAWN WAY
ROSELAWN CL
WOODPARK
Twelfth Lock
TALBOT COURT
Junction 6
R102
RIVER
TOLKA RIVER
GRANARD BRIDGE
ROSELAWN ROAD
ROAD
ASHLEIGH GROVE
ASHLEIGH GRN
Foot Bridge
AUBURN PARK
R102
Eleventh Lock
ASHTOWN BRIDGE
Dunsinea Works
The National Food Centre
CASTLEKNOCK
CASTLEKNOCK ROAD
M50
TENNIS GRD
FOOTBALL GRD
Travelodge
43
ROYAL CANAL
ROAD
Ashtown Lodge
Weir
MEADOWS
CASTLEKNOCK VIEW
CASTLEKNOCK WOOD
PARKLANDS
CASTLEKNOCK OAKS
PARK LODGE
R806
BROOK
CASTLEKNOCK DRIVE
CASTLEKNOCK DALE
E
WOODVIEW PARK
HAWTHORN LODGE
AVENUE
WOODVIEW
AUB GRN
DR
AUB. CL
PECKS
NAVAN
MORGAN'S PL
F
D

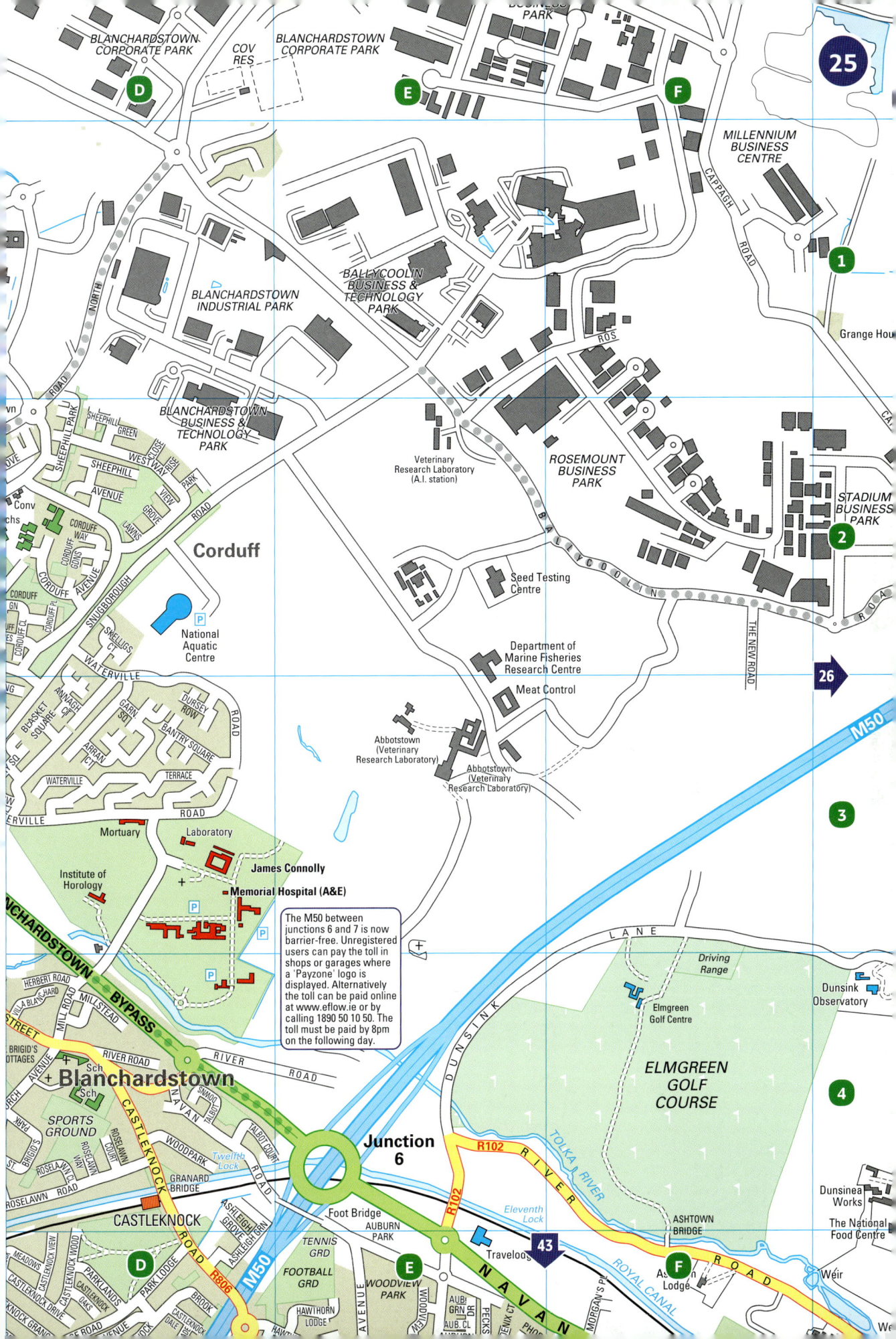

26
A
B
C
ILLENNIUM BUSINESS CENTRE
Baleskin Reception Centre
1
ROAD
N2
Junction 5
Electricity Station
Grange House
Kildonan House
CAPPAGH ROAD
STADIUM BUSINESS PARK
CAPPOGE COTTAGES
2
ROAD
THE NEW ROAD
25
M50
NORTH PARK BUSINESS & OFFICE PARK
CHARLESTOWN
NORTH ROAD
NORTHWAY ESTATE
MCKELV
BUSINESS PARK
ST MARG BUSI PA
PLUNKETT CRESCENT
PLUNKETT AVENUE
PLUNKETT DRIVE
PLUNKETT GRN
PLUNKETT GROVE
BARRY DR
BARRY PK
BARRY PARK
BARRY GRN
BARRY ROAD
CASEMENT ROAD
CASEMENT AVENUE
CASEMENT CLOSE
CASEMENT GRN
CASEMENT DRIVE
CASEMENT GROVE
CASEMENT PARK
Sch
Foot Bridge
CAPPAGH
Cappagh National Orthopaedic Hospital
KILDONAN ROAD
Kildonan
KILDONAN PARK
AVILA PK
3
MELLOWES PARK
MELLOWES AVENUE
MELLOWES ROAD
MELLOWES ROAD
KILDONAN ROAD
KILDONAN AVE
KILDONAN DRIVE
FINGLASWOOD ROAD
Finglas Leisure Civic Offices
DUNSOGHLY CT
DUNSOGHLY CL
DUNSOGHLY AVENUE
DUNSOGHLY DRIVE
DUNSOGHLY GRN
DUNSOGHLY GRO
DUNSOGHLY PARK
CAPPAGH ROAD
RATOATH DRIVE
ABBOTSTOWN DR
ABBOTSTOWN AVENUE
ABBOTSTOWN ROAD
CARDIFFSBRIDGE AVE
CARDIFFSBRIDGE RD
CARDIFFSBRIDGE ROAD
CAPPAGH DR
CAPPAGH
CASTLE RD
RAV CT
Schools
Dunsink Observatory
DUNSINK LANE
ST JOSEPH'S
ST MARY'S PARK
RATOATH AVENUE
WELLMOUNT CT
WELLMOUNT AVENUE
WELLMOUNT GRN
WELLMOUNT CRES
WELLMOUNT PK
WELLMOUNT DR
WELLMOUNT
Health Centre
PO
P
4
KILSHANE RD
DEANSTOWN ROAD
DEANSTOWN GRN
DEANSTOWN AVENUE
DEANSTOWN PK
DEANSTOWN DR
Priorstown
Coll
EASTWOOD CRES
PARK CLO
WESTWOOD AVE
WESTWOOD ROAD
RATOATH ROAD
RATHVILLY ROAD
RATHVILLY PK
RATHVILLY DR
VIRGINIA PARK
DUNSINK
DUNSINK DRIVE
BERRYFIELD
BERRYFIELD CRES
BERRYFIELD DR
Dunsinea Manor
Dunsinea Works
Scribblestown Park
WOODBANK AVE
WOODBANK DR
VALLEY PK RD
VALLEY PK AVE
VALLEY PK DR
GLENTIES DR
GLENTIES PK
VALEVIEW DR
VALEVIEW CR
VALEVIEW GDNS
The National Food Centre
SCRIBBLESTOWN ROAD
Scribblestown
44
SCRIBBLESTOWN
R1
ST. HELENA'S
KIPPURE PARK
R102
TOLKA
PITCH & PUTT
Weir
MILL RACE
ROAD
CARDIFFS BRIDGE

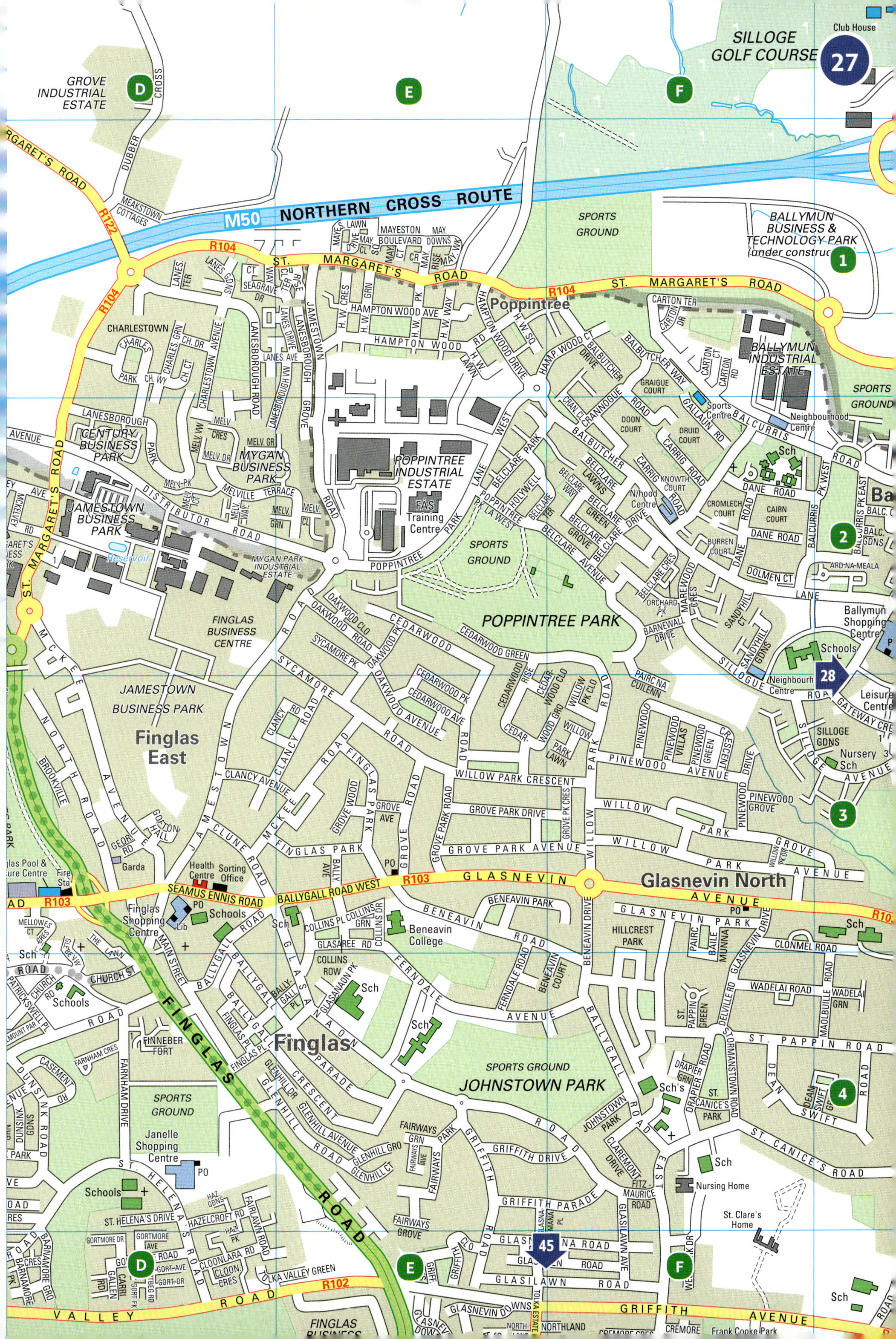

27
SILLOGE GOLF COURSE
Club House
GROVE INDUSTRIAL ESTATE
D
E
F
CROSS
DUBBER
MEAKSTOWN COTTAGES
ST. MARGARET'S ROAD
R122
R104
M50 NORTHERN CROSS ROUTE
SPORTS GROUND
BALLYMUN BUSINESS & TECHNOLOGY PARK (under construction)
1
MAYESTON LAWN
MAYESTON BOULEVARD
MAYESTON DOWNS
Poppintree
HAMPTON WOOD AVE
HAMPTON WOOD
HAMPTON WOOD DRIVE
CARTON TER
CARTON DR
CARTON RD
BALLYMUN INDUSTRIAL ESTATE
CHARLESTOWN
CHARLESTOWN AVENUE
LANESBOROUGH ROAD
LANESBOROUGH GROVE
JAMESTOWN ROAD
CENTURY BUSINESS PARK
MYGAN BUSINESS PARK
JAMESTOWN BUSINESS PARK
MELVILLE TERRACE
DISTRIBUTOR ROAD
Reservoir
MYGAN PARK INDUSTRIAL ESTATE
POPPINTREE INDUSTRIAL ESTATE
FAS Training Centre
POPPINTREE PARK LANE WEST
SPORTS GROUND
POPPINTREE PARK
BALBUTCHER LANE
BALBUTCHER WAY
GRAIGUE COURT
DOON COURT
DRUID COURT
CARRIG ROAD
CARRIGLEA
KNOWTH COURT
N/hood Centre
Sports Centre
Neighbourhood Centre
BALCURRIS ROAD
Sch
DANE ROAD
CROMLECH COURT
CAIRN COURT
DANE ROAD
BURREN COURT
DOLMEN CT
ARD-NA-MEALA
BALCURRIS PK EAST
BALCURRIS PK WEST
2
SPORTS GROUND
Ballymun Shopping Centre
Schools
28
Leisure Centre
GATEWAY CRES
SILLOGE ROAD
SILLOGE GDNS
Nursery Sch
SILLOGE AVENUE
3
FINGLAS BUSINESS CENTRE
JAMESTOWN BUSINESS PARK
Finglas East
OAKWOOD ROAD
SYCAMORE ROAD
CEDARWOOD ROAD
CEDARWOOD GREEN
CEDARWOOD AVENUE
PAIRC NA CUILENN
PINEWOOD AVENUE
PINEWOOD GROVE
WILLOW PARK CRESCENT
GROVE PARK DRIVE
GROVE PARK AVENUE
WILLOW PARK GROVE
WILLOW PARK AVENUE
Glasnevin North
GLASNEVIN AVENUE
R103
CLANCY AVENUE
FINGLAS PARK
JAMESTOWN ROAD
MCKEE AVENUE
NORTH ROAD
BROOKVILLE
Garda
Health Centre
Sorting Office
SEAMUS ENNIS ROAD
BALLYGALL ROAD WEST
Finglas Shopping Centre
PO
Lib
Schools
Finglas Pool & Leisure Centre
Fire Sta
BENEAVIN ROAD
BENEAVIN PARK
Beneavin College
GLASNEVIN PARK
HILLCREST PARK
CLONMEL ROAD
WADELAI ROAD
ST. PAPPIN ROAD
Finglas
CHURCH ST
MAIN STREET
FINGLAS ROAD
FINNEBER FORT
FARNHAM DRIVE
SPORTS GROUND
Janelle Shopping Centre
Schools
ST. HELENA'S ROAD
ST. HELENA'S DRIVE
HAZELCROFT RD
FERNDALE AVENUE
SPORTS GROUND
JOHNSTOWN PARK
GRIFFITH DRIVE
GRIFFITH PARADE
FAIRWAYS GROVE
GLASILAWN ROAD
45
4
ST. CANICE'S ROAD
ST. CANICE'S PARK
Nursing Home
St. Clare's Home
TOLKA VALLEY GREEN
R102
VALLEY ROAD
GRIFFITH AVENUE
FINGLAS BUSINESS
NORTHLAND
CREMORE
Frank Cooke Park
Sch

Club House
Northside D.O.E. Test Centre
A
B
C
Junction 4
M50
16
GO KARTING TRACK
WOODLAWN INDUSTRIAL ESTATE
COLLINSTOWN BUSINESS PARK
WOODFORD BUSINESS PARK
SANTRY BUSINESS PARK
PUBLIC SERVICE EIRCOM SPORTSLINK
HOCKEY PITCH
Leisure Centre
Distribution Centre
Northwood
BALLYMUN BUSINESS & TECHNOLOGY PARK
1
R108
BALLYMUN ROAD
FURRY PARK INDUSTRIAL ESTATE
TEMPLE GARDENS
Vehicle Registration Office
TEMPLE CT
TEMPLE LAWNS
AIRPORT BUSINESS CAMPUS
Crowne Plaza Hotel
TURNAPIN
AIRWAYS INDUSTRIAL ESTATE
CONSTELLATION ROAD
DAKOTA AVE
VISCOUNT AV
GULLIVERS RETAIL PARK
TLC Centre Nursing Home
BALLYMUN INDUSTRIAL ESTATE
SPORTS GROUND
NORTH
LYMEWOOD MEWS
Fitness Centre
Neighbourhood Centre
Sch
MORTON STADIUM (National Athletics Stadium)
SWORDS
R132
OAK CRES
ROYAL OAK
OAK RISE
OAK GREEN
OAK COURT
OAK DRIVE
OAK GROVE
OAK LWN
OAK VIEW
KNIGHTS WOOD
GERALDSTOWN WOODS
Hockey Ground
Club House
BALCURRIS
DANE ROAD
Ballymun
SANTRY
FORESTWOOD AVENUE
COULTRY DRIVE
SALLOWOOD VW
AVENUE
R104
COOLOCK
PO
Junction 2
CAIRN COURT
2
BALC. CL
BALC. GDNS
ARD-NA-MEALA
DOLMEN CT
LANE
COULTRY GDNS
COULTRY PARK
WOODHAZEL TERRACE
N/hood Centre
SANTRY AVENUE INDUSTRIAL ESTATE
Santry
SANTRY VILLAS
MAGENTA
OAK PK AVENUE
Ballymun Shopping Centre
MAIN STREET
Schools
27
AXIS Theatre
Civic Centre
Leisure Centre
SHANGAN ROAD
SHANLISS AVENUE
SANTRY HALL INDUSTRIAL ESTATE
Port Tunnel Entrance/Exit
N1
GATEWAY CRESCENT
SILLOGE GDNS
Nursery Sch
SILLOGE AVENUE
OLDTOWN AVENUE
SHANGAN GDNS
WHITEACRE CRES
Cinema
OMNI PARK
Omni Park Shopping Centre
LORCAN CRESCENT
LORCAN AVENUE
PINEWOOD DRIVE
3
WILLOW PK GROVE
SHANARD ROAD
SHANLISS ROAD
SHANLISS PARK
Garda
AILESBURY
SHANOWEN GROVE
SHANOWEN CRESCENT
SHANOWEN PARK
SHANOWEN ROAD
MILNERS SQUARE
SHANOWEN DRIVE
SHANBOLEY ROAD
SHANGLAS ROAD
North
R103
COLLINS AVENUE EXTENSION
CLONMEL ROAD
WAD BRIDGE
HAMPSTEAD CT
ALBERT COLLEGE PK
SHANOWEN ROAD INDUSTRIAL ESTATE
SHANTALLA
ELLENFIELD PARK
WADELAI ROAD
ST. PAPPIN ROAD
Dublin City University
CRESTFIELD CLOSE
GLENDUN ROAD
LARKHILL ROAD
4
DEAN SWIFT
HAMPSTEAD PARK
ST. CANICE'S ROAD
COLLINS AVENUE WEST
Margaret Aylward College
Hillside Farm
IVERAGH ROAD
GLENSHESK RD
YELLOW ROAD
BEAUMONT
COLLINS AVENUE
HAMPSTEAD AVENUE
Hampstead Private Hospital
46
Whitehall
Plunkett College
Highfield Hospital (Private)
Elmhurst Private Convalescent Home
Cooke Park

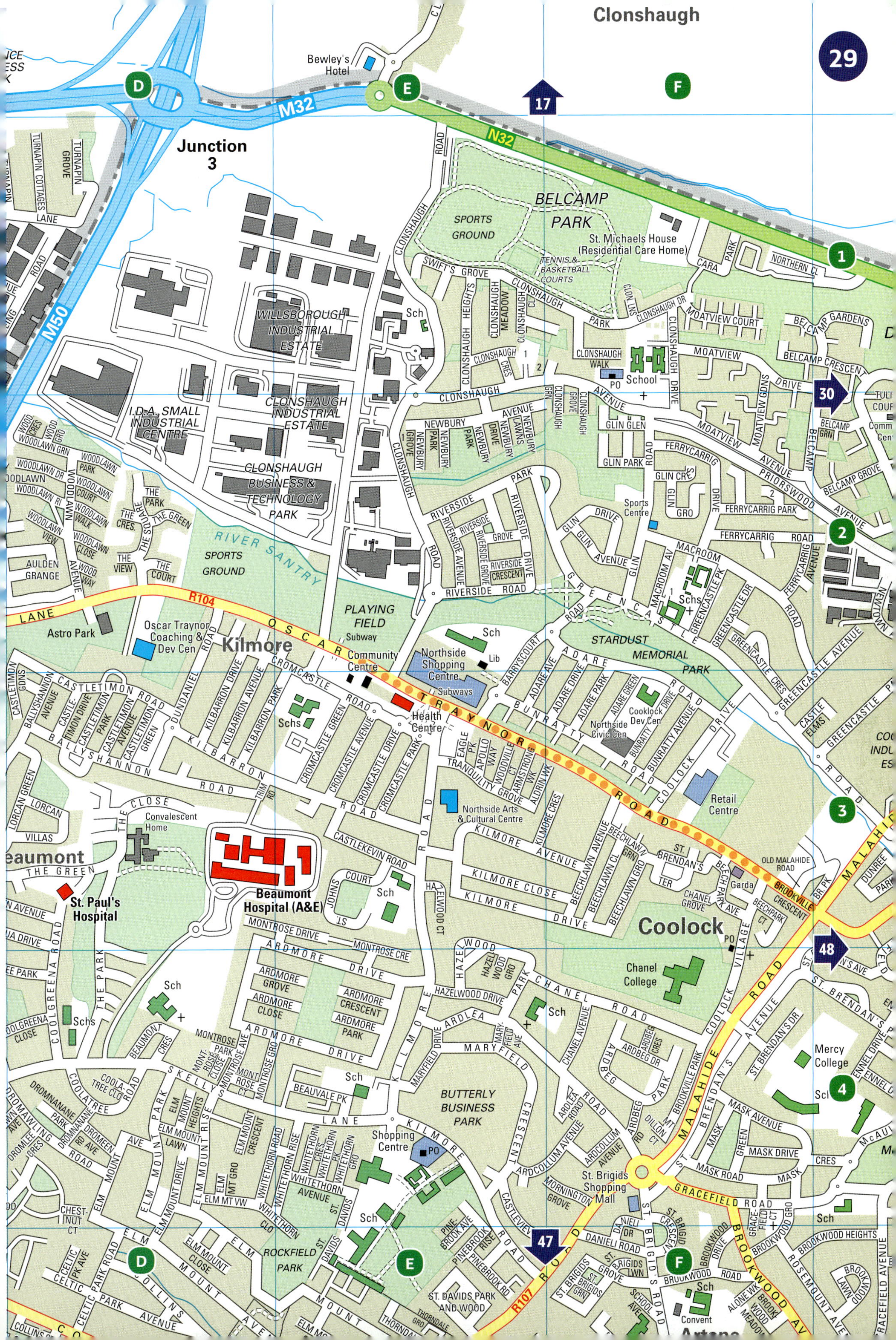
Clonshaugh
Bewley's Hotel
M32
N32
M50
17
30
47
48
Junction 3
BELCAMP PARK
SPORTS GROUND
St. Michaels House (Residential Care Home)
TENNIS & BASKETBALL COURTS
WILLSBOROUGH INDUSTRIAL ESTATE
CLONSHAUGH INDUSTRIAL ESTATE
I.D.A. SMALL INDUSTRIAL CENTRE
CLONSHAUGH BUSINESS & TECHNOLOGY PARK
RIVER SANTRY
PLAYING FIELD
R104
OSCAR TRAYNOR ROAD
Kilmore
Oscar Traynor Coaching & Dev Cen
Astro Park
Community Centre
Northside Shopping Centre
Subways
Health Centre
STARDUST MEMORIAL PARK
Northside Civic Cen
Cooklock Dev Cen
Retail Centre
Northside Arts & Cultural Centre
Convalescent Home
Beaumont Hospital (A&E)
St. Paul's Hospital
eaumont
Coolock
Chanel College
Garda
Mercy College
BUTTERLY BUSINESS PARK
Shopping Centre
St. Brigids Shopping Mall
ROCKFIELD PARK
ST. DAVIDS PARK AND WOOD
Convent
R107
MALAHIDE ROAD
CLONSHAUGH ROAD
CLONSHAUGH AVENUE
KILMORE ROAD
GRACEFIELD ROAD
BROOKWOOD AVENUE
COOLOCK LANE
SKELLY'S LANE
CASTLETIMON ROAD
KILBARRON ROAD
ARDMORE DRIVE
CHANEL ROAD
KILMORE AVENUE
GREENCASTLE ROAD
PRIORSWOOD ROAD
MOATVIEW AVENUE
FERRYCARRIG ROAD
RIVERSIDE ROAD
CROMCASTLE ROAD
CASTLEKEVIN ROAD
MONTROSE DRIVE
MARYFIELD CRESCENT
ARDCOLLUM AVENUE
COOLGREENA ROAD
ELM MOUNT AVE
COLLINS AVENUE

A
B
C
18
1
2
3
4
29
48
Spring Hill
Lime Hill
St. Doolagh's
St. Doolagh's Park
Saintdoolaghs
Trinity Gaels G.A.A. Club
Burgage
PITCH & PUTT
SPORTS GROUND
CEMETERY
Balgriffin
MALAHIDE ROAD
R107
FINGAL BURIAL GROUND
BALGRIFFIN ROAD
Belcamp Hutchinson
Belcamp College
SPORTS GROUND
BALGRIFFIN COTTAGES
ST. SAMSON CT
ST. SAMSON SQ
CASTLEMOYNE
Balgriffin Park
Wellfield Bridge
THE HOLE IN THE WALL ROAD
CITY JUNCTION BUSINESS PARK
MAYNE RIV. AVE
N32
Hilton Dublin Airport
DARNDALE PARK
Darndale
BELCAMP GARDENS
BELCAMP CRESCENT
MOATVIEW GDNS
TULIP COURT
Sch
Community Centre
PRIMROSE GROVE
SNOWDROP WALK
BELCAMP LANE
BELCAMP GRN
BELCAMP GROVE
BELCAMP AVENUE
PRIORSWOOD ROAD
MARIGOLD AVE
FERRYCARRIG PARK
FERRYCARRIG ROAD
FERRYCARRIG AVENUE
R841
CLARE HALL AVENUE
Leisure Centre
Clare Hall Shopping Centre
CLARE VILLAGE
TEMPLEVIEW
TEMPLEVIEW GREEN
TEMPLEVIEW PARK
TEMPLEVIEW AVE
TEMPLEVIEW DR
TEMP. DOWNS
TEMP. ROW
TEMP. LAWN
TEMP. CT
TEMP. COPSE
TEMP. SQ
TEMP. PL
TEMP. CL
TEMP. GRO
TEMP. WALK
GROVE LANE
GROVE PK
Clare Hall
SPORTS GROUND
Ayrfield Community Sports & Leisure Centre
BLUNDEN DRIVE
GREENWOOD DR
GREENWOOD AVENUE
GREENWOOD WAY
GREENWOOD CT
NEWTOWN ROAD
NEWTOWN AVENUE
NEWTOWN INDUSTRIAL ESTATE
SLADEMORE AVE
SLADEMORE CT
GLENTWORTH PARK
ELMFIELD WAY
ELMFIELD WALK
ELMFIELD GROVE
ELM RISE
ELM GREEN
ELM LAWN
NURNEY LAWN
ARDARA AVENUE
WHYTELEAF GROVE
MANOR DR
GRANGEMORE CRESCENT
GRANGEMORE DR
GRANGEMORE LAWN
GRANGEMORE AVENUE
GRANGEMORE ROAD
GRANGEMORE GROVE
ROSAPENNA DRIVE
KILFENORA DRIVE
GRATTAN LODGE
GRATTAN HALL
St. Colombuns
FOXHILL GRN
FOXHILL AVE
FOXHILL PARK
FOXHILL DRIVE
FOXHILL CRES
FOXHILL WAY
FOXHILL CT
FOXHILL LWN
SPORTS GROUND
LENTISK LAWN
CEDAR PARK
CARRAROE AVENUE
TARA LAWN
WOODVIEW PK
Donaghmede Shopping Centre
DONAGHMEDE ROAD
HOLYWELL CRESCENT
HOLYWELL AVE
HOWTH VW PK
THE BEECHES
GREENCASTLE AVENUE
GREENCASTLE PARADE
GREENCASTLE CRES
CASTLE ELMS
COOLOCK INDUSTRIAL ESTATE
NEWTOWN COTTS
AYRFIELD PLACE
AYRFIELD DRIVE
AYRFIELD AVE
AYRFIELD CT
ELTON PK
ELTON DR
CLONROSSE DRIVE
MILLBROOK ROAD
MILLBROOK AVENUE
MILLBROOK GRO
STREAMVILLE ROAD
LARAGH CLO
Sch
RATHVALE AVE
RATHVALE PARK
LIMEWOOD AVE
LIMEWOOD RD
LIMEWOOD PK
Leisureplex
UCI Cinema
OLD MALAHIDE ROAD
BROOKVILLE CRESCENT
BEECHPARK CT
TONLEGEE ROAD
TONLEGEE DRIVE
TONLEGEE AVENUE
GLENAYLE RD
GLENFARNE RD
GLENWOOD ROAD
KILBARRACK ROAD
R104
Tennis Court
St. Monica's Youth Centre
Fire Sta
Subway
MOUNT OLIVE ROAD
MOUNT OLIVE GROVE
SWANS NEST ROAD
Kilbarrack Shopping Centre
Schs
KILBARRACK
WOODBINE ROAD
WOODBINE CLO
WOODBINE DRIVE
WOODBINE PARK
MILLWOOD PARK
MILLWOOD VILLAS
GRANGE ROAD
R809
GRANGE PARK PARADE
GRANGE PARK RISE
GRANGE PARK GROVE
GRANGE PARK CRESCENT
GRANGE PARK DRIVE
MOATFIELD AVENUE
MOATFIELD PARK
ST. BRENDAN'S AVE
ST. BRENDAN'S PARK
SPRINGDALE ROAD
Health Centre
PO
Convent
EDENMORE
EDENMORE PARK
EDENMORE AVENUE
Hilltop Shopping Centre
Mercy
DUNREE PARK

31
Baldoyle Estuary Nature Reserve
Portmarnock Bridge
19
Murragh
PORTMARNOCK
STATION ROAD
THE KILNS
THE LINKS
MILLFLD.
MILLBANK
RATHMORE
HAZEL GRO
R124
ROAD
DRUMNIGH WOOD
DRUMNIGH
Drumnigh
Maynetown
R123
MAYNE ROAD
Moyne Lodge
MOYNE PARK
Mayne Bridge
Snugborough
MAYNE RIVER
R106
COAST ROAD
Portmarnock Golf Club Club House
FATHER COLLINS PARK
SPORTS GROUNDS
Clongriffin
Stapolin
MAIN STREET
BEAU PARK ST
Trinity Sports & Leisure Centre
Grange Community College
NEW GROVE ESTATE
GRANGE LODGE AVE
BEAU PARK ROW
BEAU PARK SQUARE
STATION WAY
RAILWAY ROAD
RAILWAY MEWS
GRANGE ABBEY ROAD
GRANGE ABBEY DRIVE
R809
GRANGE ROAD
GRANGE ABBEY CRESCENT
GRANGE ABBEY GROVE
DONAGHMEDE PARK
School
LONGFIELD ROAD
STAPOLIN AVENUE
RED ARCHES DR
RED ARCHES AVENUE
MYRTLE AVE
MYR. SQ
MYR. DR
MYR. CT
STAPOLIN LAWNS
CASTLEROSSE CRESCENT
CASTLE ROSSE DRIVE
CASTLE ROSSE VIEW
GRANGE PARK
Health Centre
Community Hall
St Mary's Hospital
Baldoyle
ADMIRAL PARK
WILLIE NOLAN RD
COLLEGE STREET
MAIN ST
STRAND
GEORGIAN HAMLET
BROOKSTONE RD
DUBLIN STREET
Grave Yard
Nursing Home
Sch
PO
Lib
32
GRANGE AVENUE
GRANGE CLOSE
GRANGE DRIVE
GRANGE PARADE
BALDOYLE INDUSTRIAL ESTATE
GRANGE WAY
Racecourse Shopping Centre
SEAGRANGE AV
SEAGRANGE DR
SEAGRANGE PARK
ABBEY PARK
MARIAN PARK
SEAGRANGE ROAD
SEACLIFF DR
SEACLIFF AVENUE
SEACLIFF RD
TUSCANY PARK
MEADOWBROOK AVENUE
MEADOWBROOK PARK
PARKVALE
TURNBERRY
WARREN GREEN
MOYCLARE DRIVE
MOYCLARE PARK
MOYCLARE AVE
MOYCLARE ROAD
MOYCLARE CLO
BURROWFIELD
LIGHTHOUSE ROAD
NEWBROOK ROAD
NEWBROOK AVE
CARNDONAGH PARK
CARNDONAGH DRIVE
CARNDONAGH ROAD
CARN-DONAGH LWN
DONAGHMEDE AVE
DONAGHMEDE PARK
DONAGHMEDE DRIVE
Garda
BAYSIDE
VERBENA LAWNS
BAYSIDE BOULEVARD NORTH
BAYSIDE WALK
BAYSIDE PARK
HOWTH JUNCTION
KILBARRACK PARADE
KILBARRACK WAY
ST. DONAGH'S PK
KILBARRACK INDUSTRIAL ESTATE
SPORTS GROUND
SUTTON
SUTTON PARK
SUTTON COURT
SUTTON LAWNS
SEAFIELD CT
BALDOYLE ROAD
RAILWAY AVENUE
VERBENA PK
VERBENA GRO
VERBENA AVENUE
SARTO LAWN
SARTO PARK
SARTO ROAD
SARTO RISE
ALDEN ROAD
ALDEN PARK
ALDEN DRIVE
BAYSIDE SQ NORTH
BAYSIDE SQ EAST
BAYSIDE SQ WEST
BAYSIDE SQ SOUTH
SUTTON GROVE
SUTTON DOWNS
KILBARRACK CEMETERY
R105
DUBLIN ROAD
49
Kilbarrack
JAMES JOYCE CT
KILBARRACK ROAD
R104
KILBARRACK GARDENS
KILBARRACK GROVE
KILBARRACK AVENUE
THORNVILLE ROAD
THORNVILLE PARK
THORNVILLE DRIVE
BRIARFIELD GROVE
BRIARFIELD VILLAS
Greendale Shopping Centre
SWANS NEST
NEST AVE
PACELLI AVENUE
RONCALLI ROAD
BEACH VIEW
DEL VAL CT
SUTTON
D
E
F
1
2
3
4

A
B
C
Portmarnock Point
Community Hall
St. Mary's Hospital
Baldoyle
MAIN ST
STRAND
COLLEGE STREET
STREET
Sch
PO
Lib
Grave Yard
Nur Hom
31
TURNBERRY
WARREN GREEN
WARRENHOUSE ROAD
ROAD
STATION
MOYCLARE DRIVE
MOYCLARE PARK
MOYCLARE AVE
MOYCLARE ROAD
MOYCLARE GDNS
BURROWFIELD ROAD
JAMES MCCORMACK GARDENS
R809
R80
BALDOYLE ROAD
LC
SUTTON
SUTTON PARK
LAWNS
SEAFIELD CT
RAILWAY AVENUE
BINN EADAIR VIEW
THE CRES
THE COURT
Sch
Sutton
RUGBY GROUND
R105
ROAD
Cush Point
Sutton G.C. Clubhouse
SUTTON GOLF COURSE
Suncroft
BURROW ROAD
CLAREMONT ROA
LAUDERS LA
GOLF LINKS
Sutton Cross Shopping Centre
PO
DUBLIN ROAD
Marine Hotel
GREENFIELD ROAD
SPORTS GROUND
CHURCH ROAD
GLENCARRIG
Convent
Schools
OFFINGTON PARK
OFFINGTON AVENUE
OFFINGTON DRIVE
OFFINGTON LAWN
OFFINGTON COURT
SANTA SABINA MNR
Sutton Strand
Sutton Creek
STRAND ROAD
CARRICKBRACK HEATH
DUNCARRIG
CARRICKBRACK HILL
CARRICKBRACK PARK
CARRICKBRACK LAWN
LA VISTA AVE
OLD CASTLE AVENUE
SPORTS GROUND
CARRICKBR
CEMETERY
ST. FINTAN'S PK
ST. FINTAN'S CRES
ST. FINTAN'S GROVE
ST. FINTAN'S ROAD
Bayview House
Old Quay
SPORTS GROUND
Sch
SOUTH HILL
SHIELMARTIN DRIVE
SHIELMARTIN ROAD
Sea Lawn
Shielmart House
SHIELMARTIN RD
SHIELMARTIN PK
Sutton Castle
49
34
1
2
3
4

Howth

Carrigeen Bay · **Ireland's Eye** · **Rowan Rocks** · **Thulla Rocks** · **Thulla**

33

Map labels

- Howth Lodge
- Marino
- Braccan
- HOWTH ROAD (R105)
- LC
- HOWTH
- Coast Guard Station
- Sea Angling Centre
- Mariners Hall
- West Pier
- Lighthouse
- East Pier
- HOWTH HARBOUR
- Promenade
- HARBOUR ROAD
- Martello Tower
- BALSCADDEN BAY
- Howth
- Church St.
- Garda
- PO
- ABBEY STREET
- Health Centre
- Lib
- BALSCADDEN ROAD
- National Transport Museum
- Howth Castle & Demesne
- DEER PARK GOLF COURSE
- Round Plantation
- EVORA PARK
- EVORA CRES
- ST. LAWRENCE RD
- GRACE O'MALLEY ROAD
- TUCKETT'S LAW.
- SEAVIEW TER
- MAIN STREET
- ASGARD PK
- KILROCK ROAD
- NASHVILLE PARK
- Sch
- ST. PETER'S TER
- NASHVILLE RD
- ASGARD ROAD
- COWBOOTER LANE
- THORMANBY ROAD
- CANNON ROCK VIEW
- GRACE O'MALLEY DRIVE
- CROSSTREES
- Well Plantation
- BALGLASS ESTATE
- BALGLASS ESTATE
- BALGLASS RD
- BALKILL PK
- THORMANBY LAWNS
- UPPER CLIFF RD
- MARINERS COVE
- DEER PARK GOLF COURSE
- Clubhouse & Deer Park Hotel
- BLOODY STREAM
- BALKILL ROAD
- DUNGRIFFAN ROAD
- GREYS LANE
- WOODCLIFF HEIGHTS
- CASANA VIEW
- Rookstown
- BEANN EADAIR GAA CLUB
- Muck Rock
- RESERVOIR
- Old Plantation
- Pavilion
- THORMANBY WOODS
- Ashville
- Highfield
- Mudook Rock
- The Flat Rocks
- HOWTH GOLF COURSE
- Clubhouse
- Pavilion
- CARR... ROAD
- Tumulus
- Ben of Howth
- Loughoreen Hills
- WINDGATE ROAD
- NEW ROAD
- WINDGATE RISE
- KITESTOWN ROAD
- R105
- BRACK ROAD
- Oakley Park
- Barren Hill Cross Roads
- Shielmartin
- Knocknabohill
- HOWTH GOLF COURSE
- Black Linn
- **35**
- Black Heath
- BAILEY GRN RD
- The Haven
- White
- Old Baily

Sutton Cross Shopping Centre
PO
DUBLIN ROAD
GREENFIELD ROAD
R105
SPORTS GROUND
Marine Hotel
CHURCH ROAD
32
GLENCARRIG
OFFINGTON PARK
Convent
Schools
Sutton Strand
Sutton Creek
SANTA SABINA MNR
OFFINGTON DRIVE
OFFINGTON AVENUE
OFFINGTON LAWN
OFFINGTON COURT
HOWTH ROAD
Braccan
LC
National Transport Museum
Round Plantation
DEER PARK GOLF COURSE
STRAND ROAD
CARRICKBRACK HEATH
DUNCARRIG
OLD CASTLE AVENUE
SPORTS GROUND
Sch
CARRICKBRACK HILL
CARRICKBRACK PARK
Pavilion
CARRICKBRACK ROAD
CEMETERY
LA VISTA AVE
CARRICKBRACK LAWN
ST. FINTAN'S ROAD
ST. FINTAN'S PK
ST. FINTAN'S CRES
SPORTS GROUND
Old Quay
Bayview House
ST. FINTAN'S GROVE
Sch
SOUTH HILL
Clubhouse
Mudook Rock
The Flat Rocks
HOWTH GOLF COURSE
Muck Rock
SHIELMARTIN DRIVE
SHIELMARTIN ROAD
Sea Lawn
Shielmartin House
SHIELMARTIN RD
SHIELMARTIN PK
Barren Hill Cross Roads
Shielmartin
Sutton Castle
Martello Tower
Somali
Pumping House
Shearwater
BALSAGGART STREAM
CLIFF WALK
The Cliffs
Sheep Hole
A
B
C
1
2
3
4

Coast Guard Station
Sea Angling Centre
HOWTH HARBOUR
HOWTH
HARBOUR ROAD
Promenade
33
Martello Tower
Howth
DEER PARK GOLF COURSE
Garda
CHURCH ST
PO
ABBEY STREET
Health Centre
BALSCADDEN BAY
BALSCADDEN ROAD
Puck's Rocks
Nose of Howth
Kilrock
EVORA PARK
EVORA CRES
GRACE O'MALLEY ROAD
ST. LAWRENCE RD
Lib
KILROCK ROAD
NASHVILLE PARK
Well Plantation
STREAM
Sch
TUCKETT'S LA.
ASGARD PK
NASHVILLE RD
THORMANBY ROAD
COWBOOTER LANE
CLIFF WALK (Fingal Way)
GRACE O'MALLEY DRIVE
ST. PETERS TER
SEAVIEW TER
MAIN STREET
CROSSTREES
ASGARD ROAD
BALGLASS ESTATE
BALGLASS RD
CANNON ROCK VIEW
UPPER CLIFF RD
Cannon Rock Cottage
BLOODY
BALKILL PK
THORMANBY LAWNS
BALKILL ROAD
DUNGRIFFAN ROAD
MARINERS COVE
BEANN ÉADAIR GAA CLUB
WOODCLIFF HEIGHTS
CASANA VIEW
RESERVOIR
Pavilion
GREYS LANE
Rookstown
Green Ivy
Old Plantation
THORMANBY WOODS
THORMANBY LODGE
Ashville
Highfield
Bearna
Tumulus
Ben of Howth
Loughoreen Hills
WINDGATE ROAD
KITESTOWN ROAD
Oakley Park
Piper's Gut
R105
NEW ROAD
Black Linn
WINDGATE RISE
The Haven
Fox Hole
Knocknabohill
HOWTH GOLF COURSE
CARRICKBRACK ROAD
BAILEY GRN RD
CLIFF WALK
Black Heath
Highroom Bed
White Water
Old Baily Cottage
Pumping House
Cloghereen
Lough Leven
Danesfort
Gaskin's Leap
Shielmartin Cottage
Carraigbreac House
Roxborn
Whitewater Brook
CARRICKBRACK ROAD
Convent
THORMANBY ROAD
CEANNCHOR ROAD
Ballintoy
Earlscliffe
CLIFF WALK
Danes Hollow
Webb's Castle Rock
Broad Strand
The Needles
The Tansey
CEANNCHOR RD
Lion's Head
DOLDRUM BAY
Ceanchor House
Drumleck
The Needles or Candlesticks
Baily Lighthouse
Drumleck Point
D
E
F
1
2
3
4

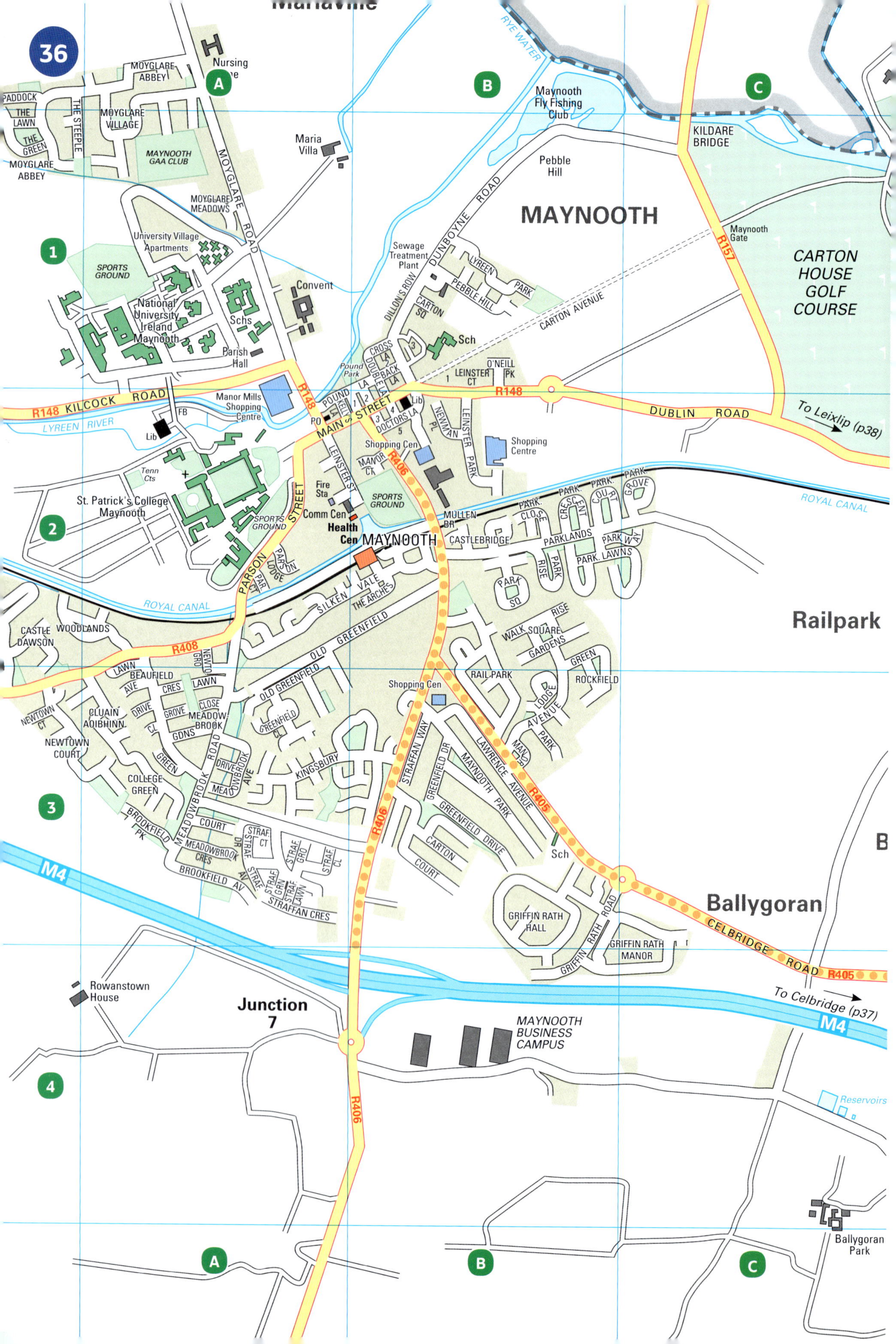
MAYNOOTH
Railpark
Ballygoran
CARTON HOUSE GOLF COURSE
Moyglare Abbey
Nursing Home
Paddock
The Lawn
The Green
The Steeple
Moyglare Village
MAYNOOTH GAA CLUB
Moyglare Road
Moyglare Meadows
Maria Villa
Rye Water
Maynooth Fly Fishing Club
Kildare Bridge
Pebble Hill
Dunboyne Road
Maynooth Gate
R157
University Village Apartments
SPORTS GROUND
National University Ireland Maynooth
Schs
Convent
Parish Hall
Sewage Treatment Plant
Dillon's Row
Lyreen Park
Pebble Hill
Carton Sq
Carton Avenue
Sch
Cross La
Double La
Back La
Pound Park
O'Neill Pk
Leinster Ct
R148
Dublin Road
To Leixlip (p38)
R148 Kilcock Road
Manor Mills Shopping Centre
Lyreen River
FB
Lib
PO
Pound La
Kelly's La
Main Street
Doctors La
Newman Pl
Leinster Park
Shopping Cen
Shopping Centre
Manor Ct
R406
Leinster St
Tenn Cts
St. Patrick's College Maynooth
Fire Sta
Comm Cen
Health Cen
SPORTS GROUND
Parson Street
Mullen Br
Castlebridge
Park Close
Park Crescent
Park Court
Park Grove
Parklands
Park Way
Park Lawns
Park Rise
Park Sq
Royal Canal
Parson Lodge
Parson Ct
Silken Vale
The Arches
Old Greenfield
Castle Dawson
Woodlands
R408
Newtown Gro
Lawn
Beaufield Ave
Cres
Lawn
Drive
Grove
Close
Meadowbrook
Cl
Gdns
Newtown Ct
Cluain Aoibhinn
Newtown Court
Green
College Green
Meadowbrook Road
Drive
Meadowbrook Ave
Mead
Old Greenfield
Greenfield Cl
Kingsbury
Shopping Cen
Straffan Way
Greenfield Dr
Maynooth Park
Greenfield Drive
Lawrence Avenue
R405
Carton Court
Walk Square Rise
Gardens
Green
Rail Park
Rockfield
Lodge Avenue
Park
Manor
Sch
Brookfield Pk
Court
Straf Ct
Straf Dr
Straf Gro
Straf Cl
Meadowbrook Cres
Brookfield Av
Straf Av
Straf Grn
Straf Lawn
Straffan Cres
Griffin Rath Hall
Griffin Rath Road
Griffin Rath Manor
Celbridge Road R405
M4
Rowanstown House
Junction 7
To Celbridge (p37)
MAYNOOTH BUSINESS CAMPUS
R406
Reservoirs
Ballygoran Park
A
B
C
1
2
3
4

To Maynooth (p36)
M4
Junction 6
38
R449
LEIXLIP
D
E
F
1
2
3
4
ROAD
R405
SPORTS GROUND
College
VIEW
LAWNS
RISE
AVENUE
DOWNS
SPORTS GROUND
KILWOGAN MANOR
CRODAUN FOREST PARK
MAYNOOTH ROAD
FB
CRO. CT
CASTLE VILLAGE
LAWNS
WOODS
CRES
DRIVE
AVENUE
WAY
RISE
WALK
THORNHILL MEADOWS
PARK
COURT
CL
BALLYORAN VIEW
HAWTHORN VIEW
ASHGROVE
THORNHILL GARDENS
Sch
SPORTS GROUND
THE PADDOCK
THORNHILL HEIGHTS
BEATTY GROVE
BEATTY GRO
BEATTY PARK
WILLOWBROOK PK
WILLOW LODGE
THE MEADOWS
THE GLADE
THE CRESCENT
THE WALK
W.B.GRO
WILLOW LAWNS
THE COURT
MILL
THE DRIVE
OLDTOWN MILL
THE CLOSE
OLDTOWN
THE PARK
Health Cen
TEMPLE GRO
Garda
WOLSTAN HAVEN ROAD
CELBRIDGE IND EST
Shopping Centre
THE WALLED GARDENS
THE ELMS
THE CROFT
WOODVIEW
CHERRYWOOD
THE LAWN
CASTLE GRO
CEDARWOOD
THE AVENUE
THE WOODLANDS
THE COPPINS
THE DRIVE
THE WILLOWS
THE OAKS
ROWAN CLOSE
THE COURT
CHESTNUT GRO
LARK MEWS
BIG LANE
DARA COURT
DARA CT
CILLDARA CL
Veterinary Hospital
ELM PK
DARA CRES
SPORTS GROUND
VANESSA LAWNS
THE LAWN
THE VIEW
WOLSTAN HAVEN AVE
THE PARK
THE DALE
THE GREEN
R403
OLDTOWN COTTS
THE CLOSE
VANESSA CL
ST. PATRICK'S PARK
PATRICK'S PARK
Sch
CHURCH ROAD
PRIORY WAY
MAIN STREET
CELBRIDGE
ST. PATRICK'S PARK
CEM
PRIORY CL
PRIORY VIEW
PRIORY GRO
PRIORY CHASE
ST RAPHAEL'S AVENUE
St. Raphael's
CHURCH ROAD
ENGLISH ROW
PRIORY GREEN
PRIORY CT
RAPHAEL'S AVENUE
PRIORY CRES
THE COURTYARD
OAKLEIGH
PRIORY DR
PRIORY WALK
PRIORY LODGE
CLANE ROAD
FB
Community Centre
Celbridge Abbey
Rock Bridge
Sch
SPRINGFIELD CL
CELBRIDGE ABBEY
THE LAWNS
THE GROVE
ABBEYFARM
THE CRES
ABBEY PARK
RIVERVIEW
THE PARK
THE DRIVE
ABBEY GRN
ABBEY CT
RIVER LAWNS
TEMPLE MANOR
THE DRIVE
THE LAWNS
THE COURT
THE CLOSE
THE CRES
NEWTOWN ROAD
SIMMONSTOWN MANOR
Simmonstown House
CALENDARS MILL
THE LITTLE GROVE
Sch
Grove House
PRIMROSE HILL
TEMPLE LAWNS
THE GROVE
SIMMONSTOWN PARK
DUBLIN ROAD
ST. WOLSTAN'S ABBEY
THE CRESCENT
THE VIEW
THE GLADE
THE DOWNS
THE AVENUE
THE PARK
WILLOW SQUARE
WILLOW GREEN
WILLOW CR
WILLOW LAWN
WILLOW BROOK
WILLOW VIEW
WILLOW PAR
WILLOW WAY
WIL CL
WIL DR
WILLOW RISE
WILLOW AVENUE
PRIMROSE GATE
The Cottage
CELBRIDGE G.A.A.
Castletown House
P
RIVER LIFFEY
Riding School
CEM
St. Wolstan's Abbey
Shinkeen Bridge
BALLYOULSTER PARK
Elm Hall

CARTON HOUSE
GOLF COURSE
RYE WATER
Kellystown
House
SANDSFORDS
BRIDGE
KELLYSTOWN LANE
Dublin
Gate
To Maynooth (p36)
PIKE
BRIDGE
Graveyard
R148
DUBLIN ROAD
ROYAL CANAL
Blakestown
COLLINSTOWN
INDUSTRIAL
PARK
DEEY
BRIDGE
LC
Donaghmore
Barrogstown
East
Grange William
Stud
GLEN EAST
R449
Kilmacredock
House
EASTON
ROAD
Kilmacredock
Stud
LEIXLIP GATE
M4
MAYNOOTH ROAD
R405
37
Junction
6
SPORTS
GROUND
Ballygoran
Stud
College
R449
CRODAUN
FOREST
PARK
KILWOGAN
MANOR
FB
CRO
CT
CASTLE VILLAGE
THORNHILL
MEADOWS
PARK
COURT
MAYNOOTH ROAD

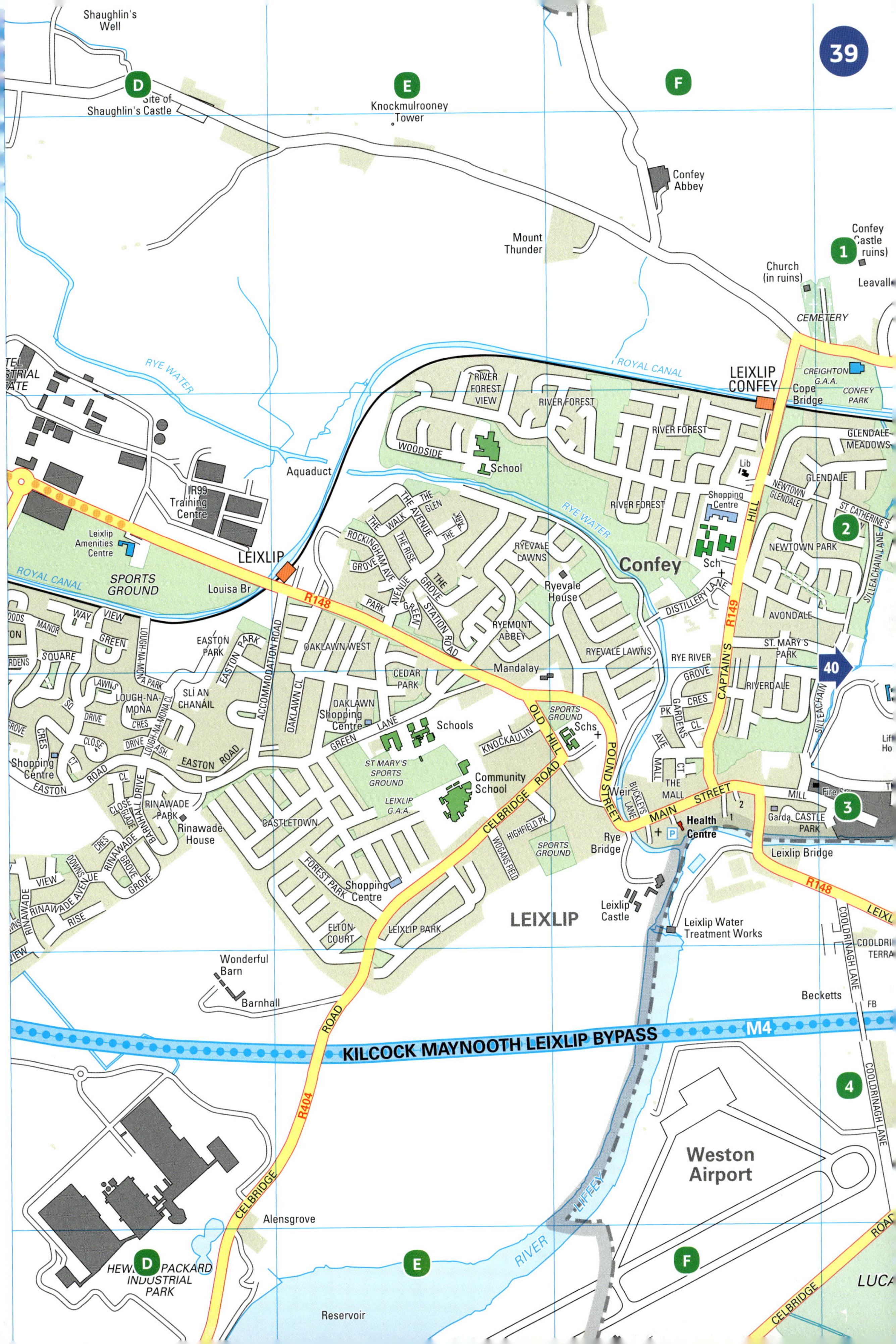

D
E
F
Shaughlin's Well
Site of Shaughlin's Castle
Knockmulrooney Tower
Confey Abbey
Mount Thunder
Confey Castle (ruins)
Church (in ruins)
Leavall
CEMETERY
1
RYE WATER
ROYAL CANAL
LEIXLIP CONFEY
CREIGHTON G.A.A.
Cope Bridge
CONFEY PARK
GLENDALE MEADOWS
GLENDALE
NEWTOWN GLENDALE
ST. CATHERINE'S
2
NEWTOWN PARK
SILLEACHAIN LANE
AVONDALE
ST. MARY'S PARK
40
RIVERDALE
SILLEACHAIN
RIVER FOREST VIEW
RIVER FOREST
WOODSIDE
School
Lib
Shopping Centre
HILL
Confey
Sch
Aquaduct
IR99 Training Centre
Leixlip Amenities Centre
SPORTS GROUND
LEIXLIP
Louisa Br
R148
THE GLEN
THE AVENUE
THE WALK
THE PARK
ROCKINGHAM AVE
THE RISE
GROVE
THE GROVE
AVENUE
PARK
GREEN
STATION ROAD
RYEVALE LAWNS
Ryevale House
RYEMONT ABBEY
RYEVALE LAWNS
DISTILLERY LANE
R149
CAPTAIN'S
RYE RIVER
GROVE
CRES
PK
GARDENS
CL
AVE
MALL
CT
THE MALL
MAIN STREET
Health Centre
P
Weir
BUCKLEYS LANE
MILL
Garda
CASTLE PARK
Fire Sta
3
Leixlip Bridge
R148
LEIXL
Rye Bridge
Leixlip Castle
Leixlip Water Treatment Works
COOLDRINAGH LANE
COOLDRI TERRA
Becketts
FB
ESTATE
WAY
VIEW
MANOR
GREEN
SQUARE
LAWNS
LOUGH-NA-MONA PARK
LOUGH-NA-MONA
LOUGH-NA-MONA CL
SLÍ AN CHANÁIL
EASTON PARK
EASTON PARK
ACCOMMODATION ROAD
OAKLAWN WEST
OAKLAWN CL
CEDAR PARK
Mandalay
OLD HILL
SPORTS GROUND
Schs
POUND STREET
OAKLAWN Shopping Centre
GREEN LANE
Schools
KNOCKAULIN
ST MARY'S SPORTS GROUND
LEIXLIP G.A.A.
Community School
CELBRIDGE ROAD
HIGHFIELD PK
WOGANS FIELD
SPORTS GROUND
DRIVE
CRES
CLOSE
CT
DRIVE
ASH
EASTON ROAD
Shopping Centre
EASTON
ROAD
CL
CLOSE
GLADE
BARNHALL DRIVE
RINAWADE PARK
Rinawade House
CASTLETOWN
FOREST PARK
Shopping Centre
ELTON COURT
LEIXLIP PARK
LEIXLIP
CRES
RINAWADE
GROVE
GROVE
DOWNS
RINAWADE AVENUE
VIEW
RISE
RINAWADE
Wonderful Barn
Barnhall
ROAD
M4
KILCOCK MAYNOOTH LEIXLIP BYPASS
4
R404
CELBRIDGE
RIVER LIFFEY
Weston Airport
Alensgrove
HEWLETT PACKARD INDUSTRIAL PARK
Reservoir
CELBRIDGE ROAD
LUCAN

A
22
B
C
Westmanstown
Park
CONFEY
PARK
Confey
Castle
(in ruins)
1
Church
(in ruins)
Leavalley
SPORTS
GROUND
CEMETERY
Confey
House
Allenswood
House
LEIXLIP
CONFEY
CREIGHTON
G.A.A.
Cope
Bridge
CONFEY
PARK
Royal Canal
Amenity Group
R149
GLENDALE
MEADOWS
Lib
GLENDALE
NEWTOWN
GLENDALE
ST. CATHERINE'S
VIEW
HILL
2
NEWTOWN PARK
SILLEACHAIN LANE
Collins
Bridge
ROYAL CANAL
AVONDALE
ST. MARY'S
PARK
39
RIVERDALE
SILLEACHAIN LANE
St. Catherines
Park Hotel
Liffey Valley
House Hotel
St. Catherines
Leixlip Wastewater
Treatment Works
THE BLACK AVENUE
Fire Sta
MILL LANE
3
CASTLE
PARK
MILL LANE
BUSINESS
PARK
LEIXLIP
LARAGHCON
Leixlip Bridge
R148
LEIXLIP
ROAD
COOLDRINAGH LANE
COOLDRINAGH
TERRACE
Club
House
LIFFEY
VALLEY
GOLF
COURSE
LIFFEY
VALLEY
PARK
WEIRVIEW
BARNHILL CROSS RD
Weir
Becketts
FB
M4
Junction
5
Weir
Dunavarra
MAIN ST
SARSFIELD CT
4
COOLDRINAGH LANE
WESTON CRESCENT
LAWN
CLOSE
WESTON DR
WESTON
PARK
KEW PARK CRES
KEW
PARK
N4
LEIXLIP
ROAD
RIVER LIFFEY
Lucan
House
GRAVE
YARD
WESTFIELD AVE
GREEN
COURT
MEADOW
WESTON
WAY
THE
CRESCENT
R121
Garda
FB
ADAMSTOWN ROAD
PRIMROSE LANE
KEW PARK
AVE
ROAD
R835
WESTON
WESTON HEIGHTS
CELBRIDGE
OLD
CORNMILL RD
MILLSTREAM ROAD
FB
ARD EEN
ARDEEVIN DRIVE
ARDEEVIN AVENUE
ARDEEVIN CT
R835
ADIBHEAN
WOODVIEW
DODSBORO ROAD
Shopping
Centre
LUCAN
Mount
Zion
ROAD
R403
CELBRIDGE
50
WOODVIEW
HEIGHTS
CHERRY
LAWNS
GREEN
HILLCREST
VIEW
AVENUE
DRIVE
VESEY PARK
A
LUCAN GOLF COURSE
Club
House
LANE
B
Sch
PO
HILLCREST CLOSE
WESTBROOK
HILLCREST
C
N4
HILLCREST
AIRLIE HEIGHTS
ROAD

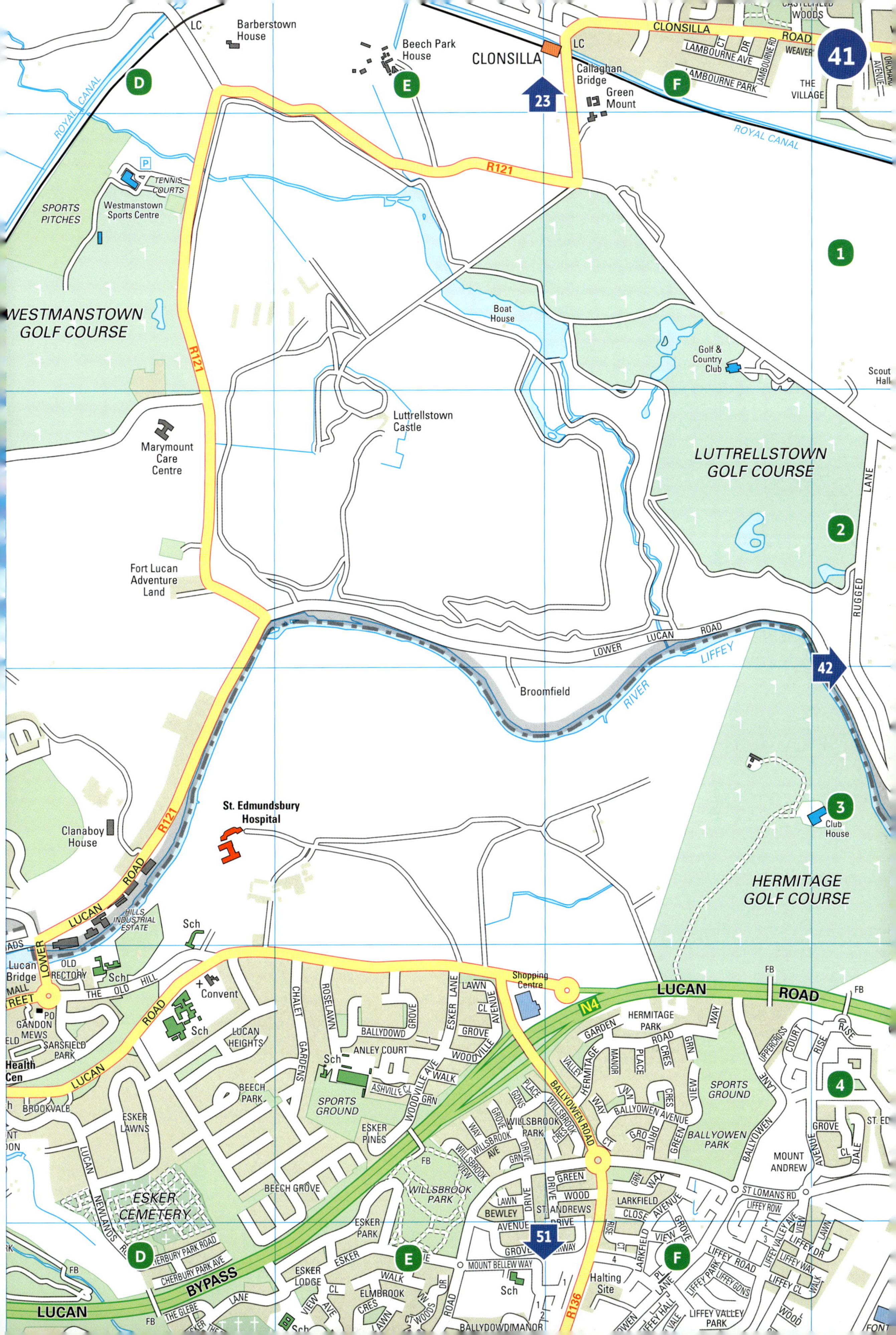
LC
Barberstown House
Beech Park House
CLONSILLA
LC
Callaghan Bridge
Green Mount
CLONSILLA ROAD
LAMBOURNE AVE
LAMBOURNE PARK
LAMBOURNE RD
WEAVER'
THE VILLAGE
WOODS
ROYAL CANAL
ROYAL CANAL
D
E
F
23
R121
TENNIS COURTS
SPORTS PITCHES
Westmanstown Sports Centre
WESTMANSTOWN GOLF COURSE
R121
Marymount Care Centre
Fort Lucan Adventure Land
Boat House
Luttrellstown Castle
Golf & Country Club
Scout Hall
1
LUTTRELLSTOWN GOLF COURSE
2
RUGGED LANE
LOWER LUCAN ROAD
LIFFEY
RIVER
Broomfield
42
St. Edmundsbury Hospital
Clanaboy House
3
Club House
HERMITAGE GOLF COURSE
R121
LUCAN ROAD
HILLS INDUSTRIAL ESTATE
Sch
LOWER
Lucan Bridge
MALL
STREET
OLD RECTORY
Sch
THE OLD HILL
Convent
Sch
PO
GANDON MEWS
SARSFIELD PARK
Health Cen
LUCAN ROAD
LUCAN HEIGHTS
BEECH PARK
BROOKVALE
ESKER LAWNS
LUCAN
NEWLANDS
ESKER CEMETERY
CHALET GARDENS
ROSELAWN
BALLYDOWD GROVE
ESKER LANE
LAWN CL
GROVE
WOODVILLE AVENUE
ANLEY COURT
Sch
WOODVILLE AVE
WALK
ASHVILLE CL
GRN
SPORTS GROUND
ESKER PINES
WOODVILLE
BEECH GROVE
Shopping Centre
N4
LUCAN ROAD
FB
FB
HERMITAGE PARK
GARDEN
ROAD
WAY
HERMITAGE
VALLEY
MANOR
PLACE
CRES
GRN
VIEW
WAY
LWN
CRES
BALLYOWEN AVENUE
GRO
DRIVE
GREEN
BALLYOWEN PARK
CT
BALLYOWEN ROAD
WILLSBROOK CRES
PLACE
GDNS
WILLSBROOK PARK
GROVE
WAY
WILLSBROOK AVE
GRN
DRIVE
WILLSBROOK VIEW
SPORTS GROUND
UPPERCROSS
BALLYOWEN LANE
COURT
RISE
RISE
4
ST. ED
GROVE
AVENUE
CL
DALE
MOUNT ANDREW
ST LOMANS RD
FB
WILLSBROOK PARK
LAWN
BEWLEY
AVENUE
DRIVE
GROVE
GREEN
WOOD
ST. ANDREWS
DRIVE
WAY
51
GRN
WAY
LARKFIELD
CLOSE
AVENUE
GROVE
VIEW
RISE
CT
LARKFIELD
F
LIFFEY ROW
LIFFEY VALLEY AVE
VIEW
LIFFEY DR
LAWN
LIFFEY WAY
LIFFEY ROAD
LIFFEY PARK
LIFFEY GDNS
LIFFEY CL
WALK
WOOD
LIFFEY VALLEY PARK
LIFFEY HALL
VALE
PL
LANE
Halting Site
R136
MOUNT BELLEW WAY
Sch
BALLYDOWD MANOR
ESKER PARK
ESKER
WALK
E
ESKER LODGE
CL
VIEW
AVE
ELMBROOK CRES
LAWN
CT WOODS
DR
ROAD
CHERBURY PARK ROAD
CHERBURY PARK AVE
D
BYPASS
LUCAN
FB
FB
THE GLEBE
LANE
Sch
FONT

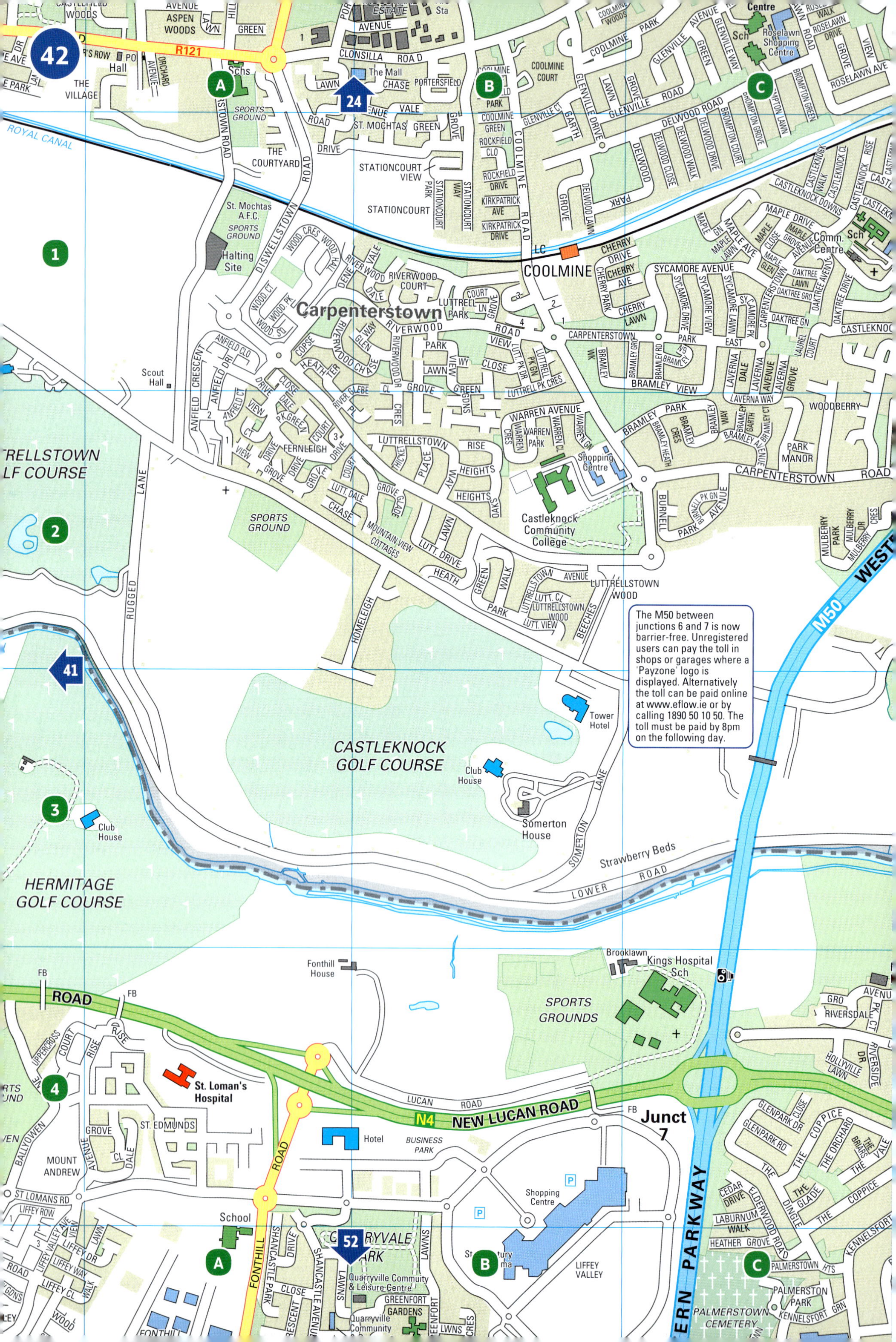
42
R121
THE VILLAGE
Hall
ORCHARD AVENUE
ASPEN WOODS
GREEN
Schs
SPORTS GROUND
THE COURTYARD
ROYAL CANAL
CLONSILLA ROAD
The Mall
CHASE
PORTERSFIELD
24
ST. MOCHTAS
VALE
GREEN
GROVE
DRIVE
STATIONCOURT VIEW
STATIONCOURT
COOLMINE COURT
COOLMINE GREEN
ROCKFIELD CLO
ROCKFIELD DRIVE
KIRKPATRICK AVE
KIRKPATRICK DRIVE
COOLMINE ROAD
COOLMINE
GLENVILLE AVENUE
GLENVILLE ROAD
GLENVILLE DRIVE
GLENVILLE CT
DELWOOD ROAD
DELWOOD CLOSE
DELWOOD WALK
DELWOOD DRIVE
DELWOOD LAWN
DELWOOD PARK
BROMPTON COURT
BROMPTON GROVE
BROMPTON LAWN
BROMPTON GREEN
Roselawn Shopping Centre
ROSELAWN AVE
ROSELAWN DRIVE
ROSELAWN ROAD
CASTLEKNOCK DOWNS
CASTLEKNOCK WALK
CASTLEKNOCK RISE
MAPLE DRIVE
MAPLE AVE
MAPLE GROVE
MAPLE CLOSE
MAPLE LAWN
MAPLE GLEN
Comm. Centre
Sch
OAKTREE AVENUE
OAKTREE DRIVE
OAKTREE LAWN
OAKTREE GRO
OAKTREE GN
CASTLEKNOCK
St. Mochtas A.F.C.
SPORTS GROUND
Halting Site
DISWELLSTOWN ROAD
Carpenterstown
RIVERWOOD COURT
RIVERWOOD ROAD
RIVERWOOD CHASE
RIVERWOOD DR
LUTTRELL PARK
LUTTRELL PK DR
LUTTRELL PK CRES
CHERRY DRIVE
CHERRY AVE
CHERRY LAWN
CHERRY PARK
SYCAMORE AVENUE
SYCAMORE DRIVE
SYCAMORE VIEW
SYCAMORE LAWN
SYCAMORE PK
CARPENTERSTOWN
CARPENTERSTOWN PARK EAST
BRAMLEY VIEW
BRAMLEY PARK
BRAMLEY WAY
BRAMLEY HEATH
BRAMLEY CRES
BRAMLEY AVENUE
LAVERNA DALE
LAVERNA AVENUE
LAVERNA WAY
LAVERNA GROVE
LAUREL COURT
WOODBERRY
PARK MANOR
CARPENTERSTOWN ROAD
Scout Hall
ANFIELD CRESCENT
ANFIELD DRI
ANFIELD CLO
ANFIELD CT
ANFIELD VIEW
FERNLEIGH
WARREN AVENUE
WARREN PARK
WARREN CL
Shopping Centre
LUTTRELLSTOWN RISE
LUTTRELLSTOWN HEIGHTS
LUTTRELLSTOWN OAKS
LUTTRELLSTOWN PLACE
LUTTRELLSTOWN WAY
LUTT. DALE
LUTT. DRIVE
Castleknock Community College
BURNELL PARK
BURNELL PK GN
BURNELL AVENUE
MULBERRY PARK
MULBERRY DR
MULBERRY CRES
LUTTRELLSTOWN GOLF COURSE
SPORTS GROUND
MOUNTAIN VIEW COTTAGES
HEATH
GREEN
PARK
WALK
LUTTRELLSTOWN AVENUE
LUTT. CL
LUTTRELLSTOWN WOOD
LUTT. VIEW
BEECHES
HOMELEIGH
RUGGED LANE
M50 WEST
The M50 between junctions 6 and 7 is now barrier-free. Unregistered users can pay the toll in shops or garages where a 'Payzone' logo is displayed. Alternatively the toll can be paid online at www.eflow.ie or by calling 1890 50 10 50. The toll must be paid by 8pm on the following day.
41
Tower Hotel
CASTLEKNOCK GOLF COURSE
Club House
Somerton House
SOMERTON LANE
Club House
HERMITAGE GOLF COURSE
Strawberry Beds ROAD
LOWER ROAD
Fonthill House
Brooklawn
Kings Hospital Sch
SPORTS GROUNDS
ROAD
FB
UPPERCROSS
COURT
RISE
St. Loman's Hospital
LUCAN ROAD
N4 NEW LUCAN ROAD
Junct 7
ST. EDMUNDS
GROVE
MOUNT ANDREW
BALLYOWEN AVENUE
ST LOMANS RD
LIFFEY ROW
LIFFEY VALLEY AVE
LIFFEY DR
LIFFEY WAY
LIFFEY CL
Hotel
BUSINESS PARK
Shopping Centre
LIFFEY VALLEY
FONTHILL ROAD
School
SHANCASTLE DRIVE
SHANCASTLE PARK
SHANCASTLE AVENUE
QUARRYVALE PARK
52
Quarryville Community & Leisure Centre
GREENFORT GARDENS
LAWNS
WESTERN PARKWAY
GLENPARK DR
GLENPARK RD
GLENPARK CLOSE
THE COPPICE
THE ORCHARD
THE VALE
THE GLADE
THE DINGLE
CEDAR DRIVE
ELDERWOOD ROAD
LABURNUM WALK
HEATHER GROVE
PALMERSTOWN HTS
PALMERSTOWN PARK
PALMERSTOWN CEMETERY
KENNELSFORT GRN
KENNELSFORT
RIVERSDALE
HOLLYVILLE LAWN
RIVERSIDE DR
LC
1
2
3
4
A
B
C

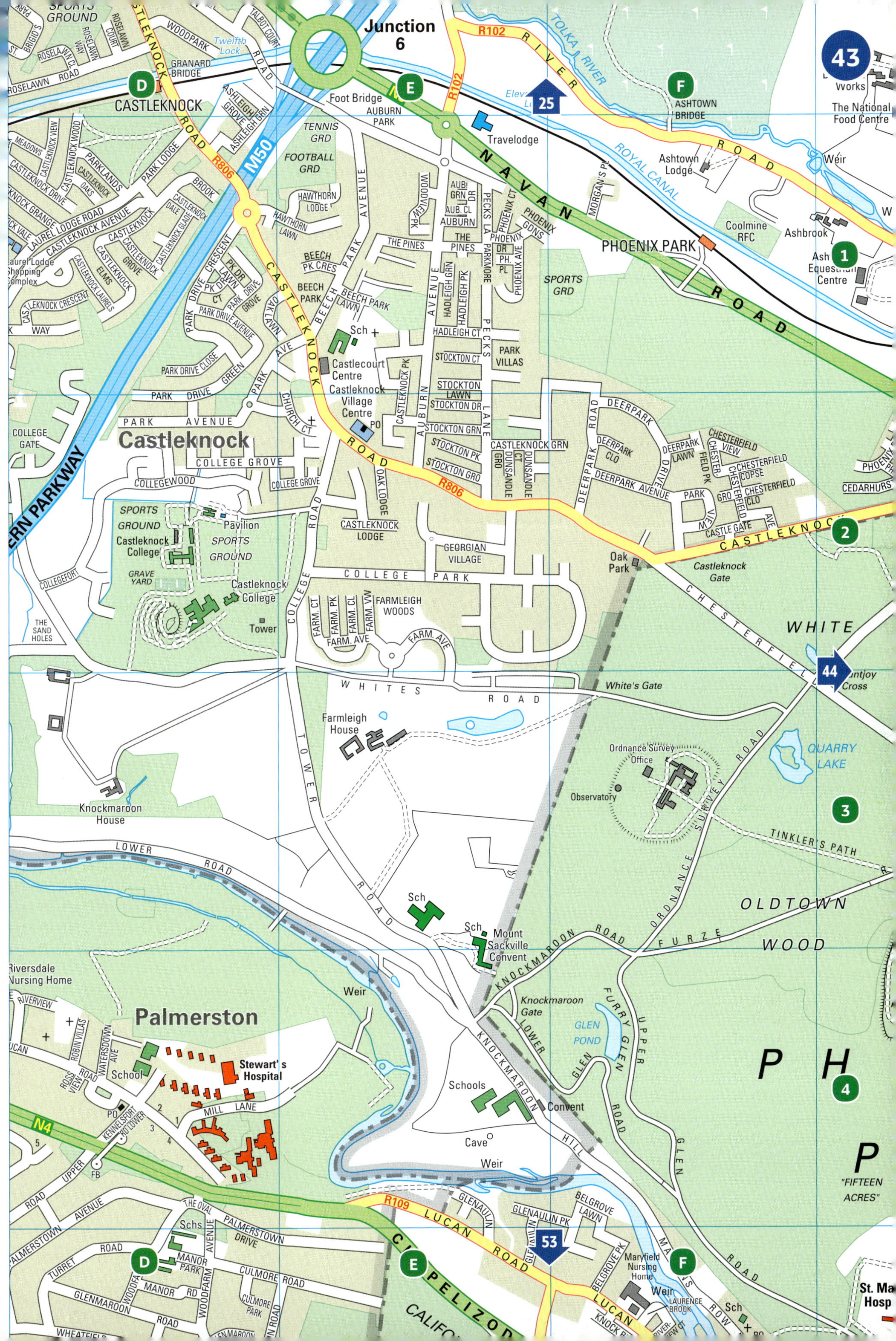
Junction 6
R102
RIVER ROAD
TOLKA RIVER
Twelfth Lock
WOODPARK
GRANARD BRIDGE
TALBOT COURT
ROSELAWN ROAD
ROSELAWN WAY
ROSELAWN COURT
CASTLEKNOCK
D
E
F
Foot Bridge
AUBURN PARK
25
Travelodge
NAVAN ROAD
ASHTOWN BRIDGE
Ashtown Lodge
ROYAL CANAL
Works
The National Food Centre
Weir
Coolmine RFC
Ashbrook
Ash Equestrian Centre
1
PHOENIX PARK
M50
R806
ASHLEIGH GROVE
ASHLEIGH GRN
TENNIS GRD
FOOTBALL GRD
HAWTHORN LODGE
HAWTHORN LAWN
AVENUE
PARK
WOODVIEW PK
AUB. GRN
AUB. DR
AUB. CL
AUBURN
THE PINES
PECKS LA
PHOENIX CT
PHOENIX GDNS
PHOENIX DR
PH. PL
PHOENIX AVE
PARKMORE
MORGAN'S PL
SPORTS GRD
BEECH PK CRES
BEECH PARK
BEECH LAWN
HADLEIGH GRN
HADLEIGH PK
HADLEIGH CT
Sch
Castlecourt Centre
Castleknock Village Centre
PO
STOCKTON CT
STOCKTON LAWN
STOCKTON DR
STOCKTON GRN
STOCKTON PK
STOCKTON GRO
CASTLEKNOCK PK
PARK VILLAS
PECKS LANE
CASTLEKNOCK GRN
DUNSANDLE GRO
DUNSANDLE CT
DEERPARK ROAD
DEERPARK CLO
DEERPARK AVENUE
DEERPARK LAWN
DEERPARK DRIVE
CHESTERFIELD VIEW
CHESTERFIELD COPSE
CHESTERFIELD CLO
CHESTERFIELD AVE
FIELD PK
PARK VIEW
CASTLE GATE
CEDARHURST
2
MEADOWS
CASTLEKNOCK VIEW
CASTLEKNOCK WOOD
PARKLANDS
CASTLEKNOCK OAKS
PARK LODGE
BROOK
CASTLEKNOCK DRIVE
LAUREL LODGE ROAD
CASTLEKNOCK AVENUE
CASTLEKNOCK GRANGE
CASTLEKNOCK DALE
CASTLEKNOCK GLADE
CASTLEKNOCK GROVE
CASTLEKNOCK ELMS
CASTLEKNOCK LAURELS
CASTLEKNOCK CRESCENT
Laurel Lodge Shopping Complex
WAY
PARK DRIVE CRESCENT
PK DR LAWN
PK DR CT
PARK DRIVE AVENUE
PARK DRIVE GROVE
OAK LAWN
PARK DRIVE CLOSE
PARK DRIVE
GREEN
PARK AVE
CHURCH CT
PARK AVENUE
COLLEGE GATE
Castleknock
COLLEGE GROVE
COLLEGEWOOD
CASTLEKNOCK ROAD
OAK LODGE
CASTLEKNOCK LODGE
GEORGIAN VILLAGE
Oak Park
CASTLEKNOCK
Castleknock Gate
SPORTS GROUND
Pavilion
Castleknock College
GRAVE YARD
COLLEGEFORT
THE SAND HOLES
Castleknock College
Tower
COLLEGE PARK
COLLEGE ROAD
FARM. CT
FARM. PK
FARM. CL
FARM. VW
FARMLEIGH WOODS
FARM. AVE
CHESTERFIELD
WHITE
44
Mountjoy Cross
WHITES ROAD
White's Gate
Farmleigh House
Ordnance Survey Office
Observatory
QUARRY LAKE
3
SURVEY ROAD
TINKLER'S PATH
Knockmaroon House
LOWER ROAD
TOWER ROAD
Sch
Sch
Mount Sackville Convent
KNOCKMAROON ROAD
ORDNANCE
FURZE ROAD
OLDTOWN WOOD
Riversdale Nursing Home
Weir
Palmerston
RIVERVIEW
ROBIN VILLAS
WATERSDOWN AVE
LUCAN ROAD
ROSS VIEW
School
Stewart's Hospital
MILL LANE
PO
KENNELSFORT RD LOWER
N4
FB
UPPER
Knockmaroon Gate
LOWER GLEN
GLEN POND
FURRY GLEN
UPPER GLEN ROAD
Schools
KNOCKMAROON HILL
Convent
Cave
Weir
P H
4
P
"FIFTEEN ACRES"
R109
LUCAN ROAD
GLENAULIN
GLENAULIN PK
GLENAULIN
53
BELGROVE LAWN
BELGROVE PK
Maryfield Nursing Home
Weir
LAURENCE BROOK
MARTIN'S ROW
ROAD
Sch
St. Ma Hosp
THE OVAL
Schs
PALMERSTOWN DRIVE
PALMERSTOWN AVENUE
AVENUE
ROAD
MANOR PARK
TURRET
WOODFARM AVENUE
MANOR RD
GLENMAROON ROAD
CULMORE ROAD
CULMORE PARK
CHAPELIZOD
CALIFO
WHEATFIELD

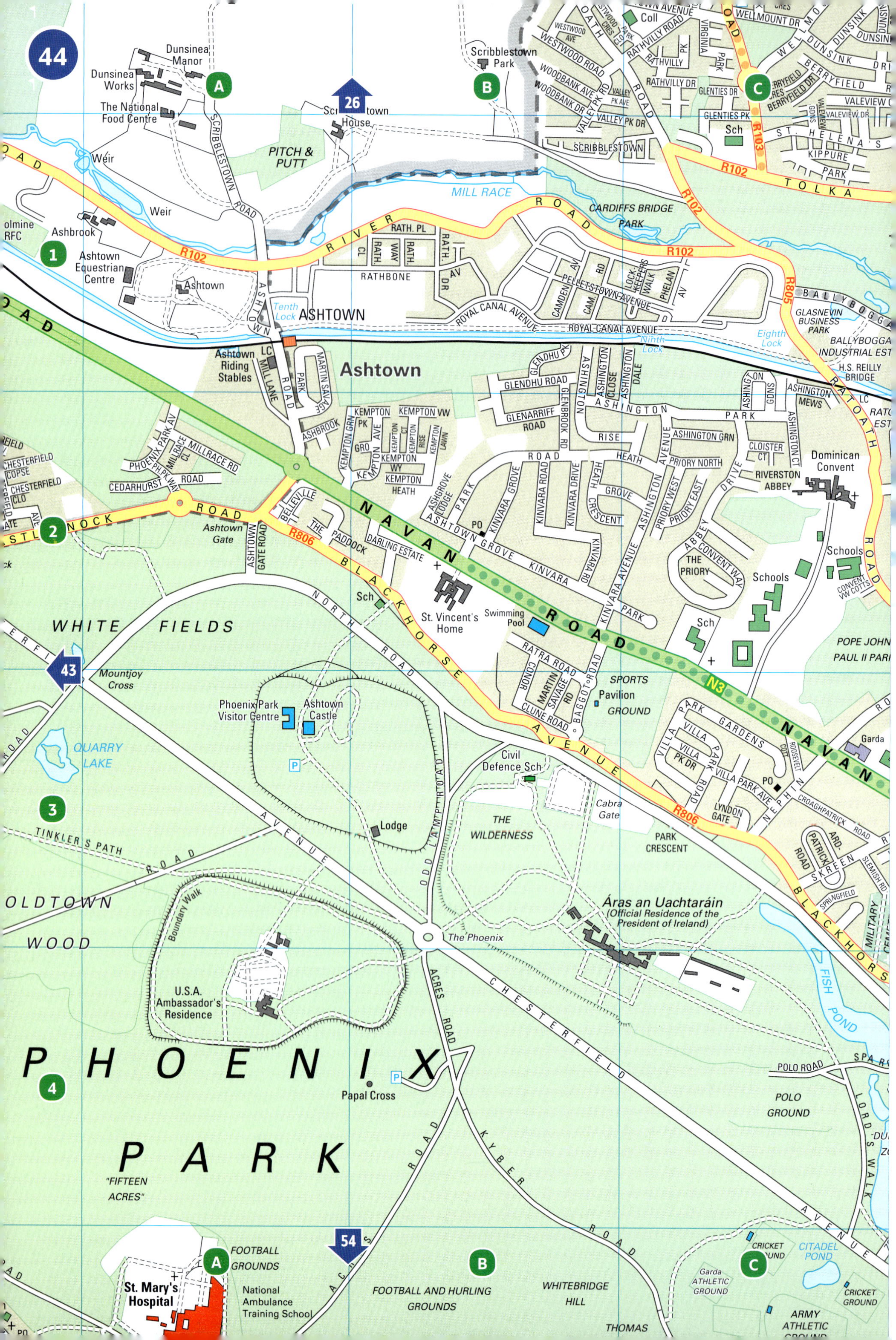

A
B
C
1
2
3
4
26
43
54
Dunsinea Manor
Dunsinea Works
The National Food Centre
Scribblestown Park
Scribblestown House
PITCH & PUTT
SCRIBBLESTOWN ROAD
Weir
Ashbrook
Ashtown Equestrian Centre
Ashtown
R102
RIVER ROAD
MILL RACE
CARDIFFS BRIDGE PARK
RATHBONE
ROYAL CANAL AVENUE
PELLETSTOWN AVENUE
Tenth Lock
ASHTOWN
Ninth Lock
Eighth Lock
GLASNEVIN BUSINESS PARK
BALLYBOGGAN
BALLYBOGGAN INDUSTRIAL EST
H.S. REILLY BRIDGE
R805
RATOATH ROAD
Ashtown Riding Stables
MILL LANE
Ashtown
KEMPTON
GLENDHU ROAD
GLENARRIFF ROAD
ASHINGTON PARK
ASHINGTON RISE
ASHINGTON HEATH
ASHINGTON MEWS
ASHINGTON GRN
RIVERSTON ABBEY
Dominican Convent
PHOENIX PARK AVE
MILLRACE RD
CHESTERFIELD COPSE
CEDARHURST ROAD
Ashtown Gate
ASHTOWN GATE ROAD
R806
NAVAN ROAD
N3
BLACKHORSE AVENUE
KINVARA ROAD
KINVARA PARK
THE PRIORY
Schools
Sch
St. Vincent's Home
Swimming Pool
POPE JOHN PAUL II PARK
SPORTS GROUND
Pavilion
Garda
WHITE FIELDS
Mountjoy Cross
NORTH ROAD
Phoenix Park Visitor Centre
Ashtown Castle
QUARRY LAKE
Lodge
Civil Defence Sch
Cabra Gate
THE WILDERNESS
PARK CRESCENT
VILLA PARK GARDENS
NEPHIN
CROAGHPATRICK ROAD
TINKLER'S PATH
OLDTOWN WOOD
ODD LAMP ROAD
Boundary Walk
The Phoenix
Áras an Uachtaráin (Official Residence of the President of Ireland)
FISH POND
U.S.A. Ambassador's Residence
ACRES ROAD
CHESTERFIELD AVENUE
POLO ROAD
POLO GROUND
PHOENIX PARK
Papal Cross
"FIFTEEN ACRES"
KYBER ROAD
FOOTBALL GROUNDS
St. Mary's Hospital
National Ambulance Training School
FOOTBALL AND HURLING GROUNDS
WHITEBRIDGE HILL
CRICKET GROUND
CITADEL POND
Garda ATHLETIC GROUND
ARMY ATHLETIC GROUND

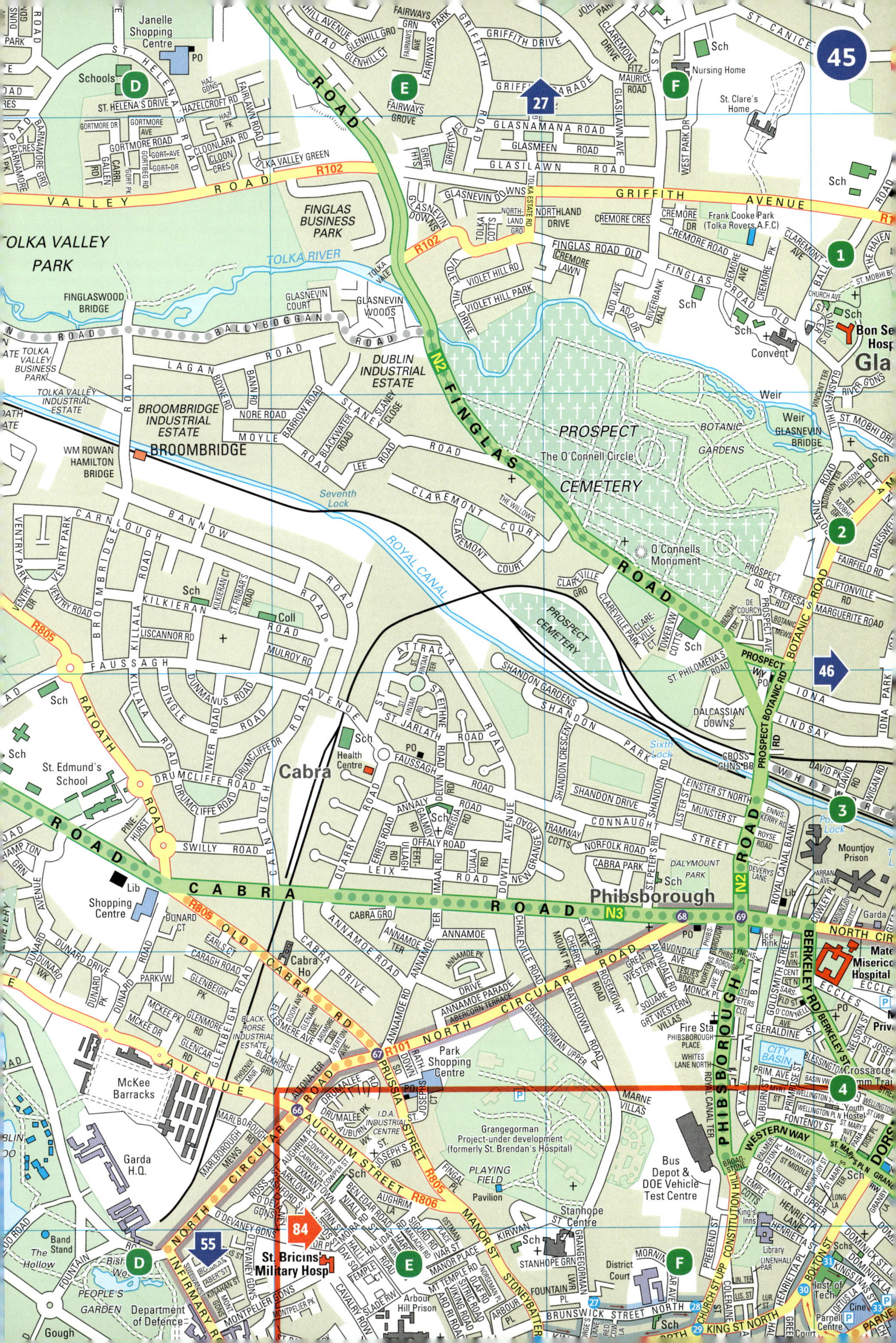
Janelle Shopping Centre
Schools
St. Helena's Drive
Hazelcroft Rd
Gortmore Road
Cloonlara Rd
Tolka Valley Green
Valley Road
R102
Tolka Valley Park
Finglas Business Park
Tolka River
Finglaswood Bridge
Glasnevin Court
Glasnevin Woods
Ballyboggan Road
Tolka Valley Business Park
Tolka Valley Industrial Estate
Lagan Road
Nore Road
Moyle Road
Broombridge Industrial Estate
Broombridge
WM Rowan Hamilton Bridge
Dublin Industrial Estate
Finglas Road
N2
Fairways Park
Fairways Grove
Griffith Drive
Griffith Parade
Glasnamana Road
Glasmeen Road
Glasilawn Road
Griffith Avenue
Northland Drive
Cremore Cres
Frank Cooke Park (Tolka Rovers A.F.C)
Cremore Road
Finglas Road Old
Violet Hill Rd
Violet Hill Park
Sch
Nursing Home
St. Clare's Home
Convent
Bon Secours Hosp
Claremont Ave
Prospect Cemetery
The O'Connell Circle
O'Connells Monument
Botanic Gardens
Glasnevin Bridge
Weir
Botanic Road
Seventh Lock
Royal Canal
Claremont Court
Carnlough Road
Bannow Road
Ventry Park
Broombridge Road
Kilkieran Road
Liscannor Rd
Faussagh Avenue
Dingle Road
Dunmanus Road
Mulroy Rd
Coll
R805
Ratoath Road
St. Edmund's School
Drumcliffe Road
Swilly Road
Cabra
Health Centre
St. Attracta Road
St. Jarlath Road
Faussagh Road
Shandon Gardens
Shandon Park
Shandon Drive
Sixth Lock
Dalcassian Downs
Iona Road
Lindsay Road
Cross Guns Br
Prospect Botanic Rd
Connaught Street
Norfolk Road
Cabra Park
Dalymount Park
Leinster St North
Munster St
Mountjoy Prison
Phibsborough
Cabra Road
N3
North Circular Road
Annamoe Road
Annamoe Drive
Annamoe Parade
Charleville Road
Lib
Shopping Centre
Old Cabra Road
Cabra Ho
Glenbeigh Rd
McKee Barracks
Avenue
Blackhorse Industrial Estate
Prussia Street
Park Shopping Centre
Aughrim Street
R806
Grangegorman Project-under development (formerly St. Brendan's Hospital)
Playing Field
Pavilion
Manor St
Stanhope St Centre
Bus Depot & DOE Vehicle Test Centre
Fire Sta
Phibsborough Place
Royal Canal Bank
Mater Misericordiae Hospital
Berkeley Rd
Eccles St
City Basin
Western Way
Garda H.Q.
Band Stand
The Hollow
People's Garden
Department of Defence
St. Bricins Military Hosp
Arbour Hill Prison
Stoneybatter
Infirmary Road
Brunswick Street North
King St North
Church St Upp
Constitution Hill
Dominick St Upper
Henrietta St
Bolton St
District Court
Fountain
Kirwan
Library
27
46
55
84
45

HAMPSTEAD PARK
Hillside Farm
28
Hampstead Private Hospital
Elmhurst Private Convalescent Home
Whitehall
Plunkett College
SPORTS GROUND
Highfield Hospital (Private)
Highpark Convent
Broomhill
HOMEFARM FOOTBALL GROUND
Whitehill College of Further Education
Garda
GRIFFITH AVENUE
GRIFFITH DOWNS
COLLINS AVENUE
COLLINS AVENUE WEST
R103
R102
SWORDS ROAD
N1
M50 PORT TUNNEL
THE CLOISTERS
Cross & Passion
Maryfield College
Bon Secours Hospital
Glasnevin
Convent
Weir
GLASNEVIN BRIDGE
Dept of Defence
ST. MOBHIS BRIDGE
ST. MOBHI DRIVE
ST. MOBHI ROAD
HOME FARM ROAD
HOME FARM PARK
St. Patrick's National School
Dominican College
All Hallows College
Hampton Hermitage & Theresian Trust
GRIFFITH WALK
GRACE PARK ROAD
GRACE PARK TERRACE
DRUMCONDRA ROAD UPPER
Drumcondra
GRIFFITH PARK
BOTANIC ROAD
MILLBOURNE AVENUE
CLONTURK PARK
RICHMOND ROAD
St. Joseph's Sch
GRIFFITH COURT
CROYDON
St. Vincent's Hospital
Marino
TOLKA PK
TOLKA RIVER
DRUMCONDRA BRIDGE
DRUMCONDRA ROAD LOWER
PROSPECT
45
IONA ROAD
LINDSAY ROAD
Monastery
Convent
Archbishop's Ho
Holy Cross College
Weir
PHILIPSBURGH AVENUE
FAIRVIEW STRAND
FAIRVIEW
BALLYBOUGH BRIDGE
ANNESLEY BRIDGE
POPLAR ROW
WHITWORTH ROAD
Fourth Lock
Mountjoy Prison
Third Lock
N2
ROYAL CANAL BANK
DRUMCONDRA
CLONLIFFE ROAD
CROKE PARK
G.A.A. Mus
CROKE PARK INDUSTRIAL ESTATE
NORTH CIRCULAR ROAD
Mater Misericordiae Hospital (A&E)
Mater Private Hosp
S.F.X. City Theatre
Schools
Children's University Hospital
CITY BASIN
BERKELEY RD
ECCLES PLACE
DORSET ST UPPER
DORSET STREET LOWER
BALLYBOUGH ROAD
NORTH STRAND ROAD
EAST WALL ROAD
Fire Sta
Foot Bridge
PLAYGROUND
Crossacre Comm Training Cen
Institute of Technology
Belvedere College
James Joyce Cen
Dublin Writers Mus
Municipal Art Gallery
Rotunda Hosp
WESTERN WAY
SUMMERHILL
PARNELL STREET
GARDINER STREET
PORTLAND ROW
Health Cen
Marino Coll
85
CONNOLLY
56
Larkin Comm College
Dublin Institute of Technology
Dept of Ed
ILAC Centre
Parnell Centre
INNER DOCK
SHERIFF ST LOWER
MARINER'S PORT
R101
SEVILLE PLACE
Medical Cen
Theatre
Library
TALBOT ST
O'CONNELL ST UPPER
PARNELL STREET
MOORE LANE
HENRY ST

47
Artane
Killester
Clontarf
CLONTARF GOLF COURSE
SPORTS GROUND
CLONTARF ROAD
KILLESTER
FAIRVIEW PARK
Orthopaedic Hospital of Ireland
Central Remedial Clinic
Killester College
Mount Temple School
Clontarf Golf Club & Bowling Club
PARNELL PARK
ROCKFIELD PARK
O'Brien's Institute
Monastery
Casino
Fire Brigade Training Centre
CRICKET & FOOTBALL CLUB
CEMETERY
Tudor House
St. Brigids Shopping Mall
Shopping Centre
West Wood Club
Marino College
Traffic Education School
Running Track
Toll for non-HGV traffic only
Toll Plaza
EAST POINT BUSINESS PARK
PORTSIDE BUSINESS CENTRE
PORT TUNNEL
Entrance to Terminal 1 & 2
DOCKLANDS INNOVATION PARK
EAST ROAD INDUSTRIAL ESTATE
CASTLEFORBES INDUSTRIAL ESTATE
COLLINS AVENUE
COLLINS AVENUE EAST
MALAHIDE ROAD
HOWTH ROAD
CLONTARF ROAD
CLONTARF PROMENADE
ALFIE BYRNE ROAD
EAST WALL ROAD
TOLKA QUAY ROAD
ALEXANDRA ROAD
PROMENADE ROAD
BOND DRIVE
VERNON AVENUE
BROOKWOOD AVENUE
CASTLE AVENUE
KINCORA ROAD
SEAFIELD ROAD WEST
VICTORIA ROAD
R103
R105
R107
R807
R808
R834
R102
M50
29
48
57

UCI Cinema
TONLEGEE ROAD
KILBARRACK ROAD
Fire Sta
Subway
St. Monica's Youth Centre
MOUNT OLIVE ROAD
TONLEGEE DRIVE
GLENAYLE RD
Sch
MILLWOOD PARK
WOODBINE ROAD
WOODBINE CLO
WOODBINE DRIVE
WOODBINE PARK
Kilbarrack Shopping Centre
GLENWOOD ROAD
TONLEGEE AVENUE
30
Health Centre
PO
EDENMORE AVE
EDENMORE PARK
EDENMORE GARDENS
EDENMORE DRIVE
EDENMORE GROVE
EDENMORE GREEN
EDENMORE CRESCENT
EDENMORE PARK
Hilltop Shopping Centre
GRANGE PARK PARADE
GRANGE PARK RISE
GRANGE ROAD
GRANGE PARK ROAD
ST BRENDAN'S AVE
ST BRENDAN'S PARK
ST BRENDAN'S DR
Mercy College
Schools
Convent
ENNEL PARK
ENNEL DRIVE
ENNEL AVE
GORSEFIELD COURT
BROOKFIELD
SPRINGDALE ROAD
BELMONT PARK
Friary
St. Francis Hospice
TUSCANY DOWNS
ASHCROFT
FOXFIELD ROAD
FOXFIELD AVENUE
FOXFIELD HEIGHTS
CEDAR WALK
MCAULEY PARK
MCAULEY AVENUE
MCAULEY ROAD
MCAULEY DRIVE
MASK AVENUE
MASK DRIVE
St. Joseph's Hospital
LOUGH DERG RD
ST. ASSAM'S PARK
ST. ASSAM'S ROAD WEST
ST. ASSAM'S AVENUE
RATHMORE PK
29
BROOKWOOD HEIGHTS
ROSEMOUNT AVENUE
GRACEFIELD AVENUE
RIBH AVENUE
HARMONSTOWN ROAD
HARMONSTOWN
RAHENY
Raheny
STATION RD
R809
Raheny Shopping Centre
HOWTH ROAD
Lib
CILL EANNA
Garda
MAIN ST
WATERMILL ROAD
Convent Sch
AVONDALE PARK
MAYWOOD AVENUE
MAYWOOD PARK
MAYWOOD CRESCENT
RAHENY PARK
BROOKWOOD AVENUE
BROOKWOOD RISE
ENNAFORT ROAD
ENNAFORT PARK
ENNAFORT COURT
R105
ALL SAINTS DRIVE
ALL SAINTS PARK
ALL SAINTS ROAD
WATERMILL AVENUE
WATERMILL PARK
ST. ANNE'S AVENUE
MARYVILLE ROAD
BETTYSTOWN AVE
NANIKIN AVE
BALLYHOY AVENUE
WADES AVE
THE VILLAGE
THE COURT
THE GROVE
R808
SYBIL HILL ROAD
VENETIAN HALL
NANIKEN RIVER
Tennis Courts
FOOTBALL GROUNDS
St. Paul's Swimming Pool
St.Paul's College
ST. ANNE'S PARK
FURRY PARK ROAD
VERNON RISE
Rose Garden
St. Anne's (Ruins)
JAMES LARKIN ROAD
R807
WOODSIDE
MOUNT PROSPECT DRIVE
MOUNT PROSPECT AVENUE
MOUNT PROSPECT LAWNS
MOUNT PROSPECT PARK
BAYMOUNT PARK
PARK LAWN
thopaedic ospital of Ireland
47
GROSVENOR CT
VERNON HEATH
SEAPARK
Convent
Manresa Retreat House
THE OAKS
DOLLYMOUNT AVENUE
Dollymount
Sch
VERNON AVENUE
CASTILLA PARK
SEAFIELD AVENUE
SEAFIELD ROAD
SEAPARK ROAD
ST GABRIELS CT
DOLLYMOUNT PARK
DOYLE'S LANE
MERCHAMP
CHELSEA GARDENS
KINCORA ROAD
SEAPARK DRIVE
KINCORA COURT
VERNON GDN
CLONTARF PARK
CLONTARF ROAD
BELGROVE ROAD
Tudor House
BULL BRIDGE (WOODEN BRIDGE)
ROYAL DUBLIN
Yacht Club Slipway
A
B
C
1
2
3
4

JUNCTION
KILBARRACK INDUSTRIAL ESTATE
SPORTS GROUND
Kilbarrack
KILBARRACK ROAD
R104
BRIARFIELD ROAD
BRIARFIELD VILLAS
BRIARFIELD GROVE
THORNVILLE ROAD
THORNVILLE PARK
THORNVILLE DRIVE
THORNVILLE AVE
Greendale Shopping Centre
Health Centre
GREENDALE AVENUE
GREENDALE ROAD
ROSE GLEN AVENUE
GLEN ROAD
FOXFIELD GREEN
FOXFIELD CRES
FOXFIELD ST. JOHN
FOXFIELD GROVE
FOXFIELD PARK
FOXFIELD DRIVE
FOXFIELD LAWN
KILBARRACK GARDENS
KILBARRACK GROVE
KILBARRACK AVENUE
ST. MARGARET'S AVENUE
ALDEN ROAD
ALDEN PARK
ALDEN DRIVE
VERBENA AVENUE
SARTO LAWN
SARTO PARK
SARTO ROAD
SARTO RISE
PACELLI AVENUE
RONCALLI ROAD
DEL VAL AVE
DEL VAL CT
BEACH VIEW
ROSBEG CT
HILLSIDE VW
ISLAND VIEW
BAYSIDE SQ NORTH
BAYSIDE SQ EAST
BAYSIDE SQ WEST
BAYSIDE PARK
BAYSIDE BOULEVARD NORTH
BAYSIDE BOULEVARD S
PO
SUTTON PARK
SUTTON GROVE
SUTTON DOWNS
SUTTON PARK LAWNS
JAMES JOYCE CT
KILBARRACK CEMETERY
DUBLIN ROAD
R105
HOWTH ROAD
R807
FOXS LANE
ORCHARD ROAD
MAYWOOD GROVE
BETTYGLEN
JAMES LARKIN ROAD
CAUSEWAY ROAD
North Bull Island
Nature Reserve and Bird Sanctuary
ST. ANNE'S GOLF COURSE
Clubhouse
Interpretive & Visitors Centre
P
GOLF COURSE
Sch
D
E
F
1
2
3
4
31
32

A
B
C
1
2
3
4
40
58
LUCAN GOLF COURSE
Club House
CELBRIDGE ROAD R403
R835
WESTON WAY
WESTON HEIGHTS
CNOC AOIBHEAN
CELBRIDGE ROAD R835
KEW PARK AVE
THE CRESCENT
R121
MILLSTREAM ROAD
OLD CORNMILL RD
WOODVIEW
WOODVIEW HEIGHTS
DODSBORO ROAD
AIRLIE HEIGHTS
Sch
PO
SPORTS GROUND
DODSBORO COTTAGES
TUBBER LANE
Shopping Centre
CHERRY LAWNS
ARDEEVIN DRIVE
ARDEEVIN AVENUE
LUCAN
Mount Zion
Garda
FB
PRIMROSE LANE
ADAMSTOWN ROAD
VESEY PARK
N4
HILLCREST CLOSE
WESTBROOK PARK
HILLCREST WALK
HILLCREST VIEW
HILLCREST WAY
HILLCREST AVENUE
HILLCREST LAWNS
HILLCREST DRIVE
HILLCREST PARK
HILLCREST HEIGHTS
HILLCREST GROVE
HILLCREST COURT
HILLCREST ROAD
GREENPARK ROAD
MEADOWVIEW GROVE
NEWCASTLE ROAD
Lucan Shopping Centre
SPORTS GROUND
Athletics Track
WESTBURY DRIVE
WESTBURY AVE
PARK CL
R120
Somerton House
ESKER
ADAMSTOWN
TANDYS LANE
LOCK ROAD
FINNSTOWN FAIRWAYS
Finnstown Country House Hotel
Shopping Centre
ADAMSTOWN CASTLE
CASTLEGATE GROVE
CASTLEGATE WAY
ADAMSTOWN AVENUE
HANSTED
DALE
Park & Ride
ADAMSTOWN
LUCAN PITCH & PUTT
LUCAN SARSFIELDS
GRAND CANAL
The Grange
Clutterland
Brownstown
Ballybane Pitch & Putt

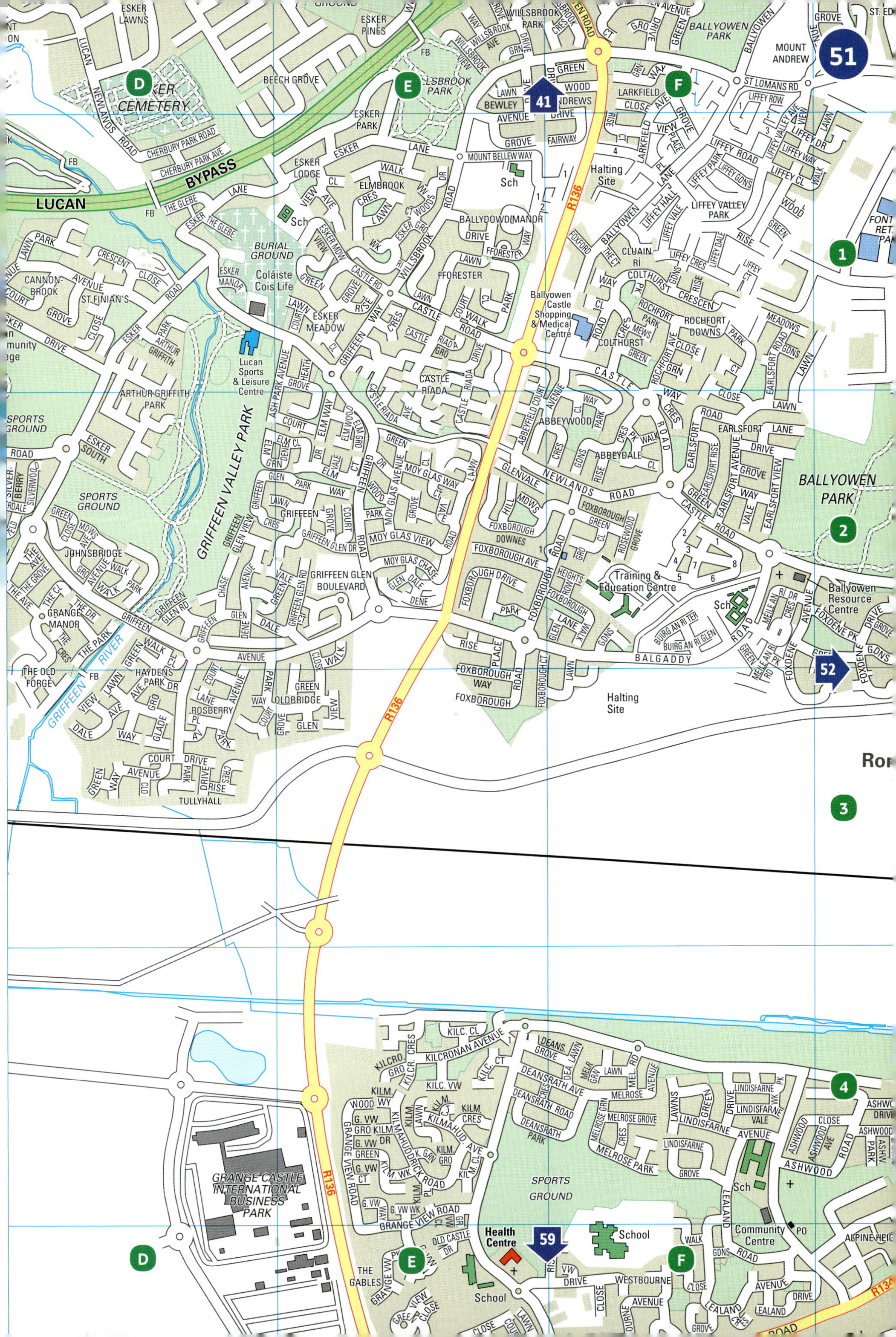
51
41
52
59
LUCAN
BYPASS
ESKER LAWNS
ESKER PINES
ESKER CEMETERY
NEWLANDS ROAD
CHERBURY PARK ROAD
CHERBURY PARK AVE
BEECH GROVE
ESKER PARK
ESKER LODGE
ELMBROOK
WILLSBROOK PARK
WILLSBROOK
BEWLEY
MOUNT BELLEW WAY
BALLYDOWD MANOR
FFORESTER
Sch
LARKFIELD
Halting Site
LIFFEY VALLEY PARK
LIFFEY ROAD
LIFFEY ROW
ST LOMANS RD
MOUNT ANDREW
BALLYOWEN PARK
BALLYOWEN
CLUAIN RÍ
COLTHURST
ROCHFORT DOWNS
MEADOWS
EARLSFORT
THE GLEBE
BURIAL GROUND
Coláiste Cois Life
ESKER MEADOW
CANNONBROOK
ST FINIAN'S
ARTHUR GRIFFITH PARK
Lucan Sports & Leisure Centre
SPORTS GROUND
ESKER SOUTH
GRIFFEEN VALLEY PARK
CASTLE RIADA
Ballyowen Castle Shopping & Medical Centre
CASTLE ROAD
ABBEYWOOD
ABBEYDALE
NEWLANDS ROAD
GLENVALE
FOXBOROUGH
FOXBOROUGH DOWNES
Training & Education Centre
Ballyowen Resource Centre
FOXDENE
BALGADDY
MOY GLAS
GRIFFEEN
GRIFFEEN GLEN BOULEVARD
JOHNSBRIDGE
GRANGE MANOR
THE OLD FORGE
GRIFFEEN RIVER
HAYDENS PARK
ROSBERRY
OLDBRIDGE
TULLYHALL
R136
Halting Site
GRANGE CASTLE INTERNATIONAL BUSINESS PARK
KILCRONAN AVENUE
KILMAHUDDRICK ROAD
GRANGE VIEW ROAD
DEANSRATH AVE
DEANSRATH ROAD
DEANSRATH PARK
MELROSE PARK
LINDISFARNE AVENUE
LINDISFARNE VALE
ASHWOOD
SPORTS GROUND
Health Centre
School
Community Centre
PO
WESTBOURNE
LEALAND ROAD
THE GABLES
ALPINE HEIGHTS
R134
A B C D E F
1 2 3 4

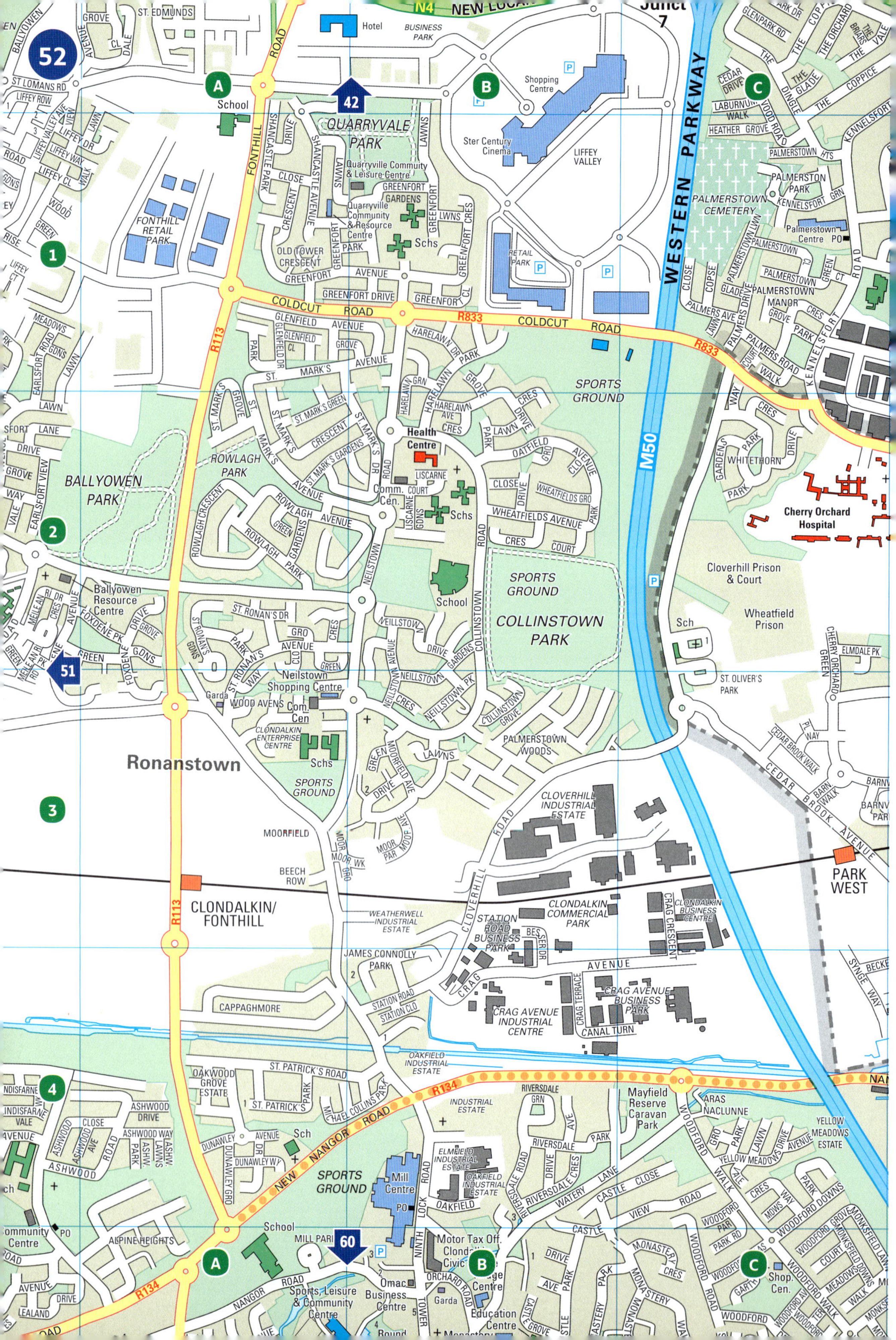
N4
NEW LUCAN
Junct 7
Hotel
BUSINESS PARK
Shopping Centre
Ster Century Cinema
LIFFEY VALLEY
RETAIL PARK
WESTERN PARKWAY
M50
School
QUARRYVALE PARK
Quarryville Community & Leisure Centre
Quarryville Community & Resource Centre
Schs
GREENFORT GARDENS
FONTHILL RETAIL PARK
FONTHILL ROAD
COLDCUT ROAD
R833
R113
PALMERSTOWN CEMETERY
PALMERSTON PARK
Palmerstown Centre
PO
SPORTS GROUND
Health Centre
Comm. Cen.
ROWLAGH PARK
BALLYOWEN PARK
Ballyowen Resource Centre
WHITETHORN
Cherry Orchard Hospital
Cloverhill Prison & Court
Wheatfield Prison
COLLINSTOWN PARK
School
ST. OLIVER'S PARK
Neilstown Shopping Centre
Garda
Com. Cen
CLONDALKIN ENTERPRISE CENTRE
Ronanstown
PALMERSTOWN WOODS
CLOVERHILL INDUSTRIAL ESTATE
PARK WEST
CLONDALKIN/ FONTHILL
CLONDALKIN COMMERCIAL PARK
CLONDALKIN BUSINESS CENTRE
STATION ROAD BUSINESS PARK
WEATHERWELL INDUSTRIAL ESTATE
JAMES CONNOLLY PARK
CAPPAGHMORE
CRAG AVENUE INDUSTRIAL CENTRE
CRAG AVENUE BUSINESS PARK
CANAL TURN
OAKFIELD INDUSTRIAL ESTATE
OAKWOOD GROVE ESTATE
ST. PATRICK'S ROAD
NEW NANGOR ROAD
R134
Mayfield Reserve Caravan Park
YELLOW MEADOWS ESTATE
SPORTS GROUND
Mill Centre
ELMFIELD INDUSTRIAL ESTATE
Motor Tax Off.
Omac Business Centre
Sports, Leisure & Community Centre
Education Centre
Garda
Shop. Cen.
Community Centre
ALPINE HEIGHTS
42
51
60
A
B
C
1
2
3
4

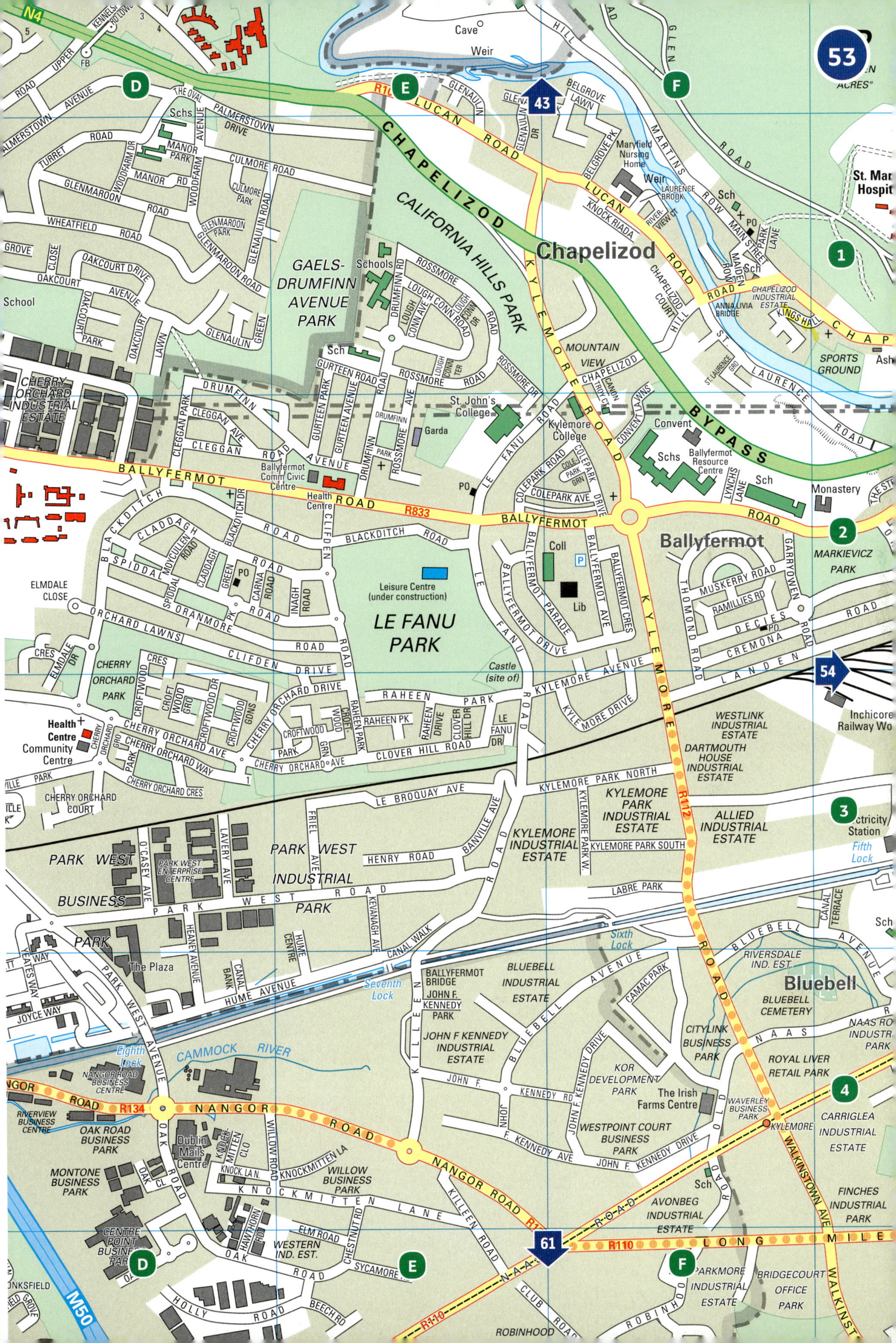
Chapelizod
Ballyfermot
Bluebell
GAELS-DRUMFINN AVENUE PARK
CALIFORNIA HILLS PARK
LE FANU PARK
CHAPELIZOD BYPASS
LUCAN ROAD
KYLEMORE ROAD
BALLYFERMOT ROAD
R833
R112
R134
R110
N4
M50
NANGOR ROAD
LONG MILE ROAD
NAAS ROAD
WALKINSTOWN AVE
PARK WEST AVENUE
CHERRY ORCHARD INDUSTRIAL ESTATE
PARK WEST BUSINESS PARK
PARK WEST INDUSTRIAL PARK
PARK WEST ENTERPRISE CENTRE
KYLEMORE PARK INDUSTRIAL ESTATE
KYLEMORE INDUSTRIAL ESTATE
WESTLINK INDUSTRIAL ESTATE
DARTMOUTH HOUSE INDUSTRIAL ESTATE
ALLIED INDUSTRIAL ESTATE
BLUEBELL INDUSTRIAL ESTATE
JOHN F KENNEDY INDUSTRIAL ESTATE
KCR DEVELOPMENT PARK
WESTPOINT COURT BUSINESS PARK
CITYLINK BUSINESS PARK
ROYAL LIVER RETAIL PARK
CARRIGLEA INDUSTRIAL ESTATE
FINCHES INDUSTRIAL PARK
AVONBEG INDUSTRIAL ESTATE
PARKMORE INDUSTRIAL ESTATE
BRIDGECOURT OFFICE PARK
NAAS ROAD INDUSTRIAL PARK
RIVERSDALE IND. EST.
BLUEBELL CEMETERY
WAVERLEY BUSINESS PARK
OAK ROAD BUSINESS PARK
MONTONE BUSINESS PARK
CENTRE POINT BUSINESS PARK
WILLOW BUSINESS PARK
WESTERN IND. EST.
NANGOR ROAD BUSINESS CENTRE
RIVERVIEW BUSINESS CENTRE
Dublin Mails Centre
The Plaza
The Irish Farms Centre
CHAPELIZOD INDUSTRIAL ESTATE
CAMMOCK RIVER
Fifth Lock
Sixth Lock
Seventh Lock
Eighth Lock
BALLYFERMOT BRIDGE
JOHN F. KENNEDY PARK
St. John's College
Kylemore College
Ballyfermot Comm Civic Centre
Ballyfermot Resource Centre
Health Centre
Leisure Centre (under construction)
Castle (site of)
Convent
Monastery
Maryfield Nursing Home
St. Mar Hospit
SPORTS GROUND
MARKIEVICZ PARK
CHERRY ORCHARD PARK
Cherry Orchard Community Centre
Garda
Coll
Lib
Schs
Sch
School
PO
Cave
Weir
Inchicore Railway Wo
ctricity Station
43
54
61
D
E
F
1
2
3
4

PARK
"FIFTEEN ACRES"
A
B
C
44
53
62
1
2
3
4
St. Mary's Hospital
FOOTBALL GROUNDS
National Ambulance Training School
FOOTBALL AND HURLING GROUNDS
WHITEBRIDGE HILL
THOMAS HILL
CRICKET GROUND
CITADEL POND
Garda ATHLETIC GROUND
ARMY ATHLETIC GROUND
KYBER ROAD
ACRES ROAD
WELLINGTON
Islandbridge Gate
Hiberian Gate
Pavilion
Lodge
MILITARY ROAD
Chapelizod Gate
CHAPELIZOD ROAD
R109
CHAPELIZOD INDUSTRIAL ESTATE
KINGS HALL
Ashview
SPORTS GROUND
Islandbridge
SARAH BRIDGE
Weir
University Boat House
RIVER LIFFEY
LIFFEY VALE
LAURENCE ROAD
HURLING GROUNDS
WAR MEMORIAL GARDENS
Day Centre & Swimming Pool
SOUTH CIRCULAR ROAD
N4
LONGMEADOWS PARK
LIFFEY ST
PARK ST
PHOENIX STREET
FIRST AVE
ST. MARY'S AVE
CON COLBERT ROAD
SARSFIELD ROAD
R833
Monastery
THE STEEPLES
LALLY ROAD
MOORE RD
O'HOGAN ROAD
BALLYNEETY RD
MARKIEVICZ PARK
Medical Centre
THE BELFRY
INCHICORE ROAD
Kilmainham Gaol Museum
KILMAINHAM BRIDGE
Court Ho
CAMAC CT
RICHMOND PARK
RICHMOND COTTS
MYRA COTTS
WOODFIELD AVE
SARSFIELD ROAD
INCHICORE TER N.
INCHICORE SQUARE
INCHICORE TER S
GRATTAN CRES
Inchicore
MILL POND
MADELEINE TERRACE
EMMET ROAD
Lib
BULFIN GDNS
Kilmainh
C.I.E.
Works
Inchicore Railway Works
ABERCORN TERRACE
INCHICORE PARADE
ST. PATRICK'S TER
WEST TER
ABERCORN SQ
TYRCONNELL PARK
ST. JAMES PL
GOLDEN BR
SPA RD
ST. VINCENT STREET WEST
KEOGH SQ
CON. GDNS
CONNOLLY AVENUE
BULFIN ROAD
LUBY RD
ANNER ROAD
KICKAM ROAD
CROSS AVENUE
SOUTHERN
GOLDENBRIDGE AVE
STEPHENS RD
O'LEARY RD
GOLD. GDNS
DEVOY ROAD
SUIR ROAD
RAILWAY AVENUE
House Of Retreat
THOMAS DAVIS ST W.
TYRONE PLACE
ST. MICHAEL'S ESTATE
TYRCONNELL ROAD
Goldenbridge
Saw Mills
BULFIN
CEMETERY
Second Lock
EMMET CT
PARTRIDGE TER
NEW RD
RING TER
RING ST
NASH ST
O'DONOGHUE ST
JAMESTOWN
RING TERRACE
JAMESTOWN ROAD
GRAND CANAL BUSINESS CEN
JAMESTOWN INDUSTRIAL ESTATE
Electricity Station
Fifth Lock
Fourth Lock
Third Lock
BLACKHORSE
BLACK-HORSE BRIDGE
DAVITT ROAD
GRAND CANAL
DRIMNAGH
GOLDENBRIDGE
GALTYMORE ROAD
GALTYMORE DRIVE
BENMADIGAN ROAD
BENBULBIN ROAD
SLIEVENAMON ROAD
SPORTS GRD
MOURNE ROAD
CARROW ROAD
LANSDOWNE VALLEY PK
KILWORTH ROAD
COOLEY ROAD
GALTYMORE CL
GALTYMORE PK
LANSDOWNE VALLEY PARK
BRICKFIELDS PARK
BENBULBIN AVENUE
LISSADEL DRIVE
LISSADEL AVE
DROMORE RD
IVEAGH GDNS
IVEAGH GARDENS
KNOCKNAREA AVENUE
KNOCKNAREA ROAD
RAFTERS ROAD
RAFTERS AVE
RAFTERS LA
LISSADEL CT
LISSADEL RD
CRUMLIN ROAD
R110
Schs
Health Cen
Drimnagh
CURLEW RD
DONARD ROAD
ERRIGAL ROAD
COMERAGH ROAD
DROMARD RD
SPERRIN ROAD
SLIEVEMORE ROAD
BLUEBELL AVENUE
CANAL TERRACE
RIVERSDALE IND. EST.
Bluebell
BLUEBELL CEMETERY
LATOUCHE RD
LATOUCHE DR
HUBAND ROAD
NAAS ROAD
NAAS ROAD INDUSTRIAL PARK
NAAS ROAD BUSINESS PARK
ROYAL LIVER RETAIL PARK
MUIRFIELD DRIVE
KYLEMORE
CARRIGLEA INDUSTRIAL ESTATE
WALKINSTOWN AVE
FINCHES INDUSTRIAL PARK
Drimnagh Castle
Schools
LANSDOWNE VALLEY APARTMENTS
SLIEVE BLOOM PARK
SLIEVEBLOOM RD
MANGERTON RD
BRANDON ROAD
ERRIGAL GDNS
Our Lady's Hospital for Sick Children
CRUMLIN PK
RAPHOE ROAD
KILDARE PARK
KILDARE ROAD
RALEIGH SQ
WINDMILL ROAD
LONG MILE ROAD
DRIMNAGH ROAD
BRIDGECOURT OFFICE PARK
WALKINSTOWN DRIVE
Superquinn Shopping Centre
HUGHES RD N.
HUGHES RD E
FIELD AVE
ST. MARY'S PK
ST. MARY'S DR
ST. MARY'S CRES
ST. MARY'S ROAD
Crumlin Swimming Pool
PEARSE MEMORIAL PARK
Crumlin
DERRY DR
CASHEL
Sch
PO

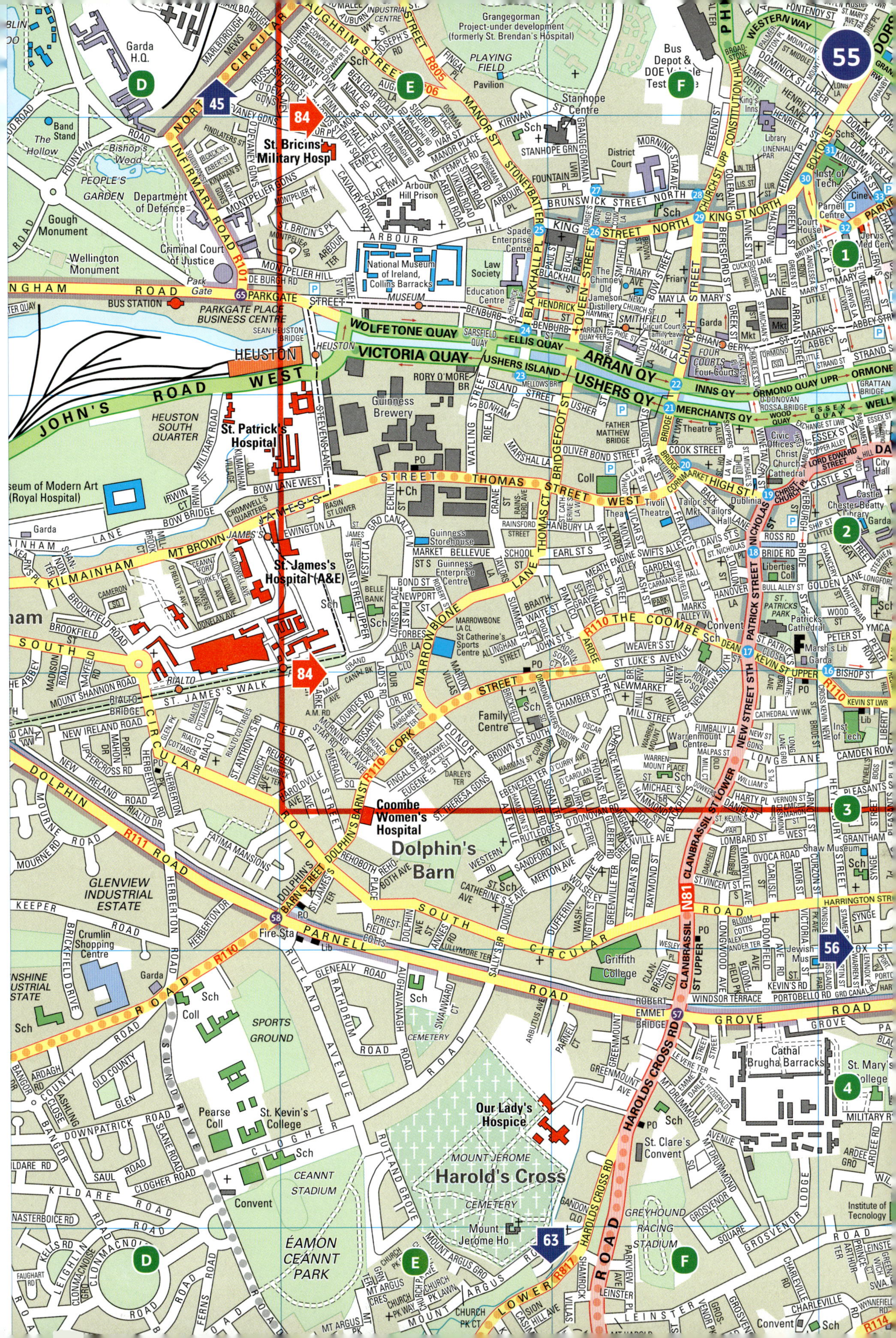
55
45
84
56
63
D
E
F
1
2
3
4
Garda H.Q.
Band Stand
The Hollow
Bishop's Wood
PEOPLE'S GARDEN
Department of Defence
Gough Monument
Wellington Monument
Criminal Court of Justice
Park Gate
St. Bricins' Military Hosp
Grangegorman Project-under development (formerly St. Brendan's Hospital)
PLAYING FIELD
Pavilion
Bus Depot & DOE Vehicle Test
Stanhope St Centre
District Court
Arbour Hill Prison
National Museum of Ireland, Collins Barracks
MUSEUM
Law Society
Education Centre
Spade Enterprise Centre
The Chimney Old Jameson Distillery
SMITHFIELD
Four Courts
Library
Parnell Centre
Court House
Cineworld
Inst of Tech
Jervis Med Cen
BUS STATION
PARKGATE PLACE BUSINESS CENTRE
SEAN HEUSTON BRIDGE
HEUSTON
ST. JOHN'S ROAD WEST
HEUSTON SOUTH QUARTER
St. Patrick's Hospital
WOLFE TONE QUAY
VICTORIA QUAY
ARRAN QY
USHERS QY
USHERS ISLAND
MELLOWS BR
RORY O'MORE BR
Guinness Brewery
INNS QY
ORMOND QUAY UPR
MERCHANTS QY
ESSEX QUAY
FATHER MATTHEW BRIDGE
Civic Offices
Christ Church Cathedral
City Hall
Dublinia
The Castle
Chester Beatty Library
Museum of Modern Art (Royal Hospital)
THOMAS STREET
HIGH ST
Tivoli Theatre
Tailor's Hall
Guinness Storehouse
Guinness Centre
St. James's Hospital (A&E)
MT BROWN
KILMAINHAM
Marrowbone La CL
St Catherine's Sports Centre
THE COOMBE
St Patrick's Park
St. Patrick's Cathedral
Marsh's Lib
Liberties Coll
YMCA
SOUTH CIRCULAR ROAD
RIALTO
Family Centre
Warrenmount Centre
Coombe Women's Hospital
Dolphin's Barn
DOLPHIN ROAD
GLENVIEW INDUSTRIAL ESTATE
Crumlin Shopping Centre
Fire Sta
PARNELL ROAD
Griffith College
Shaw Museum
Jewish Mus
ROBERT EMMET BRIDGE
GROVE ROAD
Cathal Brugha Barracks
St. Mary's College
SPORTS GROUND
CEMETERY
Pearse Coll
St. Kevin's College
CEANNT STADIUM
Convent
Our Lady's Hospice
MOUNT JEROME
Harold's Cross
Mount Jerome Ho
GREYHOUND RACING STADIUM
St. Clare's Convent
ÉAMON CEANNT PARK
HAROLDS CROSS RD
CLANBRASSIL ST LOWER
NEW STREET STH
PATRICK STREET
Institute of Tecnology
MILITARY R
R805
R806
R101
R110
R111
R817
R114
N81

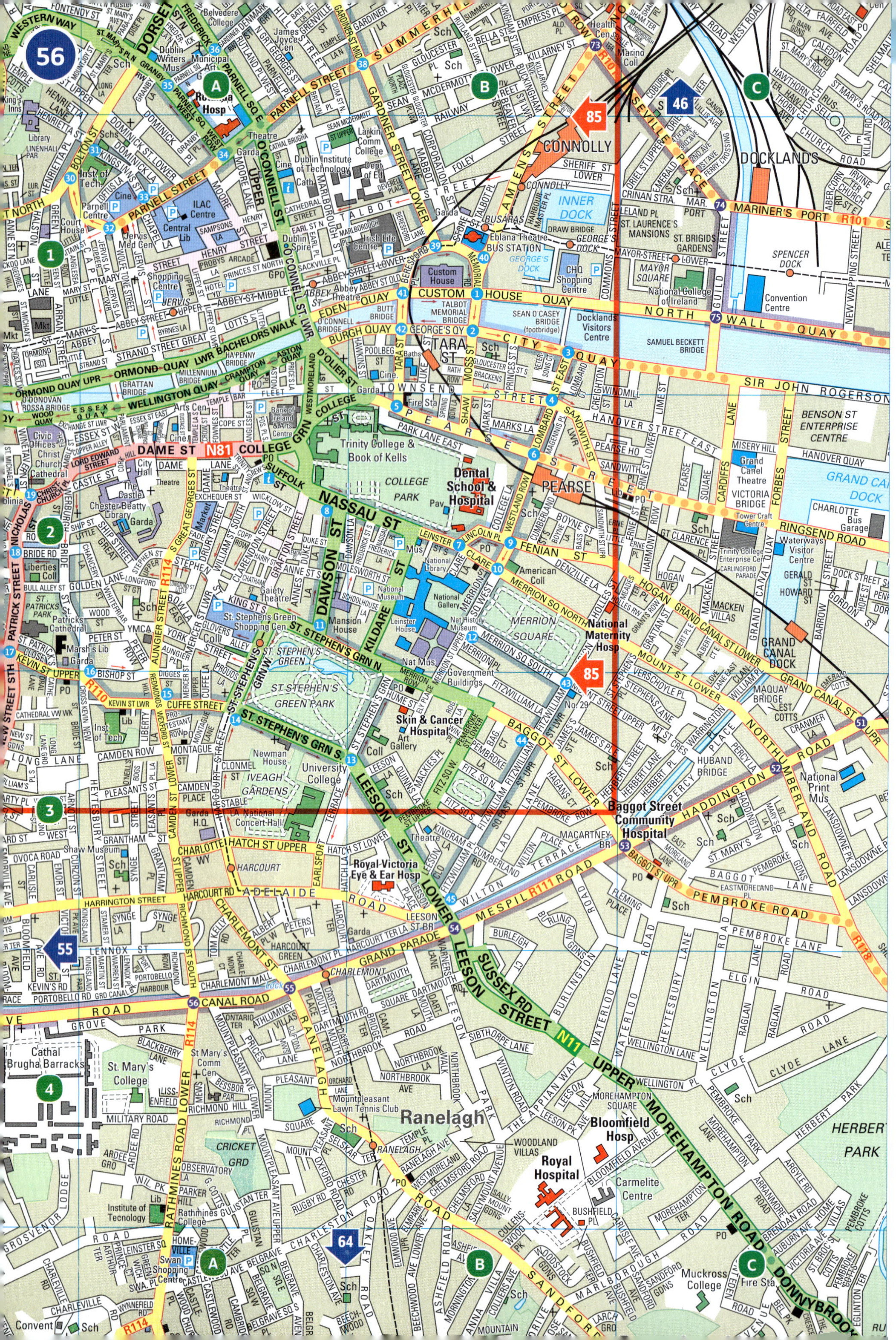

56
A
B
C
1
2
3
4
46
85
55
64
CONNOLLY
DOCKLANDS
PEARSE
Ranelagh
HERBERT PARK
WESTERN WAY
DORSET ST
PARNELL STREET
PARNELL SQ
O'CONNELL ST UPPER
O'CONNELL ST LWR
GARDINER STREET LOWER
SUMMERHILL
AMIENS STREET
SEVILLE PLACE
MARINER'S PORT
NORTH WALL QUAY
CUSTOM HOUSE QUAY
GEORGE'S QY
CITY QUAY
SIR JOHN ROGERSON'S QUAY
EDEN QUAY
BURGH QUAY
BACHELORS WALK
ORMOND QUAY UPR
WELLINGTON QUAY
TOWNSEND ST
PEARSE STREET
HANOVER QUAY
RINGSEND ROAD
DAME ST
N81
COLLEGE GRN
NASSAU ST
DAWSON ST
KILDARE ST
GRAFTON STREET
FENIAN ST
MERRION SQ NORTH
MERRION SQ SOUTH
MERRION SQUARE
ST STEPHEN'S GRN N
ST STEPHEN'S GRN S
ST STEPHEN'S GREEN PARK
IVEAGH GARDENS
LEESON ST LOWER
LEESON STREET
BAGGOT ST LOWER
BAGGOT ST UPR
HADDINGTON ROAD
NORTHUMBERLAND ROAD
GRAND CANAL ST LOWER
PEMBROKE ROAD
MESPIL ROAD
GRAND PARADE
CHARLEMONT ST
HARCOURT ST
ADELAIDE ROAD
CANAL ROAD
RATHMINES ROAD LOWER
SUSSEX RD
MOREHAMPTON ROAD
DONNYBROOK
UPPER
N11
R114
R110
R111
R118
R101
PATRICK STREET
AUNGIER STREET
CAMDEN ST LOWER
SOUTH RICHMOND ST
KEVIN ST UPPER
BISHOP ST
CUFFE STREET
CAMDEN ROW
HARRINGTON STREET
SOUTH CIRCULAR ROAD
CASTLE ST
LORD EDWARD STREET
CHRISTCHURCH PL
ESSEX QUAY
Trinity College & Book of Kells
COLLEGE PARK
Dental School & Hospital
National Gallery
National Museum
National Library
Leinster House
Mansion House
Government Buildings
National Maternity Hosp
Skin & Cancer Hospital
Newman House
University College
National Concert Hall
Royal Victoria Eye & Ear Hosp
Baggot Street Community Hospital
Royal Hospital
Bloomfield Hosp
Carmelite Centre
Muckross College
Cathal Brugha Barracks
St. Mary's College
Institute of Technology
Mountpleasant Lawn Tennis Club
CRICKET GRD
Dublin Castle
Christ Church Cathedral
St. Patrick's Cathedral
Chester Beatty Library
Marsh's Lib
Shaw Museum
ILAC Centre
Central Lib
Custom House
Busáras
Connolly
Eblana Theatre
BUS STATION
INNER DOCK
GEORGE'S DOCK
SPENCER DOCK
Convention Centre
Docklands Visitors Centre
SAMUEL BECKETT BRIDGE
SEAN O'CASEY BRIDGE (footbridge)
TALBOT MEMORIAL BRIDGE
BUTT BRIDGE
O'CONNELL BRIDGE
GRATTAN BRIDGE
MILLENNIUM BRIDGE
HA'PENNY BRIDGE
BENSON ST ENTERPRISE CENTRE
GRAND CANAL DOCK
Grand Canal Theatre
Waterways Visitor Centre
National Print Mus
MACKEN VILLAS
Rotunda Hosp
Dublin Writers Mus
Municipal Art Gall
Belvedere College
James Joyce Cen
Dublin Institute of Technology
Theatre
Abbey Theatre
Gaiety Theatre
St Stephen's Green Shopping Cen
Arts Cen
American Coll
Tower Craft Centre
Trinity College Enterprise Cen
CHQ Shopping Centre
National College of Ireland
Mayor Square
St. Laurence's Mansions
St. Brigids Gardens
Sheriff St Lower
Mariner's Port
Swan Shopping Centre
Convent
Fire Sta

M50
Entrance to Terminal 1 & 2
School
DOCKLANDS INNOVATION PARK
BOOLAVOGUE ROAD
EAST ROAD INDUSTRIAL ESTATE
CASTLEFORBES INDUSTRIAL ESTATE
SHERIFF STREET UPPER
EAST WALL ROAD
TOLKA QUAY ROAD
PROMENADE ROAD
BOND DRIVE
BOND ROAD
ALEXANDRA ROAD
1 BRANCH RD NORTH
2 BRANCH RD NORTH
2 BRANCH RD NORTH EXTENSION
1 BRANCH RD SOUTH
2 BRANCH RD SOUTH
3 BRANCH RD SOUTH
4 BRANCH RD SOUTH
TERMINAL ROAD NORTH
Liffey Dockyard
Graving Docks
North Dublin Docklands
ALEXANDRA QUAY
Ferry Port Terminal 2
Port Yard
The Dublin Wheel
THE POINT
Point Village
The O2
CASTLEFORBES ROAD
MAYOR ST UPPER
ALEXANDRA BASIN
Timber Quay
JETTY ROAD
BREAKWATER RD SOUTH
EASTERN BREAKWATER
Ocean Pier
PETROLEUM BASIN
Ferry Port Terminal 3
North Quay Extension
Lighthouse
West Oil Jetty
East Oil Jetty
Lighthouse
Ferry Port Terminal 1
Toll
EAST LINK
R131
YORK ROAD
PIGEON HOUSE ROAD
RINGSEND PARK
CAMBRIDGE ROAD
Schs
Locks
Dry Docks
Diving Centre
GREEN ST E
BRITAIN QUAY
Ringsend
RINGSEND PARK
RINGSEND BRIDGE
BRIDGE ST
PO
Lib
Health Centre
IRISHTOWN
IRISHTOWN STADIUM
PIGEON HOUSE RD
SOUTH BANK ROAD
Main Drainage Outfall Works
WHITEBANK ROAD
E.S.B. Power Station
SHELLYBANKS RD
Sewage Works
Pitch and Putt
SHELBOURNE PARK GREYHOUND STADIUM
RIVER DODDER
BREMEN RD
SEAN MOORE ROAD
KERLOGUE RD
PEMBROKE ST
BATH ST
OLIVER PLUNKETT AVE
Garda
CHURCH AVE
R131
LONDONBRIDGE RD
BATH AVENUE
BATH AVE GDNS
LONDON BRIDGE
Irishtown
Irish Mercantile Marine Memorial
SEAN MOORE PARK
IRISHTOWN NATURE PARK
O'CONNELL GARDENS
Aviva Stadium
LANSDOWNE ROAD
LANSDOWNE VILLAGE
TRITONVILLE ROAD
SANDYMOUNT ROAD
BEACH ROAD
Sch
National Training & Development Institute
SEAFORT AVENUE
MARINE DRIVE
PO
Sandymount
Sandymount Strand
SHELBOURNE ROAD
LANSDOWNE ROAD
Marian Coll
HERBERT ROAD
SERPENTINE ROAD
CLAREMONT ROAD
Univ Coll Dublin Sch of Nursing & Midwifery
Ballsbridge
NEWGROVE AVENUE
STRAND ROAD
YMCA SPORTS GROUND
Holyrood Castle
SANDYMOUNT
HOCKEY GROUND
BALLSBRIDGE PARK
BALL'S BRIDGE
Town Hall
MERRION ROAD
Simonscourt Pavilion
Royal Dublin Society's Showgrounds
Lib
JUMPING GROUND
British Embassy
Embassy of Belgium
SIMMONSCOURT ROAD
GILFORD ROAD
Sch
SPORTS GROUND
WILLOWFIELD
Pav
Monkstown FC & Pembroke CC
Martello Tower
ST. JOHN'S ROAD
Simmonscourt Castle
Coll
RUGBY GROUND
Wanderer's FC
SYDNEY PARADE
Embassy of Spain
R118
MERLYN PARK
R131
47
65
1
2
3
4
D
E
F

58

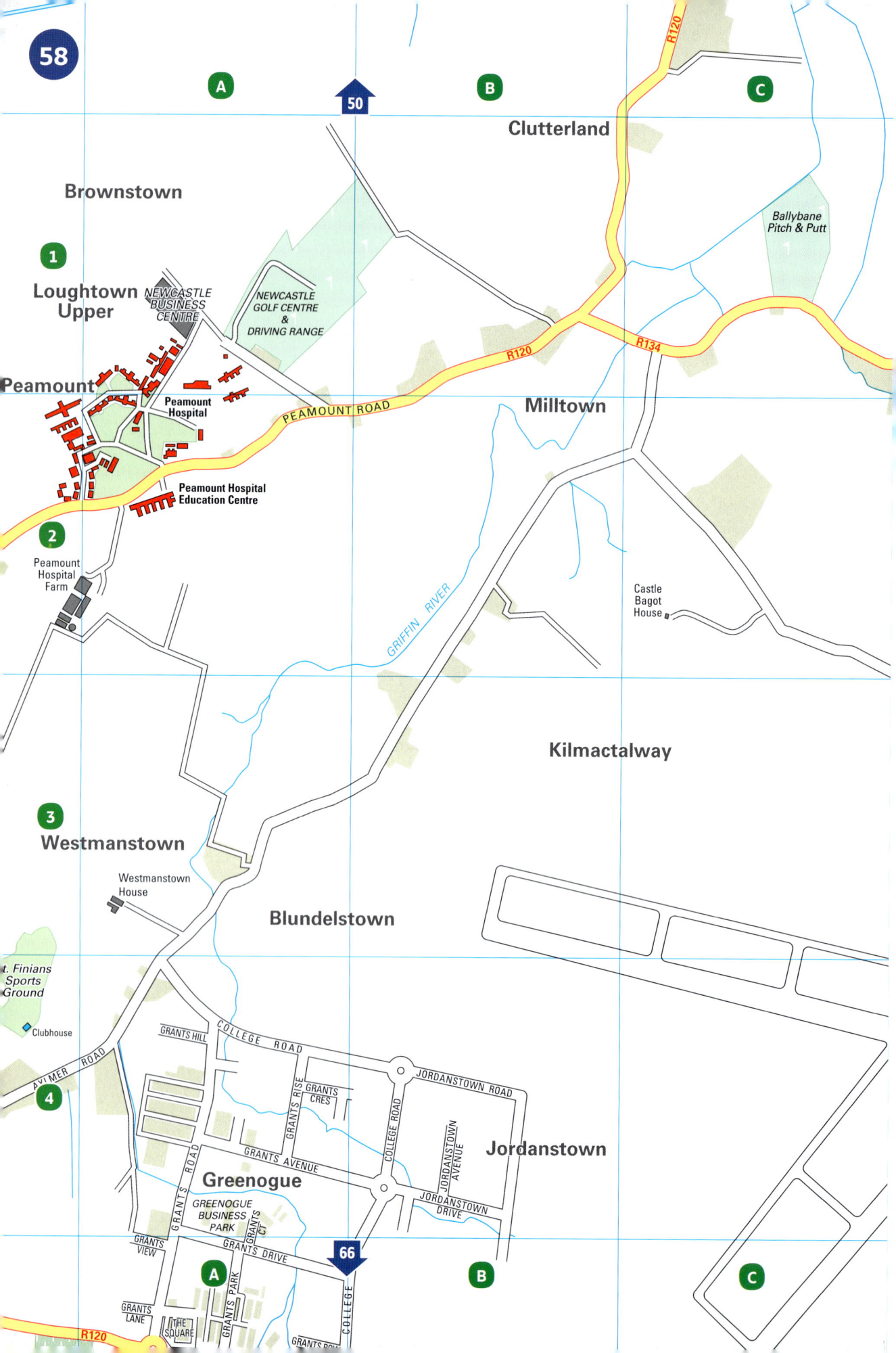

A **B** **C**

↑ 50

Clutterland

Brownstown

Ballybane Pitch & Putt

1 Loughtown Upper

NEWCASTLE BUSINESS CENTRE

NEWCASTLE GOLF CENTRE & DRIVING RANGE

R120 R134

Peamount

Peamount Hospital

PEAMOUNT ROAD

Milltown

Peamount Hospital Education Centre

2 Peamount Hospital Farm

GRIFFIN RIVER

Castle Bagot House

Kilmactalway

3 Westmanstown

Westmanstown House

Blundelstown

St. Finians Sports Ground

Clubhouse

4

AYLMER ROAD

GRANTS HILL

COLLEGE ROAD

GRANTS ROAD

GRANTS RISE

GRANTS CRES

JORDANSTOWN ROAD

JORDANSTOWN AVENUE

Jordanstown

GRANTS AVENUE

COLLEGE ROAD

JORDANSTOWN DRIVE

Greenogue

GREENOGUE BUSINESS PARK

GRANTS CT

GRANTS DRIVE

↓ 66

A **B** **C**

GRANTS VIEW

GRANTS PARK

GRANTS LANE

THE SQUARE

COLLEGE

GRANTS ROW

R120

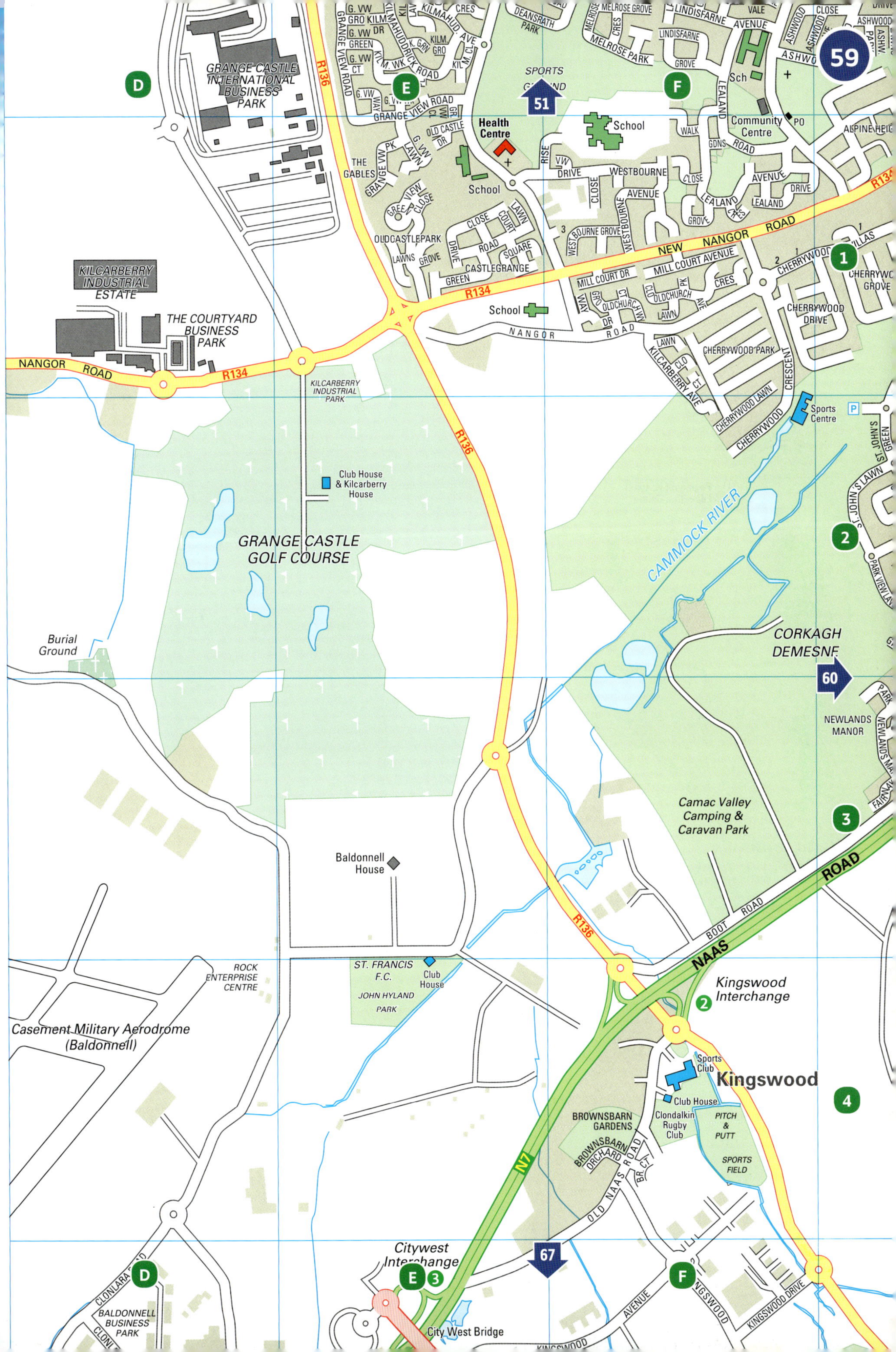
59
51
60
67
D
E
F
1
2
3
4
GRANGE CASTLE INTERNATIONAL BUSINESS PARK
KILCARBERRY INDUSTRIAL ESTATE
THE COURTYARD BUSINESS PARK
NANGOR ROAD
R134
R136
NEW NANGOR ROAD
KILCARBERRY INDUSTRIAL PARK
Club House & Kilcarberry House
GRANGE CASTLE GOLF COURSE
Burial Ground
Baldonnell House
ST. FRANCIS F.C.
Club House
JOHN HYLAND PARK
ROCK ENTERPRISE CENTRE
Casement Military Aerodrome (Baldonnell)
BALDONNELL BUSINESS PARK
CLONLARA ROAD
Citywest Interchange
City West Bridge
N7
NAAS ROAD
BOOT ROAD
OLD NAAS ROAD
Kingswood Interchange
Kingswood
Sports Club
Club House
Clondalkin Rugby Club
PITCH & PUTT
SPORTS FIELD
BROWNSBARN GARDENS
BROWNSBARN ORCHARD
BR. CT.
KINGSWOOD DRIVE
KINGSWOOD AVENUE
Camac Valley Camping & Caravan Park
CORKAGH DEMESNE
NEWLANDS MANOR
CAMMOCK RIVER
Sports Centre
CHERRYWOOD
CHERRYWOOD PARK
CHERRYWOOD DRIVE
CHERRYWOOD LAWN
CHERRYWOOD CRESCENT
CHERRYWOOD GROVE
CHERRYWOOD VILLAS
ST. JOHN'S LAWN
ST. JOHN'S GREEN
PARK VIEW LAWN
KILCARBERRY AVE
MILL COURT AVENUE
MILL COURT DR
OLDCHURCH
NANGOR ROAD
School
Health Centre
SPORTS GROUND
School
Community Centre
PO
Sch
WESTBOURNE AVENUE
WESTBOURNE DRIVE
WESTBOURNE GROVE
WESTBOURNE RISE
LEALAND ROAD
LEALAND AVENUE
LEALAND DRIVE
LEALAND GROVE
LINDISFARNE AVENUE
LINDISFARNE GROVE
MELROSE PARK
MELROSE GROVE
DEANSRATH PARK
KILMAHUDDRICK ROAD
KILMAHUDDRICK AVE
GRANGE VIEW ROAD
THE GABLES
OLDCASTLEPARK
CASTLEGRANGE
ASHWOOD CLOSE
ALPINE HEIGHTS

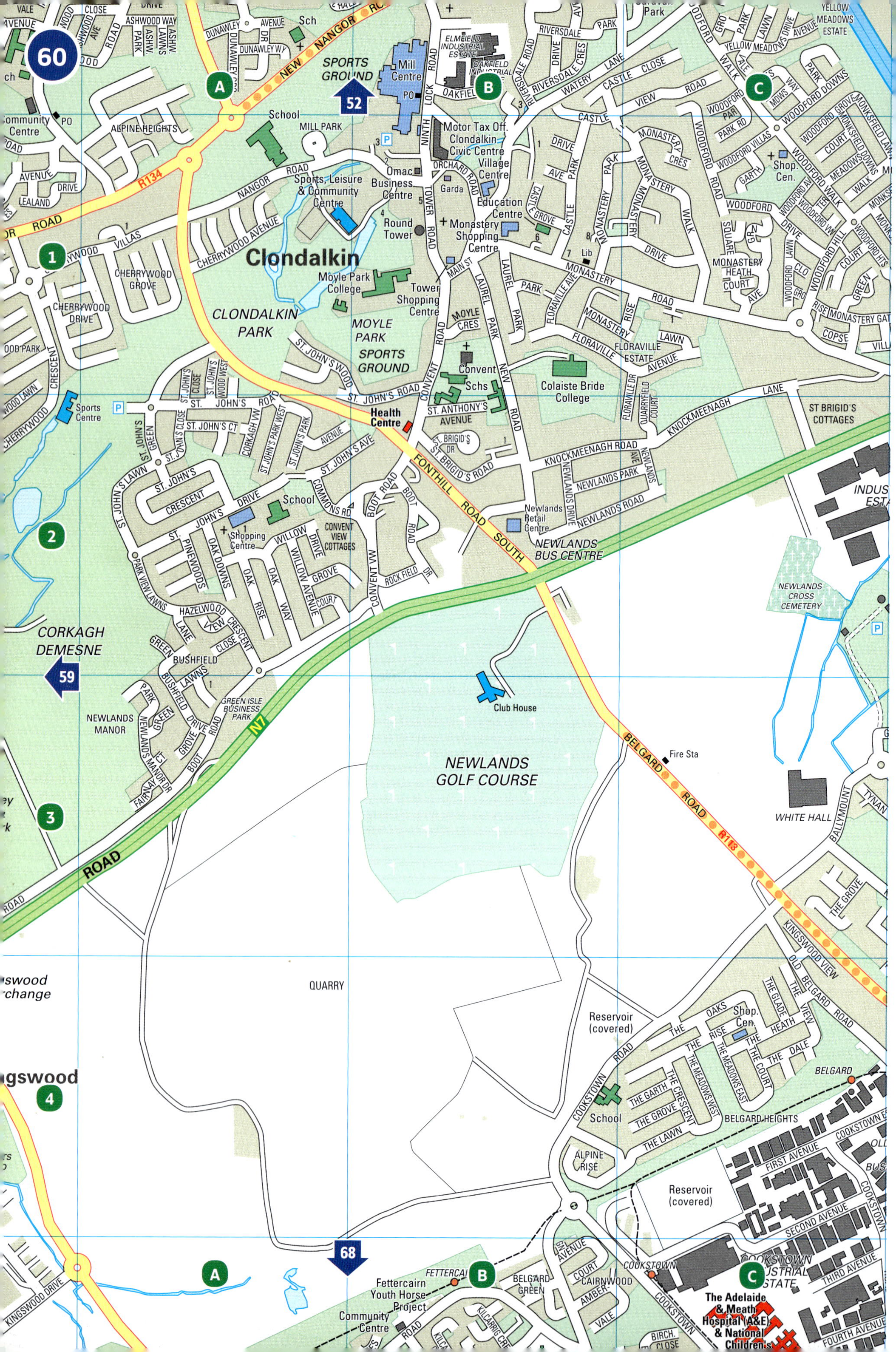
Clondalkin
CLONDALKIN PARK
SPORTS GROUND
52
MOYLE PARK SPORTS GROUND
CORKAGH DEMESNE
59
NEWLANDS MANOR
NEWLANDS GOLF COURSE
Club House
QUARRY
68
Reservoir (covered)
Reservoir (covered)
WHITE HALL
NEWLANDS CROSS CEMETERY
ST BRIGID'S COTTAGES
NEWLANDS BUS CENTRE
Newlands Retail Centre
Health Centre
Convent
Schs
Colaiste Bride College
Moyle Park College
Tower Shopping Centre
Round Tower
Monastery Shopping Centre
Education Centre
Village Centre
Motor Tax Off.
Clondalkin Civic Centre
Omac Business Centre
Garda
Mill Centre
PO
Sports, Leisure & Community Centre
ELMFIELD INDUSTRIAL ESTATE
OAKFIELD INDUSTRIAL ESTATE
Community Centre
School
Sch
Sports Centre
Shopping Centre
Shop. Cen.
Lib
Fire Sta
MILL PARK
ALPINE HEIGHTS
YELLOW MEADOWS ESTATE
FLORAVILLE ESTATE
MONASTERY HEATH COURT
GREEN ISLE BUSINESS PARK
CONVENT VIEW COTTAGES
BELGARD HEIGHTS
ALPINE RISE
BELGARD
COOKSTOWN
COOKSTOWN INDUSTRIAL ESTATE
The Adelaide & Meath Hospital (A&E) & National Children's
Fettercairn Youth Horse Project
Community Centre
FETTERCAIRN
BELGARD GREEN
Kingswood
Kingswood Interchange
R134
R113
N7
NEW NANGOR ROAD
NANGOR ROAD
FONTHILL ROAD SOUTH
BELGARD ROAD
OLD BELGARD ROAD
COOKSTOWN ROAD
KINGSWOOD DRIVE
KINGSWOOD VIEW
BALLYMOUNT
TOWER ROAD
CONVENT ROAD
NEW ROAD
LOCK ROAD
NINTH LOCK ROAD
ORCHARD ROAD
MAIN ST
LAUREL PARK
MONASTERY ROAD
MONASTERY DRIVE
MONASTERY PARK
MONASTERY WALK
MONASTERY CRES
MONASTERY RISE
FLORAVILLE AVE
FLORAVILLE ROAD
FLORAVILLE DR
QUARRYFIELD COURT
KNOCKMEENAGH LANE
KNOCKMEENAGH ROAD
NEWLANDS PARK
NEWLANDS DRIVE
NEWLANDS ROAD
NEWLANDS AVE
ST. JOHN'S ROAD
ST. JOHN'S WOOD
ST. JOHN'S AVE
ST. JOHN'S CT
ST. JOHN'S PARK
ST. JOHN'S PARK WEST
ST. JOHN'S CRESCENT
ST. JOHN'S DRIVE
ST. JOHN'S LAWN
ST. JOHN'S GREEN
ST. JOHN'S CLOSE
CORKAGH VW
ST. ANTHONY'S AVENUE
ST. BRIGID'S ROAD
ST. BRIGID'S DR
MOYLE CRES
CHERRYWOOD AVENUE
CHERRYWOOD GROVE
CHERRYWOOD DRIVE
CHERRYWOOD VILLAS
PINEWOODS
OAK DOWNS
OAK RISE
OAK WAY
WILLOW DRIVE
WILLOW AVENUE
WILLOW GROVE
WILLOW COURT
BOOT ROAD
ROCK FIELD DR
CONVENT VW
COMMONS RD
HAZELWOOD VIEW
HAZELWOOD CRESCENT
BUSHFIELD LAWNS
BUSHFIELD DRIVE
PARK VIEW LAWNS
NEWLANDS MANOR DR
FAIRWAY
WOODFORD ROAD
WOODFORD WALK
WOODFORD DOWNS
WOODFORD HILL
WOODFORD VILLAS
MONASTERY GATE
COPSE
CASTLE CLOSE
CASTLE DRIVE
CASTLE PARK
CASTLE GROVE
WATERY LANE
RIVERSDALE PARK
RIVERSDALE CRES
RIVERSDALE ROAD
DUNAWLEY AVENUE
DUNAWLEY DR
DUNAWLEY WY
ASHWOOD WAY
LEALAND
THE OAKS
THE RISE
THE HEATH
THE DALE
THE COURT
THE GLADE
THE VIEW
THE GROVE
THE GARTH
THE LAWN
THE CRESCENT
THE MEADOWS EAST
THE MEADOWS WEST
FIRST AVENUE
SECOND AVENUE
THIRD AVENUE
FOURTH AVENUE
CAIRNWOOD
AMBER VALE
BIRCH CLOSE
KILCARRIG CRES
A
B
C
1
2
3
4

OAK ROAD BUSINESS PARK
MONTONE BUSINESS PARK
Dublin Mails Centre
KNOCKMITTEN CLO
WILLOW ROAD
KNOCKMITTEN LA
WILLOW BUSINESS PARK
KNOCK LAN.
KNOCKMITTEN LANE
CENTRE POINT BUSINESS PARK
HAWTHORN RD
ELM ROAD
WESTERN IND. EST.
CHESTNUT RD
OAK ROAD
OAK DR
OAK CL
SYCAMORE RD
HOLLY ROAD
BEECH RD
NANGOR ROAD
KILLEEN ROAD
JOHN F. KENNEDY AVE
WESTPOINT COURT BUSINESS PARK
JOHN F. KENNEDY DRIVE
KYLEMORE
CARRIGLEA INDUSTRIAL ESTATE
INDUSTRIAL PARK
53
R134
NAAS ROAD
R110
LONG MILE
AVONMORE INDUSTRIAL ESTATE
Sch
WALKINSTOWN AVE
CLUB ROAD
PARKMORE INDUSTRIAL ESTATE
BRIDGECOURT OFFICE PARK
WALKINSTOWN
ROBINHOOD BUSINESS PARK
ROBINHOOD ROAD
Walkinstown
WALKINSTOWN PARK
ROBINHOOD INDUSTRIAL ESTATE
M50
Junction 9
MONASTERY GATE
CLOSE
HEIGHTS
RED COW BUSINESS PARK
TURNPIKE
LC
N7
ST. ANTHONY'S BUSINESS PARK
RED COW
Depot
Ballymount
AVONBEG INDUSTRIAL ESTATE
BALLYMOUNT ROAD INDUSTRIAL ESTATE
WALKINSTOWN CRESCENT
BALLYMOUNT TRADING ESTATE
OLD SAWMILLS INDUSTRIAL ESTATE
LOWER ROAD
MERRYWELL INDUSTRIAL ESTATE
BALLYMOUNT INDUSTRIAL ESTATE
DRIVE
WESTERN PARKWAY BUSINESS CENTRE
WESTERN PARKWAY BUSINESS PARK
BALLYMOUNT CROSS INDUSTRIAL ESTATE
MERRYWELL BUSINESS PARK
BALLYMOUNT ROAD
Ballymount Cross
CROSSLANDS INDUSTRIAL ESTATE
CROSSBEG INDUSTRIAL ESTATE
CALMOUNT BUSINESS PARK
CALMOUNT ROAD
GREENHILLS
ST. COLUMBA'S ROAD
WESTERN PARKWAY
SPORTS GROUND
BALLYMOUNT PARK
KINGSWOOD CASTLE
PARKWAY BUSINESS CENTRE
BALLYMOUNT ROAD UPPER
SWANWARD BUSINESS CENTRE
WESTGATE BUSINESS PARK
BUSINESS PARK
BALLYMOUNT AVENUE
62
ST. MEL'S AVENUE
ST. FINBAR'S CLOSE
TIBRADDEN DR
KEADEEN AVE
LUGNAQUILLA AVENUE
R819
TYNAN HALL
DUNMORE
DUNMORE PARK
DUNMORE GR
ASHFIELD AVE
CHESTNUT GRO
BALLYMOUNT
WALNUT
FOREST LAWN
FOREST CLOSE
FOREST PARK
FOREST AVENUE
FOREST GREEN
FOREST DRIVE
M50 BUSINESS PARK
Junction 10
THREE ROCK CLOSE
KILMASHOGUE GROVE
KIPPURE AVE
LIMEKILN
School
SYLVAN
KINGSWOOD HEIGHTS
CEDAR
SYCAMORE CLO
SYCAMORE PARK
SYCAMORE DR
Foot Bridge
Greenhills
THE GARTH
THE COURT
KINGSWOOD
THE PARK
THE GREEN
THE DALE
THE CRES
THE RISE
SYLVAN CLOSE
Tallaght Theatre
TYMON
TYMON LANE
KINGSWOOD
LOWER
BALLYMOUNT ROAD
PARKHILL LAWN
TREEPARK
TAMARISK
TAMARISK PK
TAMARISK CT
ELMCASTLE PK
ELM DR
ELM CT
ELM CLO
Kilnamanagh
GARRYNISK EST
PARKHILL DR
PARKHILL RISE
PARKHILL AVE
PINE TREE GRO
Sch
TYMONVILLE GROVE
College
Rangers Office
Belgard
BELGARD INDUSTRIAL ESTATE
BELGARD ROAD
REDWOOD CT
REDWOOD AVE
REDWOOD WK
REDWOOD LAWN
PINETREE CRES
PO
Kilnamanagh Shopping Centre
TREEPARK AVE
TREEPARK CLO
TREEPARK DR
BIRCHVIEW AVE
BIRCHVIEW DR
TYMONVILLE CRES
TYMONVILLE COURT
TYMON NORTH AVE
ST. AONGUS GRO
ST. AONGUS LAWN
ST. AONGUS CRES
ST. AONGUS ROAD
MAYBERRY
MAYBERRY PARK
BROOMHILL BUSINESS PARK
BIRCHVIEW CLOSE
TYMON N. GRN
GLEN ABBEY COMPLEX
GOLBERTS FORT COTTAGES
BROOMHILL BUSINESS COMPLEX
BROOMHILL ROAD
BROOM HILL TERRACE
BROOM HILL CLOSE
GREENHILLS BUSINESS CENTRE
Lib
Sch
CASTLETYMON COURT
School & Sports Complex
COLBERT'S FORT
AIRTON TER
AIRTON ROAD
AIRTON CLOSE
69
HIBERNIAN INDUSTRIAL ESTATE
GREENHILLS BUSINESS PARK
BANCROFT PARK
TALLAGHT
THE SQUARE INDUSTRIAL COMPLEX
D
E
F
1
2
3
4

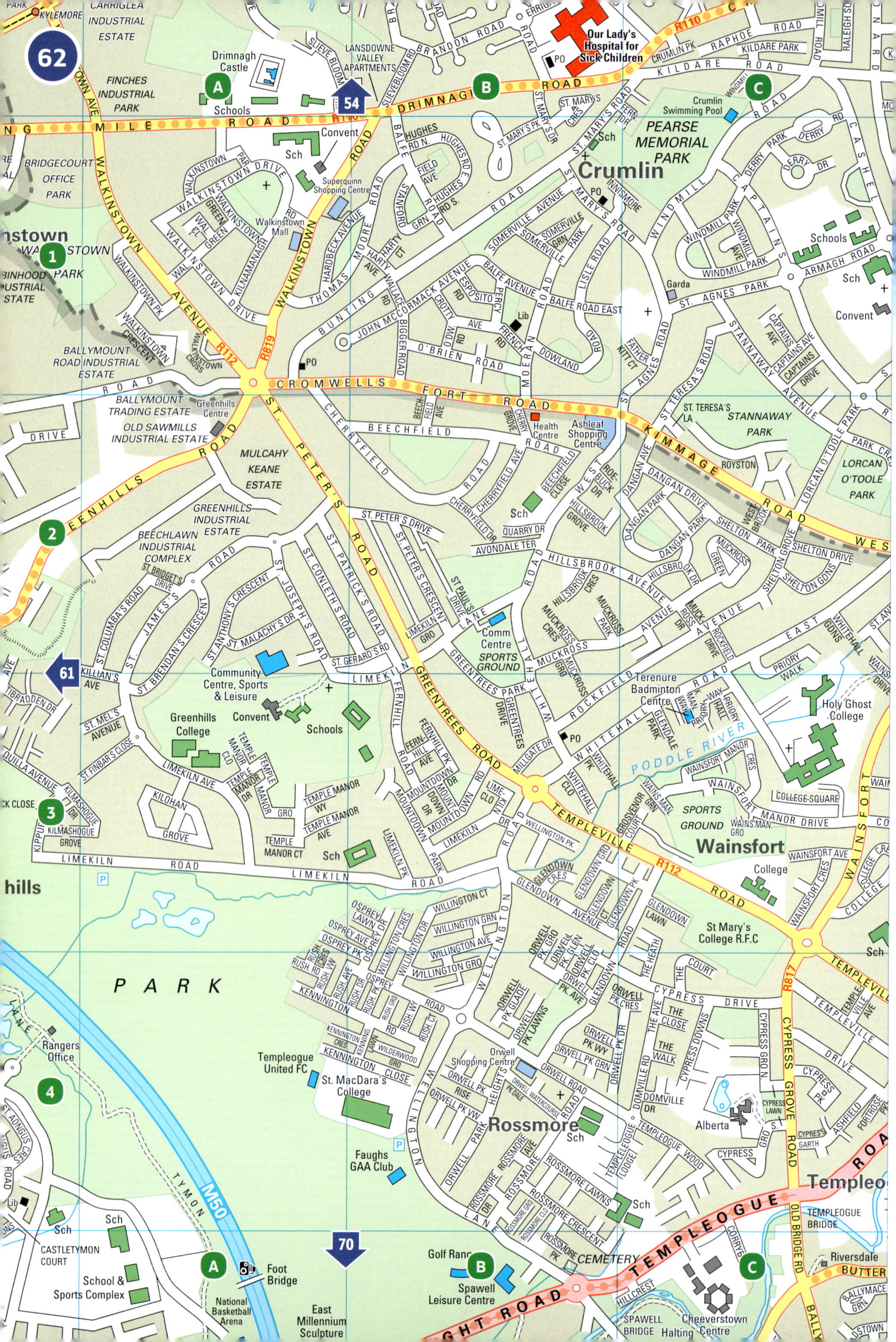
KYLEMORE
CARRIGLEA INDUSTRIAL ESTATE
FINCHES INDUSTRIAL PARK
Drimnagh Castle
Schools
LANSDOWNE VALLEY APARTMENTS
54
BRANDON ROAD
Our Lady's Hospital for Sick Children
PO
CRUMLIN PK
RAPHOE ROAD
KILDARE PARK
KILDARE ROAD
DRIMNAGH ROAD
A
B
C
NAAS ROAD
MILE ROAD
Convent
Sch
BRIDGECOURT OFFICE PARK
Superquinn Shopping Centre
Walkinstown Mall
Walkinstown
1
WALKINSTOWN PARK
BLUEBELL AVE
BALFE AVE
HUGHES RD N.
HUGHES RD E.
HUGHES RD S.
FIELD AVE
STANFORD GRN
Crumlin Swimming Pool
PEARSE MEMORIAL PARK
Crumlin
ST. MARY'S ROAD
ST. MARY'S DR
ST. MARY'S CRES
INNISMORE
WINDMILL ROAD
DERRY PARK
DERRY DR
CAPTAINS ROAD
CASHEL ROAD
Schools
Sch
ARMAGH ROAD
Convent
Garda
ST. AGNES PARK
WINDMILL PARK
SOMERVILLE AVENUE
SOMERVILLE PARK
SOMERVILLE GRN
LISLE ROAD
BALFE ROAD EAST
BALFE AVENUE
ESPOSITO RD
PERCY FRENCH RD
Lib
JOHN MCCORMACK AVENUE
BUNTING ROAD
THOMAS MOORE ROAD
HARDBECK AVENUE
KILNAMANAGH RD
WALKINSTOWN DRIVE
WALKINSTOWN AVENUE
WALKINSTOWN CRESCENT
WALKINSTOWN CROSS
WALKINSTOWN PK
BALLYMOUNT ROAD INDUSTRIAL ESTATE
BALLYMOUNT TRADING ESTATE
Greenhills Centre
OLD SAWMILLS INDUSTRIAL ESTATE
R112
R819
CROMWELLS FORT ROAD
O'BRIEN ROAD
DOWLAND ROAD
MOERAN ROAD
BIGGER ROAD
KITT CT
FATHER ST. AGNES ROAD
STANNAWAY ROAD
CAPTAINS AVE
CAPTAINS DRIVE
ST. TERESA'S ROAD
ST. TERESA'S LA
STANNAWAY PARK
LORCAN O'TOOLE PARK
KIMMAGE ROAD WEST
ROYSTON
Health Centre
Ashleaf Shopping Centre
BEECHFIELD ROAD
CHERRYFIELD ROAD
CHERRYFIELD AVE
CHERRY GROVE
BEECHFIELD CLOSE
MULCAHY KEANE ESTATE
GREENHILLS ROAD
2
GREENHILLS INDUSTRIAL ESTATE
BEECHLAWN INDUSTRIAL COMPLEX
ST. PETER'S ROAD
ST. PETER'S DRIVE
ST. PETER'S CRESCENT
ST. PAUL'S DRIVE
QUARRY DR
AVONDALE TER
HILLSBROOK AVENUE
HILLSBROOK CRES
HILLSBROOK GROVE
DANGAN AVE
DANGAN PARK
DANGAN DRIVE
SHELTON PARK
SHELTON DRIVE
SHELTON GDNS
MUCKROSS GREEN
MUCKROSS CRES
MUCKROSS PARK
MUCKROSS AVENUE
ST. BRIDGET'S DRIVE
ST. COLUMBA'S ROAD
ST. JAMES'S ROAD
ST. BRENDAN'S CRESCENT
ST. ANTHONY'S CRESCENT
ST. JOSEPH'S ROAD
ST. MALACHY'S DR
ST. CONLETH'S ROAD
ST. PATRICK'S ROAD
ST. GERARD'S RD
LIMEKILN GRO
Comm Centre
SPORTS GROUND
GREENTREES ROAD
GREENTREES PARK
GREENTREES DRIVE
WHITEHALL ROAD
ROCKFIELD AVENUE
PRIORY WALK
Holy Ghost College
61
KILLIAN'S AVE
ST. MEL'S AVENUE
TIBRADDEN DR
Community Centre, Sports & Leisure
Convent
Schools
Greenhills College
Terenure Badminton Centre
PODDLE RIVER
ST. FINBAR'S CLOSE
LIMEKILN AVE
KILOHAN GROVE
TEMPLE MANOR
3
KILMASHOGUE DR
KILMASHOGUE GROVE
FERNHILL ROAD
MOUNTDOWN ROAD
MILLGATE DR
PO
WAINSFORT MANOR CRES
WAINSFORT MANOR DRIVE
COLLEGE SQUARE
SPORTS GROUND
Wainsfort
College
WAINSFORT AVE
WAINSFORT ROAD
TEMPLEVILLE ROAD
WELLINGTON PK
GLENDOWN AVENUE
GLENDOWN LAWN
St Mary's College R.F.C
Sch
LIMEKILN ROAD
hills
PARK
OSPREY LAWN
OSPREY AVE
WILLINGTON CT
WILLINGTON GRN
WILLINGTON AVE
WILLINGTON GRO
WELLINGTON LANE
KENNINGTON ROAD
ORWELL PARK
ORWELL ROAD
CYPRESS DRIVE
CYPRESS GROVE ROAD
CYPRESS DOWNS
THE CLOSE
THE WALK
THE COURT
THE HEATH
R817
Rangers Office
4
Templeogue United FC
St. MacDara's College
Orwell Shopping Centre
Rossmore
Sch
DOMVILLE DR
TEMPLEOGUE WOOD
Alberta
Templeogue
TEMPLEOGUE ROAD
TEMPLEOGUE BRIDGE
Faughs GAA Club
M50
TYMON LANE
Lib
Sch
CASTLETYMON COURT
School & Sports Complex
Foot Bridge
National Basketball Arena
70
East Millennium Sculpture
Golf Range
Spawell Leisure Centre
ROSSMORE ROAD
ROSSMORE LAWNS
ROSSMORE CRESCENT
CEMETERY
Sch
SPAWELL BRIDGE
Halting Site
Cheeverstown Centre
Riversdale
OLD BRIDGE RD
BUTTERFIELD
BALLYMACE GRN

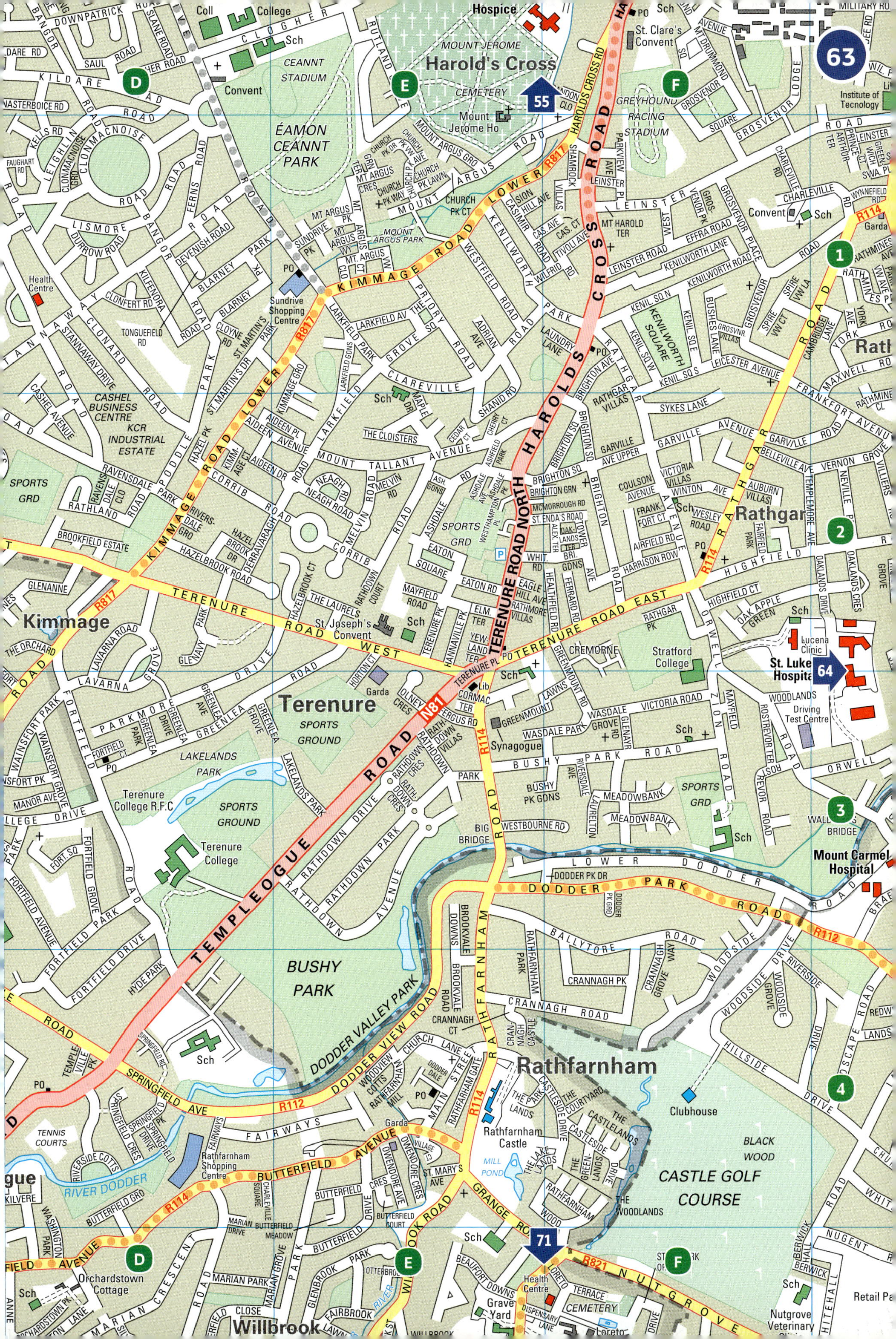
Harold's Cross
Mount Jerome Cemetery
Hospice
55
St. Clare's Convent
Greyhound Racing Stadium
Institute of Tecnology
Ceannt Stadium
Éamon Ceannt Park
Kimmage Road Lower
Harold's Cross Road
Sundrive Shopping Centre
Health Centre
Cashel Business Centre
KCR Industrial Estate
Sports Grd
Kimmage
Terenure Road West
Terenure Road North
Terenure Road East
St. Joseph's Convent
Rathgar
Rathgar Road
Stratford College
St. Luke's Hospital
64
Lucena Clinic
Driving Test Centre
Mount Carmel Hospital
Terenure
Sports Ground
Lakelands Park
Terenure College R.F.C.
Terenure College
Templeogue Road
Bushy Park
Dodder Valley Park
Dodder Park Road
Rathfarnham Road
Rathfarnham
Rathfarnham Castle
Rathfarnham Shopping Centre
Castle Golf Course
Clubhouse
Black Wood
River Dodder
Butterfield Avenue
Springfield Ave
Orchardstown Cottage
Willbrook
Grave Yard
Nutgrove Veterinary
Retail Pa
71
R817
R114
R112
R821
N81
D
E
F
1
2
3
4

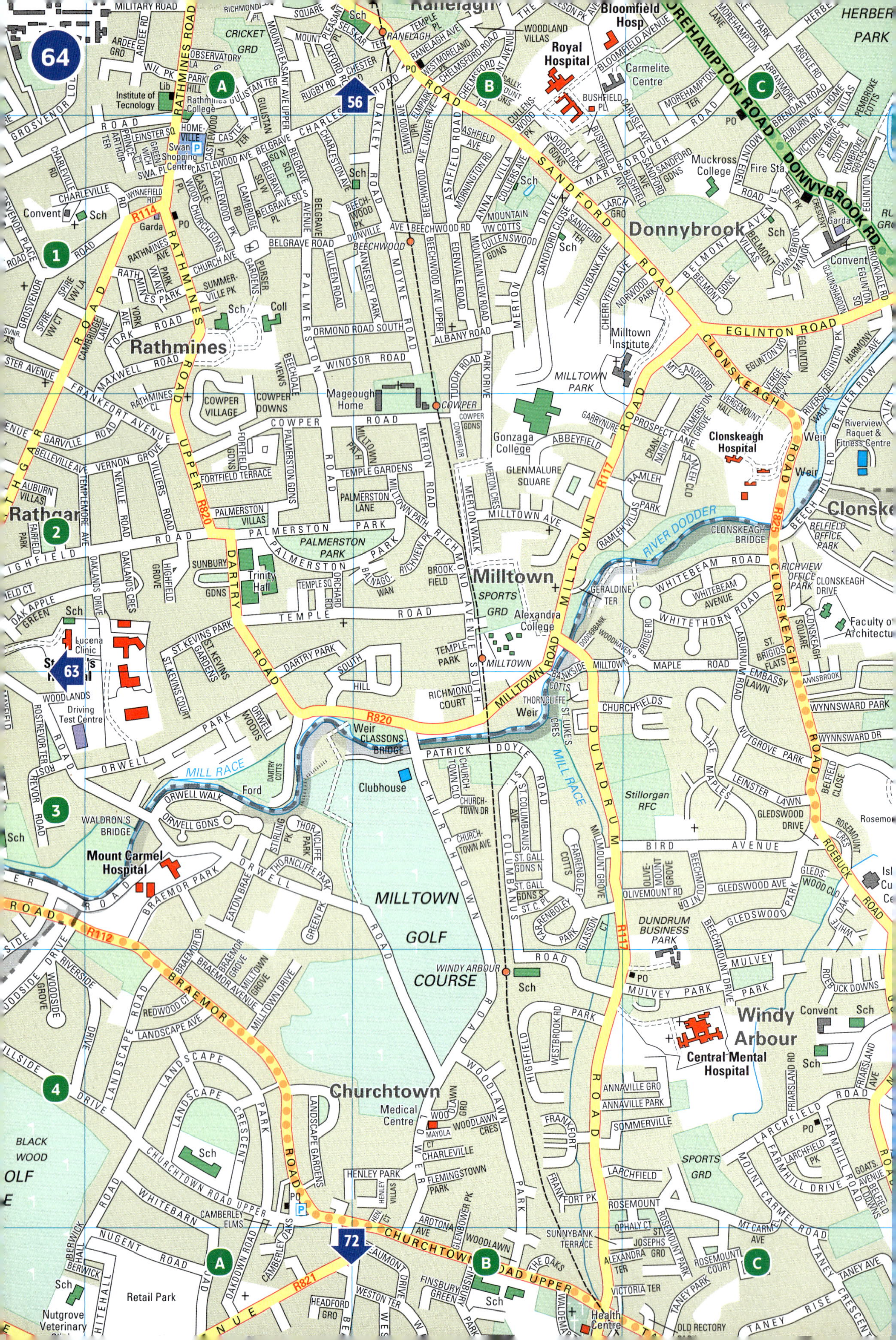
64
56
63
72
Ranelagh
Rathmines
Rathgar
Donnybrook
Milltown
Churchtown
Windy Arbour
Clonskeagh
HERBERT PARK
Royal Hospital
Bloomfield Hosp
Carmelite Centre
Muckross College
Milltown Institute
Milltown Park
Gonzaga College
Clonskeagh Hospital
Riverview Raquet & Fitness Centre
Institute of Tecnology
Rathmines College
Swan Shopping Centre
Convent
Garda
Mageough Home
Cowper Village
Palmerston Park
Trinity Hall
Alexandra College
Sports Grd
River Dodder
Mill Race
Lucena Clinic
Woodlands Driving Test Centre
Mount Carmel Hospital
Waldron's Bridge
Classons Bridge
Clubhouse
Milltown Golf Course
Stillorgan RFC
Dundrum Business Park
Central Mental Hospital
Medical Centre
Health Centre
Retail Park
Nutgrove Veterinary
Black Wood
Faculty of Architecture
Rathmines Road Upper
Dartry Road
Milltown Road
Dundrum Road
Clonskeagh Road
Sandford Road
Eglinton Road
Morehampton Road
Donnybrook Rd
Churchtown Road Upper
Braemor Road
Orwell Road
Temple Road
Bird Avenue
Roebuck Road
R114
R117
R112
R820
R821
R825

Dublin Society's Showgrounds
JUMPING GROUND
British Embassy
Embassy of Belgium
Simmonscourt Castle
Coll
RUGBY GROUND
Wanderer's FC
Embassy of Spain
SYDNEY PARADE
SPORTS GROUND
Martello Tower
57
Mount Merrion FC & Pembroke CC
ANGLESEA BRIDGE
AILESBURY ROAD
AILESBURY DRIVE
DUBLIN BUS DEPOT
St. Michael's College
SPORTS GROUND
Embassy of the Federal Republic of Germany
Television & Radio Studios
Merrion Shopping Centre
Medical Centre
St. Vincent's University Hospital
St. Vincent's Private Hospital
Merrion
Caritas Convalescent Centre & St. Mary's Centre
Foot Bridge
Clubhouse
ELM PARK GOLF COURSE
Merrion Strand
BOOTERSTOWN
University Lodge
Cranford Centre
Flyover
Woodview
Sports Centre
Depts of Physics Chemistry, Biology and Lecture Rooms
National Virus Reference Laboratory
Dept of Administration
University College (major redevelopment of UCD & 'Gateway' project)
Lib
Depts of Engineering, Industry & Micro Computing
Dept of Arts and Commerce
SPORTS GROUND
Foot Bridge
College
Depts of Biochemistry Pharmacology
Booterstown
St. Andrew's College
St. Helens
Roebuck Grove
Carmelite Monastery
St. Brigid's
ROEBUCK CASTLE
University College Campus Innovation Centre
GLENVILLE INDUSTRIAL ESTATE
College
74
CLONFADDA WOOD
STILLORGAN ROAD
N11
R118
R131
R112
R825
FOSTERS AVENUE
MERRION ROAD
ROCK ROAD
STRAND ROAD
NUTLEY LANE
NUTLEY AVENUE
NUTLEY ROAD
WOODBINE ROAD
BELLEVUE AVENUE
ROEBUCK ROAD
MERRION GROVE
BOOTERSTOWN AVENUE
CALLARY ROAD
WILSON ROAD
DEERPARK ROAD
MOUNT MERRION AVENUE
MOUNT ANVILLE ROAD
LOWER KILMACUD ROAD
SPORTS GROUND
Mount Merrion
DEER PARK
73
Mount Merrion
Mount Anville Convent
Oatlands College
GLENABBEY ROAD
SYCAMORE CRES
WOODLANDS PARK
PRIORY DRIVE
PRIORY GROVE
TRIMLESTON
HARLECH DOWNS
LOUVAIN
SALZBURG
ARDILEA DOWNS
1
2
3
4
D
E
F

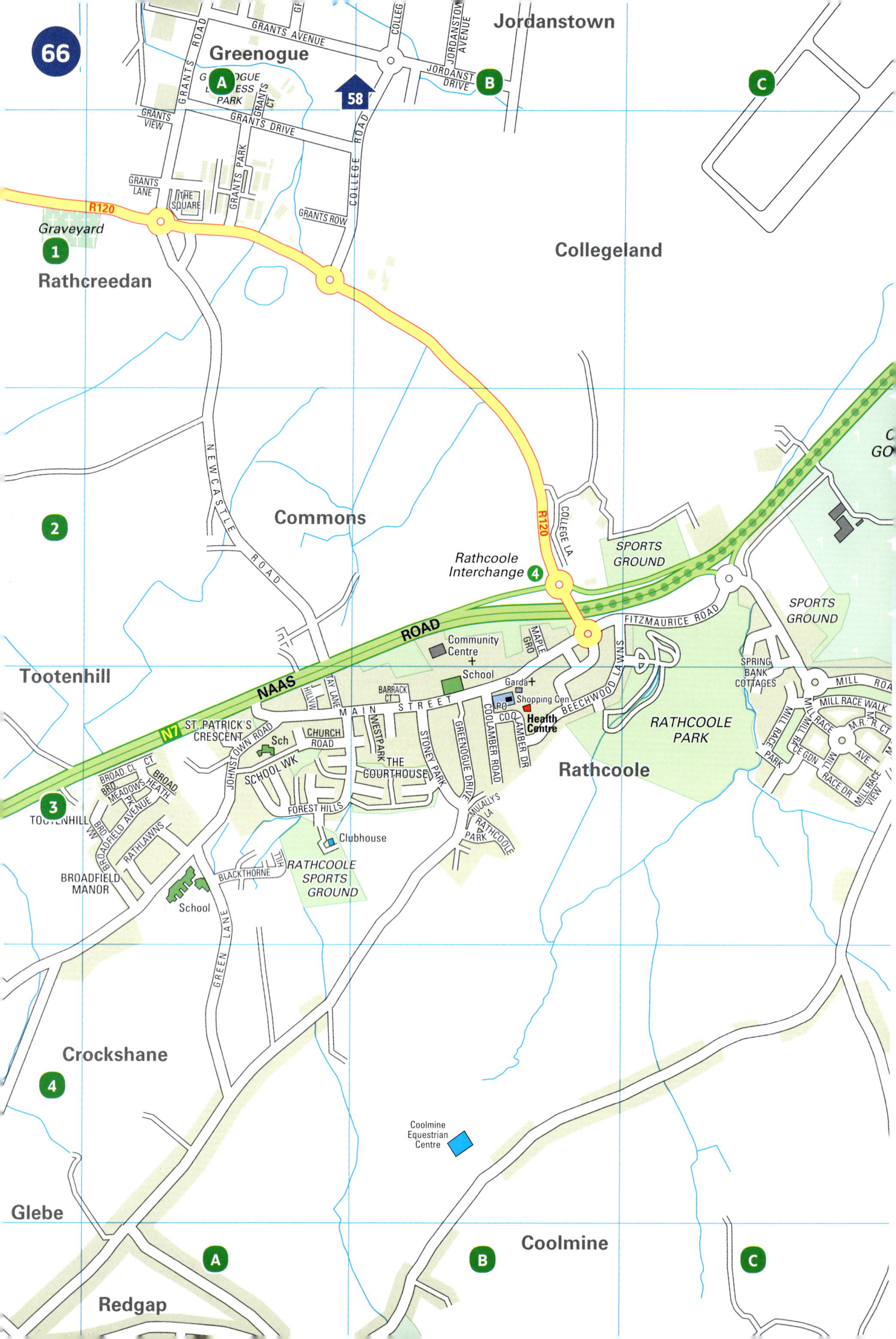

Jordanstown
Greenogue
GRANTS AVENUE
GRANTS ROAD
JORDANSTOWN AVENUE
JORDANSTOWN DRIVE
58
GRANTS VIEW
GRANTS DRIVE
GRANTS CT
GRANTS PARK
GRANTS LANE
THE SQUARE
COLLEGE ROAD
GRANTS ROW
R120
Graveyard
Rathcreedan
Collegeland
NEWCASTLE ROAD
Commons
COLLEGE LA
Rathcoole Interchange
SPORTS GROUND
FITZMAURICE ROAD
NAAS ROAD
N7
Community Centre
School
MAPLE GRO
Tootenhill
BARRACK CT
HILLVIEW
TAY LANE
MAIN STREET
Garda
PO
Shopping Cen
Health Centre
BEECHWOOD LAWNS
SPRING BANK COTTAGES
MILL ROAD
MILL RACE WALK
ST. PATRICK'S CRESCENT
JOHNSTOWN ROAD
CHURCH ROAD
Sch
WESTPARK
STONEY PARK
GREENOGUE DRIVE
COOLAMBER ROAD
COOLAMBER DR
RATHCOOLE PARK
Rathcoole
SCHOOL WK
THE COURTHOUSE
FOREST HILLS
MULALLY'S LA
RATHCOOLE PARK
BROAD. CL
CT
BROAD. MEADOWS
PK
HEATH
BROADFIELD AVENUE
RATHLAWNS
TOOTENHILL
BROADFIELD MANOR
Clubhouse
BLACKTHORNE HILL
RATHCOOLE SPORTS GROUND
School
GREEN LANE
Crockshane
Coolmine Equestrian Centre
Glebe
Coolmine
Redgap

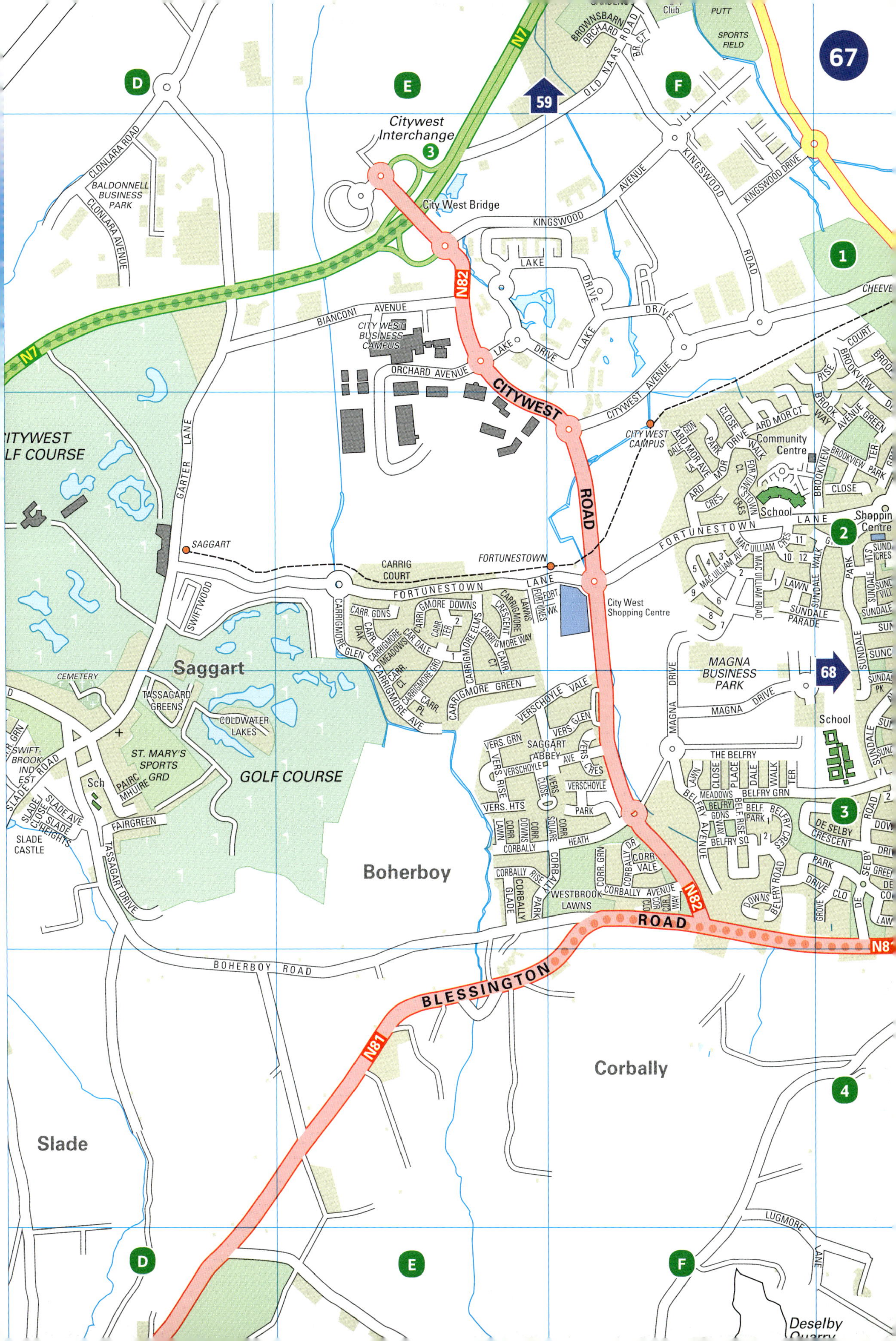
D
E
F
N7
59
OLD NAAS ROAD
BROWNSBARN ORCHARD
BR. CT
Club
PUTT
SPORTS FIELD
Citywest Interchange
3
CLONLARA ROAD
BALDONNELL BUSINESS PARK
CLONLARA AVENUE
City West Bridge
KINGSWOOD
AVENUE
KINGSWOOD
ROAD
KINGSWOOD DRIVE
LAKE
DRIVE
LAKE DRIVE
LAKE
DRIVE
N82
1
CHEEVE
BIANCONI AVENUE
CITY WEST BUSINESS CAMPUS
ORCHARD AVENUE
CITYWEST
ROAD
CITYWEST AVENUE
CITY WEST CAMPUS
COURT
BROOKVIEW
RISE
BROOK WAY
AVENUE
GREEN
ARD MOR CT
Community Centre
BROOKVIEW PARK
TER
CLOSE
School
Shopping Centre
2
ITYWEST
LF COURSE
GARTER LANE
SAGGART
FORTUNESTOWN
CARRIG COURT
FORTUNESTOWN LANE
FORTUNESTOWN LANE
MAC UILLIAM CRES
MAC UILLIAM AV
MAC UILLIAM ROAD
LAWN
SUNDALE WALK
SUNDALE PARADE
PARK
SUNDALE
City West Shopping Centre
SWIFTWOOD
CARRIGMORE GLEN
CARR. GDNS
CARRIGMORE DOWNS
CARRIGMORE ELMS
CARRIGMORE CRESCENT
CARRIGMORE WAY
CARRIGMORE GREEN
CARRIGMORE AVE
MAGNA BUSINESS PARK
MAGNA DRIVE
68
School
Saggart
CEMETERY
TASSAGARD GREENS
COLDWATER LAKES
VERSCHOYLE VALE
VERS. GLEN
SAGGART ABBEY
VERS. GRN
VERS. RISE
VERS. HTS
VERSCHOYLE PARK
CORR. SQUARE
HEATH
THE BELFRY
CLOSE
PLACE
DALE
WALK
TER
MEADOWS
BELFRY GRN
BELFRY AVENUE
BELFRY SQ
BELFRY ROAD
DE SELBY CRESCENT
3
SWIFT-BROOK IND EST
ROAD
SLADE
SLADE AVE
SLADE HEIGHTS
SLADE CASTLE
Sch
ST. MARY'S SPORTS GRD
PAIRC MHUIRE
FAIRGREEN
TASSAGART DRIVE
GOLF COURSE
Boherboy
CORBALLY
CORBALLY RISE
CORBALLY GLADE
CORBALLY PARK
CORR. GRN
CORBALLY DR
CORR. VALE
CORBALLY AVENUE
WESTBROOK LAWNS
ROAD
N81
BOHERBOY ROAD
BLESSINGTON
N81
Corbally
4
Slade
LUGMORE
LANE
D
E
F
Deselby

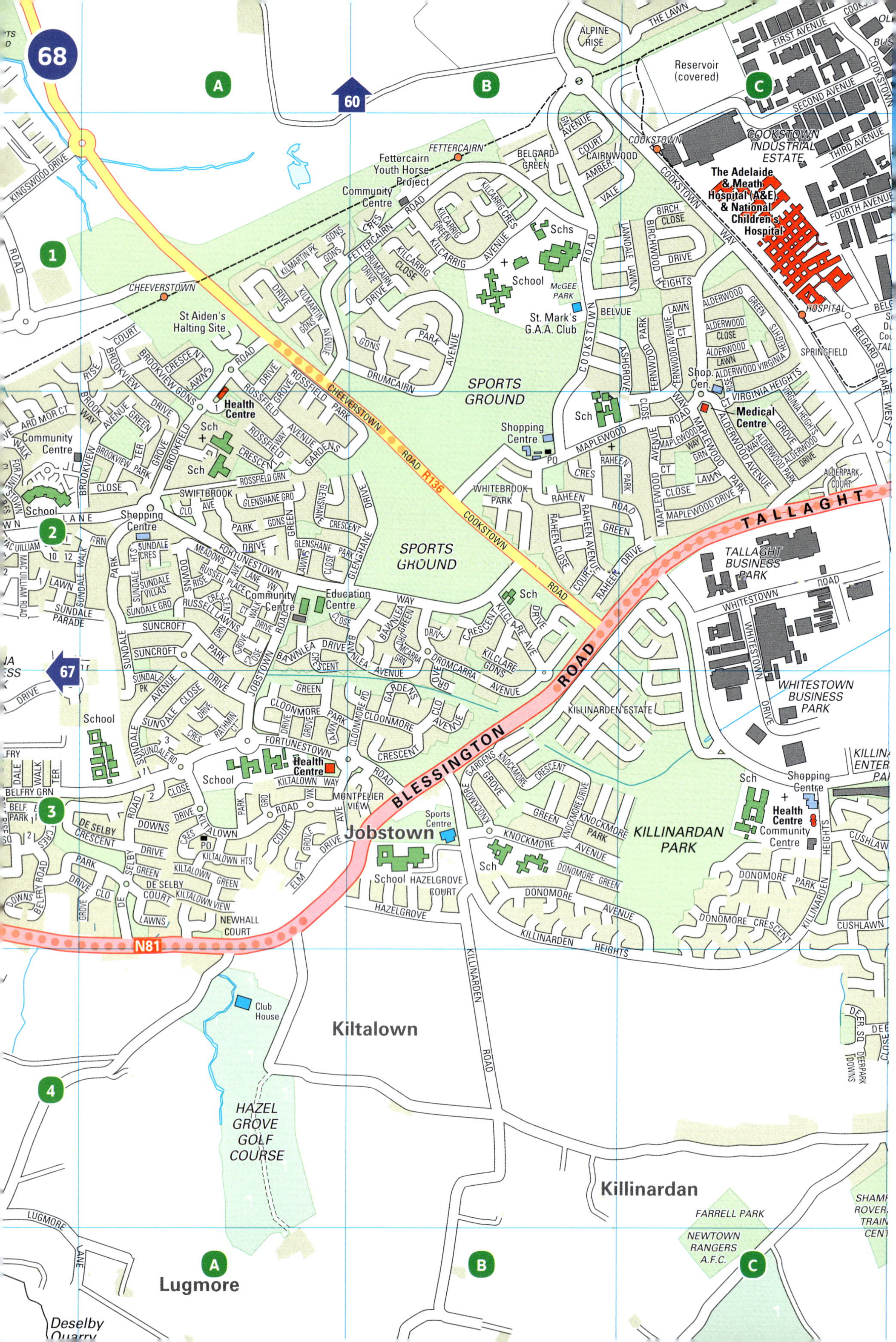

A
B
C
1
2
3
4
60
67
Reservoir (covered)
COOKSTOWN INDUSTRIAL ESTATE
The Adelaide & Meath Hospital (A&E) & National Children's Hospital
FIRST AVENUE
SECOND AVENUE
THIRD AVENUE
FOURTH AVENUE
THE LAWN
ALPINE RISE
FETTERCAIRN
Fettercairn Youth Horse Project
Community Centre
COOKSTOWN
HOSPITAL
CHEEVERSTOWN
St Aiden's Halting Site
KINGSWOOD DRIVE
BELGARD GREEN
CAIRNWOOD
AMBERVALE
KILCARRIG
Schs
School
McGEE PARK
St. Mark's G.A.A. Club
BELVUE
SPRINGFIELD
SPORTS GROUND
Shopping Centre
Health Centre
Medical Centre
Shop. Cen.
MAPLEWOOD
ALDERWOOD
VIRGINIA HEIGHTS
ALDERPARK COURT
FERNWOOD
ASHGROVE
RAHEEN
WHITEBROOK PARK
BROOKVIEW
ROSSFIELD
SWIFTBROOK
DRUMCAIRN
KILMARTIN
R136
TALLAGHT
TALLAGHT BUSINESS PARK
WHITESTOWN
WHITESTOWN BUSINESS PARK
Education Centre
FORTUNESTOWN
GLENSHANE
BAWNLEA
DROMCARRA
KILCLARE
SUNDALE
SUNCROFT
MAC UILLIAM
CLOONMORE
JOBSTOWN
KILLINARDEN ESTATE
BLESSINGTON ROAD
KNOCKMORE
KILLINARDAN PARK
KILLINARDEN HEIGHTS
DONOMORE
CUSHLAWN
Health Centre
Community Centre
Sports Centre
Jobstown
MONTPELIER VIEW
KILTALOWN
DE SELBY
BELFRY
HAZELGROVE
NEWHALL COURT
N81
Club House
Kiltalown
HAZEL GROVE GOLF COURSE
KILLINARDEN ROAD
Killinardan
FARRELL PARK
NEWTOWN RANGERS A.F.C.
SHAMROCK ROVERS TRAINING CENTRE
LUGMORE LANE
Lugmore
Deselby Quarry

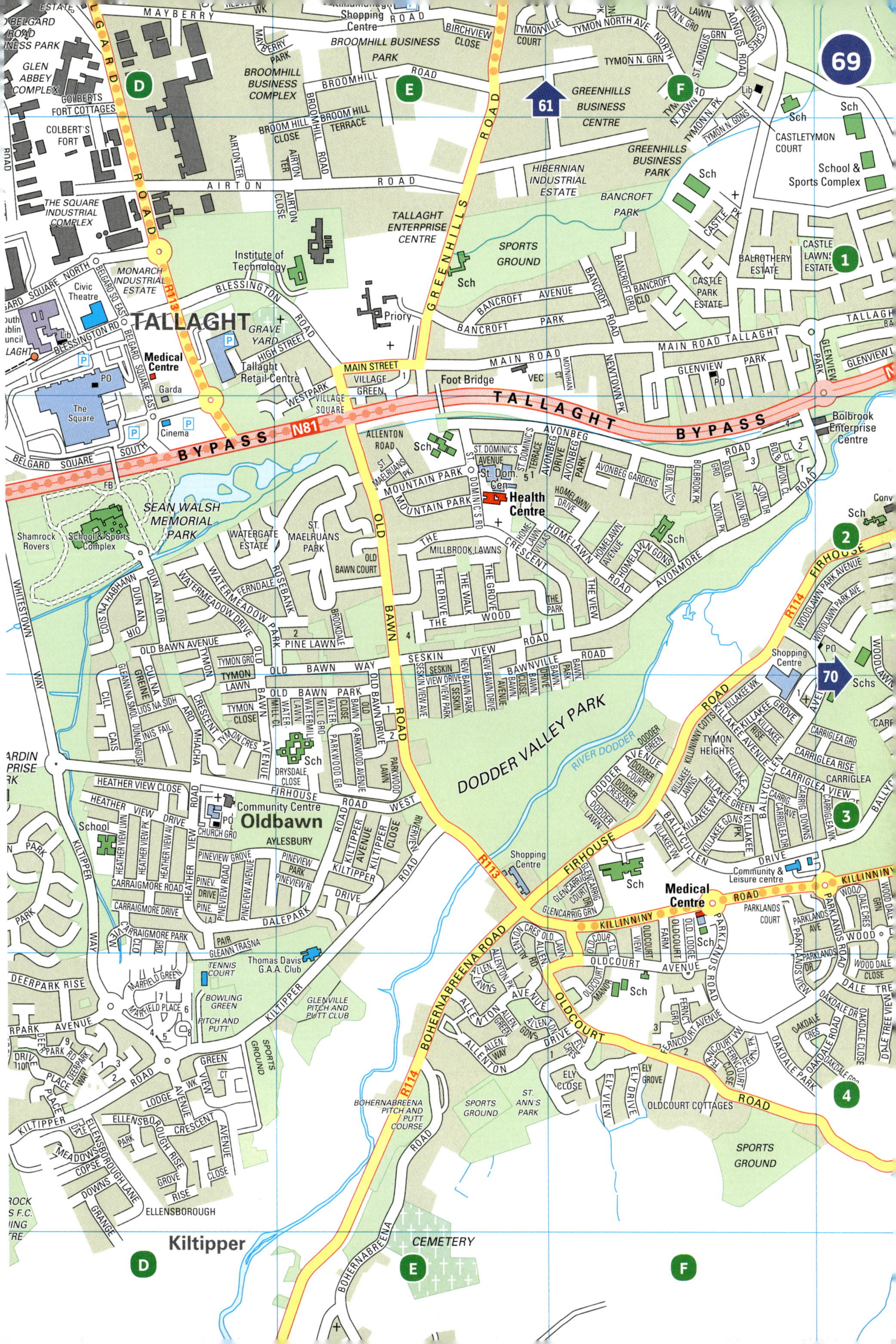
TALLAGHT
Oldbawn
Kiltipper
MAYBERRY
Shopping Centre
BROOMHILL BUSINESS PARK
BIRCHVIEW CLOSE
TYMONVILLE COURT
TYMON NORTH AVE
TYMON N. GRN
BROOMHILL BUSINESS COMPLEX
BROOMHILL ROAD
GREENHILLS BUSINESS CENTRE
GREENHILLS BUSINESS PARK
CASTLETYMON COURT
School & Sports Complex
GLEN ABBEY COMPLEX
COLBERTS FORT COTTAGES
COLBERT'S FORT
BROOM HILL CLOSE
BROOM HILL TERRACE
AIRTON ROAD
HIBERNIAN INDUSTRIAL ESTATE
BANCROFT PARK
THE SQUARE INDUSTRIAL COMPLEX
TALLAGHT ENTERPRISE CENTRE
SPORTS GROUND
MONARCH INDUSTRIAL ESTATE
Institute of Technology
Priory
BALROTHERY ESTATE
CASTLE LAWNS ESTATE
CASTLE PARK ESTATE
BELGARD SQUARE NORTH
Civic Theatre
BLESSINGTON ROAD
GRAVEYARD
HIGH STREET
Medical Centre
Tallaght Retail Centre
MAIN STREET
VILLAGE GREEN
VILLAGE SQUARE
MAIN ROAD TALLAGHT
GLENVIEW PARK
Foot Bridge
VEC
The Square
Garda
Cinema
TALLAGHT BYPASS
N81
Bolbrook Enterprise Centre
BELGARD SQUARE SOUTH
ALLENTON ROAD
MOUNTAIN PARK
St. Dom. Cen.
Health Centre
AVONBEG GARDENS
SEAN WALSH MEMORIAL PARK
Shamrock Rovers
School & Sports Complex
WATERGATE ESTATE
ST. MAELRUANS PARK
OLD BAWN COURT
MILLBROOK LAWNS
HOMELAWN ROAD
AVONMORE ROAD
FIRHOUSE ROAD
WHITESTOWN WAY
WATERMEADOW DRIVE
PINE LAWN
OLD BAWN AVENUE
OLD BAWN WAY
OLD BAWN ROAD
SESKIN VIEW ROAD
BAWNVILLE ROAD
Shopping Centre
DODDER VALLEY PARK
RIVER DODDER
TYMON HEIGHTS
KILLAKEE AVENUE
CARRIGLEA
DRYSDALE CLOSE
HEATHER VIEW CLOSE
Community Centre
AYLESBURY
CARRAIGMORE ROAD
CARRAIGMORE DRIVE
CARRAIGMORE PARK
DALEPARK
KILTIPPER ROAD
Thomas Davis G.A.A. Club
TENNIS COURT
BOWLING GREEN
PITCH AND PUTT
GLENVILLE PITCH AND PUTT CLUB
SPORTS GROUND
Community & Leisure centre
Medical Centre
KILLININNY ROAD
PARKLANDS COURT
OLDCOURT AVENUE
OLDCOURT ROAD
BOHERNABREENA ROAD
BOHERNABREENA PITCH AND PUTT COURSE
SPORTS GROUND
ST. ANN'S PARK
OLDCOURT COTTAGES
SPORTS GROUND
DEERPARK RISE
ELLENSBOROUGH
CEMETERY
R113
R114
61
70

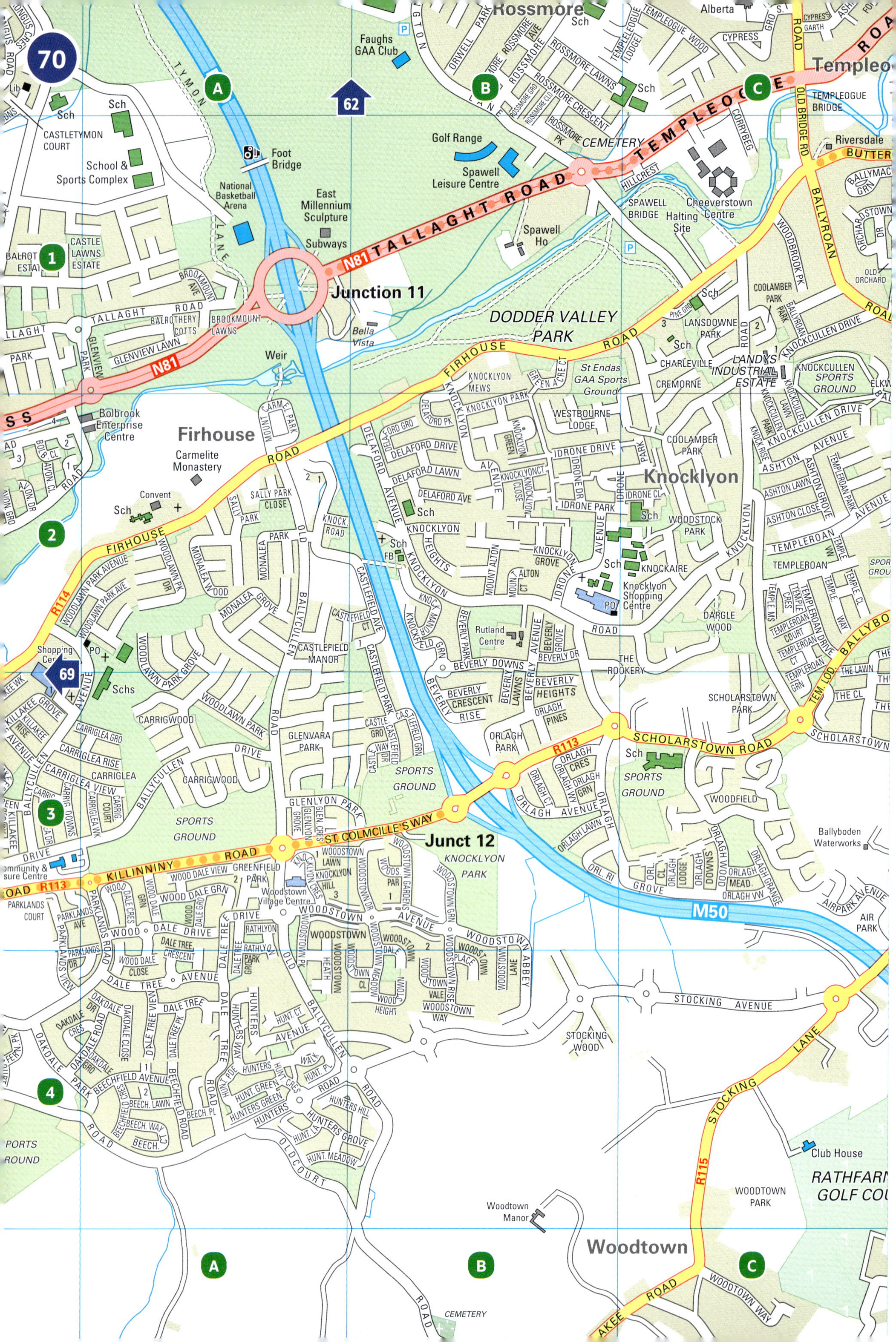
70
62
69
A
B
C
1
2
3
4
Rossmore
Templeogue
Alberta
Faughs GAA Club
Golf Range
Spawell Leisure Centre
National Basketball Arena
East Millennium Sculpture
Subways
Foot Bridge
Castletymon Court
School & Sports Complex
Castle Lawns Estate
TALLAGHT ROAD
N81
Junction 11
DODDER VALLEY PARK
Weir
Bella Vista
Spawell Ho
Spawell Bridge
Halting Site
Cheeverstown Centre
Riversdale
Templeogue Bridge
OLD BRIDGE RD
BALLYROAN
ROSSMORE CRESCENT
ROSSMORE LAWNS
CEMETERY
TEMPLEOGUE ROAD
Firhouse
Carmelite Monastery
Convent
Bolbrook Enterprise Centre
FIRHOUSE ROAD
St Endas GAA Sports Ground
Knocklyon
Knocklyon Shopping Centre
Rutland Centre
THE ROOKERY
Landys Industrial Estate
Knockcullen Sports Ground
KNOCKCULLEN DRIVE
TEMPLEROAN
SCHOLARSTOWN ROAD
Scholarstown Park
R114
R113
R115
Shopping Centre
Schs
CARRIGWOOD
Castlefield Manor
Glenvara Park
SPORTS GROUND
ST. COLMCILLE'S WAY
Junct 12
KNOCKLYON PARK
M50
KILLININNY ROAD
Community & Leisure Centre
Woodstown Village Centre
WOODSTOWN AVENUE
Woodfield
Ballyboden Waterworks
AIRPARK AVENUE
STOCKING AVENUE
STOCKING WOOD
STOCKING LANE
Club House
RATHFARNHAM GOLF COURSE
WOODTOWN PARK
Woodtown Manor
Woodtown
CEMETERY
BEECHFIELD AVENUE
OAKDALE
DALE TREE AVENUE
WOOD DALE DRIVE
HUNTERS GROVE
OLD COURT
BALLYCULLEN ROAD
WOODTOWN WAY

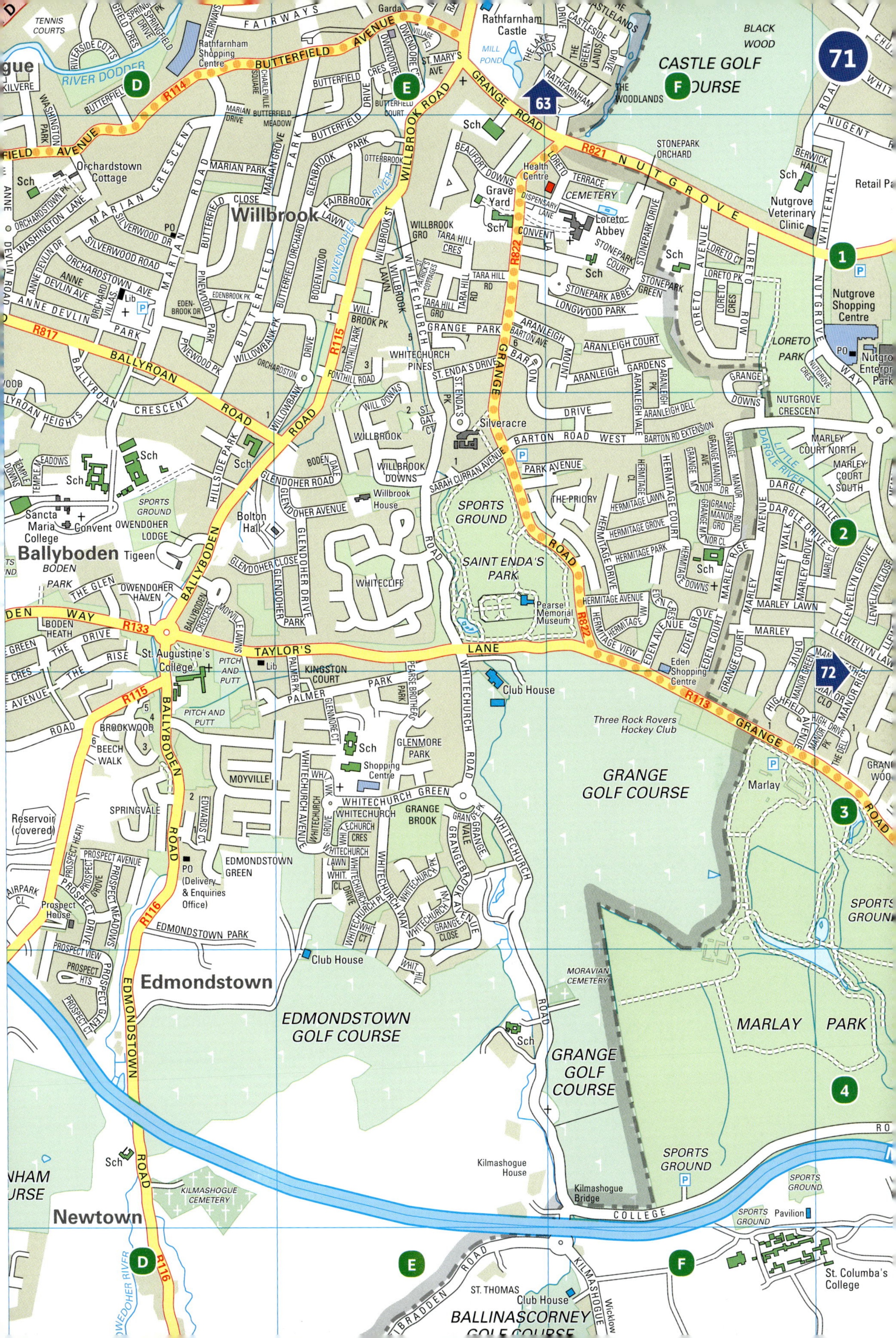
TENNIS COURTS
RIVER DODDER
FAIRWAYS
Rathfarnham Shopping Centre
BUTTERFIELD AVENUE
Rathfarnham Castle
MILL POND
CASTLE GOLF COURSE
BLACK WOOD
63
GRANGE ROAD
WILLBROOK ROAD
Orchardstown Cottage
Willbrook
MARIAN CRESCENT
MARIAN PARK
BUTTERFIELD AVENUE
R114
R821
NUTGROVE
STONEPARK ORCHARD
Health Centre
Grave Yard
CEMETERY
Loreto Abbey
Nutgrove Veterinary Clinic
Nutgrove Shopping Centre
Retail Park
R817
BALLYROAN ROAD
BALLYROAN CRESCENT
R822
R115
LONGWOOD PARK
ARANLEIGH COURT
ARANLEIGH GARDENS
LORETO PARK
NUTGROVE CRESCENT
GRANGE DOWNS
Silveracre
BARTON ROAD WEST
SARAH CURRAN AVENUE
SPORTS GROUND
SAINT ENDA'S PARK
Pearse Memorial Museum
THE PRIORY
HERMITAGE PARK
DARGLE VALLEY
LITTLE DARGLE RIVER
MARLEY AVENUE
Sancta Maria College
Convent
Ballyboden
OWENDOHER LODGE
Bolton Hall
Willbrook House
GLENDOHER ROAD
WHITECLIFF
BALLYBODEN WAY
R133
TAYLOR'S LANE
St. Augustine's College
KINGSTON COURT
Club House
Three Rock Rovers Hockey Club
Eden Shopping Centre
R113
GRANGE ROAD
72
GRANGE GOLF COURSE
Marlay
BALLYBODEN ROAD
Reservoir (covered)
WHITECHURCH GREEN
GRANGE BROOK
Shopping Centre
EDMONDSTOWN GREEN
PO (Delivery & Enquiries Office)
R116
EDMONDSTOWN PARK
Club House
Edmondstown
EDMONDSTOWN GOLF COURSE
MORAVIAN CEMETERY
GRANGE GOLF COURSE
MARLAY PARK
SPORTS GROUND
Kilmashogue House
Kilmashogue Bridge
KILMASHOGUE CEMETERY
Newtown
OWENDOHER RIVER
COLLEGE ROAD
Pavilion
St. Columba's College
ST. THOMAS
Club House
BALLINASCORNEY GOLF COURSE
BRADDEN ROAD
D
E
F
1
2
3
4

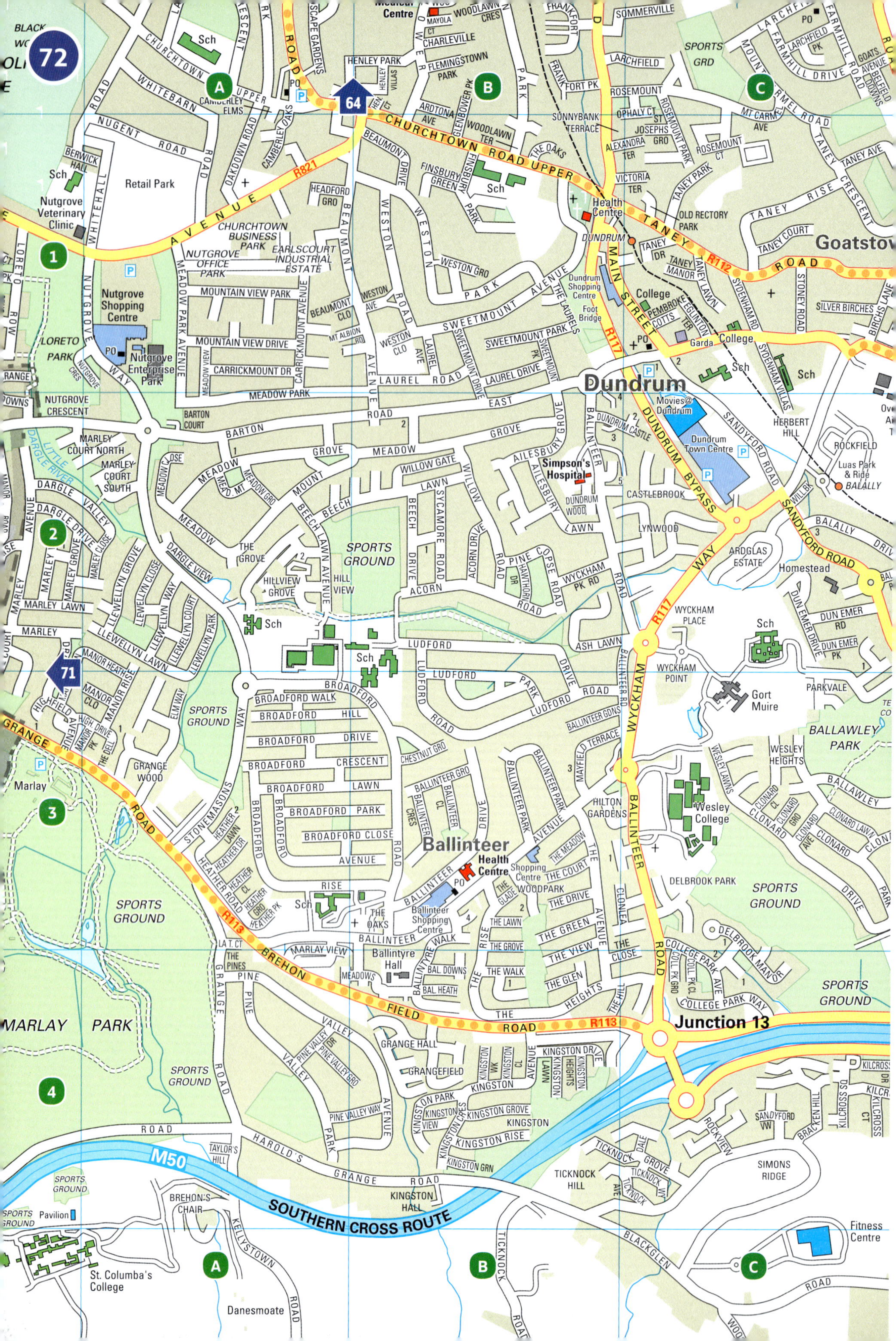
Dundrum
Ballinteer
Goatstown
Junction 13
Marlay
MARLAY PARK
Nutgrove Shopping Centre
Nutgrove Enterprise Park
Nutgrove Veterinary Clinic
Retail Park
Churchtown Business Park
Nutgrove Office Park
Earlscourt Industrial Estate
Dundrum Shopping Centre
Dundrum Town Centre
Movies@ Dundrum
Simpson's Hospital
Health Centre
Wesley College
Gort Muire
Ballintyre Hall
Ballinteer Shopping Centre
St. Columba's College
Fitness Centre
Luas Park & Ride
BALALLY
Homestead
SPORTS GROUND
M50
SOUTHERN CROSS ROUTE
CHURCHTOWN ROAD UPPER
NUTGROVE AVENUE
TANEY ROAD
MAIN STREET
DUNDRUM BYPASS
SANDYFORD ROAD
WYCKHAM WAY
BALLINTEER ROAD
BREHON FIELD ROAD
GRANGE ROAD
HAROLD'S GRANGE ROAD
KELLYSTOWN ROAD
TICKNOCK ROAD
BLACKGLEN ROAD
BALLINTEER AVENUE
BROADFORD ROAD
LUDFORD ROAD
MEADOW GROVE
BARTON ROAD
SWEETMOUNT AVENUE
BEAUMONT AVENUE
WESTON PARK
LAUREL ROAD
R821
R117
R112
R113
64
71
1
2
3
4
A
B
C

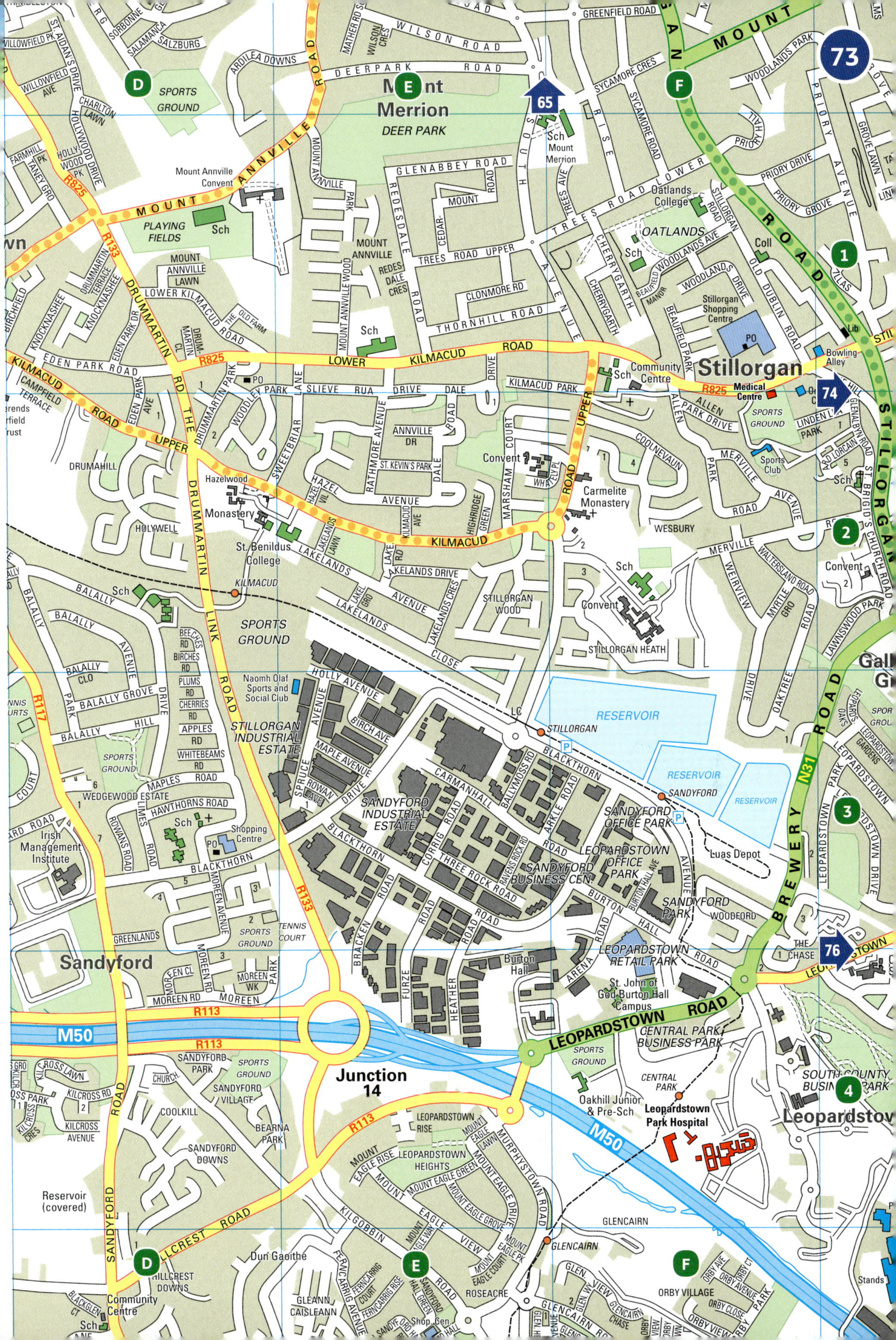
Mount Merrion
DEER PARK
Stillorgan
Sandyford
Leopardstown
Junction 14
M50
R825
R133
R113
R117
N31
65
74
76
MOUNT ANNVILLE ROAD
LOWER KILMACUD ROAD
UPPER KILMACUD ROAD
DRUMMARTIN LINK ROAD
DRUMMARTIN RD
DEERPARK ROAD
WILSON ROAD
GREENFIELD ROAD
MOUNT MERRION AVENUE
STILLORGAN ROAD
LOWER KILMACUD ROAD
UPPER KILMACUD ROAD
TREES ROAD UPPER
TREES ROAD LOWER
GLENABBEY ROAD
THORNHILL ROAD
CLONMORE RD
REDESDALE ROAD
SYCAMORE CRES
SYCAMORE ROAD
PRIORY DRIVE
PRIORY GROVE
PRIORY AVENUE
WOODLANDS PARK
OLD DUBLIN ROAD
OATLANDS
Oatlands College
Stillorgan Shopping Centre
Bowling Alley
Community Centre
Medical Centre
SPORTS GROUND
PLAYING FIELDS
Mount Anville Convent
MOUNT ANNVILLE
EDEN PARK ROAD
KNOCKNASHEE
SLIEVE RUA DRIVE
DALE DRIVE
WOODLEY PARK
SWEETBRIAR LANE
RATHMORE AVENUE
ANNVILLE DR
ST. KEVIN'S PARK
KILMACUD PARK
ALLEN PARK DRIVE
COOLNEVAUN
MERVILLE AVENUE
MERVILLE ROAD
WESBURY
Carmelite Monastery
Convent
Hazelwood
Monastery
St. Benildus College
DRUMAHILL
HOLYWELL
LAKELANDS
LAKELANDS DRIVE
LAKELANDS CLOSE
STILLORGAN WOOD
STILLORGAN HEATH
WEIRVIEW DRIVE
OAKTREE
LAWNSWOOD PARK
BREWERY ROAD
LEOPARDSTOWN ROAD
LEOPARDSTOWN DRIVE
BALALLY
BALALLY GROVE
BALALLY PARK
BALALLY HILL
BALALLY DRIVE
KILMACUD
STILLORGAN
SANDYFORD
RESERVOIR
Naomh Olaf Sports and Social Club
STILLORGAN INDUSTRIAL ESTATE
SANDYFORD INDUSTRIAL ESTATE
SANDYFORD OFFICE PARK
LEOPARDSTOWN OFFICE PARK
SANDYFORD BUSINESS CEN.
SANDYFORD PARK
LEOPARDSTOWN RETAIL PARK
CENTRAL PARK BUSINESS PARK
Luas Depot
HOLLY AVENUE
BIRCH AVE
MAPLE AVENUE
CARMANHALL ROAD
BLACKTHORN ROAD
BLACKTHORN DRIVE
THREE ROCK ROAD
BURTON HALL ROAD
Burton Hall
St. John of God Burton Hall Campus
WOODFORD
THE CHASE
WEDGEWOOD ESTATE
HAWTHORNS ROAD
Irish Management Institute
Shopping Centre
MOREEN AVENUE
MOREEN RD
GREENLANDS
LEOPARDSTOWN ROAD
SANDYFORD PARK
SANDYFORD VILLAGE
SANDYFORD DOWNS
SANDYFORD ROAD
KILCROSS PARK
KILCROSS AVENUE
COOLKILL
BEARNA PARK
LEOPARDSTOWN RISE
LEOPARDSTOWN HEIGHTS
MOUNT EAGLE RISE
MOUNT EAGLE VIEW
MURPHYSTOWN ROAD
Oakhill Junior & Pre-Sch
Leopardstown Park Hospital
CENTRAL PARK
SOUTH COUNTY BUSINESS PARK
GLENCAIRN
ORBY VILLAGE
HILLCREST ROAD
HILLCREST DOWNS
Dun Gaoithe
Community Centre
KILGOBBIN ROAD
GLEANN CAISLEANN
ROSEACRE
Reservoir (covered)
Sch
PO
Lib

BOOTERSTOWN
Williamstown
Martello Tower
BLACKROCK
Blackrock
BOAT HARBOUR
SEAPOINT
Blackrock College
Blackrock Clinic & Hospital
Blackrock Shopping Centre
Frascati Shopping Centre
Dominican College
BLACKROCK BUSINESS PARK
University College
The Michael Smurfit Graduate School of Business
AVONDALE BUSINESS PARK
GRAVE YARD
Convent & School
Cluain Mhuire Family Centre
Stradbrook
St. John of God Hospital
House of St. John of God
Obelisk
Galloping Green
Newtown House
Ardlui
CEMETERY
Deans Grange
MERRION AVENUE
FRASCATI ROAD
ROCK ROAD
TEMPLE HILL
MONKSTOWN ROAD
STRADBROOK ROAD
CARYSFORT AVENUE
NEWTOWN PARK AVENUE
STILLORGAN ROAD
DEANS GRANGE ROAD
AVOCA AVENUE
SPORTS GROUND
65
73
76

D
E
F
1
2
3
4
DÚN LAOGHAIRE HARBOUR
WEST PIER
MARINA WEST BREAKWATER
MARINA EAST BREAKWATER
EAST PIER
Lighthouse
Automatic Weather Station
Captain Boyds Memorial
Band Stand
Geographical Pointer
Traders Wharf
Old Pier
OLD HARBOUR
Old Coastguard Station
Yacht Club
Car Ferry Terminal
Mail Boat or Carlisle Pier
RNLI
Lifeboat Station
Pavilion Theatre
Martello Tower
Jetties
Marine Activity Centre
SALTHILL & MONKSTOWN
DÚN LAOGHAIRE
Monkstown
DÚN LAOGHAIRE
MORAN PARK
RESERVOIR
SANDYCOVE GLASTULE
GLENAGEARY
Kill O' The Grange
ASHGROVE INDUSTRIAL ESTATE
GLENAGEARY WOODS
PEOPLES PARK
N31
R118
AVENUE
CLIFTON TER
SALTHILL GARDENS
LONGFORD TERRACE
DUNLEARY RD
OLD DUNLEARY
CROFTON ROAD
HARBOUR ROAD
MARINE ROAD
QUEENS ROAD
GEORGE'S STREET LOWER
GEORGE'S STREET UPPER
YORK ROAD
MONKSTOWN CRES
CARRICKBRENNAN ROAD
MOUNT TOWN ROAD UPPER
MOUNTTOWN LOWER
TIVOLI ROAD
CORRIG ROAD
GLENAGEARY ROAD LOWER
GLENAGEARY ROAD UPPER
GLENAGEARY AVENUE
SILCHESTER ROAD
WINDSOR TERRACE
SUMMERHILL
PARK RD
MONKSTOWN AVENUE
MONKSTOWN FARM
ABBEY ROAD
KILL LANE
ROCHESTOWN AVENUE
PATRICK STREET
MULGRAVE STREET
CROSS AVENUE
RICHMOND HILL
RICHMOND AVENUE
ST. Michael's Hospital
County Hall
Shopping Centre
IMC Cinema
Turkish Consulate
Consulate of Malta
Nursing Home
Monkstown Castle
Monkstown House
Swimming Pool
Community Training Workshop
Institute of Art, Design & Technology
Fire Station
Garda
Convent
78
77

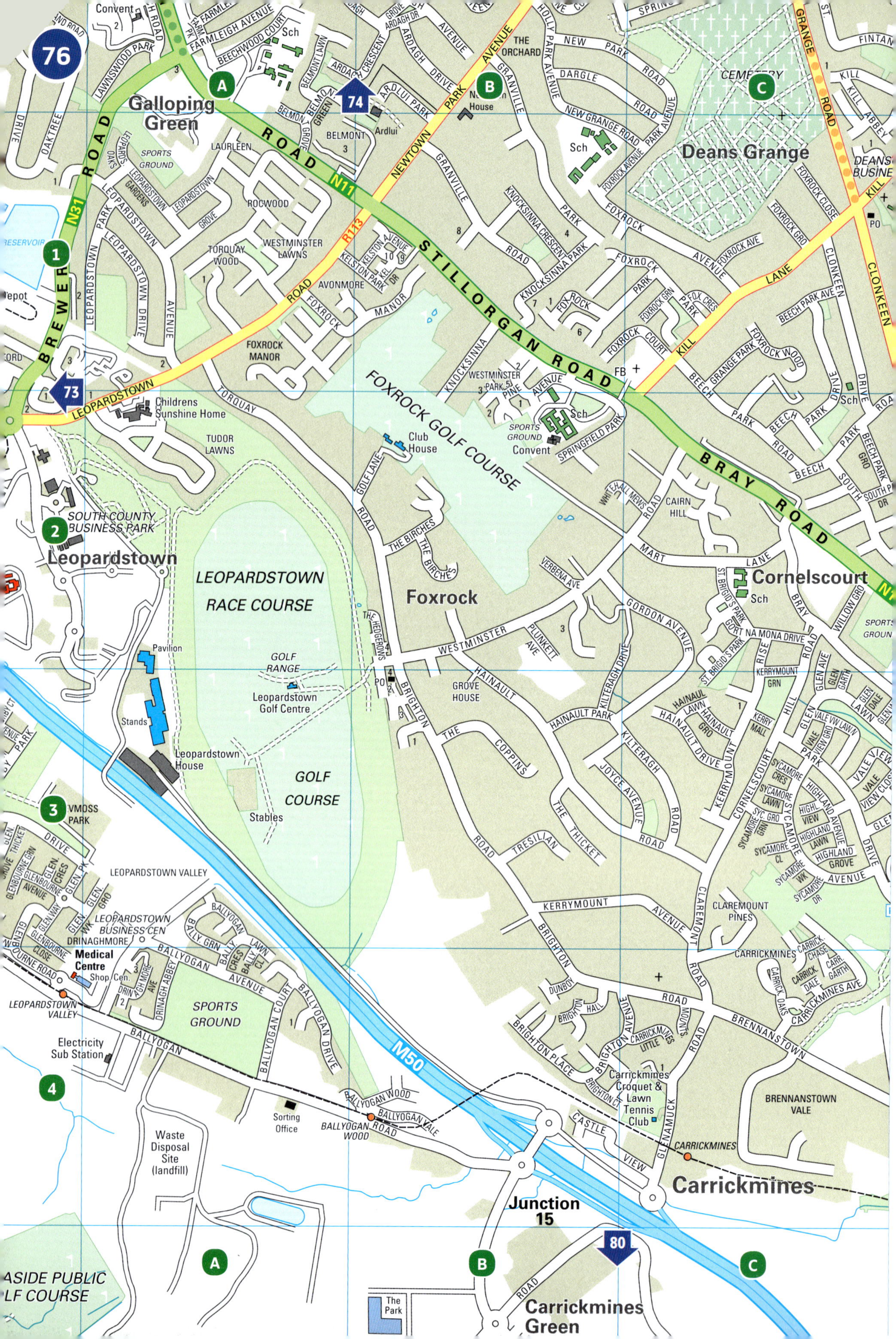
Galloping Green
Deans Grange
Leopardstown
Foxrock
Cornelscourt
Carrickmines
Carrickmines Green
Junction 15
LEOPARDSTOWN RACE COURSE
FOXROCK GOLF COURSE
GOLF COURSE
GOLF RANGE
Leopardstown Golf Centre
SOUTH COUNTY BUSINESS PARK
LEOPARDSTOWN BUSINESS CEN
Leopardstown House
Stands
Pavilion
Stables
Club House
Childrens Sunshine Home
Convent
Sch
CEMETERY
SPORTS GROUND
Medical Centre
Shop.Cen.
Electricity Sub Station
Sorting Office
Waste Disposal Site (landfill)
Carrickmines Croquet & Lawn Tennis Club
The Park
RESERVOIR
STILLORGAN ROAD
BRAY ROAD
N11
N31
R113
M50
BREWERY ROAD
LEOPARDSTOWN ROAD
KILL LANE
CLONKEEN ROAD
GRANGE ROAD
NEWTOWN PARK AVENUE
FOXROCK AVENUE
TORQUAY ROAD
WESTMINSTER ROAD
BRIGHTON ROAD
KERRYMOUNT AVENUE
CLAREMONT ROAD
BRENNANSTOWN ROAD
GLENAMUCK ROAD
BALLYOGAN ROAD
BALLYOGAN AVENUE
LEOPARDSTOWN VALLEY
CORNELSCOURT HILL ROAD
GORDON AVENUE
KILTERAGH ROAD
HAINAULT ROAD
MART LANE
CASTLE VIEW
BRENNANSTOWN VALE
CLAREMOUNT PINES
CARRICKMINES
BALLYOGAN WOOD
VMDSS PARK
TUDOR LAWNS
FOXROCK MANOR
WESTMINSTER LAWNS
TORQUAY WOOD
ROCWOOD
LAURLEEN
AVONMORE
BELMONT
Ardlui
CAIRN HILL
GROVE HOUSE
A
B
C
1
2
3
4
73
74
80

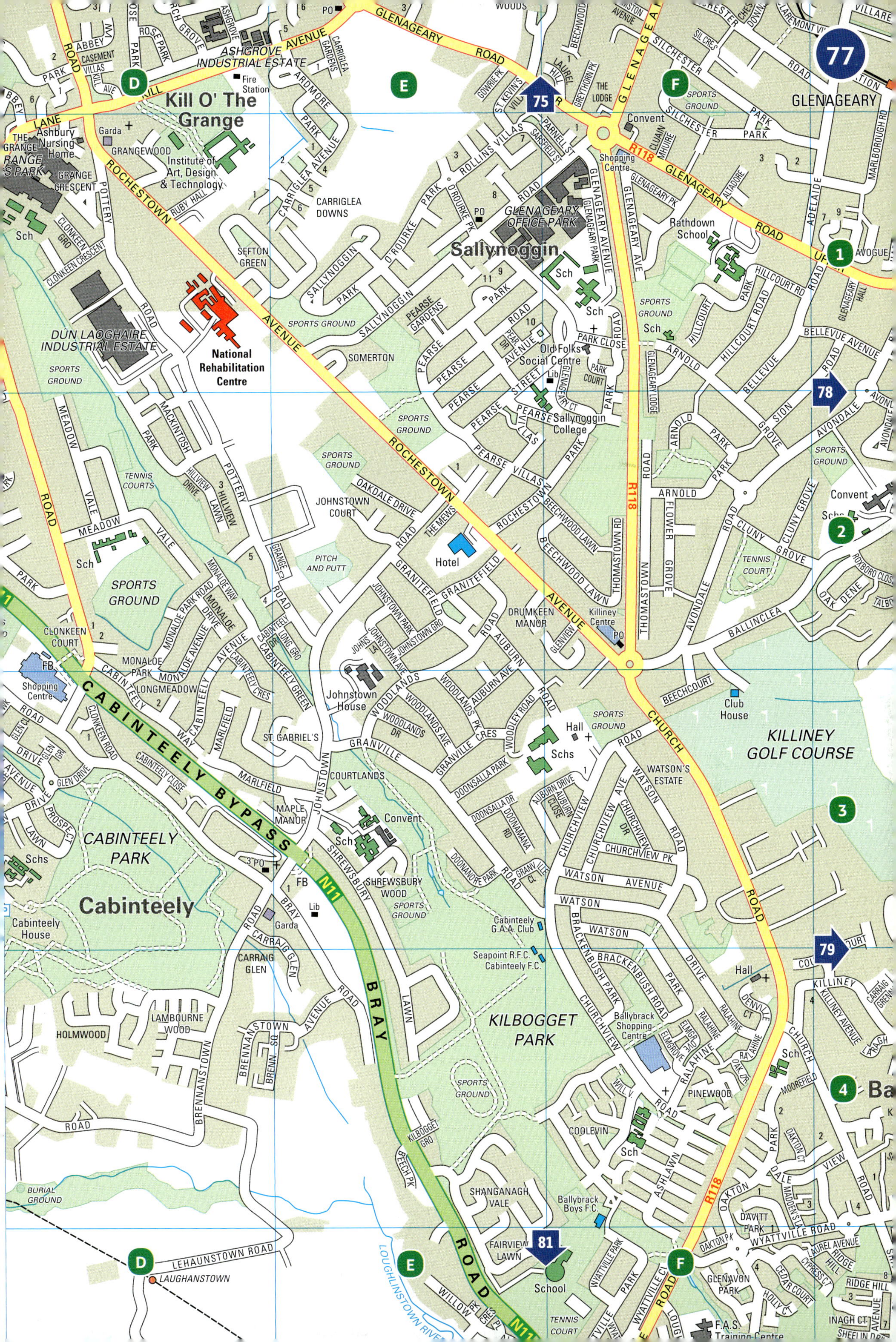
GLENAGEARY
Kill O' The Grange
Sallynoggin
Cabinteely
CABINTEELY PARK
KILLINEY GOLF COURSE
KILBOGGET PARK
GLENAGEARY OFFICE PARK
ASHGROVE INDUSTRIAL ESTATE
DUN LAOGHAIRE INDUSTRIAL ESTATE
National Rehabilitation Centre
Institute of Art, Design & Technology
Ashbury Nursing Home
Sallynoggin College
Rathdown School
Old Folks Social Centre
Johnstown House
Cabinteely House
Club House
Hotel
Killiney Centre
Ballybrack Shopping Centre
Cabinteely G.A.A. Club
Seapoint R.F.C. Cabinteely F.C.
Ballybrack Boys F.C.
F.A.S. Training Centre
ROCHESTOWN AVENUE
GLENAGEARY ROAD
CHURCH ROAD
CABINTEELY BYPASS
BRAY ROAD
N11
R118
LEHAUNSTOWN ROAD
LAUGHANSTOWN
LOUGHLINSTOWN RIVER
SPORTS GROUND
TENNIS COURTS
PITCH AND PUTT
BURIAL GROUND
75
78
79
81

78
A
B
C
Band Stand
Geographical Pointer
1
2
3
4
75
77
79
SCOTSMAN'S BAY
SANDYCOVE HARBOUR
Bathing Places
James Joyce Tower & Museum
Swimming Pool
SANDYCOVE GLASTULE
PEOPLES PARK
WINDSORTER NEWTOWNSMITH
MARINE PARADE
GLASTHULE RD
SANDYCOVE ROAD
R119
BREFFNI RD
Gowran Hall
Bulloch Harbour
Bulloch Castle
Our Lady's Manor Nursing Home
SPORTS GROUND
Bathing Place
Martello Tower
Dalkey
ULVERTON ROAD
Sch
College
Hall
GLENAGEARY
STATION ROAD
ALBERT ROAD LOWER
ALBERT ROAD UPPER
ST. CATHERINE'S ROAD
CASTLEPARK
Cumann Cuala C.L.G.
Sports Centre
Dalkey United A.F.C.
Loreto Abbey School
Schs
SPORTS GROUNDS
MAIDEN ROCK
Pier
CASTLE STREET
Dalkey Castle (part of)
Dalkey Cas. & Her. Cen.
Lib
Med. Cen.
Garda
SORRENTO
SORRENTO DRIVE
DALKEY
BARNHILL ROAD
UPPER ROAD
SHARAVOGUE
SAVAL PARK GARDENS
HILLSIDE
KILLINEY ROAD
THE VILLAGE GATE
CUNNINGHAM
KNOCK-NA-CREE PARK
Martello Tower
Coliemore Harbour
COLIEMORE ROAD
VICTORIA ROAD
BELLEVUE AVENUE
AVONDALE
SPORTS GROUND
Convent
Schs
ARDBRUGH ROAD
Dalkey Lodge Nursing Home
DALKEY HILL
BURTON ROAD
TORCA ROAD
Tunnel
SORRENTO PARK
SORRENTO ROAD
SORRENTO POINT
HAWK CLIFF
BALLINCLEA HEIGHTS
Reservoir (covered)
WYVERN ESTATE
Fitzpatrick Castle
Hall
VICTORIA HILL
KILLINEY HILL PARK
VICO ROAD
BLACK CASTLE
WHITE ROCK
Bathing Place
Reservoir
Mount Mapas Obelisk
Killiney
PO
KILLINEY GOLF COURSE
TENNIS COURT
Tunnel

KILLINEY GOLF COURSE
KILLINEY HILL PARK
Killiney
Fitzpatrick Castle
Reservoir (covered)
Mount Mapas Obelisk
Bathing Place
WHITE ROCK
BLACK CASTLE
Tunnel
VICO ROAD
R119
KENAH HILL
Canadian Ambassador's Residence
KILLINEY HEATH
KILLINEY BAY
Martello Tower
Australian Embassy
Ballybrack
KILLINEY
KILLINEY GATE
Kilmarnock
Psamtic Language Centre
Convent
TENNIS COURT
STATION ROAD
STRAND ROAD
SEAFIELD ROAD
Ballybrack Shopping Centre
PINEWOOD
COOLEVIN
Ballybrack Boys F.C.
CHURCH ROAD
R118
WYATTVILLE ROAD
MILITARY ROAD
F.A.S. Training Centre
LOUGHLINSTOWN IND. ESTATE
Health Centre
European Foundation
Leisure Centre
LOUGHLINSTOWN PARK
LOUGHLINSTOWN WOOD
Loughlinstown
CROMLECH FIELDS
PITCH AND PUTT
SPORTS GROUND
Sewage Disposal Works
St. Columcilles Hospital (A&E)
White Gables
COMMONS ROAD
CHERRYWOOD ROAD
R116
LOUGHLINSTOWN RIVER
M11
DUBLIN ROAD
SHANGANAGH ROAD
R119
E. Region Amb. Ser.
CLIFTON PARK
SHANGANAGH CLIFFS
RATHSALLAGH GROVE
RATHSALLAGH BRIDGE
SHANKILL
CORBAWN AVE
FALLS ROAD
STONEBRIDGE
77
78
81
D
E
F
1
2
3
4

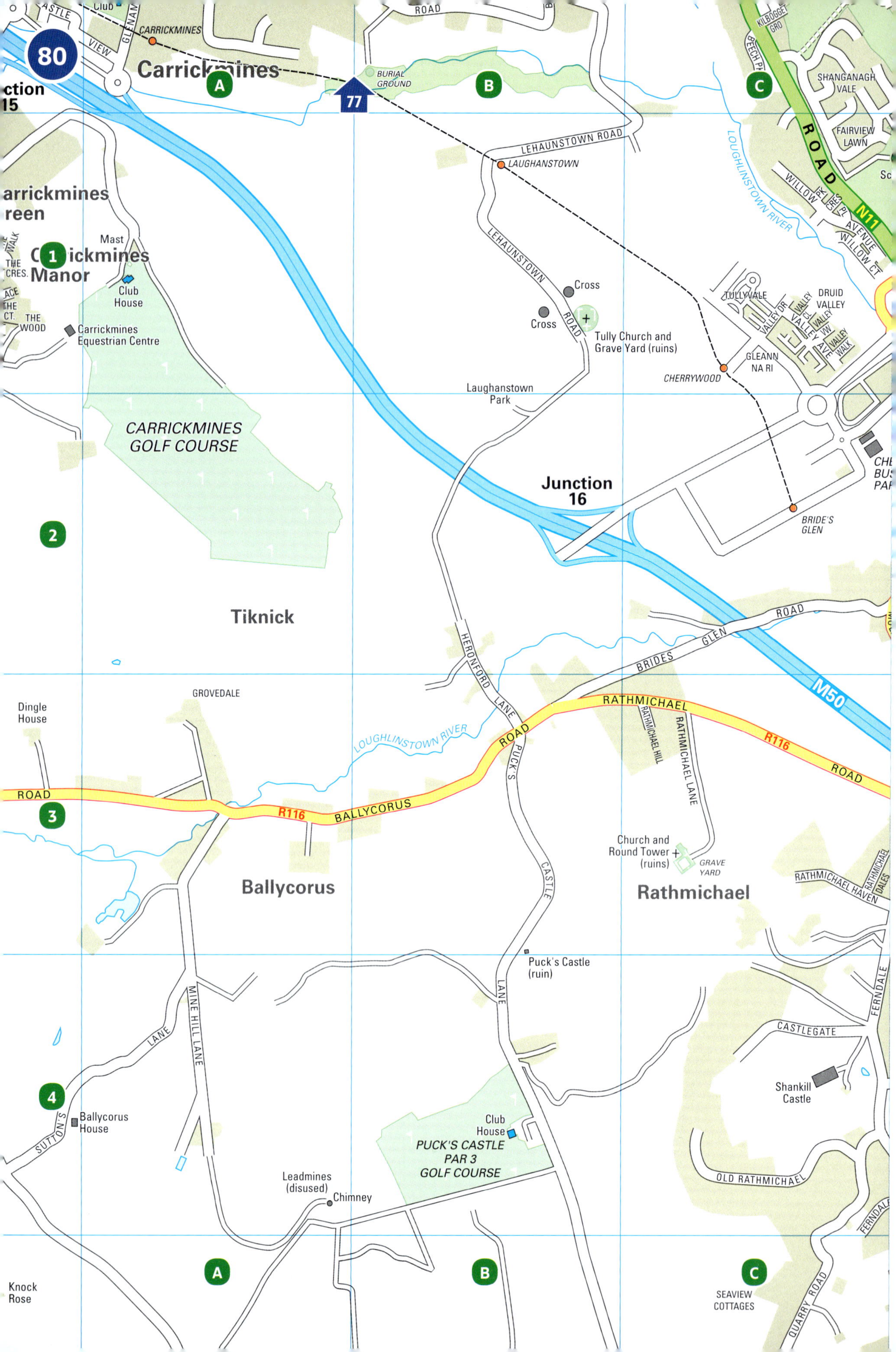
Carrickmines
CARRICKMINES
Junction 15
Carrickmines Green
Carrickmines Manor
Mast
Club House
Carrickmines Equestrian Centre
THE WOOD
CARRICKMINES GOLF COURSE
BURIAL GROUND
77
LEHAUNSTOWN ROAD
LAUGHANSTOWN
LEHAUNSTOWN ROAD
Cross
Cross
Tully Church and Grave Yard (ruins)
Laughanstown Park
Junction 16
CHERRYWOOD
BRIDE'S GLEN
SHANGANAGH VALE
FAIRVIEW LAWN
KILBOGGET GRO
BEECH PK
ROAD
N11
LOUGHLINSTOWN RIVER
WILLOW PK
WILLOW AVENUE
WILLOW CT
TULLYVALE
DRUID VALLEY
GLEANN NA RI
Tiknick
M50
BRIDES GLEN ROAD
HERONFORD LANE
RATHMICHAEL ROAD
R116
RATHMICHAEL HILL
RATHMICHAEL LANE
LOUGHLINSTOWN RIVER
GROVEDALE
Dingle House
ROAD
R116
BALLYCORUS
Ballycorus
PUCK'S CASTLE LANE
Church and Round Tower (ruins)
GRAVE YARD
Rathmichael
RATHMICHAEL HAVEN
RATHMICHAEL DALES
Puck's Castle (ruin)
FERNDALE
CASTLEGATE
Shankill Castle
MINE HILL LANE
LANE
SUTTON'S
Ballycorus House
Club House
PUCK'S CASTLE PAR 3 GOLF COURSE
Leadmines (disused)
Chimney
OLD RATHMICHAEL
FERNDALE
QUARRY ROAD
SEAVIEW COTTAGES
Knock Rose
A
B
C
1
2
3
4

Loughlinstown
Shankill
Junction 17
St. Columcilles Hospital (A&E)
F.A.S. Training Centre
Loughlinstown Ind. Estate
Health Centre
European Foundation
Leisure Centre
Psamtic Language Centre
Kilmarnock
Sewage Disposal Works
Shankill Business Centre
Shankill Shop. Cen.
Garda
Shankill Tennis & Bowling Club
Shanganagh Castle
Shanganagh Park
St. Josephs Centre
Golf Links
Cemetery
Sports Ground
Pitch and Putt
White Gables
E. Region Amb. Ser.
Ballybrack Boys F.C.
Coolevin
Springmount
Ballybride
Wyattville Road
Dublin Road
Shanganagh Road
Killiney Hill Road
Seafield Road
Commons Road
Cherrywood Road
Stonebridge Road
Falls Road
Crinken Lane
Lower Road
Quinn's Road
Shanganagh Grove
Corbawn Lane
Corbawn Drive
Rathsallagh Park
Loughlinstown River
Station Road
Strand Road
M11
R119
R118
R116
R837
79
82
D
E
F
1
2
3
4

82
81
BRAY
Old Connaught
Bray Commons
Oldcourt
Ballymorris
Newcourt
Junction 5
M11
R119
R761
R766
R767
R768
WOODBROOK GOLF LINKS
WOODBROOK DOWNS
Ferndale Court
School
Wilford
Festina Lente Foundation
COIS CAIRN
SOLUS PARK BUSINESS CENTRE
WOODBROOK GLEN
CORKE ABBEY AVENUE
CORKE ABBEY
INDUSTRIAL YARNS COMPLEX
Convent
DARGLE VIEW GOLF COURSE
Club House
HARBOUR INDUSTRIAL ESTATE
OLD CONNAUGHT AVENUE
DUBLIN ROAD
CASTLE STREET
DWYER PARK
RAVENSWELL ROAD
SEAPOINT COURT
Bray Wanderers F.C.
Heritage Centre
Castle Street Shopping Centre
QUINSBOROUGH ROAD
DARGLE RIVER
PEOPLE'S PARK
THE MALTINGS
FLORENCE ROAD
Bray Bowling Club
National Sea Life Aquarium
STRAND ROAD
SOUTH ESPLANADE
MEATH ROAD
ADELAIDE RD
MAIN STREET
Health Centre
Arts Centre
The Cualann Centre
Civic Offices
Nursing Home
St Thomas' Community College
Garda
HAZELWOOD
UPPER DARGLE ROAD
GLENWOOD
ARDMORE PARK
Ardmore Film Studios
ARDMORE WOOD
KILLARNEY ROAD
KILLARNEY HEIGHTS
HERBERT PARK
VEVAY ROAD
SANS SOUCI WOOD
CEMETERY
Shopping Centre
SPORTS GND
LORETO
SEACREST
CHARNWOOD
GLENCOURT ESTATE
THE NURSERIES
FAIRY HILL
Sunbeam House
LAUDERDALE ESTATE
PUTLAND
Wolfe Tone & District Youth & Community Centre
SPORTS GROUND
Oldcourt House
GILTSPUR WOOD
GILTSPUR BROOK
Presentation College
County Wicklow Lawn Tennis Club
FONTENOY TERRACE
RAHEEN PARK
CUALA ROAD
NEWCOURT ROAD
KILLARNEY ROAD BUSINESS PARK
Boghall Road Shop. Cen.
Ballywaltrim Comm. Cen.
BALLYWALTRIM HEIGHTS
CLOVER HILL
BOGHALL ROAD
OLD COURT INDUSTRIAL ESTATE
WHEATFIELD
Bray District Courthouse
BEECHWOOD CLOSE INDUSTRIAL ESTATE
PINEWOOD CLOSE INDUSTRIAL ESTATE
BRAY INDUSTRIAL ESTATE
SOUTHERN CROSS BUSINESS CENTRE
CEDAR IND. PARK
Schools
Fire Station
BRIAR WOOD
BRAY GOLF COURSE
RIDDLESFORD
BELMONT
ASHFIELD COURT
MOUNTAINVIEW DRIVE

Tennis Courts
Rathdown
NORTH SHORE
To Bray (p82)
D
E
F
REDFORD CEMETERY
LC
THE GROVE
Church (ruin)
Redford
Redford Bridge
1
SEAVIEW COTTAGE
REDFORD CEMETERY
WILLOWMER
REDFORD
PARK
MOUNTHAVEN
NEW ROAD
NEW ROAD
Greystones Sailing Club
FAIRFIELD
PARK
BRAY ROAD
R761
LA TOUCHE PK
LA TOUCHE PARK
NEW ROAD
MOUNTAINVIEW PARK
RATHDOWN PARK
BLACKLION MANOR
Slipway
GREYSTONES HARBOUR
GREYSTONES
P
Ormonde Cinema
Blacklion
ROAD
WILLOWBANK
VICTORIA
ROAD
Fire Station
Health Centre
RATHDOWN ROAD
RATHDOWN CL
Sch
Sch
CHURCH GATES
R762
CHURCH ROAD
TRAFALGAR ROAD
SIDMON ROAD
EXCALIBUR DRIVE
MARINE TER
Garda
Sch
KIMBERLEY ROAD
EXCALIBUR DRIVE
Sch
2
RATHDOWN CT
ST. BRIDGET'S PK
OAKLANDS
LANE
BLACK LION
CHAPELVW
APPLEWOOD DRIVE
APPLEWOOD HEIGHTS
CHURCH
HILLSIDE
KINDLESTOWN
Shopping Centre
HILLSIDE
HILLSIDE
HILLSIDE
PARK
BELLEVUE
BELLEVUE ROAD
ROAD
LA TOUCHE CLOSE
LA TOUCHE PLACE
EDEN ROAD
LA TOUCHE ROAD
PO
PO
FB
GREYSTONES
FB
Lib
P
ROAD
HILLSIDE
ROAD
BEECHBROOK PARK
GRATTAN
PARK
BELLEVUE
ROAD
HEATHERVUE
MERIDIAN POINT
P
BURNABY MEWS
KILLINCARRICK ROAD
BURNABY ROAD
Greystones Bowling Club
ROAD
BEECHBROOK
KINDLESTOWN PARK
R761
HEATHERVUE
BURNABY MANOR
HILLSIDE ROAD
PAVILION ROAD
GREYSTONES GOLF COURSE
KENMARE HEIGHTS
ORMONT
LION
BLACK
Sch
Kindlestown Castle (ruin)
BELLEVUE HEIGHTS
LOWER
WHITSHED
PORTLAND RD NTH
PORTLAND ROAD
ST. VINCENTS ROAD
SOMERBY RD
ROAD
3
P
P
Park & Ride
Club House
KILLINCARRIG MANOR
ERSKINE AV
HAWKINS LANE
QUARRY ROAD
THE POPLARS
CHERRY RISE
CHERRY DRIVE
BURNABY HEIGHTS
KINLEN ROAD
MANOR AVENUE
MANOR AVENUE
BURNABY WOODS
THE NURSERIES
ROAD
RIVERFIELD
Delgany
Convent
Killincarrig Castle (ruin)
ORCHARD RD
ORCHARD VIEW
CASTLEFIELD TERRAC
CARRIG VILLAS
CARRIG ORCHARD
DELGANY WOOD
DELGANY WOOD AVENUE
Killincarrig
BURNABY PARK
WOODLANDS
Golf
LION
CONVENT COURT
BELLEVUE LAWN
BLACK
HUNTERS BROOK
ELSINOIRE
WENDEN PARK
WENDEN DRIVE
Sch
NEW ROAD
R762
Greystones Rugby Football Club - Dr. Hickey Park
Greystones Delgany Waste Treatment Works
4
R762
MILL ROAD
Greystones Lawn Tennis Club
Éire-Óg GAA Club
BURNABY MILL
PRIORY
DELGANY
PARK
MILL GROVE
R761
BURNABY LAWN
THREE TROUTS RIVER
Charlesland Golf & Country Club
ROAD
Three Trouts Bridge
Stilebawn
CHARLESLAND GROVE

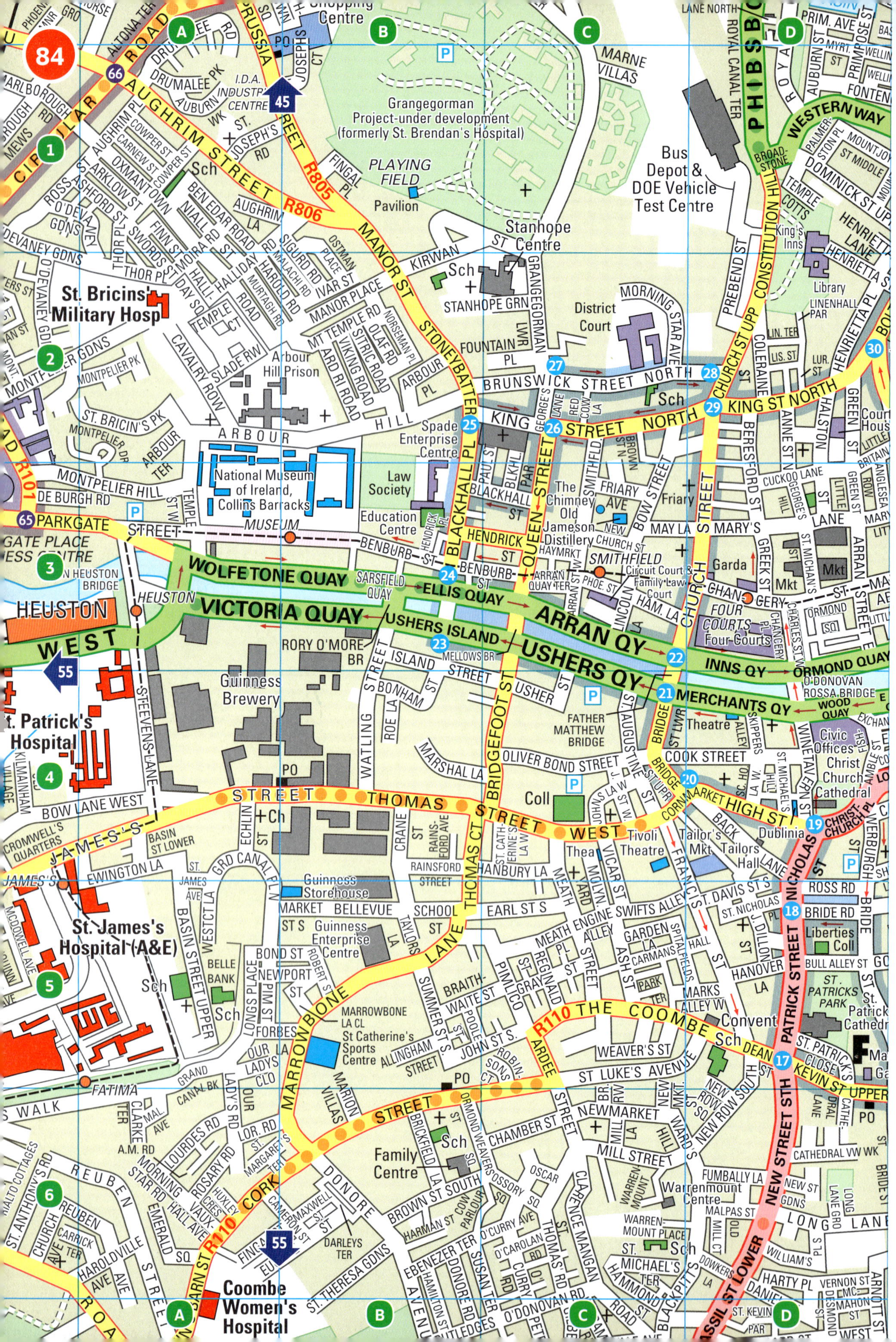
A
B
C
D
1
2
3
4
5
6
45
55
66
Grangegorman Project-under development (formerly St. Brendan's Hospital)
PLAYING FIELD
Pavilion
Stanhope Centre
STANHOPE GRN
MARNE VILLAS
Bus Depot & DOE Vehicle Test Centre
PHIBSBORO
WESTERN WAY
ROYAL CANAL TER
PRIM. AVE
AUBURN ST
DOMINICK ST UPP
HENRIETTA LANE
HENRIETTA ST
CONSTITUTION HILL
King's Inns
Library
District Court
MORNING STAR AVE
CIRCULAR ROAD
AUGHRIM STREET
R806
R805
MANOR ST
STONEYBATTER
PRUSSIA STREET
I.D.A. INDUSTR. CENTRE
DRUMALEE PK
ALTONA TER
OXMANTOWN
COWPER ST
ARKLOW ST
ASHFORD ST
O'DEVANEY GDNS
DEVANEY GDNS
THOR PL
SWORDS ST
BEN EDAR ROAD
NIALL ST
HALLIDAY ROAD
SIGURD RD
MALACHI RD
OSTMAN PLACE
IVAR ST
MANOR PLACE
MT TEMPLE RD
NORSEMAN PL
OLAF RD
SITRIC ROAD
VIKING ROAD
ARD RI ROAD
KIRWAN ST
St. Bricins Military Hosp
Arbour Hill Prison
ARBOUR HILL
CAVALRY ROW
SLADE RW
ST. BRICIN'S PK
MONTPELIER GDNS
MONTPELIER PK
MONTPELIER HILL
DE BURGH RD
R101
PARKGATE STREET
National Museum of Ireland, Collins Barracks
MUSEUM
Law Society
Education Centre
Spade Enterprise Centre
BLACKHALL PL
BLACKHALL PARADE
KING STREET NORTH
BRUNSWICK STREET NORTH
FOUNTAIN PL
GRANGEGORMAN LWR
Sch
CHURCH ST UPP
CHURCH STREET
KING ST NORTH
BERESFORD ST
ANNE ST N
HALSTON ST
GREEN ST
COLERAINE ST
PREBEND ST
LINENHALL PAR
CUCKOO LANE
ST. MICHAN'S ST
MAY LANE
ST MARY'S LANE
Garda
Mkt
ARRAN STREET E
QUEEN STREET
SMITHFIELD
The Chimney
Old Jameson Distillery
FRIARY AVE
BOW STREET
Friary
HENDRICK ST
BENBURB ST
WOLFE TONE QUAY
SARSFIELD QUAY
ELLIS QUAY
ARRAN QY
USHERS QY
INNS QY
ORMOND QUAY
FOUR COURTS
Four Courts
Circuit Court & Family Law Court
CHANCERY ST
CHARLES ST W
HEUSTON
HEUSTON BRIDGE
VICTORIA QUAY
USHERS ISLAND
ISLAND STREET
MELLOWS BR
RORY O'MORE BR
BRIDGEFOOT ST
USHER ST
MERCHANTS QY
WOOD QUAY
O'DONOVAN ROSSA BRIDGE
FATHER MATTHEW BRIDGE
Theatre
Civic Offices
Christ Church Cathedral
COOK STREET
HIGH ST
WINETAVERN ST
Guinness Brewery
WATLING STREET
BONHAM ST
ROE LA
MARSHAL LA
OLIVER BOND STREET
Coll
ST. AUGUSTINE ST
BRIDGE ST LWR
CORNMARKET
BACK LANE
Tailor's Mkt
Tailors Hall
Dublinia
CHRIST CHURCH PL
NICHOLAS ST
St. Patrick's Hospital
STEEVENS LANE
KILMAINHAM
BOW LANE WEST
JAMES'S STREET
THOMAS STREET
STREET WEST
Tivoli Theatre
THOMAS CT
HANBURY LA
MEATH ST
VICAR ST
FRANCIS ST
ST. DAVIS ST
ROSS RD
BRIDE RD
Liberties Coll
BULL ALLEY ST
ST. PATRICKS PARK
St. Patrick's Cathedral
BASIN ST LOWER
CROMWELL'S QUARTERS
EWINGTON LA
GRD CANAL HBR
ECHLIN ST
CRANE ST
RAINSFORD ST
RAINSFORD AVE
Guinness Storehouse
MARKET ST
BELLEVUE
SCHOOL ST
Guinness Enterprise Centre
EARL ST S
MEATH PL
ENGINE ALLEY
SWIFTS ALLEY
GARDEN LA
CARMANS HALL
SPITALFIELDS
HANOVER LA
MARKS ALLEY W
St. James's Hospital (A&E)
BASIN STREET UPPER
WESTCT LA
BELLE BANK
BOND ST
NEWPORT ST
ROBERT ST
PIM ST
LONGS PLACE
FORBES LA
OUR LADY'S CLO
MARROWBONE LANE
MARROWBONE LA CL
St Catherine's Sports Centre
ALLINGHAM STREET
SUMMER ST S
BRAITHWAITE ST
POOLE ST
PIMLICO
REGINALD ST
JOHN ST S
ROBINSONS CT
ARDEE
R110 THE COOMBE
WEAVER'S ST
ST LUKE'S AVENUE
Convent
DEAN ST
PATRICK STREET
NEW STREET STH
KEVIN ST UPPER
CATHEDRAL VW WK
ST. PATRICK'S CLOSE
FATIMA
GRAND CANAL BK
S WALK
LADY'S RD
ORMOND ST
CHAMBER ST
NEWMARKET
MILL STREET
Family Centre
BRICKFIELD LA
BROWN ST SOUTH
WEAVERS SQ
OSSORY SQ
OSCAR SQ
CLARENCE MANGAN ROAD
Warrenmount Centre
WARREN MOUNT
WARRENMOUNT PLACE
FUMBALLY LA
MALPAS ST
NEW ST GDNS
LONG LANE
WILLIAM'S PL
ST. MICHAEL'S TER
HAMMOND ST
BLACKPITTS
CLANBRASSIL ST LOWER
HARTY PL
VERNON ST
ST. KEVIN PAR
REUBEN STREET
REUBEN AVE
RIALTO COTTAGES
ST. ANTHONY'S RD
CHURCH AVE
CARRICK TER
HAROLDVILLE AVE
EMERALD SQ
MORNING STAR RD
LOURDES RD
ROSARY RD
HUXLEY CRES
VAUX AVE
ST. MARGARET'S TER
CAMERON ST
MAXWELL ST
CORK STREET
R110
DONORE AVE
DARLEYS TER
ST. THERESA GDNS
HARMAN ST
EBENEZER TER
O'CURRY AVE
O'CAROLAN RD
ST. THOMAS' RD
O'DONOVAN RD
Coombe Women's Hospital

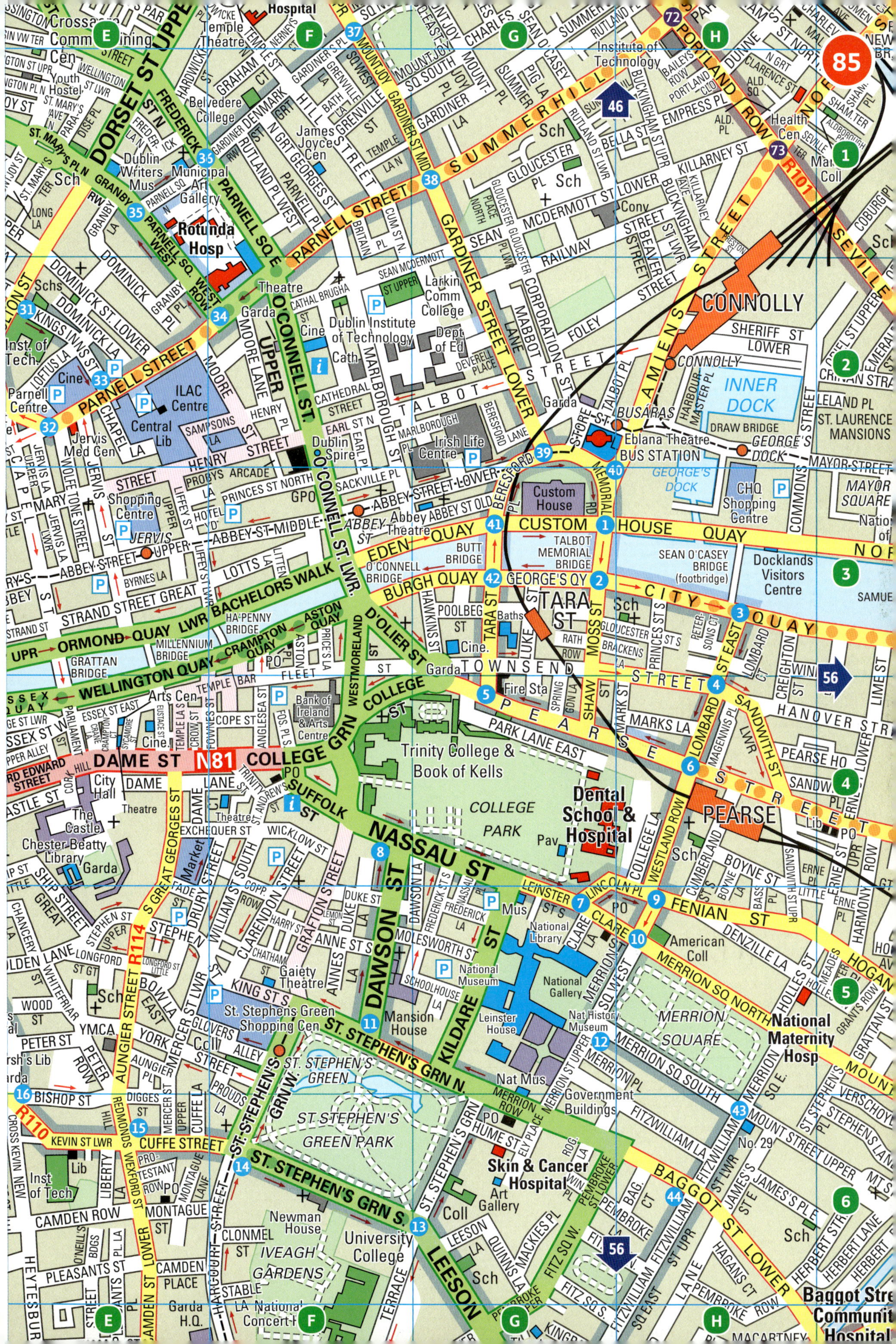

DORSET ST UPPER
FREDERICK ST N
Rotunda Hosp
Dublin Writers Mus
Municipal Art Gallery
PARNELL SQ E
PARNELL STREET
James Joyce Cen
Belvedere College
SUMMERHILL
GARDINER STREET LOWER
Institute of Technology
PORTLAND ROW
CONNOLLY
AMIENS STREET
SHERIFF ST LOWER
INNER DOCK
BUSÁRAS
Eblana Theatre
BUS STATION
GEORGE'S DOCK
MAYOR STREET
MAYOR SQUARE
CHQ Shopping Centre
Custom House
CUSTOM HOUSE QUAY
TALBOT MEMORIAL BRIDGE
SEAN O'CASEY BRIDGE (footbridge)
Docklands Visitors Centre
CITY QUAY
GEORGE'S QY
TARA ST
O'CONNELL ST. UPPER
O'CONNELL ST. LWR.
Dublin Spire
GPO
ABBEY STREET LOWER
ABBEY ST MIDDLE
Abbey Theatre
EDEN QUAY
BURGH QUAY
O'CONNELL BRIDGE
BACHELORS WALK
ORMOND QUAY LWR
HA'PENNY BRIDGE
WELLINGTON QUAY
MILLENNIUM BRIDGE
GRATTAN BRIDGE
ASTON QUAY
CRAMPTON QUAY
D'OLIER ST
WESTMORELAND
TOWNSEND STREET
PEARSE STREET
PEARSE
Fire Sta
ILAC Centre
Central Lib
Jervis Med Cen
Jervis Shopping Centre
HENRY STREET
MARY STREET
Dublin Institute of Technology
Irish Life Centre
Arts Cen
Bank of Ireland & Arts Centre
DAME ST
N81
COLLEGE GRN
City Hall
The Castle
Chester Beatty Library
Trinity College & Book of Kells
COLLEGE PARK
Dental School & Hospital
NASSAU ST
SUFFOLK ST
GRAFTON STREET
DAWSON ST
KILDARE ST
Mansion House
National Library
National Museum
National Gallery
Leinster House
Nat History Museum
Government Buildings
MERRION SQUARE
National Maternity Hosp
American Coll
FENIAN ST
CLARE ST
Gaiety Theatre
St. Stephens Green Shopping Cen
ST. STEPHEN'S GREEN PARK
ST. STEPHEN'S GRN N.
ST. STEPHEN'S GRN S.
Skin & Cancer Hospital
Newman House
University College
IVEAGH GARDENS
National Concert Hall
LEESON
BAGGOT ST LOWER
Baggot Street Community Hospital
AUNGIER STREET
R114
R110
CUFFE STREET
CAMDEN ROW
HARCOURT STREET
YMCA
Market
Theatre

Index to place names

Adamstown 50 B2
Archerstown 9 D3
Artane 47 F1
Ashbourne 8 B2
Ashtown 44 A1
Baldoyle 32 A1
Balgriffin 30 B1
Balgriffin Park 30 C2
Ballalease North 11 F1
Ballalease South 11 F2
Ballinteer 72 B3
Ballisk 11 F2
Ballisk Common 11 F1
Ballsbridge 57 D4
Ballyboden 71 D2
Ballybrack 79 E2
Ballycorus 80 A3
Ballyfermot 53 F2
Ballymacartle 18 A3
Ballymadrough 14 B1
Ballymastone 11 F2
Ballymount 61 E1
Ballymun 28 A2
Barrogstown West 36 C3
Beaumont 28 C3
Beechwood 19 D3
Blacklion 83 D2
Blackrock 74 B1
Blakestown 38 B1
Blanchardstown 25 D4
Bluebell 53 F4
Blundelstown 58 A3
Bohammer 18 B4
Boherboy 67 E3
Booterstown 65 F3
Bray 82 C2
Burgage 30 A1
Cabinteely 77 D3
Cabra 45 E3
Carpenterstown 42 A1
Carrickmines 76 C4
Castleknock 43 D2
Celbridge 37 E3
Chapelizod 53 F1
Churchtown 64 A4
Clare Hall 30 B3
Cloghran 16 C1
Cloghran *(locality)* 17 D2
Clondalkin 60 A1
Clonee 21 D3
Clongriffin 31 D2
Clonshaugh 17 E4
Clonsilla 23 F4
Clonskeagh 64 C2
Clontarf 47 E3
Clutterland 58 B1
Collegeland 66 B1
Commons 66 A2
Confey 39 F2
Cookstown 8 A1
Coolock 29 F3
Corballis 11 F3
Corbally 67 F4
Corduff 25 D2
Cornelscourt 76 C2
Crumlin 62 B1
Dalkey 78 B2
Darndale 30 A2
Deans Grange 76 C1
Dollymount 48 B4
Dolphin's Barn 55 E3
Donabate 11 E1
Donaghmore
(nr Ashbourne) 9 E4
Donaghmore
(nr Maynooth) 38 A1
Donnybrook 64 C1
Drimnagh 54 B4
Drumcondra 46 A2
Drumnigh 31 D1
Dublin Airport 16 B2
Dunboyne 20 B2
Dundrum 72 B1
Dún Laoghaire
(Dunleary) 75 E3
Dunleary
(Dún Laoghaire) 75 E3
Dunreagh 8 C1
Edmondstown 71 D4
Feltrim 18 B2
Finglas 27 E4
Finglas East 27 D3
Firhouse 70 A2
Foxrock 76 B2
Galloping Green 74 A4
Glasnevin 46 A1
Glasnevin North 27 F3
Glebe 17 E2
Goatstown 72 C1
Goldenbridge 54 B3
Grange 19 D2
Greenhills 61 F3
Greenoge 66 A1
Greenwood 18 A3
Greystones 83 F1
Harold's Cross 55 E4
Hartstown 23 E3
Hazelbrook 18 C3
Hilltown 12 A3
Howth 33 E3
Inchicore 54 B2
Irishtown 57 D3
Islandbridge 54 C1
Jobstown 68 B3
Jordanstown 58 B4
Kilbarrack 49 E1
Kilcrea 14 C1
Kildonan 26 C3
Killegland 8 B3
Killester 47 F1
Killinardan 68 B4
Killincarrig 83 E4
Killiney 79 F1
Kill O' The Grange 75 D4
Kilmactalway 58 B3
Kilmainham 54 C2
Kilmore 29 D2
Kilnamanagh 61 D4
Kiltalown 68 A4
Kimmage 63 D2
Kingswood 59 F4
Kinsaley 18 B3
Knocklyon 70 C2
Lanestown 10 B2
Leixlip 40 A3
Leopardstown 73 F4
Lissenhall Great 10 A4
Loughlinstown 81 D2
Lucan 50 C1
Malahide 15 D3
Malahide Demesne 18 C1
Marino 46 C3
Mayeston Hall 27 E1
Maynetown 31 E1
Maynooth 36 B1
Merrion 65 E2
Milltown *(Dublin 6)* 64 B2
Milltown *(Ashbourne)* 8 C2
Milltown
(nr Clondalkin) 58 B2
Monkstown 75 D3
Mooretown 12 A1
Mount Merrion 65 E4
Mulhuddart 24 B1
Newtown 71 D4
Northwood 28 A1
Oldbawn 69 D3
Oldcourt 82 A4
Palmerston 43 D4
Palmerstown 9 F2
Pelletstown 44 B1
Phibsborough 45 F3
Poppintree 27 E1
Portmarnock 19 F3
Raheny 48 C2
Railpark 36 C2
Ranelagh 56 B4
Rathcoole 66 B3
Rathfarnham 63 E4
Rathgar 63 F2
Rathmichael 80 C3
Rathmines 64 A1
Redford 83 D1
Ringsend 57 D2
Robertstown 9 E3
Ronanstown 52 A3
Rossmore 62 B4
Saggart 67 D3
Saintdoolaghs *(east)* 30 C1
St. Doolagh's *(west)* 30 B1
Sallynoggin 77 E1
Sandyford 73 D4
Sandymount 57 E3
Santry 28 B2
Seapoint 13 F1
Shankill 81 E3
Shielmartin 34 C3
Slade 67 D4
Snugborough 31 D2
Stapolin 31 E2
Stillorgan 73 F1
Stockhole 17 D3
Stradbrook 74 C3
Sutton 32 A2
Swords 13 E2
Tallaght 69 D1
Templeogue 62 C4
Terenure 63 E3
Tiknick 80 A2
Wainsfort 62 C3
Walkinstown 61 F1
Whitehall 46 B1
Willbrook 71 D1
Williamstown 74 B1
Windmill Lands 12 A2
Windy Arbour 64 C4
Yellow Walls 14 B4

Index to street names

General abbreviations

All	Alley	Cotts	Cottages	Grd	Ground	N	North	St.	Saint
Apts	Apartments	Cres	Crescent	Grn	Green	No	Numbers	St	Street
Av	Avenue	Ct	Court	Gro	Grove	Off	Office	Sta	Station
Ave	Avenue	Dr	Drive	Ho	House	Par	Parade	Ter	Terrace
Bk	Bank	Dws	Dwellings	Hosp	Hospital	Pas	Passage	Vil	Villa, Villas
Bldgs	Buildings	E	East	Hts	Heights	Pk	Park	Vw	View
Boul	Boulevard	Ex	Exchange	Junct	Junction	Pl	Place	W	West
Br	Bridge	Ext	Extension	La	Lane	Prom	Promenade	Wd	Wood
Bri	Bridge	Fld	Field	Lo	Lodge	Rbt	Roundabout	Wds	Woods
Cem	Cemetery	Flds	Fields	Lwr	Lower	Rd	Road	Wk	Walk
Cen	Central, Centre	Fm	Farm	Mans	Mansions	Ri	Rise	Yd	Yard
Cl	Close	Gdn	Garden	Mkt	Market	S	South		
Clo	Close	Gdns	Gardens	Ms	Mews	Sch	School		
Coll	College	Gra	Grange	Mt	Mount	Sq	Square		

District abbreviations

Abb.	Abberley	Castle.	Castleknock	Dunb.	Dunboyne	Kins.	Kinsaley	Palm.	Palmerston
Ashb.	Ashbourne	Celbr.	Celbridge	Fox.	Foxrock	Leix.	Leixlip	Port.	Portmarnock
B'brack	Ballybrack	Clond.	Clondalkin	G'geary	Glenageary	Leo.	Leopardstown	R'coole	Rathcoole
Balg.	Balgriffin	Clons.	Clonsilla	Gra M.	Grange Manor	Lou.V.	Louisa Valley	Ronan.	Ronanstown
Black.	Blackrock	Collins.	Collinstown	Grey.	Greystones	Lough.	Loughlinstown	Sagg.	Saggart
Boot.	Booterstown	Cool.	Coolmine	Jobs.	Jobstown	Mala.	Malahide	Sally.	Sallynoggin
Cabin.	Cabinteely	Corn.	Cornelscourt	Kill.	Killiney	Manor.	Manorfields	Sandy.	Sandyford
Carp.	Carpenterstown	D'bate	Donabate	Kilt.	Kiltipper	Mayn.	Maynooth	Shank.	Shankill
Carrick.	Carrickmines	D.L.	Dún Laoghaire	Kings.	Kingswood	Mulh.	Mulhuddart	Still.	Stillorgan

Some streets are not named on the map due to insufficient space. In some of these cases the nearest street that does appear on the map is listed in italics. In other cases they are indicated on the map by a number which is listed here in **bold**.

A

Abberley 81 E1
Abbey Cotts
off Abbey St Upr 85 E3
Abbey Ct *Dublin 5* 47 F1
Abbey Ct **1** *D.L.* 75 D4
Abbeydale 51 F2
Abbeydale Cl 51 F2
Abbeydale Cres 51 F2
Abbeydale Gdns 51 F2
Abbeydale Pk 51 F2
Abbeydale Ri 51 F2
Abbeydale Wk 51 F2
Abbey Dr 44 C2
Abbeyfarm 37 D4
Abbeyfield *Dublin 5* 47 F1
Abbeyfield *Dublin 6* 64 B2
Abbeyfield Ct 51 E2
Abbeylea Av 12 B1
Abbeylea Cl 12 B1
Abbeylea Dr 12 C1
Abbeylea Grn 12 B1
Abbey Pk *Dublin 5* 47 E1
Abbey Pk *Dublin 13* 31 E4
Abbey Pk *D.L.* 75 D4
Abbey Rd 75 D4
Abbey St 33 F3
Abbey St Lwr 85 F3
Abbey St Mid 85 F3
Abbey St Old 85 G3
Abbey St Sta 85 F3
Abbey St Upr 85 E3
Abbey Thea
off Abbey St Lwr 85 F3
Abbeyvale Av 12 A1
Abbeyvale Cl 12 A1
Abbeyvale Ct 12 A1
Abbeyvale Cres 12 A1
Abbeyvale Dr 12 A1
Abbeyvale Grn 12 A1
Abbeyvale Gro 12 A1
Abbeyvale Lawn 12 A1
Abbeyvale Pl 12 A1
Abbeyvale Ri 12 A1
Abbeyvale Vw 12 A1
Abbeyvale Way 12 A1
Abbey Vw 75 D4
Abbeywood 51 E2
Abbeywood Av 51 F2
Abbeywood Cl 51 F2
Abbeywood Cres 51 F2
Abbeywood Pk 51 F2
Abbeywood Way 51 F2
Abbots Hill 15 E4
Abbotstown Av
(Ascal Bhaile An Abba) 26 B3
Abbotstown Dr 26 B3
Abbotstown Rd 26 C3
Abercorn Rd 56 C1
Abercorn Sq 54 B2
Abercorn Ter *Dublin 7* 45 E4
Abercorn Ter *Dublin 8* 54 B2
Aberdeen St 55 D1
Abington 18 B1
Accommodation Rd 39 D3
Achill Rd *Dublin 9* 46 B2
Achill Rd *Lough.* 81 E1
Acorn Dr 72 B2
Acorn Rd 72 B2
Acres Rd 44 B4
Adair 57 D4
Adam Ct
off Grafton St 85 F5
Adamstown Av 50 B3
Adamstown Castle 50 B2
Adamstown Rd 40 C4
Adamstown Sta 50 B3
Adare Av 29 E3
Adare Dr 29 F3
Adare Grn 29 F3
Adare Pk 29 F3
Adare Rd 29 F2
Addison Av 45 F1
Addison Dr 45 F1
Addison Pl 46 A2
Addison Rd 46 C3
Addison Ter 46 A2
Adelaide Ms 65 F1
Adelaide Rd *Dublin 2* 56 A3
Adelaide Rd *Bray* 82 C2
Adelaide Rd *D.L.* 77 F1
Adelaide St 75 F3
Adelaide Ter *Dublin 8*
off Brookfield St 55 D2
Adelaide Ter **1** *D.L.* 78 A2
Adelaide Vil *Bray* 82 B2
Adelaide Vil **2** *D.L.* 78 A2
Admiral Ct **7** 31 F3
Admiral Pk 31 F3
Adrian Av 63 E1
Advance Business Pk 16 B4
Aideen Av 63 D2
Aideen Dr 63 D2

Name	Grid
Aideen Pl	63 D2
Aikenhead Ter	57 D2
Ailesbury	28 B3
Ailesbury Cl	65 D1
Ailesbury Dr	65 D1
Ailesbury Gdns	65 E1
Ailesbury Gro *Dublin 4*	65 D1
Ailesbury Gro *Dublin 16*	72 B2
Ailesbury Lawn	72 B2
Ailesbury Ms	65 F1
Ailesbury Pk	65 E1
Ailesbury Rd	65 D1
Ailsbury Gro	72 B2
Ailsbury Lawn	72 B2
Airfield Ct	65 D2
Airfield Manor	65 D2
Airfield Pk	65 D2
Airfield Rd	63 F2
Airfield Ter	65 D2
Airlie Hts	50 A1
Air Pk	70 C3
Airpark Av	70 C3
Airpark Cl	71 D3
Airport Business Pk	16 C2
Airport Ind Est	28 C1
Airside Business Pk	12 C3
Airside Retail Pk	12 C3
Airton Cl	69 E1
Airton Rd	69 D1
Airton Ter	69 E1
Airways Ind Est	28 C1
Albany Av	75 D3
Albany Ct	81 E1
Albany Rd	64 B1
Albert Av	82 C2
Albert Coll Av	28 A4
Albert Coll Cres	28 A4
Albert Coll Dr	28 A4
Albert Coll Lawn	28 A4
Albert Coll Pk	28 A4
Albert Coll Ter	28 A4
Albert Ct	78 A2
Albert Ct E	56 C2
Albert Pk	78 A2
Albert Pl	
off Inchicore Rd	54 C2
Albert Pl E	56 C2
Albert Pl W	56 A3
Albert Rd Lwr	78 A2
Albert Rd Upr	78 A3
Albert Ter	
off Albert Pl W	56 A3
Albert Vil	
off Morehampton Rd	56 C4
Albert Wk	82 C2
Albion Ter *off Inchicore Rd*	54 C2
Aldborough Par	46 C4
Aldborough Pl	85 H1
Aldborough Sq	85 H1
Aldemere	23 E4
Alden Dr	31 D4
Alden Pk	31 E4
Alden Rd	31 D4
Alderbrook Downs	8 C3
Alderbrook Glen	8 C3
Alderbrook Pk	8 C3
Alderbrook Ri	8 C3
Alderbrook Rd	8 C3
Alderbrook Vale	8 C3
Alder Ct **1**	19 F2
Alderpark Ct	68 C2
Alders, The	74 C3
Alderwood Av	68 C2
Alderwood Cl	68 C1
Alderwood Ct	68 C2
Alderwood Dr	68 C2
Alderwood Grn	68 C1
Alderwood Gro	68 C2
Alderwood Lawn	68 C1
Alderwood Pk	68 C2
Alderwood Ri	68 C1
Aldrin Wk	29 E3
Alexander Ter *Dublin 1*	56 C1
Alexander Ter *Dublin 8*	55 F3
Alexander Ter **1** *Bray*	82 B3
Alexandra Quay	57 E1
Alexandra Rd	57 D1
Alexandra Ter *Dublin 6*	63 F2
Alexandra Ter (Dundrum)	
Dublin 14	72 B1
Alfie Byrne Rd	47 D4
Allendale Cl	23 E3
Allendale Copse	23 E3
Allendale Ct	23 E3
Allendale Dr	23 E3
Allendale Elms	23 E3
Allendale Glen	23 E3
Allendale Grn	23 E3
Allendale Gro	23 E3
Allendale Heath	23 E3
Allendale Lawn	23 E3
Allendale Pl	23 E3
Allendale Ri	23 E3
Allendale Sq	23 E3
Allendale Ter	23 E3
Allendale Vw	23 E3
Allendale Wk	23 E3
Allen Pk Dr	73 F2
Allen Pk Rd	73 F2
Allenton Av	69 E4
Allenton Cres	69 E4
Allenton Dr	69 E4
Allenton Gdns	69 E4
Allenton Grn	69 E4
Allenton Lawns	69 E4
Allenton Pk	69 E3
Allenton Rd (Oldcourt)	
Dublin 24	69 E3

Name	Grid
Allenton Rd (Tallaght)	
Dublin 24	
Allenton Way	69 E4
All Hallows Coll	46 B2
All Hallows La	
off Drumcondra Rd Upr	46 B2
Allied Ind Est	53 F3
Allingham St	84 B5
All Saints Dr	48 B2
All Saints Pk	48 B2
All Saints Rd	48 A2
Alma Pl	75 D3
Alma Rd	74 C2
Almeida Av	
off Brookfield St	55 D2
Almeida Ter	
off Brookfield St	55 D2
Alone Wk	47 F1
Alpine Hts	60 A1
Alpine Ri	60 B4
Altadore	77 F1
Altona Ter	84 A1
Alverno	47 E3
Amber Vale	68 B1
Amiens St	85 H2
Anastasia La	78 C3
Anfield Cl	42 A1
Anfield Ct	42 A2
Anfield Cres	42 A2
Anfield Dr	42 A2
Anfield Lawn **1**	42 A2
Anfield Vw **2**	42 A2
Anglesea Av	74 B2
Anglesea Br	65 D1
Anglesea Fruit Mkt	
off Green St Little	84 D3
Anglesea La	75 F3
Anglesea Pk	78 A4
Anglesea Rd	65 D1
Anglesea Row	84 D3
Anglesea St	85 F4
Anley Ct	41 E4
Annabeg **1**	77 F4
Annadale Av	46 C3
Annadale Cres	46 C2
Annadale Dr	46 C2
Annagh Ct	25 D3
Annaly Ct	23 E3
Annaly Gro	23 E3
Annaly Rd	45 E3
Annaly Ter	23 E3
Annamoe Dr	45 E3
Annamoe Par	45 E4
Annamoe Pk	45 E4
Annamoe Rd	45 E4
Annamoe Ter	45 E4
Anna Vil	64 B1
Annaville Av	74 B4
Annaville Gro	64 B4
Annaville Pk	64 B4
Annaville Ter	
off Annaville Gro	64 C4
Anne Devlin Av	71 D1
Anne Devlin Dr	71 D1
Anne Devlin Pk	71 D1
Anne Devlin Rd	71 D1
Anner Rd	54 C2
Annes La	85 F5
Annesley Av	46 C4
Annesley Br	46 C3
Annesley Br Rd	46 C3
Annesley Pk	64 B1
Annesley Pl	46 C3
Anne St N	84 D2
Anne St S	85 F5
Annsbrook	64 C3
Annville Dr	73 E2
Apollo Way	29 E3
Appian Way, The	56 B4
Apples Rd	73 D3
Applewood Dr	83 D2
Applewood Hts	83 D2
Aran Av	81 E1
Aran Cl	81 E1
Aran Dr	81 E1
Aranleigh Ct	71 F1
Aranleigh Dell	71 F2
Aranleigh Gdns	71 F1
Aranleigh Mt	71 F1
Aranleigh Pk	71 F1
Aranleigh Vale	71 F1
Áras An Uachtaráin	44 B3
Aras Naclunne	52 C4
Aravon Ct **8**	82 C3
Arbour Hill	84 A2
Arbour Pl	84 B2
Arbour Ter	84 A2
Arbutus Av	55 E4
Arbutus Gro	82 A2
Arbutus Pl	55 F3
Arcade	85 F3
Archerstown Rd	9 D2
Archers Wd	24 A1
Arches, The **11** *Lough.*	81 E1
Arches, The *Mayn.*	36 B2
Ardagh Av	74 B4
Ardagh Cl **1**	74 B4
Ardagh Ct	74 A4
Ardagh Cres	74 A4
Ardagh Dr	74 B4
Ardagh Gro	74 A4
Ardagh Pk	74 B4
Ardagh Pk Rd	74 B4
Ardagh Rd	55 D4
Ardara Av	30 C3
Ardbeg Cres	29 F4
Ardbeg Dr	29 F4
Ardbeg Pk	29 F4

Name	Grid
Ardbeg Rd	29 F4
Ardbrugh Cl **1**	78 B4
Ardbrugh Rd	78 B4
Ardbrugh Vil **2**	78 B4
Ardcian Pk	12 B1
Ardcollum Av	29 E4
Ardee Gro	56 A4
Ardeen	40 A4
Ardee Rd	56 A4
Ardee St *Dublin 8*	84 C5
Ardee St *Bray*	82 A2
Ardeevin Av	40 C4
Ardeevin Ct	40 C4
Ardeevin Dr	40 C4
Ardeevin Rd	78 B3
Ardenza Pk	
off Seapoint Av	74 C2
Ardenza Ter	74 C2
Ardglas Est	72 C2
Ardilaun	19 F3
Ardilaun R	46 B4
Ardilea Downs	65 D4
Ardlea Rd	29 E4
Ard Lorcain	74 A4
Ard Lorcain Vil **1**	74 A4
Ardlui Pk	74 B4
Ard Mhacha	69 D3
Ardmeen Pk	74 B4
Ard Mhuire Pk	78 A4
Ard Mor Av	67 F2
Ard Mor Cl	67 F2
Ard Mor Ct	67 F2
Ard Mor Cres	67 F2
Ard Mor Dale	67 F2
Ard Mor Dr	67 F2
Ardmore	82 A3
Ardmore Av	45 E4
Ardmore Cl	29 D4
Ardmore Cres *Dublin 5*	29 E4
Ardmore Cres *Bray*	82 A3
Ardmore Dr	29 D4
Ardmore Gro	29 D4
Ardmore Lawn	82 A3
Ardmore Pk *Dublin 5*	29 E4
Ardmore Pk *Bray*	82 A3
Ardmore Pk *D.L.*	75 E4
Ard Mor Gdn	67 F2
Ard Mor La	67 F2
Ard Mor Pk	67 F2
Ard Mor Wk	67 F2
Ard Na Mara	14 B4
Ard Na Meala	28 A2
Ardpatrick Rd	44 C3
Ard Ri Pl	
off Ard Ri Rd	84 B2
Ard Ri Rd	84 B2
Ardtona Av	64 B4
Arena Rd	73 F4
Argyle Rd	56 C4
Arkendale Ct **1**	78 A3
Arkendale Rd	78 A2
Arkendale Wds **2**	78 A3
Arkle Hill	8 C3
Arkle Rd	73 E3
Arkle Sq **1**	73 F4
Arklow St	84 A1
Armagh Rd	62 C1
Armstrong St	
off Harolds Cross Rd	55 F4
Armstrong Wk	29 E3
Arnold Gro	77 F1
Arnold Pk	77 F2
Arnott St	84 D6
Arran Ct	25 D3
Arran Grn	82 C3
Arranmore Av	46 A3
Arranmore Rd	56 C4
Arran Quay	84 C3
Arran Quay Ter	84 C3
Arran Rd	46 B2
Arran St E	84 D3
Arran St W	84 C3
Arthur Griffith Pk	51 D1
Arundel	75 D3
Ascal An Charrain Chno	
(Nutgrove Av)	71 F1
Ascal Bhaile An Abba	
(Abbotstown Av)	26 B3
Ascal Bhaile Thuaidh	
(Ballyboy Av)	48 B2
Ascal Dun Eanna	
(Ennafort Av)	48 A2
Ascal Measc (Mask Av)	29 F4
Ascal Phairc An Bhailtini	
(Villa Park Av)	44 C3
Ascal Ratabhachta	
(Ratoath Av)	26 B4
Asgard Pk	33 F3
Asgard Rd	33 F3
Ashberry	50 C2
Ashbourne Ind Pk	8 A1
Ashbrook *Dublin 3*	47 E2
Ashbrook *Dublin 7*	44 A2
Ashbrook *Leix.*	39 D3
Ashbury Pk	82 B3
Ashcroft	48 B1
Ashcroft Gro **1**	24 A2
Ashdale Av	63 E2
Ashdale Cl	13 E3
Ashdale Cres	8 C2
Ashdale Gdns	63 E2
Ashdale Pk	63 E2
Ashdale Rd *Dublin 6W*	63 E2
Ashdale Rd *Swords*	18 A1
Ashes, The	8 B1
Ashfield (Templeogue)	62 C4
Ashfield Av *Dublin 6*	64 B1
Ashfield Av *Dublin 24*	61 D3

Name	Grid
Ashfield Cl *Dublin 6W*	
off Ashfield	62 C4
Ashfield Cl *Dublin 24*	61 D3
Ashfield Ct	24 A2
Ashfield Dr	61 D3
Ashfield Gdns	24 A2
Ashfield Grn	24 A1
Ashfield Gro	24 A1
Ashfield Lawn	24 A1
Ashfield Pk (Templeogue)	
Dublin 6W off Ashfield	62 C4
Ashfield Pk (Terenure)	
Dublin 6W	63 E2
Ashfield Pk *Dublin 24*	61 D3
Ashfield Pk *Boot.*	65 E3
Ashfield Pk **7** *Mulh.*	24 A2
Ashfield Rd (Ranelagh)	64 B1
Ashfield Way	24 A2
Ashford Cotts	
off Ashford St	84 A1
Ashford Pl	
off Ashford St	84 A1
Ashford St	84 A1
Ashgrove *Dublin 24*	68 C1
Ashgrove *Celbr.*	37 D2
Ashgrove *D.L.*	75 D4
Ashgrove Ind Est	75 D4
Ashgrove Lo	44 B2
Ashgrove Ter **1**	72 C1
Ashington Av	44 C2
Ashington Cl	44 B1
Ashington Ct	44 C2
Ashington Dale	44 C1
Ashington Gdns	44 C2
Ashington Grn	44 C2
Ashington Ms	44 C1
Ashington Pk	44 B2
Ashington Ri	44 B1
Ash Lawn *Dublin 16*	72 B2
Ashlawn *B'brack*	77 F4
Ashlawn Ct	82 A2
Ashleaf Shop Cen	62 B2
Ashleigh Grn	43 D1
Ashleigh Gro	25 D4
Ashleigh Lawn	19 D1
Ashley Av	13 D2
Ashley Dr **5**	13 D2
Ashley Gro **4**	13 D2
Ashley Hts **6**	82 A2
Ashley Ri	19 F2
Ashling Cl	55 D4
Ashling Hts	24 C3
Ash Pk Av	51 D2
Ash Pk Ct	51 E2
Ash Pk Gro	51 E1
Ash Pk Heath	51 E1
Ash St	84 C5
Ashton Av	70 C2
Ashton Cl	70 C2
Ashton Gro	70 C2
Ashton Lawn	70 C2
Ashton Pk	75 D3
Ashtown Br	25 F4
Ashtown Gate Rd	44 A2
Ashtown Gro	44 B2
Ashtown Rd	44 A1
Ashtown Sta	44 A1
Ashurst	81 E1
Ashville Ct	41 E4
Ashwood Av	51 F4
Ashwood Cl	51 F4
Ashwood Dr	52 A4
Ashwood Lawns	52 A4
Ashwood Pk	52 A4
Ashwood Rd	52 A4
Ashwood Way	52 A4
Aspen Dr	13 F3
Aspen Pk **1** *D.L.*	77 E1
Aspen Pk *Swords*	13 F3
Aspen Rd	13 E3
Aspen Wds	24 A4
Aspen Wds Av	24 A4
Aspen Wds Lawn	24 A4
Assumpta Pk	81 D4
Aston Pl	85 F3
Aston Quay	85 F3
Athgoe Dr	81 E3
Athgoe Rd	81 E3
Athlumney Vil	56 A4
Atmospheric Rd **3**	78 A3
Aubrey Gro	81 E3
Aubrey Pk	81 E3
Auburn Av *Dublin 4*	64 C1
Auburn Av *Dublin 15*	43 E2
Auburn Av *Cabin.*	77 E3
Auburn Cl *Dublin 15*	43 E3
Auburn Cl *Cabin.*	77 F3
Auburn Dr *Dublin 15*	43 E1
Auburn Dr *Cabin.*	77 E3
Auburn Grn	43 E1
Auburn Gro	18 B1
Auburn Pk	25 E4
Auburn Rd *Dublin 4*	
off Auburn Av	64 C1
Auburn Rd *Cabin.*	77 E2
Auburn St	84 D1
Auburn Vil *Dublin 6*	63 F2
Auburn Vil **14** *Bray*	82 A2
Auburn Wk	84 A1
Aughavanagh Rd	55 E4
Aughrim La	84 A1
Aughrim Pl	84 A1

87

Aughrim St 84 A1
Aughrim Vil
off Aughrim St 84 A1
Augustine Vil **1** 82 C3
Aulden Gra 29 D2
Aungier Pl 85 E5
Aungier St 85 E5
Austins Cotts
off Annesley Pl 46 C3
Avalon **1** 76 B3
Ave Maria Rd 84 A6
Avenue, The *Dublin 6W* 62 C4
Avenue, The (Ballinteer)
Dublin 16 72 B3
Avenue, The (Ballyboden)
Dublin 16 70 C3
Avenue, The (Primrose Hill)
Celbr. 37 E4
Avenue, The (The Drive) *Celbr.* 37 E3
Avenue, The *Clons.* 23 D2
Avenue, The (Dunboyne Castle)
Dunb. 20 B3
Avenue, The (Lutterell Hall)
Dunb. 20 B1
Avenue, The (Plunkett Hall)
Dunb. 20 A1
Avenue, The *Gra M.* 51 D2
Avenue, The *Kins.* 13 E3
Avenue, The *Lou.V.* 39 E2
Avenue, The **4** *Mala.* 19 F1
Avenue, The *Manor.* 23 E2
Avenue, The *Mulh.* 24 A1
Avenue, The *Swords* 13 D1
Avenue Rd 55 F3
Avila Apts **2** 74 B4
Avila Pk 26 B3
Avoca Av *Black.* 74 A2
Avoca Av *Bray* 82 B4
Avoca Pk 74 A3
Avoca Pl 74 B2
Avoca Rd 74 A3
Avonbeg Ct **1** 69 E2
Avonbeg Dr 69 F2
Avonbeg Gdns 69 F2
Avonbeg Ind Est 53 F4
Avonbeg Pk 69 F2
Avonbeg Rd 69 F2
Avondale 39 F2
Avondale Av 45 F4
Avondale Business Pk 74 B2
Avondale Ct **4** 78 A2
Avondale Cres 78 A4
Avondale Lawn 74 B3
Avondale Lawn Ext 74 B3
Avondale Pk *Dublin 5* 48 C2
Avondale Pk *Bray* 82 A3
Avondale Pk *Dalkey* 78 A4
Avondale Rd *Dublin 7* 45 F3
Avondale Rd *Dalkey* 78 A4
Avondale Sq 20 B2
Avondale Ter 62 B2
Avonmore 76 A1
Avonmore Av **1** 69 F2
Avonmore Cl 69 F2
Avonmore Dr 69 F2
Avonmore Gro 69 F2
Avonmore Pk 69 F2
Avonmore Rd 69 F2
Aylesbury 69 E3
Ayrefield Av 30 A4
Ayrefield Ct 30 A4
Ayrefield Dr 30 A4
Ayrefield Gro 30 A4
Ayrefield Pl 30 A4

B

Bachelors Wk *Dublin 1* 85 F3
Bachelors Wk *Ashb.* 8 C3
Back La *Dublin 8* 84 D4
Back La *Dublin 13* 31 F3
Back La *Mayn.* 36 B1
Back Rd 18 C1
Baggot Cl
off Baggot St Lwr 85 G6
Baggot Ct 85 H6
Baggot La 56 C3
Baggot Rd 44 B3
Baggot St Lwr 85 H6
Baggot St Upr 56 C3
Baggot Ter
off Blackhorse Av 44 B3
Bailey, The 8 B3
Bailey Grn Rd 35 E3
Bailey's Row 85 H1
Bailey Vw 78 B2
Balally Av 73 D2
Balally Cl 73 D2
Balally Dr 72 C2
Balally Gro 73 D3
Balally Hill 73 D3
Balally Pk 73 D2
Balally Rd 72 C2
Balally Sta 72 C2
Balally Ter **1** 73 D3
Balbutcher Dr 27 F1
Balbutcher La 27 F2
Balbutcher Way 27 F1
Balcurris Cl 28 A2
Balcurris Gdns 28 A2
Balcurris Pk E 28 A2
Balcurris Pk W 27 F2
Balcurris Rd 27 F2
Baldara Ct 9 D4
Baldonnel Business Pk 67 D1
Baldoyle Ind Est 31 E4
Baldoyle Rd 32 A2
Balfe Av 62 B1
Balfe Rd 62 B1
Balfe Rd E 62 B1
Balfe St
off Chatham St 85 F5
Balgaddy Rd 51 F2
Balglass Est 33 E3
Balglass Rd 33 F3
Balgriffin Cotts 30 B2
Balgriffin Rd 30 B2
Balkill Pk 33 E3
Balkill Rd 33 F4
Ballawley Ct 72 C3
Ballinclea Hts 78 A4
Ballinclea Rd 77 F2
Ballinteer Av 72 B3
Ballinteer Cl 72 B3
Ballinteer Ct **2** 72 B3
Ballinteer Cres 72 B3
Ballinteer Dr 72 B3
Ballinteer Gdns 72 B3
Ballinteer Gro 72 B3
Ballinteer Pk 72 B3
Ballinteer Rd 72 B2
Ballinteer Shop Cen 72 B3
Ballintrane Wd 12 C2
Ballintyre Downs 72 B4
Ballintyre Heath 72 B4
Ballintyre Meadows 72 A4
Ballintyre Wk 72 B4
Ballintyre Wds **4** 72 B3
Balliskcourt 11 E2
Ball's Br 57 D4
Ballsbridge Av 57 D4
Ballsbridge Pk 57 D4
Ballsbridge Ter
off Ballsbridge Av 57 D4
Ballsbridge Wd 57 D3
Ballybin Rd 8 A2
Ballyboden Cres 71 D2
Ballyboden Rd *Dublin 14* 71 D2
Ballyboden Rd *Dublin 16* 71 D2
Ballyboden Way 70 C2
Ballyboggan Ind Est 44 C1
Ballyboggan Rd 45 D1
Ballybough Av
off Spring Gdn St 46 C4
Ballybough Br 46 C3
Ballybough Ct
off Spring Gdn St 46 C4
Ballybough Rd 46 B4
Ballybrack Shop Cen 77 F4
Ballybride 81 D4
Ballybride Rd 81 D3
Ballycoolin Business & Tech Pk 25 E1
Ballycoolin Rd 25 E2
Ballycullen Av 69 F3
Ballycullen Dr 70 A3
Ballydowd Dr 51 E1
Ballydowd Gro 41 E4
Ballydowd Manor 51 E1
Ballyfermot Av 53 F2
Ballyfermot Cres 53 F2
Ballyfermot Dr 53 E2
Ballyfermot Par 53 E2
Ballyfermot Rd
(Bothar Baile Thormod) 53 E2
Ballygall Av 27 E3
Ballygall Cres 27 D4
Ballygall Par 27 D4
Ballygall Pl 27 E4
Ballygall Rd E 27 F4
Ballygall Rd W 27 D4
Ballygihen Av 78 A2
Ballygihen Vil **5** 78 A2
Ballygoran Vw 37 D2
Ballyhoy Av
(Ascal Bhaile Thuaidh) 48 B2
Ballymace Grn 70 C1
Ballymadrough Rd 14 B1
Ballymanagin La **1** 52 B4
Ballymoss Par **2** 73 F4
Ballymoss Rd 73 E3
Ballymount Av *Dublin 12* 61 F3
Ballymount Av *Dublin 24* 61 F3
Ballymount Cross 61 E2
Ballymount Cross Ind Est 61 D2
Ballymount Dr 61 F2
Ballymount Ind Est 61 F2
Ballymount Lwr Rd 61 E2
Ballymount Rd 61 D3
Ballymount Rd Ind Est 61 F1
Ballymount Rd Upr 61 E2
Ballymount Trd Est 62 A2
Ballymun Ind Est 27 F1
Ballymun Rd 46 A1
Ballymun Rd N 28 A1
Ballymun Shop Cen 28 A2
Ballyneety Rd 54 A2
Ballyogan Av 76 A3
Ballyogan Cl 76 A4
Ballyogan Ct 76 A4
Ballyogan Cres 76 A4
Ballyogan Dr 76 A4
Ballyogan Grn 76 A3
Ballyogan Lawn 76 A3
Ballyogan Rd **1** 76 A4
Ballyogan Vale 76 B4
Ballyogan Wd 76 A4
Ballyolaf Manor **1** 72 C2
Ballyoulster Pk 37 F3
Ballyowen Av 41 F4
Ballyowen Castle Shop &
Med Cen 51 E1
Ballyowen Ct 41 F4
Ballyowen Cres 41 F4
Ballyowen Dr 41 F4
Ballyowen Grn 41 F4
Ballyowen Gro 41 F4
Ballyowen La 41 F4
Ballyowen Lawn 41 F4
Ballyowen Rd 41 F4
Ballyowen Vw 41 F4
Ballyowen Way 41 F4
Ballyroan Ct **1** 70 C1
Ballyroan Cres 71 D1
Ballyroan Hts 70 C2
Ballyroan Pk 70 C1
Ballyroan Rd 70 C1
Ballyshannon Av 29 D3
Ballyshannon Rd 29 D3
Ballytore Rd 63 F3
Balnagowan 64 B2
Balrothery Cotts 70 A1
Balrothery Est 69 F1
Balscadden Rd 33 F3
Bancroft Av 69 E1
Bancroft Cl 69 F1
Bancroft Gro 69 F1
Bancroft Pk 69 E1
Bancroft Rd 69 F1
Bangor Dr 55 D4
Bangor Rd 55 D4
Bank of Ireland 85 F4
Bankside Cotts 64 B3
Bannow Rd 45 D2
Bann Rd 45 D1
Bantry Rd 46 A1
Bantry Sq 25 D3
Banville Av 53 E3
Barclay Ct 74 B2
Bargy Rd 47 D4
Barnacoille Pk 78 B2
Barnamore Cres 45 D1
Barnamore Gro 45 D1
Barnamore Pk 45 D1
Barnewall Av 11 F1
Barnewall Cres 11 E1
Barnewall Dr 27 F2
Barnhall Dr 39 D3
Barnhill Av 78 A3
Barnhill Cross Rds 40 C4
Barnhill Gro 78 B3
Barnhill Lawn 78 B3
Barnhill Pk **4** 78 A3
Barnhill Rd 78 A3
Barnville Pk 52 C3
Barrack Ct 66 B3
Barren Hill Cross Rds 34 C3
Barrett St 75 E3
Barrow Rd 45 E2
Barrow Sta 56 C2
Barrow St 56 C2
Barry Av 26 C2
Barry Dr 26 C2
Barry Grn 26 C3
Barry La 23 D3
Barry Pk 26 C3
Barry Rd 26 C3
Barryscourt Rd 29 E3
Barton Av 71 E1
Barton Ct 72 A2
Barton Dr 71 E1
Barton Rd E 72 A2
Barton Rd Ext 71 F2
Barton Rd W (Willbrook) 71 E2
Bartra Rock **6** 78 B2
Basin St Lwr 84 A4
Basin St Upr 84 A5
Basin Vw Ter 45 F4
Baskin Cotts 18 A3
Baskin La 17 E2
Bass Pl 85 H5
Bath Av *Dublin 4* 57 D3
Bath Av *Mala.* 15 E4
Bath Av Gdns 57 D3
Bath Av Pl 57 D3
Bath La 85 F1
Bath Pl 74 B2
Bath St 57 D2
Bawn, The 19 D1
Bawn Gro, The 19 D1
Bawnlea Av 68 B2
Bawnlea Cl 68 A2
Bawnlea Cres 68 A2
Bawnlea Dr 68 A2
Bawnlea Grn 68 B2
Bawnogue Cotts **1** 59 F1
Bawnville Av 69 E3
Bawnville Cl 69 E3
Bawnville Dr 69 F2
Bawnville Pk 69 F2
Bawnville Rd 69 E2
Baymount Pk 48 B3
Bayshore La 81 E1
Bayside Boul N 31 E4
Bayside Boul S 31 E4
Bayside Pk 31 E4
Bayside Sq E 31 E4
Bayside Sq N 31 E4
Bayside Sq S 31 E4
Bayside Sq W 31 E4
Bayside Sta 31 F4
Bayside Wk 31 E4
Bayswater Ter **7** 78 B2
Bayview *Dublin 4*
off Pembroke St 57 D2
Bayview **2** *Bray* 82 B2
Bayview *Lough.* 81 E1
Bayview Av 46 C4
Bayview Cl 81 E1
Bayview Ct 81 E1
Bayview Cres 81 E2
Bayview Dr 81 E2
Bayview Glade **1** 81 E2
Bayview Glen **4** 81 E2
Bayview Grn 81 E1
Bayview Gro 81 E2
Bayview Lawn 81 E1
Bayview Pk 81 E1
Bayview Ri **3** 81 E2
Beach Av 57 E3
Beach Dr 57 E3
Beach Pk 19 F3
Beach Rd 57 E3
Beach Vw 49 E1
Beaconsfield Ct
off The Belfry 54 C2
Bearna Pk 73 D4
Beatty Gro 37 E2
Beatty Pk 37 D3
Beattys Av 57 D4
Beaufield 36 A3
Beaufield Ave 36 A3
Beaufield Cl 36 A3
Beaufield Cres 36 A3
Beaufield Dr 36 A3
Beaufield Gdns 36 A3
Beaufield Grn 36 A3
Beaufield Gro 36 A3
Beaufield Lawn 36 A3
Beaufield Manor 73 F1
Beaufield Pk 73 F1
Beaufort 78 A2
Beaufort Downs 71 E1
Beaumont Av 72 A1
Beaumont Cl 72 A1
Beaumont Cres 29 D4
Beaumont Dr 72 B1
Beaumont Gdns 74 A2
Beaumont Gro 28 C4
Beaumont Rd 28 C4
Beau Pk Av 31 D3
Beau Pk Cres 31 D3
Beau Pk Rd 31 D3
Beau Pk Row 31 D3
Beau Pk Sq 31 D3
Beau Pk St 31 D2
Beau Pk Ter 31 D3
Beauvale Pk 29 E4
Beaver Row 64 C2
Beaverstown Orchard 11 E1
Beaver St 85 H1
Beckett Way 52 C4
Bedford Row
off Temple Bar 85 F4
Beechbrook 83 D3
Beechbrook Gro **7** 30 C3
Beechbrook Pk 83 D3
Beechcourt 77 F3
Beechdale 20 C3
Beechdale Ms 64 A1
Beech Dr 72 B2
Beeches, The *Dublin 13* 30 C4
Beeches, The *Dublin 14* 71 E1
Beeches, The **12** *Abb.* 81 E1
Beeches, The *Black.* 75 D3
Beeches Pk 78 A3
Beeches Rd 73 D2
Beechfield 23 D1
Beechfield Av *Dublin 12* 62 B2
Beechfield Av *Dublin 24* 70 A4
Beechfield Cl *Dublin 12* 62 B2
Beechfield Cl *Dublin 24* 70 A4
Beechfield Cl **1** *Dunb.* 23 D1
Beechfield Ct *Dublin 24* 70 A4
Beechfield Ct **1** *Clons.* 23 D2
Beechfield Cres 70 A4
Beechfield Dr 23 D1
Beechfield Grn **2** 23 D1
Beechfield Haven **1** 81 E3
Beechfield Hts **2** 23 D2
Beechfield Lawn *Dublin 24* 70 A4
Beechfield Lawn **1** *Clons.* 23 E1
Beechfield Manor 81 E3
Beechfield Meadows 23 D1
Beechfield Pk **2** 70 A4
Beechfield Pl *Dublin 24* 70 A4
Beechfield Pl *Clons.* 23 E1
Beechfield Ri 23 E1
Beechfield Rd *Dublin 12* 62 B2
Beechfield Rd *Dublin 24* 70 A4
Beechfield Rd (Hartstown)
Clons. 23 D2
Beechfield Vw 23 D1
Beechfield Way *Dublin 24* 70 A4
Beechfield Way *Clons.* 23 D1
Beech Gro *Boot.* 65 F3
Beech Gro *Lucan* 41 D4
Beech Hill
off Beech Hill Rd 64 C2
Beech Hill Av 65 D1
Beech Hill Cres 65 D2
Beech Hill Dr 65 D1
Beech Hill Rd 64 C2
Beech Hill Ter 65 D2
Beech Hill Vil
off Beech Hill Ter 65 D2
Beech Lawn *Dublin 16* 72 A2
Beechlawn *Boot.* 65 F4
Beechlawn Av *Dublin 5* 29 F3
Beech Lawn Av *Dublin 16* 72 A2
Beechlawn Cl 29 F3
Beechlawn Grn 29 F3
Beechlawn Gro 29 F3
Beechlawn Ind Complex 62 A2
Beechmount Dr 64 C3
Beech Pk *Dublin 15* 43 E1
Beech Pk *Cabin.* 77 E4
Beech Pk *Lucan* 41 D4

Beech Pk Av *Dublin 5* 29 F3
Beech Pk Av *Dublin 15* 43 E1
Beech Pk Av *Deans Gra* 76 C1
Beechpark Ct 29 F3
Beech Pk Cres 43 E1
Beech Pk Dr 76 C2
Beech Pk Gro 76 C2
Beech Pk Lawn 43 E1
Beech Pk Rd 76 C1
Beech Rd *Dublin 12* 61 E1
Beech Rd *Bray* 82 A2
Beech Rd **3** *Shank.* 81 E4
Beech Row **3** *Clond.* 60 B1
Beech Row *Ronan.* 52 A3
Beechurst 82 A3
Beechview **1** 71 D3
Beech Wk 71 D3
Beechwood Av Lwr 64 B1
Beechwood Av Upr 64 B1
Beechwood Cl *Bray* 82 B4
Beechwood Cl *Manor.* 23 F2
Beechwood Ct 74 A4
Beechwood Downs 23 F2
Beechwood Gro **1** 75 F4
Beechwood Lawn 77 F2
Beechwood Lawns 66 B3
Beechwood Pk *Dublin 6* 64 A1
Beechwood Pk *D.L.* 75 F4
Beechwood Rd 64 B1
Beechwood Sta 64 B1
Belcamp Av 29 F2
Belcamp Cres 29 F1
Belcamp Gdns 29 F1
Belcamp Grn 30 A3
Belcamp Gro 30 A3
Belcamp La 30 A3
Belclare Av 27 F2
Belclare Cres 27 F2
Belclare Dr 27 F2
Belclare Grn 27 F2
Belclare Gro 27 F2
Belclare Lawns 27 F2
Belclare Pk 27 E2
Belclare Ter 27 E2
Belclare Way 27 F2
Belfield Cl 64 C3
Belfield Ct 65 D2
Belfield Downs 64 C4
Belfield Off Pk 64 C2
Belfry, The *Dublin 8* 54 C2
Belfry, The *Jobs.* 67 F3
Belfry Av 67 F3
Belfry Cl 67 F3
Belfry Dale 67 F3
Belfry Downs 67 F3
Belfry Dr 67 F3
Belfry Gdns 67 F3
Belfry Grn 67 F3
Belfry Gro 68 A3
Belfry Lawn 67 F3
Belfry Meadows 67 F3
Belfry Pk 67 F3
Belfry Pl 67 F3
Belfry Ri 67 F3
Belfry Rd 67 F3
Belfry Sq 67 F3
Belfry Ter 67 F3
Belfry Wk 67 F3
Belfry Way 67 F3
Belgard Cl **1** 61 D4
Belgard Grn 68 B1
Belgard Hts 60 C4
Belgard Ind Est 61 D4
Belgard Rd 61 D4
Belgard Sq E 69 D1
Belgard Sq N 68 C1
Belgard Sq S 69 D2
Belgard Sq W 68 C1
Belgard Sta 60 C4
Belgrave Av 64 A1
Belgrave Pl 64 A1
Belgrave Rd *Dublin 6* 64 A1
Belgrave Rd *Black.* 74 C2
Belgrave Sq E *Dublin 6* 64 A1
Belgrave Sq E *Black.* 75 D3
Belgrave Sq N *Dublin 6* 64 A1
Belgrave Sq N *Black.* 74 C2
Belgrave Sq S *Dublin 6* 64 A1
Belgrave Sq S *Black.* 74 C2
Belgrave Sq W *Dublin 6* 64 A1
Belgrave Sq W *Black.* 74 C2
Belgrave Ter *Black.*
off Belgrave Rd 74 C2
Belgrave Ter **9** *Bray* 82 C3
Belgrave Vil **10** 82 C3
Belgrove Lawn 43 F4
Belgrove Pk 53 F1
Belgrove Rd 47 F3
Bella Av
off Bella St 85 G1
Bella St 85 G1
Belle Bk 84 A5
Belleville 44 A2
Belleville Av 63 F2
Bellevue 84 B5
Bellevue Av *Boot.* 65 F2
Bellevue Av *Dalkey* 77 F1
Bellevue Copse 65 F2
Bellevue Ct 65 F2
Bellevue Hts 83 E3
Bellevue Lawn 83 D4
Bellevue Pk *Boot.* 65 E2
Bellevue Pk *Grey.* 83 F2
Bellevue Pk Av 65 F2
Bellevue Rd *Dalkey* 77 F2
Bellevue Rd *Grey.* 83 F2
Bellmans Wk
off Ferrymans Crossing 56 C1
Belmont 76 A1
Belmont Av 64 C1
Belmont Ct
off Belmont Av 64 C1
Belmont Gdns 64 C1
Belmont Grn 74 A4
Belmont Gro 74 A4
Belmont Lawn 74 A4
Belmont Pk *Dublin 4* 64 C1
Belmont Pk *Dublin 5* 48 C1
Belmont Vil 64 C1
Belton Pk Av 47 D1
Belton Pk Gdns 47 D1
Belton Pk Rd 47 D1
Belton Pk Vil 47 D1
Belton Ter **3** 82 B2
Belvidere Av 46 A4
Belvidere Ct 46 A4
Belvidere Pl 46 A4
Belvidere Rd 46 A3
Belview Bldgs
off School St 84 B5
Belvue 68 B1
Benbulbin Av 54 C4
Benbulbin Rd 54 C3
Benburb St 84 B3
Beneavin Ct 27 E4
Beneavin Dr 27 F4
Beneavin Pk 27 E3
Beneavin Rd 27 E3
Ben Edar Rd 84 A1
Bengal Ter 45 F2
Ben Inagh Pk 74 B1
Benmadigan Rd 54 C3
Benson St 57 D2
Benson St Enterprise Cen 56 C2
Bentley Rd 82 B4
Beresford 46 B2
Beresford Av 46 B2
Beresford La 85 G2
Beresford Lawn 46 B2
Beresford Pl 85 G3
Beresford St 84 D2
Berkeley Rd 45 F3
Berkeley St 46 A4
Berkeley Ter 56 C3
Berryfield 50 C2
Berryfield Cres 26 C4
Berryfield Dr 26 C4
Berryfield Rd 26 C4
Berwick 71 F1
Berwick Av 12 A1
Berwick Ct 12 A1
Berwick Cres 12 A1
Berwick Dr 12 A1
Berwick Gro 12 A1
Berwick Hall 71 F1
Berwick Lawn 12 A1
Berwick Pl 12 A1
Berwick Ri 12 A1
Berwick Vw 12 A1
Berwick Wk 12 A1
Berwick Way 12 A1
Berystede
off Leeson Pk 56 B4
Bessborough Av 46 C4
Bessborough Par 56 A4
Besser Dr 52 B3
Bethesda Pl
off Dorset St Upr 85 E1
Bettyglen 49 D2
Bettysford **7** 60 B1
Bettystown Av 48 B2
Beverly Av 70 B3
Beverly Cres 70 B3
Beverly Downs 70 B2
Beverly Dr 70 B2
Beverly Gro 70 B2
Beverly Hts 70 B3
Beverly Lawns 70 B3
Beverly Pk 70 B2
Beverly Ri 70 B3
Beverton Av 11 E1
Beverton Cl 11 E1
Beverton Cres 11 E1
Beverton Dr 11 E1
Beverton Grn 11 E1
Beverton Gro 11 E1
Beverton Lawn 11 E1
Beverton Pk 11 E1
Beverton Way 11 E1
Bewley 41 E4
Bewley Av 51 E1
Bewley Dr 41 E4
Bewley Gro 51 E1
Bewley Lawn 41 E4
Bianconi Av 67 E1
Big Br 63 E3
Bigger Rd 62 B1
Big La 37 E3
Binn Eadair Vw 32 A2
Binns Br 46 A3
Birch Av 73 E3
Birch Dale **2** *D.L.* 77 E1
Birch Dale **1** *Fox.* 76 B2
Birchdale Cl 13 F3
Birchdale Dr 13 F3
Birchdale Pk 13 F3
Birchdale Rd 13 F3
Birches, The 76 B2
Birches Rd 73 D2
Birchfield 73 D1
Birchgrove 75 D4
Birchs La 72 C1
Birchview Av 61 E4
Birchview Cl 61 E4
Birchview Ct
off Treepark Rd 61 E4
Birchview Dr 61 E4
Birchview Hts
off Birchview Dr 61 E4
Birchview Lawn
off Birchview Av 61 E4
Birchview Ri
off Birchview Dr 61 E4
Birchwood Cl 68 C1
Birchwood Dr 68 C1
Birchwood Hts 68 C1
Bird Av 64 C3
Biscayne 15 F4
Bishop St 85 E6
Bisset's Strand 14 C3
Black Av, The 40 A3
Blackberry La *Dublin 6* 56 A4
Blackberry La *Port.* 19 F3
Blackberry Ri 19 F3
Blackcourt Rd 24 C2
Blackditch Dr 53 D2
Blackditch Rd 53 E2
Blackhall Par 84 C3
Blackhall Pl 84 B3
Blackhall St 84 B3
Blackheath Av 47 F3
Blackheath Ct 48 A4
Blackheath Dr 47 F3
Blackheath Gdns 47 F3
Blackheath Gro 47 F3
Blackheath Pk 47 F3
Blackhorse Av 44 C3
Blackhorse Br 54 B3
Blackhorse Gro 45 D4
Blackhorse Ind Est 45 D4
Blackhorse Sta 54 B3
Blacklion Manor 83 D2
Black Lion Rd 83 D2
Blackpitts 55 F3
Blackrock Business Pk 74 B2
Blackrock Coll 74 A1
Blackrock Shop Cen 74 B1
Blackrock Sta 74 B1
Black St 55 D1
Blackthorn Av 73 E3
Blackthorn Cl *Port.* 19 F2
Blackthorn Cl **1** *Still.* 73 E3
Blackthorn Ct **3** 73 D3
Blackthorn Dr 73 D3
Blackthorne Hill 66 A3
Blackthorn Grn **4** 73 D3
Blackthorn Gro **2** 73 D3
Blackthorn Rd 73 E3
Blackwater Rd 45 E2
Blackwood 23 D2
Blackwood Cl 23 D3
Blackwood Cres 23 D2
Blackwood Dr 23 D2
Blackwood La 19 E2
Blackwood Lawn 23 D3
Blackwood Ms 23 D2
Blackwood Pk 23 D3
Blackwood Pl 23 D2
Blakesfield 23 F2
Blakestown Cotts 24 A3
Blakestown Dr 24 A2
Blakestown Rd 24 A3
Blakestown Way 24 B2
Blanchardstown Business &
Tech Park 25 D2
Blanchardstown Bypass 24 C3
Blanchardstown Cen 24 B3
Blanchardstown Ind Pk 25 D1
Blanchardstown Rd N 24 C2
Blanchardstown Rd S 24 A4
Blarney Pk 63 D1
Blasket Sq 25 D3
Blessington Ct
off Blessington St 46 A4
Blessington Rd *Dublin 24* 69 D1
Blessington Rd *Jobs.* 68 B3
Blessington St 45 F4
Bloom Cotts 55 F3
Bloomfield Av (Donnybrook)
Dublin 4 56 B4
Bloomfield Av *Dublin 8* 55 F3
Bloomfield Pk 55 F4
Bluebell Av 53 F3
Bluebell Ind Est 53 E4
Bluebell Rd 54 A4
Bluebell Sta 54 A4
Blunden Dr 30 B3
Blythe Av
off Church Rd 56 C1
Boden Dale 71 E2
Boden Heath 71 D2
Boden Mill **2** 71 D3
Boden Pk 71 D2
Boden Wd 71 E1
Boeing Rd 28 C1
Boghall Rd 82 B4
Boghall Rd Shop Cen 82 A4
Boherboy Rd 67 D4
Bohernabreena Rd 69 E4
Bolbrook Av **2** 69 F2
Bolbrook Cl 69 F2
Bolbrook Dr **3** 69 F2
Bolbrook Enterprise Cen 70 A2
Bolbrook Gro 69 F2
Bolbrook Pk 69 F2
Bolbrook Vil 69 F2
Bolton St 84 D2
Bond Dr 57 E1
Bond Rd 47 D4
Bond St 84 A5
Bonham St 84 B4
Boolavogue Rd 57 D1
Booterstown Av 65 F3
Booterstown Pk 65 F4
Boot Rd 60 B2
Boroimhe Alder 12 B4
Boroimhe Ash 12 B4
Boroimhe Aspen 12 B3
Boroimhe Beech 12 B4
Boroimhe Birches 12 B3
Boroimhe Blackthorn 12 B3
Boroimhe Cedars 12 B3
Boroimhe Cherry 12 B3
Boroimhe Elms 12 C4
Boroimhe Hawthorns 12 B3
Boroimhe Hazel 12 C4
Boroimhe Laurels 12 B3
Boroimhe Maples 12 C4
Boroimhe Oaks 12 C4
Boroimhe Pines 12 C3
Boroimhe Poplars 12 C3
Boroimhe Willows 12 C3
Botanic Av 46 A2
Botanic Gdns 45 F2
Botanic Ms 45 F2
Botanic Pk 46 A2
Botanic Rd 45 F3
Botanic Vil
off Botanic Rd 46 A2
Bothar An Easa (Watermill Rd) 48 B2
Bothar Baile Thormod
(Ballyfermot Rd) 53 E2
Bothar Chille Na Manac
(Walkinstown Rd) 62 A1
Bothar Cloiginn (Cleggan Rd) 53 D2
Bothar Coilbeard (Con Colbert Rd)
Dublin 8 54 C2
Bothar Coilbeard (Con Colbert Rd)
Dublin 10 54 B2
Bothar Dhroichead Chiarduibh
(Cardiffsbridge Rd) 26 C3
Bothar Drom Finn
(Drumfinn Rd) 53 E2
Bothar Loch Con
(Lough Conn Rd) 53 E1
Bothar Phairc An Bhailtini
(Villa Park Rd) 44 C3
Bothar Raitleann (Rathland Rd) 63 D2
Boundary Rd 47 E4
Bourne Av 8 B3
Bourne Ct 8 B3
Bourne Vw 8 B3
Bow Br 55 D2
Bow La E 85 E5
Bow La W 55 D2
Bow St 84 C3
Boyne La 85 H5
Boyne Rd 45 D1
Boyne St 85 H4
Brabazon Cotts **4** 82 B2
Brabazon Row 84 C6
Brabazon Sq
off Gray St 84 C5
Brabazon St
off The Coombe 84 C5
Bracetown Business Pk 21 D1
Brackenbush Pk 77 F3
Brackenbush Rd 77 F4
Bracken Dr 19 F2
Bracken Hill 72 C4
Bracken Rd 73 E4
Brackens La 85 G3
Brackenstown Av 12 C2
Braemor Av 64 A4
Braemor Dr 64 A4
Braemor Gro 64 A4
Braemor Pk 64 A3
Braemor Rd 64 A4
Brainborough Ter
off South Circular Rd 55 E3
Braithwaite St 84 B5
Bramblefield 23 F1
Bramblefield Ct 23 F1
Bramblefield Cres 23 F1
Bramblefield Dr 23 F1
Bramblefield Pk 23 F1
Bramblefield Vw 24 A1
Bramblefield Wk 23 F1
Bramley Av 42 C2
Bramley Ct 42 C2
Bramley Cres 42 C2
Bramley Garth 42 C2
Bramley Grn 42 C1
Bramley Gro 42 C1
Bramley Heath 42 C2
Bramley Pk 42 B2
Bramley Rd 42 C1
Bramley Vw 42 C1
Bramley Wk 42 B1
Bramley Way 42 C2
Branch Rd N 57 F1
Branch Rd N Ext 57 F1
Branch Rd S 57 F1
Brandon Rd 54 B4
Bray Head Ter **1** 82 B4
Bray Rd *Cabin.* 77 E4
Bray Rd *Corn.* 76 C2
Bray Rd *Grey.* 83 D1
Bray Sta 82 C2
Breakwater Rd S 57 F1
Breffini Ter 78 B2
Breffni Gdns **1** 32 A1
Breffni Rd 78 B2
Breffni Ter 78 A2
Bregia Rd 45 E3
Brehon Fld Rd 72 A3

Brehon's Chair 72 A4
Bremen Av 57 E2
Bremen Gro 57 E2
Bremen Rd 57 E2
Brendan Behan Ct
off Russell St 46 B4
Brendan Rd 64 C1
Brennans Par 82 C2
Brennans Ter **7** 82 C2
Brennanstown Av 77 D4
Brennanstown Rd 77 D4
Brennanstown Sq 77 D4
Brennanstown Vale 76 C4
Brewery Rd 73 F3
Brian Av 46 C2
Brian Boru St 48 A4
Brian Rd 46 C3
Brian Ter 46 C3
Briarfield Gro 49 D1
Briarfield Rd 48 C1
Briarfield Vil 49 D1
Briars, The *Ashb.* 8 C4
Briars, The *Palm.* 42 C4
Briar Wk 19 F2
Briar Wd 82 C4
Briarwood Av 24 A2
Briarwood Cl 24 A2
Briarwood Gdns 24 A2
Briarwood Grn 24 A2
Briarwood Lawn 24 A2
Briarwood Pk **2** 24 A2
Briarwood Rd **3** 24 A2
Brickfield 82 A4
Brickfield Dr 55 D3
Brickfield La 84 B6
Bride Rd 84 D5
Brides Glen Rd 80 C2
Bride St 84 D5
Bridge, The 81 E3
Bridgecourt Off Pk 61 F1
Bridgefoot St 84 C4
Bridge St *Dublin 4* 57 D2
Bridge St *Ashb.* 8 C3
Bridge St *Swords* 12 C1
Bridge St Lwr 84 C4
Bridge St Upr 84 C4
Bridgeview **1** 52 C2
Bridgewater Quay 54 C1
Brighton Av *Dublin 3* 47 D3
Brighton Av *Dublin 6* 63 F2
Brighton Av *Black.* 75 D3
Brighton Av *Carrick.* 76 B4
Brighton Cotts **2** 76 B3
Brighton Ct 76 B4
Brighton Gdns 63 F2
Brighton Grn 63 E2
Brighton Hall 76 B4
Brighton Lo **3** 76 B3
Brighton Pl 76 B4
Brighton Rd *Dublin 6* 63 F2
Brighton Rd *Fox.* 76 B3
Brighton Sq 63 F2
Brighton Ter **7** 78 A2
Brighton Vale 74 C2
Brindley Pk Cres 8 B2
Brindley Pk Gdn 8 B2
Brindley Pk Sq 8 B2
Britain Pl 85 F1
Britain Quay 57 D2
Broadfield Av 66 A3
Broadfield Cl 66 A3
Broadfield Ct 66 A3
Broadfield Heath 66 A3
Broadfield Meadows 66 A3
Broadfield Vw 66 A3
Broadford Av 72 A3
Broadford Cl 72 A3
Broadford Cres 72 A3
Broadford Dr 72 A3
Broadford Hill 72 A3
Broadford Lawn 72 A3
Broadford Pk 72 A3
Broadford Ri 72 A3
Broadford Rd 72 A3
Broadford Wk 72 A3
Broadmeadow 12 C1
Broad Meadow Castle 8 C3
Broadmeadow Grn 8 B3
Broadmeadow Rd *Ashb.* 8 C3
Broadmeadow Rd *Swords* 12 C1
Broadstone 84 D1
Broadstone Av
off Phibsborough Rd 84 D1
Broadway Dr 24 B4
Broadway Gro 24 B4
Broadway Pk 24 B4
Broadway Rd 24 B4
Brompton Ct 24 C4
Brompton Grn 24 C4
Brompton Gro 24 C4
Brompton Lawn 24 C4
Brookdale 69 E2
Brookdale Av 12 A3
Brookdale Cl 12 A2
Brookdale Ct 12 A3
Brookdale Dr 12 A2
Brookdale Grn 12 A2
Brookdale Gro 12 A2
Brookdale Lawns 12 A2
Brookdale Pk 12 A2
Brookdale Rd 12 A3
Brookdale Wk 12 A2
Brookdale Way 12 A2
Brookdene 81 E2
Brookfield *Dublin 5* 48 A1
Brookfield *Dublin 6* 64 B2
Brookfield *Black.* 74 A2
Brookfield *Lucan* 50 C2
Brookfield Av *Black.* 74 B2
Brookfield Av **25** *Bray* 82 C3
Brookfield Av *Mayn.* 36 A3
Brookfield Ct **1** 68 A2
Brookfield Est 63 D2
Brookfield Pk 36 A3
Brookfield Pl 74 B2
Brookfield Rd *Dublin 8* 55 D2
Brookfield Rd *Dublin 24* 68 A2
Brookfield St 55 D2
Brookfield Ter 74 B2
Brookhaven Dr 24 C2
Brookhaven Gro 24 C2
Brookhaven Lawn 24 C2
Brookhaven Pk 24 C2
Brookhaven Ri 24 C2
Brooklands 65 E1
Brooklawn *Dublin 3* 47 E3
Brooklawn *Black.* 74 A2
Brooklawn *Lucan* 50 C2
Brooklawn Av 74 C3
Brooklawn Wd 74 C3
Brookmount Av 70 A1
Brookmount Lawns
off Tallaght Rd 70 A1
Brookpark 50 C2
Brook Pk Ct 75 D3
Brookstone La **4** 31 F3
Brookstone Rd 31 F3
Brookvale 41 D4
Brookvale Downs 63 E3
Brookvale Rd *Dublin 4* 64 C1
Brookvale Rd *Dublin 14* 63 E4
Brookview Av 68 A2
Brookview Cl 68 A2
Brookview Ct 68 A1
Brookview Cres 68 A1
Brookview Dr 68 A1
Brookview Gdns 68 A1
Brookview Grn 68 A2
Brookview Gro 68 A2
Brookview Lawns 68 A1
Brookview Pk 68 A2
Brookview Ri 68 A1
Brookview Ter 68 A2
Brookview Way 68 A2
Brookville *Dublin 11* 27 D3
Brookville *Ashb.* 8 C2
Brookville Cres 29 F3
Brookville Pk (Artane) *Dublin 5* 29 F4
Brookville Pk (Coolock) *Dublin 5* 30 A4
Brookville Pk *D.L.* 74 C4
Brookwood *Dublin 16* 71 D3
Brook Wd *Bray* 82 A3
Brookwood Av 47 F1
Brookwood Cres 48 A2
Brookwood Dr 47 F1
Brookwood Glen 48 A2
Brookwood Gro 47 F1
Brookwood Hts 47 F1
Brookwood Lawn 48 A2
Brookwood Meadow 47 F1
Brookwood Pk 47 F1
Brookwood Ri 48 A2
Brookwood Rd 47 F1
Broombridge Rd 45 D2
Broombridge Sta 45 D2
Broomfield 19 D1
Broomfield Ct 81 E2
Broomhill Business Complex 61 D4
Broomhill Business Pk 61 E4
Broom Hill Cl 69 D1
Broomhill Rd 61 E4
Broom Hill Ter 61 E4
Brownsbarn Ct 59 F4
Brownsbarn Gdns 59 F4
Brownsbarn Orchard 59 F4
Brown St N 84 C2
Brown St S 84 B6
Brunswick Pl
off Pearse St 56 C2
Brunswick St N 84 C2
Brusna Cotts 74 B2
Buckingham St Lwr 85 H1
Buckingham St Upr 85 H1
Buckleys La 39 F3
Buirg An Ri Glen 51 F2
Buirg An Ri Ter 51 F2
Bulfin Gdns 54 C2
Bulfin Rd 54 C2
Bulfin St 54 C3
Bull All St 84 D5
Bullock Steps **8** 78 B2
Bunratty Av 29 F3
Bunratty Dr 29 F3
Bunratty Rd 29 E3
Bunting Rd 62 A1
Burdett Av 78 A2
Burgage, The 78 B3
Burgess La
off Haymarket 84 C3
Burgh Quay 85 F3
Burke Pl 55 D2
Burleigh Ct 56 B3
Burlington Gdns 56 B3
Burlington Rd 56 B4
Burmah Cl 78 B4
Burnaby Hts 83 E3
Burnaby Manor 83 F3
Burnaby Ms 83 F3
Burnaby Mill 83 F4
Burnaby Pk 83 F4
Burnaby Rd 83 F3
Burnaby Wds 83 F3
Burnell Pk Av 42 C2
Burnell Pk Grn 42 C2
Burren Ct 27 F2
Burris Ct
off School Ho La W 84 D4
Burrow Ct 19 F3
Burrowfield Rd 32 A2
Burrow Rd 32 B2
Burton Hall Av 73 F3
Burton Hall Rd 73 F3
Burton Rd 78 B4
Busáras Sta 85 H2
Bushes La 63 F1
Bushfield 60 A2
Bushfield Av 64 C1
Bushfield Dr 60 A2
Bushfield Grn 60 A2
Bushfield Gro 60 A3
Bushfield Lawns 60 A3
Bushfield Pl 56 B4
Bushfield Ter 64 B1
Bushy Pk Gdns 63 E3
Bushy Pk Rd 63 E3
Buterly Business Pk 29 E4
Butt Br 85 G3
Buttercup Cl **1** 30 A3
Buttercup Dr 30 A3
Buttercup Pk **2** 30 A3
Buttercup Sq **3** 30 A3
Butterfield Av 63 D4
Butterfield Cl 71 D1
Butterfield Ct 63 E4
Butterfield Cres 63 E4
Butterfield Dr 71 E1
Butterfield Gro 63 D4
Butterfield Meadow 63 D4
Butterfield Orchard 71 E1
Butterfield Pk 71 D1
Byrnes La 85 E3

C

Cabinteely Av 77 D3
Cabinteely Bypass 77 D3
Cabinteely Cl 77 D3
Cabinteely Ct **4** 77 D2
Cabinteely Cres 77 D2
Cabinteely Dr 77 D2
Cabinteely Grn 77 D2
Cabinteely Pk **2** 77 D3
Cabinteely Way 77 D2
Cabra Dr 45 E3
Cabra Gro 45 E3
Cabra Pk 45 F3
Cabra Rd 45 D3
Caddell 19 E4
Cadogan Rd 46 C3
Cairn Ct 27 F2
Cairn Hill 76 C2
Cairnwood 68 B1
Cairnwood Av 68 B1
Cairnwood Ct 68 B1
Cairnwood Grn 68 B1
Calderwood Av 46 C1
Calderwood Gro 46 C1
Calderwood Rd 46 C2
Caledon Rd 46 C4
Callaghan Br 23 F4
Callary Rd 65 E4
Calmount Rd 61 F2
Camac Ct 54 C2
Camac Pk 53 F4
Camac Ter
off Bow Br 55 D2
Camaderry Rd 82 C4
Camberley Elms 64 A4
Camberley Oaks 72 A1
Cambridge Av 57 E2
Cambridge La 63 F1
Cambridge Rd *Dublin 4* 57 D2
Cambridge Rd (Rathmines)
Dublin 6 64 A1
Cambridge Sq 57 D2
Cambridge Ter 56 B4
Cambridge Vil
off Belgrave Rd 64 A1
Camden Av 44 B1
Camden Lock
off South Docks Rd 57 D2
Camden Mkt
off Camden St Lwr 56 A3
Camden Pl 85 E6
Camden Rd 44 B1
Camden Row 85 E6
Camden St Lwr 56 A3
Camden St Upr 56 A3
Cameron Sq 55 D2
Cameron St 84 A6
Campbell's Ct
off Little Britain St 84 D2
Campbells Row
off Portland St N 46 B4
Campfield Ter 73 D2
Canal Bk 53 D4
Canal Rd 56 A4
Canal Ter 54 A3
Canal Turn 52 B4
Canal Wk 53 E3
Cannonbrook 51 D1
Cannonbrook Av 50 C1
Cannonbrook Ct 51 D1
Cannonbrook Lawn 51 D1
Cannonbrook Pk 51 D1
Cannon Rock Vw 33 F3
Canon Lillis Av 46 C4
Canon Mooney Gdns
off Cambridge Rd 57 D2
Canon Troy Ct 53 F1
Capel St 85 E2
Cappagh Av 26 C3
Cappagh Dr 26 C3
Cappaghmore 52 A4
Cappagh Rd 26 C3
Cappoge Cotts 26 A2
Captains Av 62 C1
Captains Dr 62 C1
Captain's Hill 39 F3
Captains Rd 62 C1
Caragh Rd 45 D4
Cara Pk 29 F1
Carberry Rd 46 C1
Cardiff Br
off Phibsborough Rd 45 F4
Cardiff Castle Rd 26 C3
Cardiffsbridge Av 26 B4
Cardiffsbridge Gro
off Cappagh Rd 26 C3
Cardiffsbridge Rd (Bothar Dhroichead Chiarduibh) 26 C3
Cardiffs La 56 C2
Cards La
off Townsend St 85 G4
Caritas Convalescent Cen & St. Mary's Cen 65 F2
Carleton Rd 47 D3
Carlingford Par 56 C2
Carlingford Pl
off Carlingford Par 56 C2
Carlingford Rd 46 A3
Carlisle Av 56 C4
Carlisle St 55 F3
Carlisle Ter **2** *D.L.* 75 F4
Carlisle Ter *Mala.* 15 D4
Carlton Ct *Dublin 3* 47 E3
Carlton Ct *Swords* 12 C3
Carlton Ms
off Shelbourne Av 57 D3
Carlton Ter **5** 82 B2
Carlton Vil **6** 82 B2
Carmanhall Rd 73 E3
Carmans Hall 84 C5
Carmelite Cen 56 C4
Carmelite Monastery *Dublin 14* 65 D3
Carmelite Monastery *Still.* 73 F2
Carna Rd 53 D2
Carndonagh Dr 31 D4
Carndonagh Lawn 31 D4
Carndonagh Pk 31 D4
Carndonagh Rd 31 D4
Carne Ct 23 F2
Carnew St 84 A1
Carnlough Rd 45 D3
Caroline Row
off Bridge St 57 D2
Carpenterstown Av 42 C1
Carpenterstown Pk E 42 B1
Carpenterstown Rd 42 C2
Carraig Glen 77 D3
Carraig Grennane 79 E2
Carraigmore Cl 69 D3
Carraigmore Dr 69 D3
Carraigmore Gro 69 D3
Carraigmore Pk 69 D3
Carraigmore Rd 69 D3
Carraigmore Vw 69 D3
Carraroe Av 30 C4
Carrickbrack Heath 32 C3
Carrickbrack Hill 32 C4
Carrickbrack Lawn 32 C4
Carrickbrack Pk 32 C4
Carrickbrack Rd 32 C4
Carrick Brennan Lawn 75 D3
Carrickbrennan Rd 75 D3
Carrick Ct 19 F3
Carrickhill Cl 19 F2
Carrickhill Dr 19 F3
Carrickhill Hts 19 F3
Carrickhill Ri 19 F2
Carrickhill Rd 19 F4
Carrickhill Rd Mid 19 F3
Carrickhill Rd Upr 19 F2
Carrickhill Wk 19 F2
Carrick Lawn **1** 73 D2
Carrickmines 76 C4
Carrickmines Av 76 C4
Carrickmines Chase 76 C3
Carrickmines Dale 76 C4
Carrickmines Garth 76 C4
Carrickmines Little 76 C4
Carrickmines Oaks 76 C4
Carrickmount Av 72 A1
Carrickmount Dr 72 A1
Carrick Ter 55 D3
Carrigallen Dr
off Carrigallen Rd 45 D1
Carrigallen Pk
off Carrigallen Rd 45 D1
Carrigallen Rd 45 D1
Carriglea 70 A3
Carriglea Av *Dublin 24* 69 F3
Carriglea Av *D.L.* 77 E1
Carriglea Ct *Dublin 24* 70 A3
Carriglea Ct **1** *D.L.* 75 E4
Carriglea Downs *Dublin 24* 69 F3
Carriglea Downs *D.L.* 77 E1
Carriglea Dr 69 F3
Carriglea Gdns 75 E4
Carriglea Gro 69 F3
Carriglea Ind Est 54 A4
Carriglea Ri 69 F3
Carriglea Vw 69 F3
Carriglea Wk 70 A3
Carrigmore Av 67 E3
Carrigmore Cl 67 E3
Carrigmore Ct 67 E2

Carrigmore Cres, The 67 E2
Carrigmore Dale 67 E2
Carrigmore Downs 67 E2
Carrigmore Elms 67 E3
Carrigmore Gdns 67 E2
Carrigmore Glen 67 E2
Carrigmore Grn 67 E3
Carrigmore Gro 67 E3
Carrigmore Lawns **2** 67 E2
Carrigmore Manor **1** 67 E2
Carrigmore Meadows 67 E2
Carrigmore Oak 67 E2
Carrigmore Pl 67 E3
Carrigmore Ter 67 E2
Carrigmore Way 67 E2
Carrig Orchard 83 E4
Carrig Rd 27 F2
Carrig Vil 83 E4
Carrigwood 70 A3
Carrow Rd 54 B3
Carrs Mill 11 F1
Carton Av 36 B1
Carton Ct *Dublin 11* 27 F1
Carton Ct *Mayn.* 36 B3
Carton Dr 27 F1
Carton Rd 27 F1
Carton Ter 27 F1
Carysfort Av 74 B2
Carysfort Downs 74 A4
Carysfort Dr 78 B3
Carysfort Gro 74 B4
Carysfort Hall 74 B3
Carysfort Pk 74 B3
Carysfort Rd 78 B3
Carysfort Wd 74 B4
Casana Vw 33 F4
Casement Cl 26 C3
Casement Dr 26 C3
Casement Grn 26 C3
Casement Gro 26 C3
Casement Pk 26 C3
Casement Rd (Finglas S) *Dublin 11* 27 D4
Casement Rd (Finglas W) *Dublin 11* 26 C3
Casement Vil 75 D4
Cashel Av 63 D1
Cashel Business Cen 63 D2
Cashel Rd 62 C1
Casimir Av 63 E1
Casimir Ct 63 F1
Casimir Rd 63 E1
Casino Pk 47 D2
Casino Rd 46 C2
Castaheany 23 E2
Castilla Pk 48 A4
Castle Av *Dublin 3* 47 F3
Castle Av *Clond.* 60 B1
Castle Av *Swords* 13 D2
Castlebridge 36 B2
Castlebrook 72 C2
Castlebyrne Pk 74 B3
Castle Cl *Ashb.* 8 C3
Castle Cl *Clond.* 52 B4
Castle Cl *D.L.* 78 B2
Castle Ct *Dublin 3* 47 E2
Castle Ct *Dublin 16* 72 C2
Castle Ct *Boot.* 65 F3
Castle Ct *Lough.* 81 E1
Castle Cove **2** *Dalkey* 78 B3
Castle Cove *Mala.* 14 B3
Castle Cres *Ashb.* 8 C3
Castle Cres **6** *Clond.* 60 B1
Castlecurragh Heath 24 B1
Castlecurragh Pk 24 B1
Castlecurragh Vale 24 B1
Castledawson Av 74 A1
Castle Down Cft **4** 14 B3
Castle Down Gro 14 B3
Castle Down Rd 14 B3
Castle Dr *Clond.* 60 B1
Castle Dr *Swords* 13 D2
Castle Elms 29 F3
Castle Fm *Shank.* 81 E4
Castlefarm *Swords* 12 C1
Castlefarm Wd 81 E4
Castlefield Av 70 B2
Castlefield Ct *Dublin 16* 70 A2
Castlefield Ct *Clons.* 23 F4
Castlefield Dr 70 B3
Castlefield Grn 70 B3
Castlefield Gro 70 B3
Castlefield Lawn **1** 70 B2
Castlefield Manor *Dublin 24* 70 A2
Castlefield Manor *Mala.* 19 D1
Castlefield Pk *Dublin 16* 70 B2
Castlefield Pk *Clons.* 23 F4
Castlefield Ter 83 E4
Castlefield Way 70 B3
Castlefield Wds 23 F4
Castleforbes Ind Est 57 D1
Castleforbes Rd 57 D1
Castle Gate *Dublin 15* 43 F2
Castlegate *Shank.* 80 C4
Castlegate Chase 50 C3
Castlegate Cl 50 B3
Castlegate Cres 50 C3
Castlegate Dene 50 C3
Castlegate Dr 50 B3
Castlegate Elms 50 C3
Castlegate Grn 50 C3
Castlegate Gro 50 C3
Castlegate Pk 50 C3
Castlegate Pl 50 C3
Castlegate Sq 50 C3
Castlegate Wk 50 C3
Castlegate Way 50 C3
Castle Golf Course 63 F4
Castlegrange 59 E1
Castlegrange Av 12 C1
Castlegrange Cl *Clond.* 59 E1
Castlegrange Cl *Swords* 13 D1
Castlegrange Ct 59 E1
Castlegrange Dr 59 E1
Castlegrange Grn 59 E1
Castlegrange Hts 12 C1
Castlegrange Hill 13 D1
Castlegrange Lawn 59 E1
Castlegrange Rd *Clond.* 59 E1
Castlegrange Rd *Swords* 13 D1
Castlegrange Sq 59 E1
Castlegrange Way 12 C1
Castle Gro *Dublin 3* 47 F2
Castle Gro *Clond.* 60 B1
Castle Gro *Swords* 13 D2
Castlekevin Rd 29 E3
Castleknock Av 43 D1
Castleknock Brook 43 D1
Castleknock Cl 42 C1
Castleknock Coll 43 D2
Castleknock Cres 43 D1
Castleknock Dale 43 D1
Castleknock Downs 42 C1
Castleknock Dr 43 D1
Castleknock Elms 43 D1
Castleknock Glade 43 D1
Castleknock Gra 42 C1
Castleknock Grn 43 E2
Castleknock Gro 43 D1
Castleknock Laurels 43 D1
Castleknock Lo 43 E2
Castleknock Meadows 42 C1
Castleknock Oaks 43 D1
Castleknock Pk 43 E2
Castleknock Parklands 43 D1
Castleknock Ri 42 C1
Castleknock Rd 43 F2
Castleknock Sta 25 D4
Castleknock Vale 42 C1
Castleknock Vw 43 D1
Castleknock Village Cen 43 E2
Castleknock Wk 42 C1
Castleknock Way 42 C1
Castleknock Wd 43 D1
Castlelands **9** *Dalkey* 78 B2
Castlelands, The *Dublin 14* 63 F4
Castlelands Gro 78 B2
Castle Lawns 14 B3
Castle Lawns Est 69 F1
Castle Mkt *off Drury St* 85 E5
Castle Pk *Dublin 24* 69 F1
Castle Pk *Ashb.* 8 C3
Castle Pk *Black.* 75 D3
Castle Pk *Clond.* 60 B1
Castle Pk *Leix.* 39 F3
Castle Pk *Swords* 13 D2
Castle Pk Est 69 F1
Castlepark Rd 78 A3
Castle Riada 51 E1
Castle Riada Av 51 E1
Castle Riada Cres 51 E1
Castle Riada Dr 51 E2
Castle Riada Gro 51 E1
Castle Rd *Dublin 3* 47 F3
Castle Rd *Lucan* 51 E1
Castle Rosse 31 E3
Castlerosse Cres 31 E3
Castlerosse Dr 31 E3
Castlerosse Vw 31 F3
Castle Shop Cen 13 D2
Castleside Dr 63 F4
Castle St *Dublin 2* 84 D4
Castle St *Ashb.* 8 B3
Castle St *Bray* 82 B2
Castle St *Dalkey* 78 B3
Castle St Shop Cen 82 B2
Castle Ter 15 D4
Castletimon Av 29 D3
Castletimon Dr 29 D3
Castletimon Gdns 29 D3
Castletimon Grn 29 D3
Castletimon Pk 29 D3
Castletimon Rd 29 D3
Castletown 39 D3
Castletown Ct 37 E3
Castletown Gro 37 E2
Castletown Lawn 37 E2
Castletymon Ct 69 F1
Castleview *Dublin 5* 29 E4
Castleview *Dublin 16* 72 B2
Castle Vw *Carrick.* 76 B4
Castleview Est 20 B2
Castleview Pk 14 C4
Castle Vw Rd 60 B1
Castle Village Av 37 D2
Castle Village Cl 37 D2
Castle Village Ct 37 D2
Castle Village Cres 37 D2
Castle Village Dr 37 D2
Castle Village Lawns 37 D2
Castle Village Pk 37 D2
Castle Village Ri 37 D2
Castle Village Wk 37 D2
Castle Village Way 37 D2
Castle Village Wds 37 D2
Castle Vil **3** 78 B3
Castle Way 8 C3
Castlewood 23 F2
Castlewood Av 64 A1
Castlewood Cl *off Castlewood Av* 64 A1
Castlewood La 64 A1
Castlewood Pk 64 A1
Castlewood Pl 64 A1
Castlewood Ter 64 A1
Cathal Brugha St 85 F2
Cathedral La 84 D6
Cathedral St 85 F2
Cathedral Vw Ct *off Cathedral Vw Wk* 84 D6
Cathedral Vw Wk 84 D6
Catherines La *off Church St Upr* 84 D2
Catherine St *off Ash St* 84 C5
Cats Ladder **3** 78 C4
Causeway Rd 49 D3
Cavalry Row 84 A2
Cavendish Row *off Parnell St* 85 F1
Ceannchor Rd 35 D4
Ceannt Fort 55 D2
Cecil Av 47 D3
Cecilia St *off Temple La S* 85 E4
Cedar Av 61 D3
Cedar Brook Av 52 C3
Cedar Brook Pl 52 C3
Cedar Brook Wk 52 C3
Cedar Brook Way 52 C3
Cedar Ct *Dublin 6W* 63 E2
Cedar Ct *Dunb.* 20 C2
Cedar Ct *Lough.* 81 D1
Cedar Dr *Dunb.* 20 C2
Cedar Dr *Palm.* 42 C4
Cedar Gro **1** 24 A3
Cedar Hall *off Prospect La* 64 C2
Cedarhurst Rd 44 A2
Cedar Lo **6** 71 D3
Cedarmount Rd 73 E1
Cedar Pk *Dublin 13* 30 C4
Cedar Pk *Leix.* 39 E3
Cedars, The **13** *Abb.* 81 E1
Cedars, The *D.L.* 74 C3
Cedar Sq 74 A3
Cedar Wk 48 C1
Cedarwood 37 E3
Cedarwood Av 27 E3
Cedarwood Cl 27 E3
Cedarwood Grn 27 E2
Cedarwood Gro 27 E3
Cedarwood Pk 27 E3
Cedarwood Ri 27 E3
Cedarwood Rd 27 E2
Ceder Pk 12 A3
Ceder Vw 12 A3
Ceide Dun Eanna (Ennafort Dr) 48 A2
Ceide Gleannaluinn (Glenaulin Dr) 53 E1
Ceide Phairc An Bhailtini (Villa Park Dr) 44 C3
Celbridge Abbey 37 D4
Celbridge Rd *Leix.* 39 E3
Celbridge Rd *Lucan* 40 B4
Celbridge Rd *Mayn.* 36 C3
Celestine Av 57 D2
Celtic Pk Av 47 D1
Celtic Pk Rd 47 D1
Cenacle Gro 81 E1
Central Pk Business Pk 73 F4
Centre Pt Business Pk 61 D1
Century Business Pk 27 D2
Chalet Gdns 41 E4
Chalfont Av 14 C3
Chalfont Pk 14 C4
Chalfont Pl 14 C4
Chalfont Rd 14 C4
Chamber St 84 C6
Chancery La 85 E5
Chancery Pl 84 D3
Chancery St 84 D3
Chanel Av 29 F4
Chanel Gro 29 F3
Chanel Rd 29 E4
Chapel Av 57 D2
Chapelizod Bypass 53 E1
Chapelizod Ct 53 E1
Chapelizod Hill Rd 53 E1
Chapelizod Ind Est 53 F1
Chapelizod Rd *Dublin 8* 54 A1
Chapelizod Rd *Dublin 20* 54 A1
Chapel La *Dublin 1* 85 E2
Chapel La **1** *Bray* 82 A2
Chapel La *Swords* 13 D2
Chapel Rd 18 C3
Chapel Vw 83 D2
Charlemont 47 D1
Charlemont Av 75 F3
Charlemont Ct 56 A4
Charlemont Gdns *off Charlemont St* 56 A3
Charlemont Mall 56 A4
Charlemont Par 46 C4
Charlemont Pl 56 A4
Charlemont Rd 47 D3
Charlemont Sq *off Charlemont St* 56 A3
Charlemont Sta 56 A4
Charlemont St 56 A3
Charles La 46 B4
Charles St Gt 46 B4
Charles St W 84 D3
Charleston Av 64 A1
Charleston Rd 64 A1
Charlestown 27 D1
Charlestown Av 27 D2
Charlestown Ct 27 D1
Charlestown Dr 27 D1
Charlestown Grn 27 D1
Charlestown Pk 27 D1
Charlestown Way 27 D1
Charleville *Dublin 14* 64 B4
Charleville *Dublin 16* 70 C1
Charleville Av 46 C4
Charleville Mall 46 B4
Charleville Rd *Dublin 6* 63 F1
Charleville Rd *Dublin 7* 45 E3
Charleville Sq 63 D4
Charlotte Quay 56 C2
Charlotte Ter **2** 78 C3
Charlotte Way 56 A3
Charlton Lawn 65 D4
Charnwood *Bray* 82 B4
Charnwood *Clons.* 23 F4
Charnwood Av 23 F4
Charnwood Cts 23 F4
Charnwood Dale 23 F4
Charnwood Gdns 23 F4
Charnwood Grn 24 A4
Charnwood Gro 23 F4
Charnwood Heath 23 F4
Charnwood Meadows 23 F4
Charnwood Pk 23 F4
Chase, The 73 F3
Chatham Row *off William St S* 85 F5
Chatham St 85 F5
Chaworth Ter *off Hanbury La* 84 C4
Cheaters La *off Redmonds Hill* 85 E6
Cheeverstown Cen 70 C1
Cheeverstown Rd 68 A1
Chelmsford La 56 B4
Chelmsford Rd 56 B4
Chelsea Gdns 48 A4
Cheltenham Pl *off Canal Rd* 56 A4
Cherbury Ct 65 F4
Cherbury Gdns 65 F4
Cherbury Ms 65 F4
Cherbury Pk Av 51 D1
Cherbury Pk Rd 51 D1
Cherries, The **1** 72 A3
Cherries Rd 73 D3
Cherrington Cl 81 E4
Cherrington Dr 81 E4
Cherrington Rd 81 D4
Cherry Av *Carp.* 42 B1
Cherry Av *Swords* 12 B3
Cherry Ct *Dublin 6W* 63 E2
Cherry Ct **6** *Grey.* 83 E4
Cherry Ct **2** *Lough.* 81 D1
Cherry Dr *Carp.* 42 B1
Cherry Dr *Grey.* 83 D3
Cherryfield Av *Dublin 6* 64 B1
Cherryfield Av *Dublin 12* 62 B2
Cherryfield Cl 23 F3
Cherryfield Ct 23 E3
Cherryfield Dr 62 B2
Cherryfield Lawn 23 F3
Cherryfield Pk 23 F3
Cherryfield Rd 62 A2
Cherryfield Vw 23 E3
Cherryfield Wk 23 F2
Cherry Gdns **7** 83 E4
Cherrygarth *Still.* 73 F1
Cherry Garth *Swords* 12 B3
Cherry Gro *Dublin 12* 62 B2
Cherry Gro **5** *Grey.* 83 D4
Cherry Gro *Swords* 12 B3
Cherry La 8 C4
Cherry Lawn 42 B1
Cherry Lawns 50 C1
Cherrymount Cres 47 D2
Cherrymount Gro 47 D2
Cherrymount Pk 45 F3
Cherry Orchard Av 53 D3
Cherry Orchard Ct 53 D3
Cherry Orchard Cres 53 D3
Cherry Orchard Dr 53 D3
Cherry Orchard Grn 52 C2
Cherry Orchard Gro 53 D3
Cherry Orchard Ind Est 53 D1
Cherry Orchard Par **1** 53 D3
Cherry Orchard Pk 53 D3
Cherry Orchard Sta 53 D3
Cherry Orchard Way *off Cherry Orchard Av* 53 D3
Cherry Pk *Carp.* 42 B1
Cherry Pk *Swords* 12 B3
Cherry Ri 83 E3
Cherry Tree Dr 82 B4
Cherrywood *Celbr.* 37 E2
Cherry Wd *Lough.* 81 D1
Cherrywood Av 60 A1
Cherrywood Business Pk 80 C2
Cherrywood Cres 59 F2
Cherrywood Dr 59 F1
Cherrywood Lawn 59 F2
Cherrywood Pk *Clond.* 59 F1
Cherrywood Pk *Lough.* 81 D1
Cherrywood Rd 81 D2
Cherrywood Vil 59 F1
Chester Downs 75 F4
Chesterfield Av *Dublin 8* 44 B4
Chesterfield Av *Dublin 15* 43 F2
Chesterfield Cl 43 F2
Chesterfield Copse 43 F2
Chesterfield Gro 43 F2
Chesterfield Pk 43 F2
Chesterfield Vw 43 F2
Chester Rd 56 A4
Chester Sq **8** 78 A2

Chestnut Ct 29 D4
Chestnut Gro *Dublin 16* 72 B3
Chestnut Gro *Dublin 24* 61 D3
Chestnut Gro *Celbr.* 37 E3
Chestnut Gro *Dunb.* 20 C3
Chestnut Pk **2** 76 B1
Chestnut Rd *Dublin 12* 61 E1
Chestnut Rd *Still.* 65 E4
Chipping Row 23 D2
Chipping Ter **3** 23 D2
Christ Ch Cath 84 D4
Christchurch Pl 84 D4
Church Av (Irishtown) *Dublin 4* 57 D3
Church Av (Rathmines) *Dublin 6* 64 A1
Church Av *Dublin 8* 55 D3
Church Av (Glasnevin) *Dublin 9* 46 A1
Church Av (Blanchardstown) *Dublin 15* 24 C4
Church Av *Kill.* 79 E2
Church Av **2** *Port.* 19 E4
Church Av N (Drumcondra) 46 B2
Church Ct 43 E2
Churchfields 64 B3
Church Gdns 64 A1
Church Gates 83 F2
Church Gro 69 D3
Churchill Ms **10** 78 B2
Churchill Ter 57 D4
Church Lands *Bray* 82 B3
Churchlands *Sandy.* 73 D4
Church La *Dublin 2* *off College Grn* 85 F4
Church La (Rathfarnham) *Dublin 14* 63 E4
Church La *Grey.* 83 E2
Church La S *off Kevin St Lwr* 85 E6
Church Pk Av 63 E1
Church Pk Ct 63 E1
Church Pk Dr 63 E1
Church Pk Lawn 63 E1
Church Pk Vw 63 E1
Church Pk Way 63 E1
Church Rd *Dublin 3* 56 C1
Church Rd (Finglas) *Dublin 11* 27 D4
Church Rd *Dublin 13* 32 B3
Church Rd *Bray* 82 B3
Church Rd *Celbr.* 37 D4
Church Rd *Dalkey* 78 B3
Church Rd *Grey.* 83 F2
Church Rd *Kill.* 77 F3
Church Rd *Mala.* 15 D4
Church Rd *Mulh.* 24 B1
Church Rd *R'coole* 66 A3
Church Rd *Swords* 12 C2
Church St *Dublin 7* 84 D3
Church St (Finglas) *Dublin 11* 27 D4
Church St (Howth) *Dublin 13* 33 E3
Church St E 56 C1
Church St Upr 84 D2
Church Ter *Dublin 7* *off Church St* 84 D3
Church Ter **7** *Bray* 82 B2
Churchtown Av 64 B3
Churchtown Business Pk 72 A1
Churchtown Cl 64 B3
Churchtown Dr 64 B3
Churchtown Rd Lwr 64 B3
Churchtown Rd Upr 72 B1
Church Vw **1** 60 A2
Churchview Av 77 F3
Churchview Dr 77 F3
Churchview Pk 77 F3
Churchview Rd 77 F4
Cianlea 12 B1
Cian Pk 46 B2
Cill Cais 69 D3
Cilldara Cl 37 E3
Cill Eanna 48 B2
Cill Manntan Pk **2** 82 B3
City Junct Business Pk 30 B2
Citylink Business Pk 53 F4
City Quay 85 H3
Citywest Av 67 F2
City W Br 67 E1
City W Business Campus 67 E1
City W Shop Cen 67 F2
Claddagh Grn 53 D2
Claddagh Rd 53 D2
Claddagh Ter **8** 82 C2
Clanawley Rd 47 F2
Clanboy Rd 47 E1
Clanbrassil Cl 55 F4
Clanbrassil St Lwr 55 F3
Clanbrassil St Upr 55 F4
Clancarthy Rd 47 E2
Clancy Av 27 D3
Clancy Rd 27 E3
Clandonagh Rd 47 E1
Clanhugh Rd 47 E2
Clanmahon Rd 47 E1
Clanmaurice Rd 47 E1
Clanmawr 81 F3
Clanmoyle Rd 47 E2
Clanranald Rd 47 E1
Clanree Rd 47 E1
Clanwilliam Pl 56 C3
Clare Hall Av 30 B3
Clarehall Shop Cen 30 B3
Clare La 85 G5
Claremont Av 45 F1
Claremont Ct 45 E2
Claremont Dr 27 F4
Claremont Gro **1** 79 E1
Claremont Pk (Pairc Clearmont) 57 E3
Claremont Rd *Dublin 4* 57 E3
Claremont Rd *Dublin 13* 32 C2
Claremont Rd *Cabin.* 76 C3
Claremont Rd *Kill.* 79 E1
Claremont Vil 75 F4
Claremount Pines 76 C3
Claremount Ter **11** 82 C3
Clarence Mangan Rd 84 C6
Clarence St 75 E3
Clarendon Mkt *off Chatham St* 85 F5
Clarendon Row *off Clarendon St* 85 F5
Clarendon St 85 F5
Clare Rd 46 B1
Clare St 85 G5
Clare Village 30 B3
Clareville Ct 45 F2
Clareville Gro 45 F2
Clareville Pk 45 F2
Clareville Rd 63 E1
Clarinda Manor 75 F4
Clarinda Pk E 75 F4
Clarinda Pk N 75 F3
Clarinda Pk W 75 F4
Clarke Ter 84 A6
Clarkeville Ter **1** 43 D4
Classons Br 64 B3
Claude Rd 46 A3
Cleggan Av 53 D2
Cleggan Pk 53 D2
Cleggan Rd (Bothar Cloiginn) 53 D2
Clifden Dr 53 D2
Clifden Rd 53 E2
Cliffords La 13 E2
Cliff Ter **1** 78 B2
Cliff Wk (Fingal Way) 35 F1
Clifton Av 75 D3
Clifton La 75 D3
Clifton Ms 56 A4
Clifton Pk 81 E2
Clifton Ter 75 D3
Cliftonville Rd 46 A2
Clinches Ct 46 C4
Clogher Rd 55 D4
Cloister Av 74 B3
Cloister Ct 44 C2
Cloister Gate 74 B3
Cloister Grn 74 B3
Cloister Gro 74 B3
Cloister Pk 74 A3
Cloisters, The *Dublin 6W* 63 E2
Cloisters, The *Dublin 9* 46 C1
Cloister Sq 74 B3
Cloister Way 74 B3
Clonard Av 72 C3
Clonard Cl 72 C3
Clonard Dr 72 C3
Clonard Gro 72 C3
Clonard Lawn 72 C3
Clonard Pk 72 C3
Clonard Rd *Dublin 12* 54 C4
Clonard Rd *Dublin 16* 72 C3
Clonasleigh **2** 81 E3
Clondalkin Commercial Pk 52 B3
Clondalkin Enterprise Cen 52 A3
Clondalkin Sta 52 B3
Clonee Br 21 E3
Clonee Bypass 21 E3
Clonfadda Wd 65 F4
Clonfert Rd 63 D1
Clonkeen Ct 77 D2
Clonkeen Cres 77 D1
Clonkeen Dr 76 C1
Clonkeen Gro 77 D1
Clonkeen Lawn **1** 77 D2
Clonkeen Rd 76 C1
Clonlara Rd (Ringsend) *Dublin 4* 57 E2
Clonlara Rd *Kings.* 67 D1
Clonlea 72 B3
Clonlea Wd **1** 72 B3
Clonliffe Av 46 B3
Clonliffe Gdns 46 B3
Clonliffe Rd 46 B3
Clonmacnoise Gro 63 D1
Clonmacnoise Rd 63 D1
Clonmellon Gro **6** 30 C3
Clonmel Rd 27 F3
Clonmel St 85 F6
Clonmore Rd *Dublin 3* 46 B4
Clonmore Rd *Still.* 73 E1
Clonmore Ter 46 B4
Clonrosse Ct *off Elton Dr* 30 B4
Clonrosse Dr 30 B4
Clonrosse Pk *off Elton Dr* 30 B4
Clonshaugh Av 29 E2
Clonshaugh Business & Tech Pk 29 D2
Clonshaugh Cl 29 E1
Clonshaugh Ct **1** 29 E1
Clonshaugh Cres 29 E1
Clonshaugh Dr 29 F1
Clonshaugh Grn 29 F1
Clonshaugh Gro 29 F1
Clonshaugh Hts 29 E1
Clonshaugh Ind Est 29 E2
Clonshaugh Lawns 29 F1
Clonshaugh Meadow 29 E1
Clonshaugh Pk 29 E1
Clonshaugh Ri **2** 29 E1
Clonshaugh Rd 29 E2
Clonshaugh Wk 29 F1
Clonsilla Cl 24 C4
Clonsilla Pk 24 C4
Clonsilla Rd 24 B4
Clonsilla Sta 23 E4
Clonskeagh Br 64 C2
Clonskeagh Dr 64 C2
Clonskeagh Rd *Dublin 6* 64 C1
Clonskeagh Rd *Dublin 14* 64 C2
Clonskeagh Sq 64 C2
Clontarf Castle *off Castle Av* 47 F3
Clontarf Golf Course 47 E2
Clontarf Pk 48 A4
Clontarf Prom 47 E3
Clontarf Rd 47 D3
Clontarf Rd Sta 47 D3
Clonturk Av 46 B2
Clonturk Gdns 46 B2
Clonturk Pk 46 B2
Cloonlara Cres 45 D1
Cloonlara Dr *off Cloonlara Rd* 45 D1
Cloonlara Rd 45 D1
Cloonmore Av 68 B3
Cloonmore Cl 68 B3
Cloonmore Cres 68 B3
Cloonmore Dr 68 A3
Cloonmore Gdns 68 B3
Cloonmore Grn 68 A3
Cloonmore Gro 68 A3
Cloonmore Lawn 68 A3
Cloonmore Pk 68 A3
Cloonmore Rd 68 B3
Close, The *Dublin 6W* 62 C4
Close, The *Dublin 9* 29 D3
Close, The (Ballinteer) *Dublin 16* 72 B4
Close, The (Ballyboden) *Dublin 16* 70 C3
Close, The (Kilnamanagh) *Dublin 24* 61 D4
Close, The (Tallaght) *Dublin 24* 69 E2
Close, The (Oldtown Mill Rd) *Celbr.* 37 D3
Close, The (Wolstan Haven Av) *Celbr.* 37 D3
Close, The (Dunboyne Castle) *Dunb.* 20 B3
Close, The (Lutterell Hall) *Dunb.* 20 B2
Close, The (Plunkett Hall) *Dunb.* 20 A1
Close, The *Gra M.* 51 D2
Close, The *Kins.* 13 E3
Close, The **8** *Mala.* 19 F1
Close, The *Manor.* 23 E2
Close, The *Still.* 65 E4
Clover Hill Dr 53 E3
Cloverhill Ind Est 52 B3
Clover Hill Rd *Dublin 10* 53 E3
Cloverhill Rd *Clond.* 52 B3
Cloyne Rd 63 D1
Cluain Aoibhinn 36 A3
Cluain Mhuire 77 F1
Cluain Na Greine Ct 81 E3
Cluain Rí 51 F1
Cluain Ri 8 B2
Club Rd 61 E1
Clune Rd 27 D3
Cluny Gro 77 F2
Cluny Pk 78 A4
Clyde La 56 C4
Clyde Rd 56 C4
Cnoc Aoibhean 40 A4
Coast Rd *Dublin 13* 31 F2
Coast Rd *Mala.* 15 E4
Coates La **2** 36 B2
Coburg Pl 46 C4
Cois Cairn 82 A1
Cois Coillte **3** 81 D1
Cois Inbhir 11 F1
Cois Na hAbhann 69 D2
Colbert's Fort 69 D1
Colberts Fort Cotts 61 D4
Coldcut Rd 52 B1
Coldwater Lakes 67 D3
Coldwell St 75 F4
Colepark Av 53 E2
Colepark Dr 53 F2
Colepark Grn 53 F2
Colepark Rd 53 E2
Coleraine St 84 D2
Coliemore Rd 78 C3
Coliemore Vil **3** 78 C3
College Business & Tech Pk 24 C1
College Cres 62 C3
College Dr 62 C3
Collegefort 43 D2
College Gate 43 D2
College Grn *Dublin 2* 85 F4
College Grn *Mayn.* 36 A3
College Gro 43 D2
College La *Dublin 2* 85 H4
College La *R'coole* 66 B2
College Pk *Dublin 6W* 62 C3
College Pk *Dublin 15* 43 E2
College Pk Av 72 C3
College Pk Cl 72 C4
College Pk Ct **1** 72 C4
College Pk Dr **2** 72 C4
College Pk Gro 72 C4
College Pk Way 72 C4
College Rd *Dublin 15* 43 E2
College Rd (Ballinteer) *Dublin 16* 71 F4
College Rd *Greenogue* 58 A4
College Sq 62 C3
College St *Dublin 2* 85 F4
College St *Dublin 13* 31 F3
College Vw **1** 69 E1
Collegewood 43 D2
Colliers Av 64 B1
Collins Av 47 D1
Collins Av E 47 E1
Collins Av Ext 28 A3
Collins Av W 28 B4
Collins Br 40 C2
Collins Ct *Dublin 9* 47 D1
Collins Ct *Black.* *off Sweetmans Av* 74 B2
Collins Dr 27 E3
Collins Grn 27 E3
Collins Pk 47 D1
Collins Pl 27 E3
Collins Row 27 E4
Collinstown Business Pk 16 B4
Collinstown Cres **1** 52 A3
Collinstown Cross Ind Est 16 B4
Collinstown Gro 52 B3
Collinstown Ind Pk 38 C1
Collinstown Rd 52 B2
Collins Wd 28 C4
Colthurst 51 F1
Colthurst Cl 51 F1
Colthurst Cres 51 F1
Colthurst Gdns 51 F1
Colthurst Grn 51 F1
Colthurst Ms 51 F1
Colthurst Pk 51 F1
Colthurst Ri 51 F1
Colthurst Rd 51 F1
Colthurst Way 51 F1
Comeragh Rd 54 B4
Commons Rd *Clond.* 60 A2
Commons Rd *Lough.* 81 D2
Commons St 85 H3
Con Colbert Rd (Bothar Coilbeard) *Dublin 8* 54 C2
Con Colbert Rd (Bothar Coilbeard) *Dublin 10* 54 B2
Congress Gdns **10** 78 A2
Congress Hall 20 B3
Congress Pk 20 B3
Connaught St 45 F3
Connaught Ter *off Rathgar Rd* 63 F2
Connawood Copse 82 A2
Connawood Cres **2** 82 A2
Connawood Dr 82 A2
Connawood Grn 82 A1
Connawood Gro 82 A2
Connawood Lawn 82 A2
Connawood Wk 82 A2
Connawood Way **1** 82 A1
Connolly Av *Dublin 8* 54 C2
Connolly Av *Mala.* 18 C2
Connolly Cres 18 C2
Connolly Gdns 54 C2
Connolly Luas Sta 85 H2
Connolly Sta 85 H2
Conor Clune Rd 44 B2
Conquer Hill Ter 48 A4
Constellation Rd 28 C1
Constitution Hill 84 D2
Convent Av *Dublin 3* 46 C3
Convent Av *Bray* 82 C3
Convent Ct *Grey.* 83 D4
Convent Ct **1** *Still.* 73 F2
Convent La 71 E1
Convent Lawns 53 E2
Convent Rd *Black.* 74 B2
Convent Rd *Clond.* 60 B2
Convent Rd *Dalkey* 78 B3
Convent Rd *D.L.* 75 F3
Convent Vw **12** *Bray* 82 C3
Convent Vw *Clond.* 60 B2
Convent Vw Cotts *Dublin 7* 44 C2
Convent Vw Cotts *Clond.* 60 A2
Convent Way 44 C2
Conway Ct *off Macken St* 56 C2
Conyngham Rd 54 C1
Cookstown Br 8 A2
Cookstown Est Rd 60 C4
Cookstown Ind Est 68 C1
Cookstown Rd 60 B4
Cookstown Sta 68 C1
Cookstown Way 68 C1
Cook St 84 C4
Coolamber Ct **2** 70 C1
Coolamber Dr 66 B3
Coolamber Pk 70 C1
Coolamber Rd 66 B3
Coolatree Cl 29 D4
Coolatree Pk 28 C4
Coolatree Rd 29 D4
Cooldrinagh La 40 A4
Cooldrinagh Ter 40 A3
Cooleen Av 28 C3
Coolevin 77 F4
Coolevin La *off Long La* 84 D6
Cooley Rd 54 B4
Coolgariff Rd 28 C4
Coolgreena Cl 29 D4
Coolgreena Rd 29 D4
Coolkill 73 D4
Coolmine Boul 24 B4
Coolmine Cl 24 B4
Coolmine Cotts 24 B2
Coolmine Ct 24 B4
Coolmine Grn 42 B1
Coolmine Ind Est 24 B4
Coolmine Lawn 24 B4
Coolmine Ms **1** 24 B4
Coolmine Pk 24 B4
Coolmine Rd 42 B1

Coolmine Sta 42 B1
Coolmine Wds 24 B4
Coolnevaun 73 F2
Coolock Dr 29 F3
Coolock Ind Est 30 A4
Coolock La 28 C2
Coolock Village 29 F4
Coolrua Dr 28 C3
Coombe, The 84 C5
Copeland Av 47 D2
Copeland Gro 47 D2
Cope St 85 F4
Copper All 84 D4
Copper Beech Gro **7** 82 A2
Coppice, The 42 C4
Coppinger Cl 74 A3
Coppinger Glade 74 A3
Coppinger Row
off William St S 85 F5
Coppinger Wk 74 A3
Coppinger Wd 74 A3
Coppins, The *Celbr.* 37 E3
Coppins, The *Fox.* 76 B3
Corballis Row
off Kevin St Upr 84 D5
Corbally Av 67 F3
Corbally Cl 67 F3
Corbally Downs 67 E3
Corbally Dr 67 F3
Corbally Glade 67 E3
Corbally Grn 67 F3
Corbally Heath 67 E3
Corbally Lawn 67 E3
Corbally Pk 67 F3
Corbally Ri 67 E3
Corbally Sq 67 F3
Corbally Vale 67 F3
Corbally Way 67 F3
Corbawn Av 81 F2
Corbawn Cl 81 F3
Corbawn Ct 81 F3
Corbawn Dale 81 F3
Corbawn Dr 81 F3
Corbawn Glade 81 F3
Corbawn Gro 81 F3
Corbawn La 81 E3
Corbawn Lawn 81 E3
Corbawn Wd 81 E3
Corcaill 19 E2
Corduff Av 25 D2
Corduff Cl 25 D2
Corduff Cotts 24 C3
Corduff Cres 25 D2
Corduff Gdns 25 D2
Corduff Grn 25 D2
Corduff Gro 24 C2
Corduff Pk 24 C2
Corduff Pl 25 D2
Corduff Way 25 D2
Corkagh Vw 60 A2
Corke Abbey 82 B1
Corke Abbey Av 82 A1
Cork Hill 85 E4
Cork St 84 A6
Cormac Ter 63 E3
Cornelscourt Hill Rd 76 C3
Corn Ex Pl
off George's Quay 85 G3
Cornmarket 84 C4
Corporation St 85 G2
Corrib Rd 63 D2
Corrig Av 75 F4
Corrig Cl
off Lugaquilla Av 61 F3
Corrig Pk 75 F4
Corrig Rd *Dalkey* 78 B3
Corrig Rd *D.L.* 75 F4
Corrig Rd *Still.* 73 E3
Corrybeg 62 C4
Cottage Pl
off Portland Pl 46 A3
Coulson Av 63 F2
Coultry Av 28 B2
Coultry Cres 28 A2
Coultry Dr 28 A2
Coultry Gdns 28 A2
Coultry Gro 28 B2
Coultry Lawn 28 B2
Coultry Pk 28 B2
Coultry Rd 28 A2
Coultry Way 28 A2
Coundon Ct 77 F4
Court, The *Dublin 3*
off Clontarf Rd 47 E3
Court, The *Dublin 5* 48 C2
Court, The *Dublin 6W* 62 C4
Court, The *Dublin 9* 46 C1
Court, The *Dublin 13* 32 A2
Court, The *Dublin 16* 72 B3
Court, The (Cookstown)
Dublin 24 60 C4
Court, The (Kilnamanagh)
Dublin 24 61 D3
Court, The *Celbr.* 37 D3
Court, The (Dunboyne Castle)
Dunb. 20 B3
Court, The (Lutterell Hall) *Dunb.* 20 B2
Court, The (Plunkett Hall) *Dunb.* 20 A1
Court, The (Sadleir Hall) *Dunb.* 20 B2
Court, The (Ballyowen) *Lucan* 51 F1
Court, The **7** *Mala.* 19 F1
Court, The *Mulh.* 24 A1
Court, The *Swords* 13 D1
Courthill Dr 20 B2
Court Ho Sq **3** 36 B2
Courtlands 77 E3
Courtyard, The *Dublin 14* 63 F4
Courtyard, The *Bray* 82 A3
Courtyard, The *Celbr.* 37 D4
Courtyard, The *Cool.* 42 A1
Courtyard, The **6** *Fox.* 76 B1
Courtyard, The **1** *Mala.* 19 F1
Courtyard Business Pk, The 59 D1
Cove, The **1** 14 C3
Cowbooter La 33 F3
Cowley Pl 46 A3
Cow Parlour 84 B6
Cowper Downs 64 A2
Cowper Dr 64 B2
Cowper Gdns 64 B2
Cowper Rd 64 A2
Cowper Sta 64 B2
Cowper St 84 A1
Cowper Village 64 A2
Crag Av 52 B4
Crag Av Business Pk 52 B4
Crag Av Ind Cen 52 B4
Crag Cres 52 C3
Crag Ter 52 B4
Craigford Av 47 E1
Craigford Dr 47 E1
Craiglands **4** 78 C3
Craigmore Gdns 74 C2
Crampton Bldgs
off Temple Bar 85 E4
Crampton Ct 85 E4
Crampton Quay 85 F3
Crampton Rd 57 D3
Crane La 85 E4
Crane St 84 B4
Cranfield Pl 57 D3
Cranford Ct 65 E2
Cranmer La 56 C3
Crannagh 64 C2
Crannagh Castle 63 E4
Crannagh Ct 63 E4
Crannagh Gro 63 F4
Crannagh Pk 63 F4
Crannagh Rd 63 E4
Crannagh Way 63 F4
Crannoge Rd 27 F2
Crannogue Cl 27 F2
Crannogue Rd 27 F2
Crawford Av 46 A3
Creighton St 85 H4
Cremona Rd 53 E2
Cremore Av 45 F1
Cremore Cres 45 F1
Cremore Dr 45 F1
Cremore Hts
off Ballygall Rd E 27 F4
Cremore Lawn 45 F1
Cremore Pk 45 F1
Cremore Rd 45 F1
Cremorne *Dublin 6* 63 F2
Cremorne *Dublin 16* 70 C1
Crescent, The *Dublin 3* 47 D3
Crescent, The (Donnybrook)
Dublin 4 64 C1
Crescent, The (Beaumont)
Dublin 9 28 C4
Crescent, The (Whitehall)
Dublin 9 46 C1
Crescent, The *Dublin 13* 32 A2
Crescent, The (Ballinteer)
Dublin 16 72 B4
Crescent, The (Ballyboden)
Dublin 16 70 C3
Crescent, The *Dublin 24* 69 E2
Crescent, The (Cookstown)
Dublin 24 60 C4
Crescent, The (Kilnamanagh)
Dublin 24 61 D3
Crescent, The (Abbeyfarm)
Celbr. 37 D4
Crescent, The (Oldtown Mill)
Celbr. 37 D3
Crescent, The
(St. Wolstan's Abbey) *Celbr.* 37 E4
Crescent, The *Clons.* 23 D2
Crescent, The (Dunboyne Castle)
Dunb. 20 B3
Crescent, The (Lutterell Hall)
Dunb. 20 B2
Crescent, The (Plunkett Hall)
Dunb. 20 A1
Crescent, The *Gra M.* 51 D2
Crescent, The *Kins.* 13 E4
Crescent, The *Lucan* 40 B4
Crescent, The **5** *Mala.* 19 F1
Crescent, The **3** *Swords* 13 D2
Crescent, The (Seatown Pk)
Swords 13 D1
Crescent Gdns 46 C4
Crescent Pl 47 D3
Crescent Vil 46 A2
Crestfield Av 28 B4
Crestfield Cl 28 B4
Crestfield Dr 28 B4
Crestfield Pk
off Crestfield Cl 28 B4
Crestwood Av 8 B3
Crestwood Grn 8 B3
Crestwood Pk 8 B3
Crestwood Rd 8 B3
Crinan Strand 56 C1
Crinken Glen 81 D4
Crinken La 81 D4
Croaghpatrick Rd 44 C3
Crodaun Ct 37 D2
Crodaun Forest Pk 37 D1
Croft, The 37 E2
Crofton Av 75 E3
Crofton Rd 75 E2
Crofton Ter 75 E2
Croftwood Cres 53 D3
Croftwood Dr 53 D3
Croftwood Gdns 53 D3
Croftwood Grn 53 E3
Croftwood Gro 53 D3
Croftwood Pk 53 E3
Croke Pk Ind Est 46 B4
Cromcastle Av 29 E3
Cromcastle Dr 29 E3
Cromcastle Grn 29 E3
Cromcastle Pk 29 E3
Cromcastle Rd 29 E3
Cromlech Ct 27 F2
Cromlech Flds 81 E2
Cromwells Fort Rd 62 A1
Cromwells Quarters 55 D2
Cross & Passion Coll 46 C1
Cross Av *Boot.* 74 A1
Cross Av *D.L.* 75 E3
Crossbeg Ind Est 61 E2
Cross Guns Br 45 F3
Cross Kevin St 85 E6
Crosslands Ind Est 61 E2
Cross La 36 B1
Crosstrees 33 F3
Crosthwaite Pk E 75 F4
Crosthwaite Pk S 75 F4
Crosthwaite Pk W 75 F4
Crosthwaite Ter 75 F3
Crotty Av 62 B1
Crown All
off Temple Bar 85 E4
Crow St 85 E4
Croydon Gdns 46 C2
Croydon Grn 46 C3
Croydon Pk Av 46 C2
Croydon Ter 46 C2
Crumlin Pk 54 C4
Crumlin Rd 54 C4
Crumlin Shop Cen 55 D3
Cuala Gro 82 C4
Cuala Rd *Dublin 7* 45 E3
Cuala Rd *Bray* 82 C4
Cuckoo La 84 D3
Cuffe La 85 E6
Cuffe St 85 E6
Cullenswood Gdns 64 B1
Cullenswood Pk 64 B1
Culmore Pk 53 D1
Culmore Rd 53 D1
Cul Na Greine 69 D2
Cumberland Rd 56 B3
Cumberland St 75 E3
Cumberland St N 85 F1
Cumberland St S 85 H5
Cunningham Dr 78 B4
Cunningham Rd 78 B3
Curlew Rd 54 B4
Curved St
off Eustace St 85 E4
Curzon St 55 F3
Cushlawn Pk 68 C3
Custom Ho 85 G3
Custom Ho Quay 85 G3
Cymric Rd 57 E2
Cypress Av **3** 71 D3
Cypress Ct 81 D1
Cypress Downs 62 C4
Cypress Dr 62 C4
Cypress Garth 62 C4
Cypress Gro N 62 C4
Cypress Gro Rd 62 C4
Cypress Gro S 62 C4
Cypress Lawn 62 C4
Cypress Pk 62 C4
Cypress Rd 65 E4

D

Dakota Av 28 C1
Dalcassian Downs 45 F3
Dale, The (Cookstown)
Dublin 24 60 C4
Dale, The (Kilnamanagh)
Dublin 24 61 D3
Dale, The *Bray* 82 A3
Dale, The *Celbr.* 37 D3
Dale, The *Dunb.* 20 B1
Dale, The *Manor.* 23 E2
Dale Cl **1** 73 E2
Dale Dr 73 E1
Dalepark Rd 69 D3
Dale Rd 73 E1
Dale Tree 70 A4
Dale Tree Av 70 A4
Dale Tree Cres 70 A3
Dale Tree Dr 70 A4
Dale Tree Gro 70 A4
Dale Tree Pk 70 A4
Dale Tree Rd 70 A4
Dale Tree Vw 70 A3
Dale Vw 77 F4
Dale Vw Pk **3** 77 F4
Dale Vw Rd 12 B1
Dalkey Av 78 B4
Dalkey Ct 78 B3
Dalkey Gro 78 B3
Dalkey Pk 78 B3
Dalkey Rock 78 B4
Dalkey Sound 78 C3
Dalkey Sta 78 B3
Dal Riada 19 F1
Damastown Cl 24 A1
Damastown Grn 23 F1
Damastown Wk 21 F3
Damastown Way 24 A1
Dame Ct 85 E4
Dame La 85 E4
Dame St 85 E4
Dane Rd 27 F2
Danes Ct 48 B4
Danesfort 47 F3
Daneswell Rd 46 A2
Dangan Av 62 C2
Dangan Dr 62 C2
Dangan Pk 62 C2
Danieli Dr 47 F1
Danieli Rd 47 F1
Daniel St 84 D6
Dara Ct 37 E3
Dara Cres 37 E3
Dargan Ct **13** 82 C3
Dargan St 82 A2
Dargle Cres **8** 82 A2
Dargle Dr 71 F2
Dargle Hts 82 A2
Dargle Lo **1** 70 C2
Dargle Rd *Dublin 9* 46 A3
Dargle Rd *Black.* 74 B4
Dargle Valley 71 F2
Dargle Vw 72 A2
Dargle Wd 70 C2
Darley Cotts **3** 82 B3
Darleys Ter 84 B6
Darley St 55 F4
Darling Est 44 B2
Dartmouth Ho Ind Est 53 F3
Dartmouth La 56 B4
Dartmouth Pl 56 A4
Dartmouth Rd 56 A4
Dartmouth Sq 56 B4
Dartmouth Ter 56 A4
Dartmouth Wk
off Dartmouth Ter 56 A4
Dartry Cotts 64 A3
Dartry Pk 64 A2
Dartry Rd 64 A2
David Pk 46 A3
David Rd 46 A3
Davis Pl
off Thomas Davis St S 84 D5
Davitt Pk 77 F4
Davitt Rd *Dublin 12* 54 C3
Davitt Rd *Bray* 82 B3
Dawson Ct *Dublin 2*
off Stephen St 85 E5
Dawson Ct *Black.* 74 A2
Dawson La 85 G5
Dawson St 85 F5
Deans Ct **1** 76 C1
Deansgrange Business Pk 76 C1
Dean's Gra Rd 74 C4
Deansrath Av 51 E4
Deansrath Cres 51 E4
Deansrath Gro 51 E4
Deansrath Lawn 51 F4
Deansrath Pk 51 E4
Deansrath Rd 51 E4
Deanstown Av 26 B4
Deanstown Dr 26 C4
Deanstown Grn 26 C4
Deanstown Pk 26 C4
Deanstown Rd 26 C4
Dean St 84 D5
Dean Swift Grn 27 F4
Dean Swift Rd 27 F4
Dean Swift Sq
off Swifts All 84 C5
De Burgh Rd 55 D1
Decies Rd 53 E2
De Courcy Sq 45 F2
Deerhaven 23 F2
Deerhaven Av 23 F1
Deerhaven Cl 23 F1
Deerhaven Cres 23 F1
Deerhaven Grn 23 F2
Deerhaven Pk 23 F1
Deerhaven Vw 23 F1
Deerhaven Wk 23 F2
Deerpark 8 C3
Deerpark Av *Dublin 15* 43 F2
Deerpark Av *Kilt.* 68 C4
Deerpark Cl *Dublin 15* 43 F2
Deerpark Cl *Kilt.* 68 C4
Deerpark Downs 68 C4
Deerpark Dr *Dublin 15* 43 F2
Deerpark Dr *Kilt.* 69 D4
Deerpark Grn **9** 69 D4
Deerpark Lawn 43 F2
Deerpark Pl 69 D4
Deerpark Ri 69 D4
Deerpark Rd *Dublin 15* 43 F2
Deerpark Rd *Kilt.* 69 D4
Deerpark Rd *Still.* 65 E4
Deerpark Sq 68 C4
Deerpark Ter **10** 69 D4
Deerpark Way 69 D4
Deey Br 38 C2
Delaford Av 70 B2
Delaford Dr 70 B2
Delaford Gro 70 B2
Delaford Lawn 70 B2
Delaford Pk 70 B2
Delbrook Manor 72 C3
Delbrook Pk 72 C3
Delgany Pk 83 E4
Delgany Wd 83 D4
Delgany Wd Av 83 D4
Delhurst Av 23 D3
Delhurst Ct 23 D3
Delhurst Ms 23 D3
Delhurst Ter 23 D3

Dell, The 72 A3
Del Val Av 49 E1
Del Val Ct 49 E1
Delville Rd 27 F4
Delvin Rd 45 E3
Delwood Cl 42 C1
Delwood Dr 42 C1
Delwood Gro 42 B1
Delwood Lawn 42 B1
Delwood Pk 42 C1
Delwood Rd 42 C1
Delwood Wk 42 C1
Demesne 47 F2
Denmark St Gt 85 F1
Denville Ct 77 F4
Denzille La 85 H5
Denzille Pl
off Denzille La 85 H5
Department of Defence *Dublin 7*
off Infirmary Rd 55 D1
Department of Defence *Dublin 9*
off St. Mobhi Rd 46 A2
Dermot O'Hurley Av 57 D2
Derravaragh Rd 63 D2
Derry Dr 62 C1
Derrynane Gdns 57 D2
Derrynane Par 46 A3
Derry Pk 62 C1
Derry Rd 62 C1
De Selby 68 A3
De Selby Cl 68 A3
De Selby Ct 68 A3
De Selby Cres 68 A3
De Selby Downs 68 A3
De Selby Dr 68 A3
De Selby Grn 68 A3
De Selby La **2** 68 A3
De Selby Lawns 68 A3
De Selby Pk 67 F3
De Selby Ri **1** 68 A3
De Selby Rd 68 A3
Desmond Av 75 E3
Desmond Cotts **4** 78 B4
Desmond St 84 D6
Devenish Rd 63 D1
Deverell Pl 85 G2
Deverys La 45 F3
De Vesci Ter 75 E3
Devitt Vil **11** 78 A2
Devon Cl **6** 75 D4
Devoy Rd 54 C3
Dewberry Pk 19 F2
Diamond Ter **9** 82 A2
Digges La
off Stephen St 85 E5
Digges St 85 E6
Digges St Lwr
off Cuffe La 85 E6
Dillon's Row 36 B1
Dingle, The 42 C4
Dingle Rd 45 D3
Dispensary La *Dublin 14* 71 E1
Dispensary La **1** *Lucan* 40 C4
Distillery La 39 F2
Distillery Rd 46 B3
Distributor Rd 27 D2
Diswellstown Rd 42 A1
Dixon Vil **12** 78 A2
Docklands Innovation Pk 47 D4
Dock Pl S
off Dock St S 57 D2
Dock St S 56 C2
Doctor's La 36 B2
Dodder Av 69 F3
Dodderbank 64 B2
Dodder Ct 69 F3
Dodder Cres 69 F3
Dodder Dale 63 E4
Dodder Grn 69 F3
Dodder Lawn 69 F3
Dodder Pk Dr 63 F3
Dodder Pk Gro 63 F3
Dodder Pk Rd 63 F3
Dodder Ter 57 D2
Dodder Vw Rd 63 E4
Dodsboro Cotts 50 B1
Dodsboro Rd 50 B1
D'Olier St 85 F3
Dollymount Av 48 B4
Dollymount Gro 48 A4
Dollymount Pk 48 B4
Dollymount Ri 48 B4
Dolmen Ct 27 F2
Dolphin Av 55 E3
Dolphin Mkt
off Dolphin's Barn St 55 E3
Dolphin Rd 55 D3
Dolphin's Barn 55 E3
Dolphin's Barn St 55 E3
Dominican Conv 44 C2
Dominick La 85 E2
Dominick Pl 85 E2
Dominick St 75 E3
Dominick St Lwr 85 E2
Dominick St Upr 84 D1
Domville Dr 62 C4
Domville Gro **2** 81 E1
Domville Rd 62 C4
Donabate Sta 11 E2
Donaghmede Av 31 D4
Donaghmede Dr 31 D4
Donaghmede Pk 31 D4
Donaghmede Rd 30 C4
Donaghmede Shop Cen 30 C4
Donard Rd 54 B4
Donelan Av 55 D2
Donnybrook Castle Ct 65 D1
Donnybrook Cl 65 D2
Donnybrook Grn 65 D2
Donnybrook Manor 64 C1
Donnybrook Rd 64 C1
Donnycarney Rd 47 D1
Donnycastle 65 D1
Donomore Av 68 B3
Donomore Cres 68 C3
Donomore Grn 68 B3
Donomore Pk 68 C3
Donore Av 84 B6
Donore Rd 84 B6
Donore Ter
off Brown St S 84 B6
Donovan La
off Clanbrassil St Lwr 55 F3
Doonamana Rd 77 E3
Doonanore Pk 77 E3
Doon Av 45 E4
Doon Ct 27 F2
Doonsalla Dr 77 E3
Doonsalla Pk 77 E3
Doris St 56 C2
Dornden Pk 65 F2
Dorney Ct 81 E3
Dorset La 46 A4
Dorset Pl
off Dorset St Lwr 46 A4
Dorset St Lwr 46 A4
Dorset St Upr 85 E1
Double La 36 B1
Dowkers La 84 D6
Dowland Rd 62 B1
Dowling's Ct
off Lombard St E 85 H3
Dowling's Ct S
off Lombard St E 85 H3
Downpatrick Rd 55 D4
Downs, The *Celbr.* 37 E4
Downs, The *Dunb.* 20 A3
Dowth Av 45 E3
Doyle's La 48 B4
Drapier Grn 27 F4
Drapier Rd 27 F4
Drayton Cl 75 D3
Drimnagh Castle 54 A4
Drimnagh Rd 54 B4
Drimnagh Sta 54 B3
Drinagh Abbey 76 A4
Drinaghmore 76 A3
Drinagh More Av 76 A4
Drinagh More Cl **2** 76 A4
Drinagh More Ct **3** 76 A4
Drive, The (Ballinteer)
Dublin 16 72 B3
Drive, The (Ballyboden)
Dublin 16 71 D2
Drive, The *Dublin 24* 69 E2
Drive, The *Bray* 82 B1
Drive, The (Castletown) *Celbr.* 37 E3
Drive, The (Oldtown Mill) *Celbr.* 37 D3
Drive, The (Lutterell Hall) *Dunb.* 20 B1
Drive, The (Sadleir Hall) *Dunb.* 20 A2
Drive, The *Gra M.* 51 D2
Drive, The *Kins.* 13 E3
Drive, The *Manor.* 23 E2
Drive, The *Mulh.* 24 A1
Drive, The *Swords* 13 D1
Droim Na Coille Ct **4** 51 F1
Dromard Rd 54 B4
Dromawling Rd 29 D4
Dromcarra Av 68 B2
Dromcarra Dr 68 B2
Dromcarra Grn 68 B2
Dromcarra Gro 68 B3
Dromdawn Av 28 C4
Dromeen Av 29 D4
Dromheath Av 24 B1
Dromheath Dr 24 B1
Dromheath Gdns 24 B1
Dromheath Gro 24 B1
Dromheath Pk 24 B1
Dromlee Cres 29 D4
Dromnanane Pk 29 D4
Dromnanane Rd 29 D4
Dromore Rd 54 C4
Druid Ct 27 F2
Druid Valley 80 C1
Drumahill 73 D2
Drumalee Av
off Drumalee Rd 84 A1
Drumalee Ct
off Drumalee Rd 84 A1
Drumalee Dr
off Drumalee Rd 84 A1
Drumalee Gro
off Drumalee Rd 84 A1
Drumalee Pk 84 A1
Drumalee Rd 84 A1
Drumcairn Av 68 B1
Drumcairn Dr 68 B1
Drumcairn Gdns 68 B1
Drumcairn Pk 68 B1
Drumcliffe Dr 45 D3
Drumcliffe Rd 45 D3
Drumcondra Pk 46 B3
Drumcondra Rd Lwr 46 A3
Drumcondra Rd Upr 46 B2
Drumcondra Sta 46 B3
Drumfinn Av 53 D1
Drumfinn Pk 53 E2
Drumfinn Rd
(Bothar Drom Finn) 53 E2
Drumkeen Manor 77 E2
Drummartin Cl 73 D1
Drummartin Cres **1** 73 D1
Drummartin Link Rd, The
Dublin 14 73 D2
Drummartin Link Rd, The
Dublin 16 73 D2
Drummartin Pk 73 D2
Drummartin Rd 73 D1
Drummartin Ter 73 D1
Drummond Pl
off Mount Drummond Av 55 F4
Drumnigh Rd 31 D1
Drumnigh Wd 31 D1
Druncondra Br 46 B2
Drury St 85 E5
Drynam Cl **1** 13 E4
Drynam Ct 13 D3
Drynam Cres 13 E4
Drynam Dr 13 E4
Drynam Glen **3** 18 A1
Drynam Grn **4** 18 A1
Drynam Gro 13 E4
Drynam Pl 13 E4
Drynam Ri 13 E4
Drynam Rd 13 D2
Drynam Sq 13 E4
Drynam Vw **2** 18 A1
Drynam Wk **2** 13 E4
Drynam Way **3** 13 E4
Drysdale Cl 69 E3
Dubber Cross 27 D1
Dublin City Uni 28 A4
Dublin Corporation Food Mkt
off St. Michan's St 84 D3
Dublin Ind Est 45 E1
Dublin Port Tunnel 47 D4
Dublin Rd *Dublin 13* 49 E1
Dublin Rd *Ashb.* 8 C3
Dublin Rd *Bray* 82 A1
Dublin Rd *Celbr.* 37 E4
Dublin Rd *Dunb.* 20 C3
Dublin Rd *Mala.* 18 B1
Dublin Rd *Mayn.* 36 C2
Dublin Rd *Shank.* 81 D2
Dublin Rd *Swords* 16 C1
Dublin St *Dublin 13* 31 F3
Dublin St *Swords* 12 C2
Dublin Zoo 44 C4
Dufferin Av 55 F3
Duggan Pl
off Rathmines Rd Upr 64 A1
Duke La 85 F5
Duke La Lwr
off Duke St 85 F4
Duke Row
off Summerhill 46 B4
Duke St 85 F5
Dun Aengusa 69 D3
Dunamase 74 A1
Dún An Óir 69 D2
Dunard Av 45 D4
Dunard Ct 45 D3
Dunard Dr 45 D3
Dunard Pk 45 D4
Dunard Rd 45 D4
Dunard Wk 45 D4
Dunawley Av 52 A4
Dunawley Dr 52 A4
Dunawley Gro 52 A4
Dunawley Way 52 A4
Dunbo Ter
off Church St 33 E3
Dunboy 76 B4
Dunboyne Business Pk 20 B1
Dunboyne Castle 20 B3
Dunbur Ter **8** 82 B2
Duncairn Av 82 B2
Duncairn Ter 82 B2
Duncarrig 32 C3
Dundaniel Rd 29 D3
Dundela Av 78 A2
Dundela Cres 78 A2
Dundela Haven 78 A2
Dundela Pk 78 A2
Dundrum Business Pk 64 C3
Dundrum Bypass 72 C2
Dundrum Castle 72 B2
Dundrum Gate Apts **4** 72 B2
Dundrum Rd 64 B3
Dundrum Shop Cen 72 B1
Dundrum Sta 72 C1
Dundrum Town Cen 72 C2
Dundrum Wd 72 B2
Dunedin Ct **7** 75 D4
Dunedin Dr **8** 75 D4
Dunedin Pk 75 D4
Dunedin Ter 75 D4
Dun Emer Dr 72 C2
Dun Emer Pk 72 C2
Dun Emer Rd 72 C2
Dunes, The 19 F4
Dungar Ter
off Northumberland Av 75 F3
Dungriffan Rd 33 F4
Dun Laoghaire Ind Est 77 D1
Dun Laoghaire Sta 75 F2
Dunleary Hill 75 E3
Dunleary Rd 75 E2
Dunluce Rd 47 F2
Dunmanus Rd 45 D3
Dunmore Gro 61 D3
Dunmore Lawn 61 D3
Dunmore Pk 61 D3
Dunne St 85 H1
Dunree Pk 30 A4
Dunsandle Ct 43 E2
Dunsandle Gro 43 E2
Dunseverick Rd 47 F2
Dunsink Av 26 C4
Dunsink Dr 26 C4
Dunsink Gdns 27 D4
Dunsink Grn 26 C4
Dunsink La 26 A4
Dunsink Observatory 26 A4
Dunsink Pk 26 C4
Dunsink Rd 27 D4
Dunsoghly Av 26 B3
Dunsoghly Cl 26 B3
Dunsoghly Ct 26 B3
Dunsoghly Dr 26 B3
Dunsoghly Grn 26 B3
Dunsoghly Gro 26 B3
Dunsoghly Pk 26 B3
Dunstaffnage Hall Apts **2** 74 A4
Dunville Av 64 A1
Dunville Ter
off Mountpleasant Av Upr 56 A4
Durham Pl **8** 75 F4
Durham Rd 57 E4
Durrow Rd 63 D1
Dursey Row 25 D3
Dwyer Pk 82 B2

E

Eagle Hill 74 B2
Eagle Hill Av 63 E2
Eagle Pk 29 E3
Eagle Ter **2** 72 C1
Eaglewood **1** 77 E2
Earl Pl 85 F2
Earls Ct 45 D3
Earlscourt Ind Est 72 A1
Earlsfort 51 F2
Earlsfort Av 51 F2
Earlsfort Cl 51 F2
Earlsfort Ct 51 F1
Earlsfort Dr 51 F2
Earlsfort Gdns 51 F1
Earlsfort Grn 51 F2
Earlsfort Gro 51 F2
Earlsfort La 51 F2
Earlsfort Lawn 51 F1
Earlsfort Mans
off Adelaide Rd 56 A3
Earlsfort Meadows 51 F1
Earlsfort Pk 51 F1
Earlsfort Ri 51 F2
Earlsfort Rd 51 F2
Earlsfort Ter 56 A3
Earlsfort Vale 51 F2
Earlsfort Vw 51 F2
Earlsfort Way 51 F2
Earl St N 85 F2
Earl St S 84 C5
Eastern Breakwater 57 F2
East Link 57 D2
Eastmoreland La 56 C3
Eastmoreland Pl 56 C3
East Oil Jetty 57 F2
Easton Pk 39 D3
Easton Rd 39 D3
East Pt Business Pk 47 D4
East Rd 57 D1
East Rd Ind Est 57 D1
East Wall Rd 46 C3
Eastwood Cl 26 B4
Eastwood Cres 26 B4
Eastwood Pk 26 C4
Eaton Brae *Dublin 14* 64 A3
Eaton Brae *Shank.* 81 E3
Eaton Ct 82 C4
Eaton Pl 74 C2
Eaton Rd 63 E2
Eaton Sq *Dublin 6W* 63 E2
Eaton Sq *Black.* 74 C2
Eaton Wd Av 81 E3
Eaton Wd Ct 81 E3
Eaton Wd Grn 81 E3
Eaton Wd Gro 81 E3
Ebenezer Ter 84 B6
Eblana Av 75 F3
Eblana Vil
off Grand Canal St Lwr 56 C2
Eccles Ct
off Eccles Pl 46 A4
Eccles Pl 46 A4
Eccles St 46 A4
Echlin St 84 A4
Eden Av 71 F2
Edenbrook Ct **1** 71 E1
Edenbrook Dr 71 D1
Edenbrook Pk 71 D1
Eden Ct 71 F2
Eden Cres 71 F2
Eden Gro *Dublin 16* 71 F2
Eden Gro *D'bate* 11 E1
Edenmore Av 48 A1
Edenmore Cres 48 B1
Edenmore Dr 48 B1
Edenmore Gdns 48 B1
Edenmore Grn 48 B1
Edenmore Gro 48 B1
Edenmore Pk 48 A1
Eden Pk 75 F4
Eden Pk Av 73 D2
Eden Pk Dr 73 D1
Eden Pk Rd 73 D1
Eden Quay 85 F3
Eden Rd 83 F2
Eden Rd Lwr 75 F4
Eden Rd Upr 75 F4
Eden Ter 75 F4
Edenvale Rd 64 B1
Eden Vil **3** 75 F4
Edgewood Lawns 24 C2

Edmondsbury Ct **1** 41 E4
Edmondstown Grn 71 D3
Edmondstown Pk 71 D3
Edmondstown Rd 71 D4
Edward Rd 82 C3
Edwards Ct 71 D3
Edwin Ct **5** 78 A3
Effra Rd 63 F1
Eglington Rd 82 B2
Eglinton Ct 64 C1
Eglinton Pk *Dublin 4* 64 C1
Eglinton Pk *D.L.* 75 E4
Eglinton Rd 64 C1
Eglinton Sq 64 C1
Eglinton Ter *Dublin 4* 64 C1
Eglinton Ter *Dublin 14* 72 C1
Eglinton Wd 64 C1
Elderberry 50 C2
Elderwood Rd 42 C4
Eldon Ter
off South Circular Rd 55 E3
Elgin Rd 56 C4
Elizabeth St 46 B3
Elkwood 70 C1
Ellenfield Rd 28 C4
Ellensborough 69 D4
Ellensborough Av 69 D4
Ellensborough Cl 69 D4
Ellensborough Copse 69 D4
Ellensborough Ct 69 D4
Ellensborough Cres 69 D4
Ellensborough Dale 69 D4
Ellensborough Downs 69 D4
Ellensborough Gra 69 D4
Ellensborough Grn 69 D4
Ellensborough Gro 69 D4
Ellensborough La 69 D4
Ellensborough Lo 69 D4
Ellensborough Meadows 69 D4
Ellensborough Pk 69 D4
Ellensborough Ri 69 D4
Ellensborough Vw 69 D4
Ellensborough Wk 69 D4
Ellesmere **1** 73 F3
Ellesmere Av 45 E4
Ellis Quay 84 B3
Ellis St
off Benburb St 84 B3
Elmbrook 51 E1
Elmbrook Cres 51 E1
Elmbrook Lawn 51 E1
Elmbrook Wk 51 E1
Elmcastle Cl 61 E4
Elmcastle Ct 61 E4
Elmcastle Dr 61 E4
Elmcastle Grn 61 E4
Elmcastle Pk 61 E4
Elmcastle Wk 61 E4
Elm Cl 51 E2
Elm Ct *Jobs.* 68 A3
Elm Ct *Lucan* 51 E2
Elmdale Cl 53 D2
Elmdale Cres 53 D2
Elmdale Dr 53 D2
Elmdale Pk 52 C2
Elm Dene 51 E2
Elm Dr *Jobs.* 68 A3
Elm Dr *Lucan* 51 E2
Elmfield Av 30 C3
Elmfield Cl **1** 30 C3
Elmfield Ct **4** 30 C3
Elmfield Cres 30 C3
Elmfield Dr **2** 30 C3
Elmfield Grn 30 C3
Elmfield Gro 30 C3
Elmfield Ind Est 52 B4
Elmfield Lawn 30 C3
Elmfield Pk
off Elmfield Av 30 C3
Elmfield Ri 30 C3
Elmfield Vale **3** 30 C3
Elmfield Wk 30 C3
Elmfield Way 30 C3
Elm Grn 51 D2
Elmgrove *B'brack* 77 F4
Elm Gro *Black.* 74 B3
Elm Gro *Jobs.* 68 A3
Elm Gro *Lucan* 51 E2
Elm Gro Cotts
off Blackhorse Av 44 C3
Elmgrove Ter **9** 82 B2
Elm Mt Av 47 D1
Elm Mt Cl 47 D1
Elm Mt Ct 47 E1
Elm Mt Cres 29 D4
Elm Mt Dr 47 D1
Elm Mt Gro 29 D4
Elm Mt Hts 29 D4
Elm Mt Lawn 29 D4
Elm Mt Pk 29 D4
Elm Mt Ri 29 D4
Elm Mt Rd 47 D1
Elm Mt Vw 29 D4
Elm Pk *Dublin 4* 65 E1
Elm Pk *Celbr.* 37 E3
Elmpark Av 56 B4
Elmpark Ter 63 E2
Elm Rd *Dublin 9* 47 D1
Elm Rd *Dublin 12* 61 E1
Elms, The *Dublin 4* 65 E2
Elms, The **14** *Abb.* 81 E1
Elms, The *Black.* 74 A2
Elms, The *Celbr.* 37 E2
Elms, The *Dunb.* 20 C2
Elms, The *Shank.* 81 E4
Elm Vale 51 E2
Elm Way *Dublin 16* 72 A3
Elm Way *Lucan* 51 E2
Elm Wd 51 E2
Elmwood Av Lwr 56 B4
Elmwood Av Upr
off Elmwood Av Lwr 64 B1
Elmwood Cl 23 E3
Elmwood Ct 12 B1
Elmwood Dr 12 B1
Elmwood Pk 12 B1
Elmwood Rd 12 B1
Elner Ct 19 F2
Elsinoire 83 D4
Elton Ct *Dublin 13*
off Elton Dr 30 B4
Elton Ct *Dunb.* 20 C2
Elton Ct *D.L.* 78 B2
Elton Ct *Leix.* 39 E3
Elton Dr *Dublin 13* 30 B4
Elton Dr *Dunb.* 20 C2
Elton Gro 20 C2
Elton Pk *Dublin 13* 30 B4
Elton Pk *D.L.* 78 A2
Elton Wk
off Elton Dr 30 B4
Ely Cres 69 F4
Ely Dr 69 F4
Ely Grn **1** 69 F4
Ely Gro 69 F4
Ely Manor 69 F4
Ely Pl 85 G6
Ely Pl Upr
off Ely Pl 85 G6
Ely Vw 69 F4
Embassy Lawn 64 C2
Emerald Cotts 56 C3
Emerald Pl
off Sheriff St Lwr 56 C1
Emerald Sq 84 A6
Emerald St 56 C1
Emily Pl
off Sheriff St Lwr 85 H2
Emmet Ct 54 B3
Emmet Rd 54 B2
Emmet Sq 74 A1
Emmet St *Dublin 1* 46 B4
Emmet St (Harold's Cross)
Dublin 6 55 F4
Emmet St **1** *Sally.* 77 F1
Emor St 55 F3
Emorville Av 55 F3
Emorville Sq
off South Circular Rd 55 E3
Empress Pl 85 H1
Enaville Rd 46 C3
Engine All 84 C5
English Row 37 E4
Ennafort Av (Ascal Dun Eanna) 48 A2
Ennafort Ct 48 A2
Ennafort Dr (Ceide Dun Eanna) 48 A2
Ennafort Gro 48 A2
Ennafort Pk 48 A2
Ennafort Rd 48 A2
Ennel Av 48 A1
Ennel Ct **3** 81 E1
Ennel Dr 48 A1
Ennel Pk 48 A1
Ennis Gro 57 D3
Enniskerry Rd 45 F3
Erne Pl 56 C2
Erne Pl Little 85 H4
Erne St Lwr 56 C2
Erne St Upr 56 C2
Erne Ter Front
off Erne St Upr 56 C2
Erne Ter Rere
off Erne St Upr 56 C2
Errigal Gdns 54 B4
Errigal Rd 54 B4
Erris Rd 45 E3
Erskine Av 83 F3
Esker Dr 50 C1
Esker La (north) *Lucan* 41 E4
Esker La (south) *Lucan* 51 E1
Esker Lawns 41 D4
Esker Lo 51 E1
Esker Lo Av 51 E1
Esker Lo Cl 51 E1
Esker Lo Vw 51 E1
Esker Manor 51 D1
Esker Meadow 51 E1
Esker Meadow Cl 51 E1
Esker Meadow Ct 51 E1
Esker Meadow Grn 51 E1
Esker Meadow Gro 51 E1
Esker Meadow Lawn 51 E1
Esker Meadow Ri 51 E1
Esker Meadow Vw 51 E1
Esker Pk 51 E1
Esker Pines 41 E4
Esker Rd 51 D1
Esker S 51 D2
Esker Wds Ct 51 E1
Esker Wds Dr 51 E1
Esker Wds Gro 51 E1
Esker Wds Ri 51 E1
Esker Wds Vw 51 E1
Esker Wds Wk 51 E1
Esmond Av 46 C3
Esmonde Ter **10** 82 A2
Esplanade Ter **14** 82 C3
Esposito Rd 62 B1
Essex Quay 84 D4
Essex St E 85 E4
Essex St W 85 E4
Estate Av 65 F2
Estate Cotts 56 C3
Estuary Ct 13 D1
Estuary Rd 14 B4
Estuary Rbt 13 D1
Estuary Row 15 D3
Estuary Wk 14 B4
Eugene St 84 A6
Eustace St 85 E4
Everton Av 45 E4
Evora Cres 33 E3
Evora Pk 33 E3
Evora Ter
off St. Lawrence Rd 33 E3
Ewington La 84 A4
Excalibur Dr 83 F2
Exchange Ct
off Dame St 85 E4
Exchange St Lwr 84 D4
Exchange St Upr
off Lord Edward St 85 E4
Exchequer St 85 E4

F

Faber Gro **3** 75 D4
Fade St 85 E5
Fagan's La **1** 36 B2
Fairbrook Lawn 71 E1
Fairfield Av 46 C4
Fairfield Pk *Dublin 6* 63 F2
Fairfield Pk *Grey.* 83 E1
Fairfield Rd (Glasnevin) 46 A2
Fairgreen 67 D3
Fairgreen Ct **10** 82 B2
Fairgreen Rd 82 A2
Fairgreen Ter **11** 82 B2
Fair Haven **1** 15 D4
Fairlawn Pk
off Fairlawn Rd 27 D4
Fairlawn Rd 27 D4
Fairlawns 78 A3
Fairview 46 C3
Fairview Av (Irishtown) 57 D2
Fairview Av Lwr 46 C3
Fairview Av Upr 46 C3
Fairview Grn 46 C3
Fairview Lawn 80 C1
Fairview Pas
off Fairview Strand 46 C3
Fairview Strand 46 C3
Fairview Ter 46 C3
Fairways *Dublin 14* 63 D4
Fairways *D'bate* 11 F2
Fairways, The *Bray* 82 B1
Fairways, The *Port.* 19 D4
Fairways Av 27 E4
Fairways Grn 27 E4
Fairways Gro 27 E4
Fairways Pk 27 E4
Fairy Hill *Black.* 74 B4
Fairyhill *Bray* 82 A4
Faith Av 46 C4
Falcarragh Rd 28 B4
Falls Rd 81 D2
Farmhill Dr 64 C4
Farmhill Pk 73 D1
Farmhill Rd 64 C4
Farmleigh Av *Dublin 15* 43 E2
Farmleigh Av *Black.* 74 A4
Farmleigh Cl *Dublin 15* 43 E2
Farmleigh Cl *Black.* 74 A4
Farmleigh Ct 43 E2
Farmleigh Pk *Dublin 15* 43 E2
Farmleigh Pk *Black.* 74 A4
Farmleigh Vw 43 E2
Farmleigh Wds 43 E2
Farney Pk 57 E3
Farnham Cres 27 D4
Farnham Dr 27 D4
Farrenboley Cotts 64 B3
Farrenboley Pk 64 B3
Father Colohan Ter **4** 82 B3
Father Kitt Ct 62 C1
Father Matthew Br 84 C4
Fatima Mans 55 D3
Fatima Sta 84 A6
Fatima Ter 82 B2
Faughart Rd 63 D1
Faussagh Av 45 D2
Faussagh Rd 45 E3
Feltrim Hall 13 D3
Feltrim Ind Pk 13 E3
Feltrim Rd 18 A1
Fenian St 85 H5
Ferguson Rd 46 A2
Fergus Rd 63 E3
Fernbrook **2** 82 A1
Ferncourt Av 69 F4
Ferncourt Cl 69 F4
Ferncourt Cres **2** 69 F4
Ferncourt Dr **3** 69 F4
Ferncourt Grn 69 F4
Ferncourt Pk 69 F4
Ferncourt Vw 69 F4
Ferndale *Dublin 24* 69 D2
Ferndale *Manor.* 23 F2
Ferndale Av 27 E4
Ferndale Glen 81 D4
Ferndale Hill 80 C4
Ferndale Rd *Dublin 11* 27 E4
Ferndale Rd *Shank.* 81 D4
Fernhill Av 62 B3
Fernhill Pk 62 B3
Fernhill Rd 62 B3
Fernleigh 42 A2
Fernleigh Cl 42 A1
Fernleigh Ct 42 A2
Fernleigh Dale 42 A2
Fernleigh Dr 42 A1
Fernleigh Grn 42 A2
Fernleigh Gro 42 A2
Fernleigh Pk 42 A2
Fernleigh Pl **3** 42 A2
Fernleigh Vw 42 A2
Ferns Rd 63 D1
Fernvale Dr 54 B4
Fernwood Av 68 C1
Fernwood Cl 68 C2
Fernwood Ct 68 C1
Fernwood Lawn 68 C1
Fernwood Pk 68 C1
Fernwood Way 68 C2
Ferrard Rd 63 F2
Ferrycarrig Av 29 F2
Ferrycarrig Dr 29 F2
Ferrycarrig Grn **2** 29 F2
Ferrycarrig Pk 29 F2
Ferrycarrig Rd 29 F2
Ferrymans Crossing 56 C1
Fertullagh Rd 45 E3
Fettercairn Rd 68 B1
Fey Yerra **1** 76 A1
Fforester 51 E1
Fforester Cl 51 E1
Fforester Ct 51 E1
Fforester Lawn 51 E1
Fforester Pk 51 E1
Fforester Wk 51 E1
Fforester Way 51 E1
Field Av 62 B1
Fields Ter
off Ranelagh Rd 56 B4
Finches Ind Pk 54 A4
Findlater Pl
off Marlborough St 85 F2
Findlaters St 55 D1
Findlater St **14** 78 A2
Fingal Pl 84 B1
Fingal St 84 A6
Finglas Business Cen 27 D2
Finglas Business Pk 45 E1
Finglas Pk 27 E3
Finglas Pl 27 D4
Finglas Rd 45 E1
Finglas Rd Old 45 F1
Finglas Shop Cen 27 D3
Finglaswood Rd 26 C3
Finlay Sq 65 E4
Finneber Fort 27 D4
Finneber Fort Sq **1** 27 D4
Finnscourt 50 C3
Finnsgreen 50 C2
Finnsgrove 50 C2
Finnslawn 50 C3
Finnspark 50 C3
Finnstown Fairways 50 C2
Finn St 84 A1
Finnsvale 50 C2
Finnsview 50 C2
Finnswood 50 C3
Finsbury Grn 72 B1
Finsbury Pk 72 B1
Firgrove **1** 81 E1
Firhouse Rd *Dublin 16* 70 B1
Firhouse Rd *Dublin 24* 70 B1
Firhouse Rd W 69 D3
First Av *Dublin 1* 56 C1
First Av (Inchicore) *Dublin 10* 54 A2
First Av *Dublin 24* 60 C4
Fishamble St 84 D4
Fitzgerald Pk **2** 75 E4
Fitzgerald St 55 F4
Fitzgibbon La 46 B4
Fitzgibbon St 46 B4
Fitzmaurice Rd *Dublin 11* 27 F4
Fitzmaurice Rd *R'coole* 66 C2
Fitzroy Av 46 A3
Fitzwilliam Ct
off Pembroke St Upr 85 G6
Fitzwilliam La 85 H6
Fitzwilliam Pl 56 B3
Fitzwilliam Quay 57 D2
Fitzwilliam Sq E 56 B3
Fitzwilliam Sq N 85 G6
Fitzwilliam Sq S 85 G6
Fitzwilliam Sq W 85 G6
Fitzwilliam St (Ringsend) 57 D2
Fitzwilliam St Lwr 85 H6
Fitzwilliam St Upr 85 H6
Fleet St 85 F3
Fleming Pl 56 C3
Fleming Rd 46 A2
Flemings La
off Haddington Rd 56 C3
Flemingstown Pk 64 B4
Fleurville 74 B3
Floraville Av 60 B1
Floraville Dr 60 C2
Floraville Est 60 C1
Floraville Lawn 60 C1
Florence Rd 82 B2
Florence St
off Lennox St 56 A4
Florence Ter **2** 82 C2
Florence Vil **12** 82 B2
Flower Gro 77 F2
Foley St 85 G2
Fontenoy St 84 D1
Fontenoy Ter 82 C3
Fonthill Abbey **2** 71 E1
Fonthill Ct **3** 71 E1
Fonthill Pk 71 E1
Fonthill Retail Pk 52 A1
Fonthill Rd *Dublin 14* 71 E1
Fonthill Rd *Clond.* 52 A1

Fonthill Rd S 60 B2
Forbes La 84 A5
Forbes St 56 C2
Forest Av *Dublin 24* 61 E3
Forest Av *Swords* 12 B3
Forest Boul 12 A3
Forest Cl 61 E3
Forest Ct 12 A3
Forest Cres 12 B3
Forest Dale 12 B3
Forest Dr *Dublin 24* 61 E3
Forest Dr *Swords* 12 B3
Forest Flds Rd 12 B3
Forest Grn *Dublin 24* 61 E3
Forest Grn *Swords* 12 B3
Forest Gro 12 A3
Forest Hills 66 A3
Forest Lawn 61 E3
Forest Pk *Dublin 24* 61 E3
Forest Pk *Leix.* 39 E3
Forest Pk *Swords* 12 B3
Forest Rd 12 A4
Forest Vw **1** 12 B3
Forest Wk 12 B3
Forest Way **2** 12 B3
Forestwood Av 28 A2
Forestwood Cl 28 B2
Fortfield Av 63 D3
Fortfield Ct 63 D3
Fortfield Dr 63 D4
Fortfield Gdns 64 A2
Fortfield Gro 63 D3
Fortfield Pk 63 D4
Fortfield Rd 63 D3
Fortfield Sq 63 D3
Fortfield Ter 64 A2
Forth Rd 47 D4
Fortlawn 24 A3
Fortlawn Av 24 A3
Fortlawn Pk 24 A3
Fortlawns 78 A4
Fortrose Pk 62 C4
Fortunestown Cl 67 F2
Fortunestown Cres 67 F2
Fortunestown La 67 E2
Fortunestown Lawns 67 E2
Fortunestown Rd 68 A3
Fortunestown Wk 67 E2
Fosterbrook 65 F3
Foster Cotts
off Phibsborough Rd 45 F4
Foster Pl S 85 F4
Fosters, The 65 E4
Fosters Av 65 E4
Foster Ter 46 B4
Fountain Pl 84 B2
Fountain Rd 55 D1
Four Cts (Courts of Justice) 84 D3
Four Cts Sta 84 D3
Fourth Av *Dublin 1* 56 C1
Fourth Av *Dublin 24* 68 C1
Fownes St 85 F4
Foxborough Av 51 E2
Foxborough Cl 51 F2
Foxborough Ct 51 E3
Foxborough Cres **1** 51 E2
Foxborough Downes 51 E2
Foxborough Dr 51 E2
Foxborough Gdns 51 F2
Foxborough Glen 51 F2
Foxborough Grn 51 F2
Foxborough Gro 51 F2
Foxborough Hts 51 F2
Foxborough Hill 51 E2
Foxborough La 51 F2
Foxborough Lawn 51 F3
Foxborough Meadows 51 E2
Foxborough Pk 51 E2
Foxborough Pl 51 E2
Foxborough Ri 51 E2
Foxborough Rd 51 E3
Foxborough Row 51 F2
Foxborough Wk 51 F2
Foxborough Way 51 E2
Foxdene Av 51 F3
Foxdene Dr 52 A3
Foxdene Gdns 52 A2
Foxdene Grn 51 F2
Foxdene Gro 52 A2
Foxdene Pk 52 A2
Foxes Gro 81 E3
Foxfield 50 C2
Foxfield Av 48 C1
Foxfield Cres 49 D1
Foxfield Dr 49 D1
Foxfield Grn 49 D1
Foxfield Gro 48 C1
Foxfield Hts 48 C1
Foxfield Lawn 49 D1
Foxfield Pk 49 D1
Foxfield Rd 48 C1
Foxfield St. John 49 D1
Foxford 51 F1
Foxhill Av 30 B4
Foxhill Cl 30 B3
Foxhill Ct 30 B4
Foxhill Cres 30 B4
Foxhill Dr 30 B4
Foxhill Grn 30 B3
Foxhill Gro 30 B3
Foxhill Lawn 30 B4
Foxhill Pk 30 B4
Foxhill Way 30 B4
Foxpark 50 C2
Foxrock Av 76 B1
Foxrock Cl 76 C1
Foxrock Ct 76 B1
Foxrock Cres 76 C1
Foxrock Grn 76 C1
Foxrock Gro 76 C1
Foxrock Manor 76 A1
Foxrock Mt **1** 76 B1
Foxrock Pk 76 B1
Foxrock Wd 76 C1
Foxs La 49 D2
Foxwood *Lucan* 50 C2
Foxwood *Swords* 13 D2
Foyle Rd 46 C3
Francis St 84 C4
Frankfort 64 B4
Frankfort Av 63 F1
Frankfort Ct 63 F2
Frankfort Pk 64 B4
Frascati Pk 74 B2
Frascati Rd 74 B2
Frascati Shop Cen 74 B2
Frederick Ct
off Hardwicke St 85 E1
Frederick La 85 G5
Frederick La N 85 E1
Frederick St 8 B2
Frederick St N 85 E1
Frederick St S 85 G5
Frenchmans La
off Gardiner St Lwr 85 G2
Friarsland Av 64 C4
Friarsland Rd 64 C4
Friar's Wk **8** 60 B1
Friary Av 84 C3
Friel Av 53 E3
Fumbally La 84 D6
Furry Pk Ct 47 F2
Furry Pk Ind Est 28 B1
Furry Pk Rd 47 F2
Furze Rd *Dublin 8* 43 F3
Furze Rd *Sandy.* 73 E4

G

Gables, The *Clond.* 59 E1
Gables, The **4** *Fox.* 76 B2
Gaelic St 46 C4
Gailtrim Gra 19 D2
Gainsborough Av 14 B4
Gainsborough Cl **3** 14 B4
Gainsborough Ct 13 F3
Gainsborough Cres 13 F3
Gainsborough Downs 13 F3
Gainsborough Grn 13 F3
Gainsborough Lawn 13 F3
Gainsborough Pk 13 F3
Gairdini Sheinleasa 28 A3
Gallaun Rd 27 F2
Gallery, The 11 E2
Galloping Grn **3** 76 A1
Galmoy Rd 45 E3
Galtrim Pk 82 B2
Galtrim Rd 82 B3
Galtymore Cl 54 B3
Galtymore Dr 54 C3
Galtymore Pk 54 B4
Galtymore Rd 54 C3
Gandon Cl 55 F4
Gandon Ms 41 D4
Garden Croath 74 B3
Garden La 84 C5
Gardiner La 85 G1
Gardiner Row 85 F1
Gardiner's Pl 85 F1
Gardiner St Lwr 85 G1
Gardiner St Mid 85 F1
Gardiner St Upr 46 A4
Gardini Lein (Lein Gdns) 48 B2
Gardini Phairc An Bhailtini
(Villa Park Gdns) 44 C3
Garnett Hall 20 A2
Garnish Sq 25 D3
Garrynisk Cl 61 D4
Garrynisk Est 61 D4
Garrynure 64 B2
Garryowen Rd 53 F2
Gartan Av 46 A3
Gartan Ct 13 E1
Gartan Dr 13 E1
Garter La 67 D2
Garth, The *Dublin 24* 61 D3
Garth, The (Cookstown)
Dublin 24 60 C4
Garville Av 63 F2
Garville Av Upr 63 F2
Garville Rd 63 F2
Gas Yd La 15 D3
Gateway Ct **4** 28 A3
Gateway Cres 28 A3
Gateway Gdns **3** 28 A3
Gateway Ms **2** 28 A3
Gateway Pl **1** 28 A3
Gateway Vw **5** 28 A3
Gaybrook Lawns 14 B4
Geoffrey Keating Rd
off O'Curry Rd 84 C6
George's Av 74 B2
George's Hill 84 D3
George's La 84 C2
George's Pl *Dublin 1* 46 A4
George's Pl *Black.* 74 B2
George's Pl *D.L.* 75 E3
George's Quay 85 G3
Georges Rd 27 D3
George's St Lwr 75 E3
George's St Upr 75 F3
Georgian Hamlet 31 F3
Georgian Village 43 E2
Geraldine Ct **4** 36 B2
Geraldine St 45 F4
Geraldine Ter 64 B2
Geraldstown Wds 28 A2
Geraldstown Wds Apts **1** 28 A2
Gerald St 56 C2
Gertrude Ter **11** 82 A2
Gilbert Rd 55 F3
Gilford Av 57 E4
Gilford Ct 57 E4
Gilford Dr 57 E4
Gilford Pk 57 E4
Gilford Rd 57 E4
Giltspur Brook 82 B4
Giltspur Wd 82 A4
Glade, The *Dublin 16* 72 B3
Glade, The (Cookstown)
Dublin 24 60 C4
Glade, The (Oldtown Mill) *Celbr.* 37 D2
Glade, The (St. Wolstan's Abbey)
Celbr. 37 E4
Glade, The *Palm.* 42 C4
Glandore Pk 75 E4
Glandore Rd 46 C1
Glasanaon Ct
off Glasanaon Pk 27 E4
Glasanaon Pk 27 E4
Glasanaon Rd 27 E3
Glasaree Rd 27 E3
Glasilawn Av 27 F4
Glasilawn Rd 45 E1
Glasmeen Rd 45 E1
Glasmore Pk 12 B1
Glasnamana Pl 27 E4
Glasnamana Rd 45 E1
Glasnevin Av 27 E3
Glasnevin Br 45 F2
Glasnevin Business Pk 44 C1
Glasnevin Ct 45 E1
Glasnevin Downs 45 E1
Glasnevin Dr 27 F4
Glasnevin Hill 46 A1
Glasnevin Pk 27 F3
Glasnevin Wds 45 E1
Glasson Ct 64 B3
Glasthule Bldgs **15** 78 A2
Glasthule Rd 78 A2
Glaunsharoon 64 C1
Gleann Na Ri 80 C1
Gleann Na Smol *Dublin 24* 69 D2
Gleann Na Smol *D.L.* 74 C3
Glebe, The 51 D1
Glebe Vw 27 D3
Gledswood Av 64 C3
Gledswood Cl 64 C3
Gledswood Dr 64 C3
Gledswood Pk 64 C3
Glen, The (Ballinteer)
Dublin 16 72 B4
Glen, The (Ballyboden)
Dublin 16 71 D2
Glen, The **14** *D.L.* 75 F4
Glen, The *Lou.V.* 39 E2
Glenaan Rd 28 B4
Glen Abbey Complex 61 D4
Glenabbey Rd 73 E1
Glenageary Av 77 F1
Glenageary Ct 77 F1
Glenageary Hall 78 A3
Glenageary Lo 77 F1
Glenageary Off Pk 77 E1
Glenageary Pk 77 F1
Glenageary Rd Lwr 75 F4
Glenageary Rd Upr 75 E4
Glenageary Sta 75 F4
Glenageary Wds 75 E4
Glenalbyn Rd 74 A4
Glenalua Hts 79 E1
Glenalua Rd 79 E1
Glenalua Ter 79 E1
Glenamuck Rd 76 C4
Glenanne 63 D2
Glenard Av *Dublin 7* 45 E4
Glenard Av *Bray* 82 C3
Glenarm Av 46 B3
Glenarm Sq 46 A3
Glenarriff Rd 44 B2
Glenart Av 74 A3
Glenaulin 43 E4
Glenaulin Dr
(Ceide Glennaluinn) 53 E1
Glenaulin Grn 53 D1
Glenaulin Pk
(Pairc Gleannaluinn) 43 E4
Glenaulin Rd 53 D1
Glen Av 76 C3
Glenavon Pk 81 D1
Glenavy Pk 63 D2
Glenayle Rd 30 B4
Glenayr Rd 63 F3
Glenbeigh Pk 45 D4
Glenbeigh Rd 45 D4
Glenbourne Gro 76 A3
Glenbower Pk 72 B1
Glenbrook Pk 71 E1
Glenbrook Rd 44 B1
Glenburgh Ter **12** 82 A2
Glencairn 73 F4
Glencarr Ct **4** 81 E1
Glencarrig 32 C2
Glencarrig Ct 69 F3
Glencarrig Dr 69 F3
Glencarrig Grn 69 F3
Glencarr Lawn 81 E1
Glencar Rd 45 D4
Glen Cl 77 D3
Glencloy Rd 28 B4
Glencorp Rd 28 C4
Glencourt Est 82 B4
Glen Dale *Cabin.* 76 C3
Glendale *Leix.* 39 F2
Glendale Dr 82 B4
Glendale Meadows 40 A2
Glendale Pk 62 C3
Glendalough Rd 46 A2
Glendhu Pk 44 B1
Glendhu Rd 44 B1
Glendoher Av 71 E2
Glendoher Cl 71 D2
Glendoher Dr 71 E2
Glendoher Pk 71 E2
Glendoher Rd 71 D2
Glendoo Cl
off Lugaquilla Av 61 F3
Glendown Av 62 B3
Glendown Cl
off Glendown Gro 62 B3
Glendown Ct 62 B3
Glendown Cres 62 B3
Glendown Grn
off Glendown Gro 62 B3
Glendown Gro 62 B3
Glendown Lawn 62 C3
Glendown Pk 62 B3
Glendown Rd 62 B4
Glen Dr 77 D3
Glen Druid 81 E2
Glendun Rd 28 B4
Glenealy Downs 23 F2
Glenealy Rd 55 E4
Glen Easton 38 C2
Gleneaston Av 38 C3
Gleneaston Cl 39 D3
Gleneaston Ct 39 D3
Gleneaston Cres 39 D3
Gleneaston Dr 39 D3
Gleneaston Gdns 38 C2
Gleneaston Grn 39 D2
Gleneaston Gro 38 C3
Gleneaston Lawns 39 D3
Gleneaston Manor 39 D2
Gleneaston Pk 38 C3
Gleneaston Ri 38 C3
Gleneaston Sq 39 D3
Gleneaston Vw 39 D2
Gleneaston Way 39 D2
Gleneaston Wds 38 C2
Glen Ellan Cl 12 C1
Glen Ellan Ct 12 C1
Glen Ellan Cres 12 C1
Glenfarne Rd 30 A4
Glenfield Av 52 A1
Glenfield Cl 52 A1
Glenfield Dr 52 A1
Glenfield Gro 52 A1
Glenfield Pk 52 A1
Glengara Cl **4** 75 F4
Glengara Pk 75 F4
Glengariff Par 46 A3
Glen Garth 76 C3
Glen Gro 77 D3
Glenhill Av 27 E4
Glenhill Ct 27 E4
Glenhill Dr 27 D4
Glenhill Gro 27 E4
Glenhill Rd 27 D4
Glenhill Vil
off Glenhill Rd 27 D4
Glen Lawn Dr 76 C3
Glenlucan 82 A3
Glenlyon Cres 70 A3
Glenlyon Gro 70 A3
Glenlyon Pk 70 A3
Glenmalure Pk 55 D3
Glenmalure Sq 64 B2
Glenmaroon Pk 53 D1
Glenmaroon Rd 53 D1
Glenmore Ct 71 E3
Glenmore Pk 71 E3
Glenmore Rd 45 D4
Glen Na Smol 82 B4
Glenomena Gro 65 E3
Glenomena Pk 65 E2
Glenpark Cl 42 C4
Glenpark Dr 42 C4
Glenpark Rd 42 C4
Glenshane Cl 68 A2
Glenshane Cres 68 A2
Glenshane Gdns 68 A2
Glenshane Grn 68 A2
Glenshane Gro 68 B2
Glenshane Lawns 68 A2
Glenshane Pk 68 A2
Glenshesk Rd 28 C4
Glenside Vil **2** 43 D4
Glen Ter **16** 78 A2
Glenties Dr 26 C4
Glenties Pk 26 C4
Glentow Rd 28 B4
Glentworth Pk 30 B3
Glenvale 51 E2
Glenvara Pk 70 A3
Glenvar Pk 74 A2
Glenview 77 F2
Glenview Dr **4** 69 F2
Glenview Ind Est 55 D3
Glenview Lawn 70 A1
Glenview Pk 69 F1
Glenville Av 24 C4
Glenville Ct 42 B1
Glenville Dr 24 B4
Glenville Garth 24 B4
Glenville Grn 24 C4
Glenville Gro 24 C4

Glenville Ind Est 65 E4
Glenville Lawn 24 B4
Glenville Rd 42 B1
Glenville Way 24 C4
Glen Wk 76 C3
Glenwood 82 A3
Glenwood Rd 30 A4
Glin Av 29 F2
Glin Cres 29 F2
Glin Dr 29 F2
Glin Glen 29 F2
Glin Gro 29 F2
Glin Pk 29 F2
Glin Rd 29 F2
Gloucester La
off Sean McDermott St Lwr 85 G1
Gloucester Pl 85 G1
Gloucester Pl Lwr 85 G1
Gloucester Pl N 85 G1
Gloucester Pl Upr
off Gloucester Pl 85 G1
Gloucester St S 85 G3
Glovers All 85 E5
Goatstown Av 64 C4
Goatstown Rd 65 D4
Gofton Hall 27 D3
Golden Br 54 B2
Goldenbridge Av 54 C3
Goldenbridge Gdns 54 C3
Goldenbridge Sta 54 C3
Goldenbridge Ter
off Connolly Av 54 C3
Golden La 84 D5
Goldsmith St 45 F4
Goldsmith Ter **13** 82 B2
Golf La 76 B2
Golf Links Rd 19 F4
Gordon Av 76 C2
Gordon Pl
off Richmond St S 56 A3
Gordon St 56 C2
Gorsefield Ct 48 A1
Gortbeg Av 45 D1
Gortbeg Dr 45 D1
Gortbeg Pk 45 D1
Gortbeg Rd 45 D1
Gortmore Av 45 D1
Gortmore Dr 45 D1
Gortmore Pk
off Gortmore Rd 45 D1
Gortmore Rd 45 D1
Gort Na Mona Dr 76 C2
Gosworth Pk 78 A3
Government Bldgs 85 G5
Gowrie Pk 75 E4
Gracefield Av 48 A2
Gracefield Ct 47 F1
Gracefield Rd 29 F4
Grace O'Malley Dr 33 E3
Grace O'Malley Rd 33 E3
Grace Pk Av 46 B2
Grace Pk Ct 28 C4
Grace Pk Gdns 46 B2
Grace Pk Hts 46 C1
Grace Pk Meadows 47 D1
Grace Pk Rd 46 B2
Grace Pk Ter 46 C2
Grafton St 85 F5
Graham Ct 85 F1
Graigue Ct 27 F1
Granard Br 25 D4
Granby La 85 E1
Granby Pl 85 E2
Granby Row 85 E1
Grand Canal Bk *Dublin 8* 84 A5
Grand Canal Bk (Ranelagh)
Dublin 8 56 A4
Grand Canal Business Cen 54 A3
Grand Canal Harbour
off James's St 55 D2
Grand Canal Pl N 84 A4
Grand Canal Quay 56 C2
Grand Canal St Lwr 56 C2
Grand Canal St Upr 56 C3
Grand Canal Vw 54 C3
Grand Par 56 A4
Grange, The *Deans Gra* 77 D1
Grange, The *Still.* 74 A4
Grange Abbey Cres 31 D3
Grange Abbey Dr 31 D3
Grange Abbey Gro 31 D3
Grange Abbey Rd 31 D3
Grange Av 31 E3
Grange Brook 71 E3
Grangebrook Av 71 E3
Grangebrook Cl 71 E3
Grangebrook Pk 71 E3
Grangebrook Vale 71 E3
Grange Castle Int Business Park 51 D4
Grange Cl *Dublin 13* 31 E4
Grange Cl *Sally.* 77 E2
Grange Cotts **1** 74 C4
Grange Ct 71 F3
Grange Cres 77 D1
Grange Downs 71 F1
Grange Dr 31 E4
Grangefield 72 B4
Grangegorman Lwr 84 C2
Grangegorman Upr 45 E4
Grange Gro **2** 74 C4
Grange Hall 72 B4
Grange Lo Av 31 D3
Grange Manor 51 D2
Grange Manor Av 71 F2
Grange Manor Cl 71 F2
Grange Manor Dr 71 F2
Grange Manor Gro 71 F2
Grange Manor Rd 71 F2
Grangemore 30 C3
Grangemore Av 30 C3
Grangemore Ct 30 C3
Grangemore Cres 30 C3
Grangemore Dr 30 C3
Grangemore Gro 30 C3
Grangemore Lawn 30 C3
Grangemore Pk 30 C3
Grangemore Ri 30 C3
Grangemore Rd 30 C3
Grange Par 31 E4
Grange Pk *Dublin 13* 31 E3
Grange Pk *Dublin 14* 71 E1
Grange Pk *Corn.* 76 C1
Grange Pk Av 48 C1
Grange Pk Cl 48 C1
Grange Pk Cres 48 C1
Grange Pk Dr 48 C1
Grange Pk Grn 48 C1
Grange Pk Gro 48 C1
Grange Pk Par 48 C1
Grange Pk Ri 48 C1
Grange Pk Rd 48 C1
Grange Pk Wk 48 C1
Grange Ri 31 E3
Grange Rd *Dublin 13* 30 C4
Grange Rd (Baldoyle)
Dublin 13 31 D3
Grange Rd *Dublin 14* 63 E4
Grange Rd *Dublin 16* 71 E1
Grange Vw Cl 51 E4
Grange Vw Ct 51 E4
Grange Vw Grn 51 E4
Grange Vw Gro 51 E4
Grange Vw Lawn 59 E1
Grange Vw Pk 59 E1
Grange Vw Rd 51 E4
Grange Vw Wk 51 E4
Grange Vw Way 59 E1
Grange Vw Wd 51 E4
Grange Way 31 E4
Grange Wd *Dublin 16* 72 A3
Grangewood *D.L.* 77 D1
Granitefield 77 E2
Granite Hall **5** 75 F4
Granite Pl 57 D4
Granite Ter
off Inchicore Ter S 54 B2
Grantham Pl 56 A3
Grantham St 56 A3
Grants Av 58 A4
Grants Ct 58 A4
Grants Cres 58 A4
Grants Dr 66 A1
Grants Hill 58 A4
Grants La 66 A1
Grants Pk 66 A1
Grants Ri 58 A4
Grants Rd 66 A1
Grants Row *Dublin 2* 56 C2
Grants Row *Greenogue* 66 A1
Grants Vw 58 A4
Granville Cl 77 E3
Granville Cres 77 E3
Granville Pk 74 B4
Granville Rd *Cabin.* 77 E3
Granville Rd *Deans Gra* 76 B1
Grattan Br 85 E3
Grattan Ct E
off Grattan St 56 C2
Grattan Cres 54 B2
Grattan Hall 30 C3
Grattan Lo 30 C3
Grattan Par 46 A3
Grattan Pk 83 E3
Grattan Pl
off Grattan St 56 C2
Grattan St 56 C2
Gray Sq
off Gray St 84 C5
Gray St 84 C5
Great Clarence Pl 56 C2
Great Western Av
off North Circular Rd 45 F4
Great Western Sq 45 F4
Great Western Vil 45 F4
Greek St 84 D3
Green, The *Dublin 9* 29 D3
Green, The (Ballinteer)
Dublin 16 72 B3
Green, The (Ballyboden)
Dublin 16 70 C2
Green, The *Dublin 24* 61 D3
Green, The *Ashb.* 8 C3
Green, The *Bray* 82 B1
Green, The *Celbr.* 37 D3
Green, The (Dunboyne Castle)
Dunb. 20 B3
Green, The (Lutterell Hall)
Dunb. 20 B1
Green, The *Kins.* 13 E4
Green, The *Mala.* 15 D4
Green, The (Robswall) **2** *Mala.* 19 F1
Green, The *Manor.* 23 E2
Green, The *Mulh.* 24 A1
Green, The *Swords* 13 D1
Greenacre Ct 70 B1
Greencastle Av 29 F3
Greencastle Cres 29 F2
Greencastle Dr 29 F2
Greencastle Par 30 A4
Greencastle Pk 29 F2
Greencastle Rd 29 F2
Greendale Av 49 D1
Greendale Rd 49 D1
Greendale Shop Cen 49 D1
Greenfield Cl 36 A3
Greenfield Cres 65 D2
Greenfield Dr 36 B3
Greenfield Gro 8 C3
Greenfield Manor 65 D2
Greenfield Pk *Dublin 4* 65 D2
Greenfield Pk *Dublin 24* 70 A3
Greenfield Rd *Dublin 13* 32 B2
Greenfield Rd *Still.* 65 F4
Greenfort Av 52 A1
Greenfort Cl 52 B1
Greenfort Cres 52 B1
Greenfort Dr 52 A1
Greenfort Gdns 52 B1
Greenfort Lawns 52 B1
Greenfort Pk 52 A1
Greenhills Business Cen 61 F4
Greenhills Business Pk 69 F1
Greenhills Ind Est 62 A2
Greenhills Rd *Dublin 12* 61 F2
Greenhills Rd *Dublin 24* 61 F4
Green Isle Business Pk 60 A3
Green Isle Ct **1** 60 A3
Greenlands *Dublin 16* 73 D3
Greenlands, The *Dublin 14* 63 F4
Green La *Leix.* 39 E3
Green La *R'coole* 66 A4
Greenlawns **1** 29 F2
Greenlea Av 63 D3
Greenlea Dr 63 D3
Greenlea Gro 63 D3
Greenlea Pk 63 D3
Greenlea Rd 63 D3
Greenmount Av 55 F4
Greenmount Ct
off Greenmount Av 55 F4
Greenmount La 55 F4
Greenmount Lawns 63 E3
Greenmount Rd 63 F2
Greenmount Sq
off Greenmount La 55 F4
Greenogue Dr 66 B3
Greenore Ter
off Grattan St 56 C2
Green Pk 64 A3
Green Pk Rd *Bray* 82 A2
Greenpark Rd *Lucan* 50 B1
Greenridge Ct 24 C3
Green Rd *Black.* 74 A2
Green Rd, The *Dalkey* 78 C3
Green St 84 D2
Green St E 57 D2
Green St Little 84 D3
Greentrees Dr 62 B3
Greentrees Pk 62 B2
Greentrees Rd 62 B2
Greenview 19 D4
Greenville Av 55 F3
Greenville Rd 74 C3
Greenville Ter 55 F3
Greenwich Ct 64 A1
Greenwood Av 30 B3
Greenwood Cl 30 B3
Greenwood Ct 30 B3
Greenwood Dr 30 B3
Greenwood Lawn
off Greenwood Dr 30 B3
Greenwood Pk **2** 30 B3
Greenwood Wk 30 B3
Greenwood Way 30 B3
Grenville La 85 F1
Grenville St 85 F1
Greygates 65 F4
Greyhound Racing Stadium 55 F4
Greys La 33 F4
Greystones Sta 83 F3
Greythorn Pk 75 F4
Griffeen 51 E2
Griffeen Av 51 D2
Griffeen Glen Av 51 D2
Griffeen Glen Boul 51 E2
Griffeen Glen Chase 51 D2
Griffeen Glen Ct 51 E2
Griffeen Glen Cres 51 D2
Griffeen Glen Dale 51 D2
Griffeen Glen Dene 51 D2
Griffeen Glen Dr 51 E2
Griffeen Glen Grn 51 D2
Griffeen Glen Gro 51 E2
Griffeen Glen Lawn 51 D2
Griffeen Glen Pk 51 D2
Griffeen Glen Rd (east) *Lucan* 51 E2
Griffeen Glen Rd (west) *Lucan* 51 D2
Griffeen Glen Vale 51 E2
Griffeen Glen Vw 51 D2
Griffeen Glen Way 51 E2
Griffeen Rd 51 E2
Griffeen Way 51 E1
Griffin Rath Hall 36 B3
Griffin Rath Manor 36 B3
Griffin Rath Rd 36 B4
Griffith Av *Dublin 9* 46 B1
Griffith Av *Dublin 11* 45 F1
Griffith Br 54 C3
Griffith Cl 45 E1
Griffith Ct 46 C2
Griffith Downs 46 B1
Griffith Dr 27 E4
Griffith Hts 45 E1
Griffith Lawns 46 A1
Griffith Par 27 E4
Griffith Rd 27 E4
Griffith Sq
off Wesley Pl 55 F3
Griffith Sq S
off South Circular Rd 55 E3
Griffith Wk 46 C2
Grosvenor Av 82 C3
Grosvenor Ct *Dublin 3* 47 F2
Grosvenor Ct *Dublin 6W* 62 C3
Grosvenor Lo 63 F1
Grosvenor Pk 63 F1
Grosvenor Pl 63 F1
Grosvenor Rd 63 F1
Grosvenor Sq 55 F4
Grosvenor Ter **5** *Dalkey* 78 C3
Grosvenor Ter *D.L.* 75 E3
Grosvenor Vil 63 F1
Grotto Av 74 A1
Grotto Pl 65 F3
Grove, The *Dublin 5* 48 C2
Grove, The *Dublin 9* 46 C1
Grove, The (Ballinteer)
Dublin 16 72 B3
Grove, The (Meadow Mt)
Dublin 16 72 A2
Grove, The *Dublin 24* 69 E2
Grove, The (Cookstown)
Dublin 24 60 C4
Grove, The (Kilnamanagh)
Dublin 24 60 C3
Grove, The *Bray* 82 B1
Grove, The *Celbr.* 37 E4
Grove, The (Abbeyfarm) *Celbr.* 37 D4
Grove, The (Dunboyne Castle)
Dunb. 20 B3
Grove, The (Lutterell Hall) *Dunb.* 20 B1
Grove, The (Plunkett Hall) *Dunb.* 20 A1
Grove, The (Sadleir Hall) *Dunb.* 20 A2
Grove, The *Gra M.* 51 D2
Grove, The *Grey.* 83 D1
Grove, The *Kins.* 13 E4
Grove, The *Lou.V.* 39 E2
Grove Av *Dublin 6*
off Grove Rd 55 F4
Grove Av (Finglas) *Dublin 11* 27 E3
Grove Av *Black.* 74 A2
Grove Av *Mala.* 15 E4
Grove Ct **1** 12 A2
Grovedale 80 A3
Grove Ho 76 B3
Grove Ho Gdns 74 A3
Grove La 30 B3
Grove Lawn *Black.* 74 A3
Grove Lawn *Mala.* 15 E4
Grove Pk *Dublin 6* 55 F4
Grove Pk *Dublin 13* 30 B3
Grove Pk Av 27 E3
Grove Pk Cres 27 F3
Grove Pk Dr 27 E3
Grove Pk Rd 27 E3
Grove Rd (Rathmines) *Dublin 6* 55 F4
Grove Rd (Finglas) *Dublin 11* 27 E3
Grove Rd (Blanchardstown)
Dublin 15 24 B4
Grove Rd *Mala.* 15 D4
Grove Wd 27 E3
Guild St 56 C1
Guilford Ter 81 E3
Guinness Brewery 84 A4
Guinness Enterprise Cen 84 B5
Gulistan Cotts 56 A4
Gulistan Pl 56 A4
Gulistan Ter 56 A4
Gullivers Retail Pk 28 A1
Gurteen Av 53 E2
Gurteen Pk 53 E2
Gurteen Rd 53 E1

H

Hacketsland 81 E2
Haddington Lawns 78 A3
Haddington Pk **6** 78 A3
Haddington Pl 56 C3
Haddington Rd 56 C3
Haddinton Ter 75 F3
Haddon Pk
off Seaview Av N 47 E3
Haddon Rd 47 E3
Hadleigh Ct 43 E1
Hadleigh Grn 43 E1
Hadleigh Pk 43 E1
Hagans Ct 85 H6
Haigh Ter 75 F3
Hainault Dr 76 C3
Hainault Gro 76 C3
Hainault Lawn 76 C3
Hainault Pk 76 B3
Hainault Rd 76 B2
Halliday Rd 84 A2
Halliday Sq 84 A2
Halston St 84 D2
Hamilton Ct **1** 20 C2
Hamilton Hall 20 C3
Hamilton St 84 B6
Hammond La 84 C3
Hammond St 84 C6
Hampstead Av 28 A4
Hampstead Ct 28 A4
Hampstead Pk 46 A1
Hampton Ct 48 A3
Hampton Cres 65 F3
Hampton Grn 45 D3
Hampton Hermitage &
Theresian Trust 46 C2
Hampton Pk 65 F4
Hampton Wd Av 27 E1
Hampton Wd Ct 27 E1
Hampton Wd Cres 27 E1
Hampton Wd Dr 27 E1
Hampton Wd Grn 27 E1
Hampton Wd Lawn 27 E1

Hampton Wd Pk 27 E1
Hampton Wd Rd 27 E1
Hampton Wd Sq 27 E1
Hampton Wd Way 27 E1
Hanbury La *Dublin 8* 84 C4
Hanbury La **2** *Lucan* 40 C4
Hannaville Pk 63 E2
Hanover La 84 D5
Hanover Quay 56 C2
Hanover Sq W
off Hanover La 84 D5
Hanover St E 85 H4
Hanover St W
off Ash St 84 C5
Hansfield 23 E2
Hansfield Rd 23 D2
Hansted Cl **1** 50 C3
Hansted Cres 50 C3
Hansted Dale 50 C3
Hansted Pk 50 C3
Hansted Pl **2** 50 C3
Hansted Rd 50 C3
Hansted Way 50 C3
Ha'penny Br 85 F3
Harbour Ct
off Marlborough St 85 F3
Harbour Cres 78 B3
Harbour Ind Est 82 C1
Harbourmaster Pl 85 H2
Harbour Rd *Dublin 13* 33 E2
Harbour Rd *Dalkey* 78 B2
Harbour Rd *D.L.* 75 E2
Harbour Ter 75 E2
Harbour Vw
off St. Lawrence Rd 33 F3
Harcourt Grn 56 A3
Harcourt La
off Adelaide Rd 56 A3
Harcourt Rd 56 A3
Harcourt Sta 56 A3
Harcourt St 56 A3
Harcourt Ter 56 A3
Harcourt Ter La 56 B3
Hardbeck Av 62 A1
Hardiman Rd 46 A2
Hardwicke Pl 46 A4
Hardwicke St 85 E1
Harelawn Av 52 B2
Harelawn Cres 52 B2
Harelawn Dr 52 B1
Harelawn Grn 52 B2
Harelawn Gro 52 B1
Harelawn Pk 52 B2
Harlech Cres 65 D4
Harlech Downs 65 D4
Harlech Gro 65 D4
Harlech Vil 65 D4
Harman St 84 B6
Harmonstown Rd 48 A2
Harmonstown Sta 48 A2
Harmony Av 64 C1
Harmony Row 56 C2
Harold Rd 84 A2
Harolds Cross Rd 55 F4
Harold's Gra Rd 72 A4
Haroldville Av 84 A6
Harrington St 56 A3
Harrison Row 63 F2
Harry St 85 F5
Hartstown Rd 23 F3
Harty Av 62 B1
Harty Ct 62 B1
Harty Pl 84 D6
Harvard 65 D4
Hastings St 57 D2
Hastings Ter **17** 78 A2
Hatch La 56 A3
Hatch Pl
off Hatch La 56 B3
Hatch St Lwr 56 A3
Hatch St Upr 56 A3
Havelock Pl
off Bath Av 57 D3
Havelock Sq E 57 D3
Havelock Sq N 57 D3
Havelock Sq S 57 D3
Havelock Sq W 57 D3
Havelock Ter
off Bath Av 57 D3
Haven, The *Dublin 9* 46 A1
Haven, The *Mala.* 14 C3
Haven Vw **2** 14 C3
Haverty Rd 47 D3
Hawkins La 83 F3
Hawkins St 85 G3
Hawthorn Av 46 C4
Hawthorn Dr 72 B2
Hawthorn Lawn 43 E1
Hawthorn Lo 43 E1
Hawthorn Manor **1** 74 B3
Hawthorn Pk 12 C3
Hawthorn Rd *Dublin 12* 61 D1
Hawthorn Rd *Bray* 82 A2
Hawthorns, The **15** *Abb.* 81 E1
Hawthorns, The *Ashb.* 8 C2
Hawthorns Rd 73 D3
Hawthorn Ter 46 C4
Hawthorn Vw 37 D2
Hayden's La 50 C2
Haydens Pk 51 D3
Haydens Pk Av 51 D3
Haydens Pk Cl 51 D2
Haydens Pk Dale 51 D3
Haydens Pk Dr 51 D3
Haydens Pk Glade 51 D3
Haydens Pk Grn 51 D2
Haydens Pk Gro 51 D3
Haydens Pk Lawn 51 D3
Haydens Pk Vw 51 D3
Haydens Pk Wk 51 D2
Haydens Pk Way 51 D3
Hayden Sq 65 E4
Haymarket 84 C3
Hayworth Dr 23 D3
Hayworth Ms 23 D3
Hayworth Ter 23 D3
Hazel Av 73 E2
Hazelbrook Ct 63 E2
Hazelbrook Dr 63 D2
Hazelbrook Pk 61 F4
Hazelbrook Rd 63 D2
Hazelbury Grn 23 E1
Hazelbury Pk 23 E2
Hazel Ct **6** 19 E4
Hazelcroft Gdns 27 D4
Hazelcroft Pk 45 D1
Hazelcroft Rd 27 D4
Hazeldene 65 D1
Hazelgrove *Jobs.* 68 B3
Hazel Gro *Port.* 19 E4
Hazelgrove Ct 68 B3
Hazel Lawn (Blanchardstown)
Dublin 15 24 C4
Hazel Lawn **5** *D.L.* 77 E1
Hazel Pk 63 D2
Hazel Rd 47 D1
Hazel Vil 73 E2
Hazelwood *Bray* 82 A2
Hazelwood *D'bate* 11 E1
Hazelwood *Shank.* 81 E3
Hazelwood Av 23 F3
Hazelwood Cl 60 A2
Hazelwood Ct *Dublin 5* 29 E3
Hazelwood Ct *Clons.* 23 F3
Hazelwood Cres *Clond.* 60 A2
Hazelwood Cres *Clons.* 23 F3
Hazelwood Dr 29 E4
Hazelwood Grn 23 F3
Hazelwood Gro 29 E4
Hazelwood La 60 A2
Hazelwood Pk 29 E4
Hazelwood Vw 60 A2
Headford Gro 72 A1
Healthfield Rd 63 F2
Healy St
off Rutland Pl N 46 B4
Heaney Av 53 D3
Heany Av 78 C3
Hearse Rd 10 A3
Heath, The *Dublin 6W* 62 C4
Heath, The *Dublin 24* 60 C4
Heath Cres 44 B2
Heather Cl 72 A3
Heather Dr 72 A3
Heather Gro *Dublin 16* 72 A3
Heather Gro *Palm.* 52 C1
Heather Lawn 72 A3
Heather Pk 72 A3
Heather Rd *Dublin 16* 72 A3
Heather Rd *Sandy.* 73 E4
Heather Vw Av 69 D3
Heather Vw Cl 69 D3
Heather Vw Dr 69 D3
Heather Vw Lawn 69 D3
Heather Vw Pk 69 D3
Heather Vw Rd 69 D3
Heathervue 83 E3
Heathfield 75 D3
Heath Gro 44 C2
Hedgerows, The 76 B2
Heidelberg 65 D4
Heights, The *Dublin 16* 72 B4
Heights, The *Dunb.* 20 B3
Heights, The *Kins.* 13 E4
Heights, The *Mala.* 19 E1
Hellers Copse 74 A3
Hendrick La
off Benburb St 84 B3
Hendrick Pl 84 B3
Hendrick St 84 B3
Henley Ct 64 B4
Henley Pk 64 B4
Henley Vil 64 B4
Henrietta La 84 D1
Henrietta Pl 84 D2
Henrietta St 84 D2
Henry Pl 85 F2
Henry Rd 53 E3
Henry St 85 E2
Herbert Av 65 F2
Herbert Cotts 57 D4
Herbert Hill 72 C2
Herbert La 56 C3
Herberton Dr 55 D3
Herberton Pk 55 D3
Herberton Rd *Dublin 8* 55 D3
Herberton Rd *Dublin 12* 55 D3
Herbert Pk 56 C4
Herbert Pl 56 C3
Herbert Rd *Dublin 4* 57 D3
Herbert Rd (Blanchardstown)
Dublin 15 25 D4
Herbert Rd *Bray* 82 A2
Herbert St 85 H6
Herbert Vw **13** 82 A2
Hermitage Av 71 F2
Hermitage Cl 71 F2
Hermitage Ct 71 F2
Hermitage Cres 41 F4
Hermitage Downs 71 F2
Hermitage Dr 71 F2
Hermitage Gdn 41 F4
Hermitage Grn 41 F4
Hermitage Gro 71 F2
Hermitage Lawn 71 F2
Hermitage Manor 41 F4
Hermitage Pk *Dublin 16* 71 F2
Hermitage Pk *Lucan* 41 F4
Hermitage Pl 41 F4
Hermitage Rd 41 F4
Hermitage Valley 41 F4
Hermitage Vw 71 F2
Hermitage Way 41 F4
Heronford La 80 B2
Heuston Luas Sta 84 A3
Heuston Sta 55 D1
Hewardine Ter
off Killarney St 85 H1
Heytesbury La 56 C4
Heytesbury Pl
off Long La 84 D6
Heytesbury St 85 E6
Hibernian Av 46 C4
Hibernian Ind Est 69 E1
Hickey's La 8 C4
Highfield Av 71 F3
Highfield Cl 12 C2
Highfield Ct 63 F2
Highfield Cres 12 C2
Highfield Downs 12 C2
Highfield Dr 71 F3
Highfield Grn 12 C2
Highfield Gro 64 A2
Highfield Lawn 12 C2
Highfield Pk *Dublin 14* 64 B4
Highfield Pk *Leix.* 39 E3
Highfield Rd 63 F2
Highland Av 76 C3
Highland Gro 76 C3
Highland Lawn 76 C3
Highland Vw 76 C3
High Pk 46 C1
Highridge Grn 73 E2
High St *Dublin 8* 84 D4
High St *Dublin 24* 69 D1
Highthorn Pk 75 E4
Highthorn Wds **3** 75 E4
Hill, The *Dublin 16* 72 B4
Hill, The *Black.* 75 E3
Hill, The *Mala.* 19 D1
Hill, The **6** *Mulh.* 24 A2
Hill, The *Still.* 74 A3
Hillbrook Wds 24 A3
Hill Cotts **1** 79 F1
Hill Ct 19 F2
Hillcourt Pk 77 F1
Hillcourt Rd 77 F1
Hillcrest *Dublin 6W* 70 C1
Hillcrest *Lucan* 50 C1
Hillcrest (Mooretown) **1** *Swords* 14 B3
Hillcrest Av **2** *Grey.* 83 D4
Hillcrest Av *Lucan* 50 C1
Hillcrest Cl 50 B1
Hillcrest Ct 50 C1
Hillcrest Dr 50 C1
Hillcrest Grn 50 C1
Hillcrest Gro 50 C1
Hillcrest Hts 50 C1
Hillcrest Lawns 50 C1
Hillcrest Pk *Dublin 11* 27 F3
Hillcrest Pk *Lucan* 50 C1
Hillcrest Rd 50 C1
Hillcrest Vw 50 C1
Hillcrest Wk 50 C1
Hillcrest Way 50 C1
Hill Dr 19 D1
Hillsbrook Av 62 B2
Hillsbrook Cres 62 B2
Hillsbrook Dr 62 C2
Hillsbrook Gro 62 B2
Hillside *Dalkey* 78 B3
Hillside *Grey.* 83 E2
Hillside Dr 63 F4
Hillside Pk 71 D2
Hillside Rd 83 F3
Hillside Vw 49 E1
Hills Ind Est 41 D3
Hill St 85 F1
Hilltop Lawn 81 D4
Hilltop Shop Cen 48 B1
Hilltown Cl 12 B2
Hilltown Ct **4** 12 B2
Hilltown Grn **5** 12 B2
Hilltown Gro 12 B2
Hilltown Lawn 12 B2
Hilltown Pk 12 B2
Hilltown Rd 12 B2
Hilltown Way 12 B2
Hill Vw *Dublin 16* 72 A2
Hillview *R'coole* 66 A3
Hillview Cotts **3** 77 D2
Hillview Dr 77 D2
Hillview Glade **2** 72 A2
Hillview Gro 72 A2
Hillview Lawn 77 D2
Hilton Gdns 72 B3
Hoeys Ct
off Castle St 84 D4
Hogan Av 56 C2
Hogan Pl 56 C2
Hole In The Wall Rd, The 30 C3
Hole In Wall Rd, The 30 C2
Holles Row 85 H5
Holles St 85 H5
Hollows, The **7** 40 C4
Holly Av 73 E3
Hollybank Av 64 B1
Hollybank Rd 46 A2
Hollybrook Ct
off Hollybrook Rd 47 E3
Hollybrook Ct Dr 47 E3
Hollybrook Gro 47 D3
Hollybrook Pk 47 E3
Hollybrook Rd 47 E3
Holly Ct 81 D1
Holly Pk 81 E3
Holly Pk Av 74 B4
Holly Rd *Dublin 9* 47 D2
Holly Rd *Dublin 12* 61 D1
Hollyville Lawn 42 C4
Hollywell 27 E2
Hollywood Dr 73 D1
Hollywood Pk 73 D1
Holmston Av 75 F4
Holmwood 77 D4
Holycross Av 46 B3
Holy Cross Coll 46 B3
Holyrood Pk
off Sandymount Av 57 E4
Holywell 73 D2
Holywell Av *Dublin 13* 30 C4
Holywell Av *Swords* 13 D3
Holywell Ct **1** 13 D4
Holywell Cres *Dublin 13* 30 C4
Holywell Cres *Swords* 13 D4
Holywell Dr 13 D3
Holywell Gdns 13 D3
Holywell Glen 13 E4
Holywell Gro 13 E4
Holywell Pk 13 D4
Holywell Pl **2** 13 D4
Holywell Ri 13 D4
Holywell Rd *Dublin 13* 30 C4
Holywell Rd *Swords* 13 D4
Holywell Row 13 D4
Holywell Vw 13 E4
Holywell Wk 13 D4
Holywell Way 13 E4
Holywell Wd 13 D4
Home Fm Pk 46 B2
Home Fm Rd 46 A1
Homelawn Av 69 F2
Homelawn Dr 69 F2
Homelawn Gdns 69 F2
Homelawn Rd 69 F2
Homelawn Vil 69 E2
Homeleigh 42 B2
Home Vil 56 C4
Homeville *Dublin 6* 64 A1
Homeville, The *Dublin 24* 70 A2
Homeville Ct **4** 70 A2
Honey Pk **8** 77 E1
Hope Av 46 C4
Hope St 56 C2
Hopkins Sq 65 E4
Horseman's Row
off Parnell St 85 F1
Horton Ct 63 E3
Hospital Sta 68 C1
Hotel Yd 85 E3
House of Retreat 54 B3
House of St. John of God 74 A4
Howard St 56 C2
Howth Castle 33 D3
Howth Golf Course 33 D4
Howth Junct 31 D4
Howth Rd *Dublin 3* 47 D3
Howth Rd *Dublin 5* 48 A2
Howth Rd (Howth) *Dublin 13* 33 D2
Howth Sta 33 E2
Howth Vw Pk 30 C4
H.S. Reilly Br 44 C1
Huband Br 56 C3
Huband Rd 54 A4
Hudson Rd 78 A2
Hughes Rd E 62 B1
Hughes Rd N 62 B1
Hughes Rd S 62 B1
Hume Av 53 D4
Hume Cen 53 E3
Hume St 85 G6
Hunters Av 70 A4
Hunters Brook 83 D4
Hunters Ct 70 A4
Hunters Cres 70 A4
Hunters Grn 70 A4
Hunters Gro 70 A4
Hunters Hill 70 A4
Hunters La *Dublin 24* 70 A4
Hunters La *Ashb.* 8 C2
Hunters Meadow 70 A4
Hunters Par 70 A4
Hunters Pl 70 A4
Hunters Rd 70 A4
Hunter's Run 23 F1
Hunter's Run The Cl 23 F1
Hunter's Run The Dr 23 F1
Hunter's Run The Glade 23 F1
Hunter's Run The Gro 23 E1
Hunter's Run The Pk 23 F1
Hunter's Run The Ri 23 F2
Hunter's Run The Vw 23 F1
Hunter's Run The Way 23 F2
Hunters Wk 70 A4
Hunters Way 70 A4
Huntsgrove 8 C2
Huntstown Av 23 F2
Huntstown Cl 24 A2
Huntstown Ct 23 F2
Huntstown Dr 23 F2
Huntstown Glen 23 F2
Huntstown Grn 24 A2
Huntstown Gro 24 A2
Huntstown Lawn 24 A2
Huntstown Pk 24 A2
Huntstown Ri 24 A2

Huntstown Rd 24 A2
Huntstown Way 24 A2
Huntstown Wd 23 F2
Hutchinsons Strand 10 A4
Huxley Cres 84 A6
Hyacinth St 46 C4
Hyde Pk *Dublin 6W* 63 D4
Hyde Pk *D.L.* 78 B2
Hyde Pk Av 74 A2
Hyde Pk Gdns 74 A2
Hyde Rd 78 B2
Hyde Sq 65 E3

I

I.D.A. Ind Cen 84 A1
I.D.A. Small Ind Cen 29 D2
Idrone Av 70 B2
Idrone Cl 70 C2
Idrone Dr 70 B2
Idrone Pk 70 B2
Idrone Ter 74 B2
ILAC Cen 85 E2
Imaal Rd 45 E3
Inagh Ct 81 E1
Inagh Rd 53 E2
Inbhir Ide 14 C4
Inbhir Ide Cl 14 C3
Inbhir Ide Dr 14 C3
Inchicore Par 54 B2
Inchicore Rd 54 C2
Inchicore Sq 54 B2
Inchicore Ter N 54 B2
Inchicore Ter S 54 B2
Industrial Yarns Complex 82 B1
Infirmary Rd 55 D1
Inglewood 24 A3
Inglewood Cl 23 F3
Inglewood Cres 23 F3
Inglewood Dr 24 A3
Inglewood Rd 24 A3
Ingram Rd 55 F3
Inis Fail 69 D3
Innisfallen Par 46 A3
Innishmaan Rd 28 B4
Innismore 62 B1
Inns Quay 84 D3
Intel Ind Est 38 C1
Invermore Gro
off Carraroe Av 30 C4
Inverness Rd 46 C3
Inver Rd 45 D3
Iona Cres 46 A2
Iona Dr 46 A3
Iona Pk 46 A3
Iona Rd 45 F3
Iona Vil 46 A2
IR99 Training Cen 39 D2
Iris Gro 65 E4
Irishtown Rd 57 D2
Irvine Cres
off Church Rd 56 C1
Irvine Ter 56 C1
Irwin Ct 55 D2
Irwin St 55 D2
Island St 84 B3
Island Vw *Dublin 5* 49 E1
Island Vw *Mala.* 15 E4
Island Vil
off Hogan Av 56 C2
Islington Av 78 A1
Isolda Rd 57 E2
Ivar St 84 B2
Iveagh Bldgs
off Kevin St Upr 84 D6
Iveagh Gdns 54 C4
Iveleary Rd 28 B4
Iveragh Ct 57 D3
Iveragh Rd 28 B4

J

James Connolly Pk 52 B4
James Connolly Sq 82 B2
James Everett Pk 82 A2
James Joyce Ct 49 E1
James Larkin Rd *Dublin 3* 48 C3
James Larkin Rd *Dublin 5* 48 C2
James McCormack Gdns 32 A2
James Pl E 85 H6
James's Gate
off James's St 55 D2
James's Sta 55 D2
James's St 55 D2
James's St E 85 H6
James's Ter **6** 15 D4
James St N 46 C4
Jamestown Av 54 A3
Jamestown Business Pk 27 D3
Jamestown Ind Est 54 A3
Jamestown Rd (Inchicore)
Dublin 8 54 A3
Jamestown Rd (Finglas)
Dublin 11 27 D3
Jamestown Sq 54 A3
Janelle Shop Cen 27 D4
Jane Ville
off Tivoli Rd 75 E3
Jerome Connor Pl
off Sullivan St 55 D1
Jervis La Lwr 85 E3
Jervis La Upr 85 E2
Jervis Sta 85 E3
Jervis St 85 E2
Jetty Rd 57 F1
Jobstown Rd 68 A3
John Dillon St 84 D5
John F. Kennedy Av 53 E4
John F. Kennedy Dr 53 F4
John F. Kennedy Ind Est 53 E4
John F. Kennedy Pk 53 E4
John F. Kennedy Rd 53 E4
John McCormack Av 62 B1
Johnsbridge 51 D2
Johnsbridge Av 51 D2
Johnsbridge Cl 51 D2
Johnsbridge Grn 51 D2
Johnsbridge Gro 51 D2
Johnsbridge Meadows 51 D2
Johnsbridge Pk 51 D2
Johnsbridge Wk 51 D2
Johns La W 84 C4
Johnsons Ct
off Grafton St 85 F5
Johnsons Pl
off King St S 85 F5
Johnstown Av 77 E2
Johnstown Ct 77 E2
Johnstown Gro 77 E2
Johnstown La 77 E2
Johnstown Pk *Dublin 11* 27 F4
Johnstown Pk *Corn.* 77 E2
Johnstown Rd *Cabin.* 77 E3
Johnstown Rd *R'coole* 66 A3
John St S 84 B5
John St W 84 C4
Jones's Rd 46 B3
Jones Ter **15** 82 C3
Jordanstown Av 58 B4
Jordanstown Dr 58 B4
Jordanstown Rd 58 B4
Josephine Av
off Leo St 46 A4
Joshua La
off Dawson St 85 F5
Joyce Av 76 B3
Joyce Rd 46 A2
Joyce Way 53 D4
Joy St
off Barrow St 56 C2
Jugback Cres 12 C1

K

KCR Ind Est 63 D2
Keadeen Av 61 F3
Kearns Pl 55 D2
Keeper Rd 55 D3
Kells Rd 63 D1
Kelly's Av 75 E3
Kelly's La 36 A2
Kellys Row 46 A4
Kellystown Rd 72 A4
Kelston Av 76 B1
Kelston Dr 76 B1
Kelston Hall **9** 76 B1
Kelston Pk 76 A1
Kelston Vw **10** 76 B1
Kelvin Cl 19 F2
Kempton Av 44 B2
Kempton Ct 44 B2
Kempton Grn 44 A2
Kempton Gro 44 B2
Kempton Heath 44 B2
Kempton Lawn 44 B2
Kempton Pk 44 B2
Kempton Ri 44 B2
Kempton Vw 44 B2
Kempton Way 44 B2
Kenah Hill 79 E1
Kenilworth La 63 F1
Kenilworth Pk 63 E1
Kenilworth Rd 63 F1
Kenilworth Sq E 63 F1
Kenilworth Sq N 63 F1
Kenilworth Sq S 63 F1
Kenilworth Sq W 63 F1
Kenmare Hts 83 D3
Kenmare Par
off Dorset St Lwr 46 A3
Kennedy Pk **2** 82 B4
Kennelsfort Grn 52 C1
Kennelsfort Rd 52 C1
Kennelsfort Rd Lwr 43 D4
Kennelsfort Rd Upr 52 C1
Kennington Cl 62 A4
Kennington Cres 62 A4
Kennington Lawn 62 B4
Kennington Rd 62 A4
Kentfield 81 E2
Keogh Sq 54 B2
Kerlogue Rd 57 E2
Kerrymount Av 76 B3
Kerrymount Cl **1** 76 C3
Kerrymount Grn 76 C3
Kerrymount Mall 76 C3
Kerrymount Ri 76 C3
Kettles La 13 D4
Kevanagh Av 53 E3
Kevin St Lwr 85 E6
Kevin St Upr 84 D5
Kew Pk 40 B4
Kew Pk Av 40 B4
Kew Pk Cres 40 B4
Kickam Rd 54 C2
Kilakea Cl
off Tibradden Dr 61 F3
Kilakea Dr
off Tibradden Dr 61 F3
Kilbarrack Av 49 E1
Kilbarrack Gdns 49 E1
Kilbarrack Gro 49 D1
Kilbarrack Ind Est 31 D4
Kilbarrack Par 31 D4
Kilbarrack Rd 30 C4
Kilbarrack Shop Cen 30 C4
Kilbarrack Sta 48 C1
Kilbarrack Way 31 D4
Kilbarron Av 29 D3
Kilbarron Dr 29 D3
Kilbarron Pk 29 D3
Kilbarron Rd 29 D3
Kilbegnet Cl 78 B3
Kilbogget Gro 77 E4
Kilbogget Vil **1** 77 E3
Kilbride Rd 47 F2
Kilbrina 20 B2
Kilcarberry Av 59 F1
Kilcarberry Cl 59 F1
Kilcarberry Ct 59 F1
Kilcarberry Ind Est 59 D1
Kilcarberry Ind Pk 59 E1
Kilcarberry Lawn 59 F1
Kilcarrig Av 68 B1
Kilcarrig Cl 68 B1
Kilcarrig Cres 68 B1
Kilcarrig Grn 68 B1
Kilclare Av 68 B2
Kilclare Cres 68 B2
Kilclare Dr 68 B2
Kilclare Gdns 68 B2
Kilcock Maynooth Leixlip
Bypass 39 E4
Kilcolman Ct **7** 78 A3
Kilcronan Av 51 E4
Kilcronan Cl 51 E4
Kilcronan Cres 51 E4
Kilcronan Grn 51 E4
Kilcronan Gro 51 E4
Kilcronan Lawns 51 E4
Kilcronan Vw 51 E4
Kilcross Av 73 D4
Kilcross Cl **2** 73 D4
Kilcross Ct 72 C4
Kilcross Cres 73 D4
Kilcross Dr 73 D4
Kilcross Gro 72 C4
Kilcross Lawn 73 D4
Kilcross Pk 72 C4
Kilcross Rd 73 D4
Kilcross Sq 72 C4
Kilcross Way **1** 73 D4
Kildare Br 36 C1
Kildare Pk 54 C4
Kildare Rd 55 D4
Kildare St 85 G5
Kilderry Hall 8 B2
Kildonan Av 26 C3
Kildonan Dr 26 C3
Kildonan Rd 26 C3
Kilfenora Dr 30 C3
Kilfenora Rd 63 D1
Kilgobbin Rd 73 E4
Kilgrastor Ct **1** 82 A4
Kilkieran Ct 45 D2
Kilkieran Rd 45 D2
Kill Abbey 74 C4
Killakee Av 69 F3
Killakee Ct 69 F3
Killakee Gdns 69 F3
Killakee Grn 69 F3
Killakee Gro 69 F3
Killakee Lawns 69 F3
Killakee Pk 69 F3
Killakee Ri 69 F3
Killakee Vw 69 F3
Killakee Wk 69 F3
Killakee Way 69 F3
Killala Rd 45 D3
Killan Rd 56 C1
Killarney Av 85 H1
Killarney Ct **2** 82 A4
Killarney Glen 82 A3
Killarney La 82 A3
Killarney Par 46 A3
Killarney Pk 82 A4
Killarney Rd Business Pk 82 A4
Killarney St 85 H1
Killarney Vil **5** 82 B3
Killary Gro *off Ardara Av* 30 C4
Kill Av 75 D4
Killeen 14 B4
Killeen Av 14 B4
Killeen Ct **2** 14 B4
Killeen Cres 14 B4
Killeen Ms 15 D4
Killeen Pk 14 B4
Killeen Rd *Dublin 6* 64 A1
Killeen Rd *Dublin 10* 53 E4
Killeen Rd *Dublin 12* 53 E4
Killeen Ter 15 D4
Killegland Ct 8 B2
Killegland Pk 8 B2
Killegland Ri 8 C3
Killegland Rd 8 C3
Killester Av 47 F2
Killester Ct 47 F1
Killester Pk 47 F1
Killester Sta 47 F2
Killinarden Est 68 B3
Killinarden Hts 68 C3
Killinarden Rd 68 B4
Killinardin Enterprise Pk 68 C3
Killincarrick Rd 83 F3
Killincarrig Manor 83 E3
Killiney Av 77 F4
Killiney Cen 77 F2
Killiney Ct **5** 81 E1
Killiney Gate 79 E2
Killiney Gro 78 A4
Killiney Heath 79 E2
Killiney Hill Pk 78 B4
Killiney Hill Rd 79 E1
Killiney Oaks **6** 81 E1
Killiney Rd 78 A3
Killiney Sta 79 F2
Killiney Ter **2** 78 B2
Killiney Twrs **8** 78 A3
Killiney Vw 78 A2
Killininny Cotts 69 F3
Killininny Ct Apts **1** 69 F3
Killininny Rd 69 F3
Kill La 76 C1
Kilmacud Av 73 E2
Kilmacud Pk 73 E1
Kilmacud Rd Upr *Dublin 14* 73 D1
Kilmacud Rd Upr *Still.* 73 E2
Kilmacud Sta 73 D2
Kilmahuddrick Av 51 E4
Kilmahuddrick Cl 51 E4
Kilmahuddrick Ct 51 E4
Kilmahuddrick Cres 51 E4
Kilmahuddrick Dr 51 E4
Kilmahuddrick Grn 51 E4
Kilmahuddrick Gro 51 E4
Kilmahuddrick Lawn 51 E4
Kilmahuddrick Pl 51 E4
Kilmahuddrick Rd 51 E4
Kilmahuddrick Wk 51 E4
Kilmahuddrick Way 51 E4
Kilmainham Br 54 C2
Kilmainham La 54 C2
Kilmantain Pl **6** 82 B3
Kilmartin Av 68 A1
Kilmartin Cres 68 B1
Kilmartin Dr 68 A1
Kilmartin Gdns 68 A1
Kilmartin Pk 68 A1
Kilmashogue Br 71 F4
Kilmashogue Cl
off Kilmashogue Dr 61 F3
Kilmashogue Dr 61 F3
Kilmashogue Gro 61 F3
Kilmore Av *Dublin 5* 29 E3
Kilmore Av *Kill.* 79 E2
Kilmore Cl 29 E3
Kilmore Cres 29 E3
Kilmore Dr 29 E3
Kilmore Rd 29 E4
Kilmorony Cl 30 C4
Kilnamanagh Rd 62 A1
Kilnamarragh Shop Cen 61 E4
Kilohan Gro 62 A3
Kilrock Rd 33 F3
Kilshane Rd 26 B4
Kiltalown Av 68 A3
Kiltalown Cl 68 A3
Kiltalown Ct 68 A3
Kiltalown Cres 68 A3
Kiltalown Dr 68 A3
Kiltalown Grn 68 A3
Kiltalown Gro 68 A3
Kiltalown Hts 68 A3
Kiltalown Pk 68 A3
Kiltalown Rd 68 A3
Kiltalown Vw 68 A3
Kiltalown Wk 68 A3
Kiltalown Way 68 A3
Kilteragh Dr 76 B3
Kilteragh Pines **3** 76 B2
Kilteragh Rd 76 C3
Kiltipper Av 69 E3
Kiltipper Cl 69 E3
Kiltipper Dr 69 E3
Kiltipper Gate **3** 69 D4
Kiltipper Ri **1** 69 D4
Kiltipper Rd 69 D4
Kiltipper Vw **2** 69 D4
Kiltipper Way 69 D3
Kiltuck Pk **2** 81 E4
Kilvere 63 D4
Kilworth Rd 54 B3
Kimberley Rd 83 F2
Kimmage Ct 63 D2
Kimmage Gro 63 E2
Kimmage Manor Way 62 C3
Kimmage Rd Lwr 63 E1
Kimmage Rd W 62 C2
Kinahan St 55 D1
Kincora Av 47 E3
Kincora Ct 48 A4
Kincora Dr 47 F3
Kincora Gro 47 F3
Kincora Pk 47 F3
Kincora Rd 47 F3
Kindlestown Lwr 83 E2
Kindlestown Pk 83 E3
King Edward Ct **7** 82 B3
King Edward Lawn 82 A3
King Edward Pk 82 A3
King Edward Rd 82 A3
Kingram La 56 B3
Kings Av 46 C4
Kingsbury 36 A3
Kings Hall *Dublin 20* 53 F1
Kings Hall **2** *Swords* 13 E3
Kings Inns St 85 E2
Kingsland Par 56 A4
Kingsland Pk Av 56 A3
Kingsmill Rd 82 C2
Kingston 72 B4
Kingston Av 72 B4
Kingston Cl 72 B4
Kingston Ct 71 E2
Kingston Cres 72 B4
Kingston Dr 72 B4
Kingston Grn 72 B4
Kingston Gro 72 B4

Kingston Hall 72 B4
Kingston Hts 72 B4
Kingston Lawn 72 B4
Kingston Pk 72 B4
Kingston Ri 72 B4
Kingston Vw 72 B4
Kingston Wk 72 B4
King St N 84 D2
King St S 85 F5
Kingswood Av *Dublin 24* 61 D3
Kingswood Av *City W* 67 E1
Kingswood Castle 61 D2
Kingswood Dr *Dublin 24* 61 D3
Kingswood Dr *Kings.* 67 F1
Kingswood Rd 67 F1
Kingswood Sta 61 E3
Kingswood Vw 60 C3
Kinlen Rd 83 F3
Kinsaley Br 18 C3
Kinsaley Business Pk 18 C3
Kinsaley La 18 C3
Kinsaley Research Cen 18 B4
Kinsealy Ct 13 F3
Kinsealy Downs 18 A1
Kinvara Av 44 B2
Kinvara Dr 44 B2
Kinvara Gro 44 B2
Kinvara Pk 44 B2
Kinvara Rd 44 B2
Kippure Av 61 F3
Kippure Pk 44 C1
Kirkfield **1** 24 A4
Kirkpatrick Av 42 B1
Kirkpatrick Dr 42 B1
Kirkwood 57 E4
Kirwan St 84 B2
Kirwan St Cotts
off Kirwan St 84 B1
Kitestown Rd 33 F4
Knapton Ct
off Vesey Pl 75 E3
Knapton Lawn 75 E3
Knapton Rd 75 E3
Knights Br 47 F3
Knights Wd 28 C2
Knockaire 70 C2
Knockaulin 39 E3
Knockcullen 70 C1
Knockcullen Dr 70 C1
Knockcullen Lawn 70 C1
Knockcullen Pk 70 C1
Knockcullen Ri 70 C2
Knockdara 19 E1
Knockfield Grn 70 B2
Knockfield Manor 70 B2
Knocklyon Av 70 B1
Knocklyon Cl 70 B2
Knocklyon Ct 70 B2
Knocklyon Cres 70 A3
Knocklyon Dr 70 C1
Knocklyon Gate Apts **1** 70 A3
Knocklyon Grn 70 B2
Knocklyon Gro 70 B2
Knocklyon Hts 70 B2
Knocklyon Hill 70 A3
Knocklyon Ms 70 B1
Knocklyon Pk 70 B2
Knocklyon Rd 70 C2
Knockmaroon Hill 43 E4
Knockmaroon Rd 43 E4
Knockmeenagh La 60 C2
Knockmeenagh Rd 60 B2
Knockmitten Cl 53 D4
Knockmitten La 53 D4
Knockmitten La N 53 D4
Knockmore Av 68 B3
Knockmore Cres 68 B3
Knockmore Dr 68 B3
Knockmore Gdns 68 B3
Knockmore Grn 68 B3
Knockmore Gro 68 B3
Knockmore Pk 68 B3
Knock-na-Cree Gro 78 C4
Knock-na-Cree Pk 78 B3
Knock-na-Cree Rd 78 B4
Knocknarea Av 54 C4
Knocknarea Rd 54 B4
Knocknashee 73 D1
Knock Riada 53 F1
Knocksinna 76 B1
Knocksinna Ct **8** 76 B1
Knocksinna Cres 76 B1
Knocksinna Gro **4** 76 B1
Knocksinna Pk 76 B1
Knowth Ct 27 F2
Kor Dev Pk 53 F4
Kyber Rd 44 B4
Kyle-Clare Rd 57 E2
Kylemore Av 53 E3
Kylemore Dr 53 F3
Kylemore Pk Ind Est 53 F3
Kylemore Pk N 53 E3
Kylemore Pk S 53 F3
Kylemore Pk W 53 F3
Kylemore Rd *Dublin 10* 53 F2
Kylemore Rd *Dublin 12* 53 F2
Kylemore Rd *Dublin 20* 53 E1
Kylemore Sta 53 F4

L

Labre Pk 53 F3
Laburnum Rd 64 C2
Laburnum Wk 42 C4
Lad La 56 B3
Lady's Well Rd 24 B1
Lagan Rd 45 D1
Lake Dr 67 F1
Lakelands, The 63 E4
Lakelands Av 73 E2
Lakelands Cl 73 E2
Lakelands Cres 73 E2
Lakelands Dr 73 E2
Lakelands Gro 73 E2
Lakelands Lawn 73 E2
Lakelands Pk 63 E3
Lakelands Rd 73 E2
Lakeshore Dr 13 D3
Lakeview Dr 13 D3
Lally Rd 54 A2
Lambay Cl 81 E1
Lambay Ct 15 F4
Lambay Dr 81 E1
Lambay Rd 46 A1
Lambourne Av 23 F4
Lambourne Ct 23 F4
Lambourne Dr 23 F4
Lambourne Pk *Clons.* 23 F4
Lambourne Pk *D'bate* 11 F1
Lambourne Rd 23 F4
Lambourne Village 47 F3
Lambourne Wd 77 D4
Lambs Ct
off James's St 55 D2
Landen Rd 53 F3
Landscape Av 64 A4
Landscape Cres 64 A4
Landscape Gdns 64 A4
Landscape Pk 64 A4
Landscape Rd 64 A4
Landys Ind Est 70 C1
Lanesborough Av 27 D1
Lanesborough Dr 27 E1
Lanesborough Gdns 27 D1
Lanesborough Gro 27 E1
Lanesborough Pk 27 D2
Lanesborough Rd 27 D1
Lanesborough Ter 27 D1
Lanesborough Vw 27 D2
Lanesville 75 D4
Langrishe Pl
off Summerhill 85 G1
Lanndale Lawns 68 C1
Lansdowne Gdns
off Shelbourne Rd 57 D3
Lansdowne Hall
off Tritonville Rd 57 D3
Lansdowne La 57 D3
Lansdowne Pk *Dublin 4* 56 C3
Lansdowne Pk *Dublin 16* 70 C1
Lansdowne Rd 56 C3
Lansdowne Rd Stadium 57 D3
Lansdowne Rd Sta 57 D3
Lansdowne Ter
off Serpentine Av 57 D4
Lansdowne Valley Apts 54 A4
Lansdowne Valley Cres
off Kilworth Rd 54 B4
Lansdowne Village 57 D3
Lansdown Valley Pk 54 B3
Laracor Gdns 30 C4
Laragh 79 E2
Laragh Cl 30 C4
Laraghcon 40 C3
Laragh Gro
off Laragh Cl 30 C4
Larch Dr **4** 71 D3
Larchfield *Dublin 14* 64 B4
Larchfield *Dunb.* 20 C3
Larchfield Pk 64 C4
Larchfield Rd 64 C4
Larch Gro 64 B1
Larkfield 41 F4
Larkfield Av *Dublin 6W* 63 E1
Larkfield Av *Lucan* 51 F1
Larkfield Cl 41 F4
Larkfield Ct 51 F1
Larkfield Gdns 63 E1
Larkfield Grn 41 F4
Larkfield Gro *Dublin 6W* 63 E2
Larkfield Gro (Ballyowen) *Lucan* 41 F4
Larkfield Ms 37 E3
Larkfield Pk 63 E1
Larkfield Pl 51 F1
Larkfield Ri 41 F4
Larkfield Vw 51 F1
Larkfield Way 41 F4
Larkhill Rd 28 A4
Latchford Cl 23 D2
Latchford Grn 23 E2
Latchford Pk 23 E2
Latchford Sq 23 E2
Latchford Ter 23 E2
La Touche Cl 83 F2
La Touche Ct 72 A3
La Touche Dr 54 A3
La Touche Pk 83 E2
La Touche Pl 83 F2
La Touche Rd *Dublin 12* 54 A4
La Touche Rd *Grey.* 83 F2
Lauderdale Est 82 B4
Lauderdale Ter **3** 82 B4
Lauders La 32 B2
Laundry La 63 F1
Laurel Av *Dublin 14* 72 B1
Laurel Av *Lough.* 81 D1
Laurel Ct 42 C1
Laurel Dr 72 B1
Laurel Hill 75 F4
Laurel Lo Rd 43 D1
Laurel Pk 60 B1
Laurel Rd 72 B1
Laurels, The *Dublin 6W* 63 E2
Laurels, The *Dublin 14* 72 B1
Laurelton 63 F3
Laurence Brook 53 F1
Laurleen 76 A1
Lavarna Gro 63 D3
Lavarna Rd 63 D2
Laverna Av 42 C1
Laverna Dale 42 C1
Laverna Gro 42 C1
Laverna Way 42 C2
Lavery Av 53 D3
Lavista Av (Killester) *Dublin 5* 47 F2
La Vista Av *Dublin 13* 32 C4
Lawn, The *Dublin 11* 27 D3
Lawn, The (Ballinteer)
Dublin 16 72 B3
Lawn, The (Ballyboden)
Dublin 16 70 C2
Lawn, The (Cookstown)
Dublin 24 60 C4
Lawn, The *Bray* 82 B1
Lawn, The *Celbr.* 37 D3
Lawn, The *Dunb.* 20 A1
Lawn, The *Kins.* 13 E3
Lawns, The (Abbeyfarm) 37 D4
Lawnswood Pk 74 A4
Lawrence's Av 36 B3
Lawson Spinney 14 B4
Lawson Ter **18** 78 A2
Lea Cres 57 E4
Leahys Ter 57 E3
Lealand Av 59 F1
Lealand Cl 59 F1
Lealand Cres 59 F1
Lealand Dr 59 F1
Lealand Gdns 59 F1
Lealand Gro 59 F1
Lealand Rd 51 F4
Lealand Wk 59 F1
Lea Rd 57 E4
Le Bas Ter
off Leinster Rd W 63 F1
Le Broquay Av 53 E3
Ledwidge Cres 82 A2
Lee Rd 45 E2
Leeson Cl 56 B3
Leeson La 85 G6
Leeson Pk 56 B4
Leeson Pk Av 56 B4
Leeson Pl 56 B3
Leeson St Br 56 B3
Leeson St Lwr 85 G6
Leeson St Upr 56 B4
Leeson Village 56 B4
Le Fanu Dr 53 E3
Le Fanu Rd 53 E2
Lehaunstown Rd 80 B1
Leicester Av 63 F1
Leighlin Rd 63 D1
Lein Gdns (Gardini Lein) 48 B2
Lein Pk 48 A1
Lein Rd 48 A1
Leinster Av 46 C4
Leinster Ct 36 B1
Leinster La
off Leinster St S 85 G5
Leinster Lawn 64 C3
Leinster Lo Apts **1** 36 B1
Leinster Mkt
off D'Olier St 85 F3
Leinster Pk 36 B2
Leinster Pl 63 F1
Leinster Rd 63 F1
Leinster Rd W 63 F1
Leinster Sq 64 A1
Leinster St 36 A2
Leinster St E 46 C4
Leinster St N 45 F3
Leinster St S 85 G5
Leinster Ter **2** 60 B1
Leitrim Pl
off Grand Canal St Upr 56 C3
Leixlip Br 39 F3
Leixlip Confey Sta 39 F1
Leixlip Pk 39 E3
Leixlip Rd 40 B4
Leixlip Sta 39 D2
Leix Rd 45 E3
Leland Pl 56 C1
Lemon St 85 F5
Lennox Pl 56 A4
Lennox St 56 A4
Lentisk Lawn 30 C4
Leo Av
off Leo St 46 A4
Leopardstown Av 76 A1
Leopardstown Ct **2** 73 F3
Leopardstown Dr 76 A1
Leopardstown Gdns 76 A1
Leopardstown Gro 76 A1
Leopardstown Hts 73 E4
Leopardstown Lawn **2** 76 A1
Leopardstown Oaks 76 A1
Leopardstown Off Pk 73 F3
Leopardstown Pk 76 A1
Leopardstown Retail Pk 73 F4
Leopardstown Ri 73 E4
Leopardstown Rd 73 F4
Leopardstown Valley 76 A3
Leo St 46 A4
Leslie Av 78 C3
Leslies Bldgs 45 F4
Leukos Rd 57 E2
Le Vere Ter 55 F4
Liberty La 85 E6
Library Rd *D.L.* 75 E3
Library Rd *Shank.* 81 D3
Liffey Cl 51 F1
Liffey Ct 51 F1
Liffey Cres 51 F1
Liffey Dale 51 F1
Liffey Dockyard 57 D1
Liffey Downs **1** 41 F4
Liffey Dr 51 F1
Liffey Gdns 51 F1
Liffey Glen **2** 51 F1
Liffey Grn 51 F1
Liffey Hall 51 F1
Liffey Lawn 52 A1
Liffey Pk 51 F1
Liffey Pl **3** 51 F1
Liffey Ri 51 F1
Liffey Rd 51 F1
Liffey Row 41 F4
Liffey St 54 A2
Liffey St Lwr 85 E3
Liffey St Upr 85 E3
Liffey St W
off Benburb St 84 B3
Liffey Vale 51 F1
Liffey Valley Ave 51 F1
Liffey Valley Pk 51 F1
Liffey Vw 51 F1
Liffey Vw Apts **2** 39 F3
Liffey Wk 52 A1
Liffey Way 51 F1
Liffey Wd 51 F1
Lilys Rd 23 D2
Limekiln Av 62 A3
Limekiln Cl 62 B3
Limekiln Dr 62 B3
Limekiln Gro 62 B2
Limekiln La 62 B3
Limekiln Pk 62 B3
Limekiln Rd 62 A3
Limelawn Pk 24 A4
Limelawn Pk Ct 24 A4
Limelawn Pk Glade 24 A4
Limelawn Pk Grn 24 A4
Limelawn Pk Hill 24 A4
Limelawn Pk Ri 24 A4
Limelawn Pk Wd 24 A4
Limes Rd 73 D3
Lime St 56 C2
Limetree Av 19 F2
Limewood Av 30 B4
Limewood Pk 30 B4
Limewood Rd 30 B4
Lincoln La 84 C3
Lincoln Pl 85 G5
Linden 74 A3
Linden Gro 74 A3
Linden Lea Pk 73 F2
Linden Vale 74 B3
Lindisfarne Av 51 F4
Lindisfarne Dr 51 F4
Lindisfarne Grn 51 F4
Lindisfarne Gro 51 F4
Lindisfarne Lawns 51 F4
Lindisfarne Pk 51 F4
Lindisfarne Vale 51 F4
Lindisfarne Wk 51 F4
Lindsay Ms 8 C3
Lindsay Rd 45 F3
Linenhall Par 84 D2
Linenhall Ter 84 D2
Link Rd 78 A2
Links, The *D'bate* 11 F1
Links, The *Port.* 19 E4
Linnetfields 23 D2
Linnetfields Av 23 D2
Linnetfields Cl 23 E2
Linnetfields Ct 23 D2
Linnetfields Dr 23 D2
Linnetfields Pk 23 D2
Linnetfields Ri 23 D2
Linnetfields Sq 23 D2
Linnetfields Vw 23 D2
Linnetfields Wk 23 D2
Lios Cian 12 B1
Lios Na Sidhe 69 D3
Lisburn St 84 D2
Liscannor Rd 45 D2
Liscanor **1** 78 C2
Liscarne Ct 52 B2
Liscarne Gdns 52 B2
Lisle Rd 62 B1
Lismore Rd 63 D1
Lissadel Av 54 C3
Lissadel Ct 54 C4
Lissadel Cres 13 F2
Lissadel Dr 54 C4
Lissadel Gro 13 F3
Lissadel Pk 13 F3
Lissadel Rd 54 C4
Lissadel Wd 13 F3
Lissenfield 56 A4
Lissen Hall Av 13 D1
Lissen Hall Ct 13 D1
Lissen Hall Dr 13 E1
Lissen Hall Pk 13 E1
Litten La 85 F3
Little Britain St 84 D2
Little Gro, The 37 E4
Little Meadow **5** 77 D2
Littlepace 23 E1
Littlepace Cl 23 E1
Littlepace Ct 23 E1
Littlepace Cres 23 E1
Littlepace Dr 23 E1
Littlepace Gallops 23 E1
Littlepace Meadow 23 E1
Littlepace Pk 23 E1
Littlepace Rd 23 E1

Littlepace Vw 23 E1
Littlepace Wk 23 E1
Littlepace Way 23 E1
Littlepace Wds 23 E1
Little Strand St 84 D3
Llewellyn Cl 72 A2
Llewellyn Ct 72 A2
Llewellyn Gro 72 A2
Llewellyn Lawn 72 A2
Llewellyn Pk 72 A2
Llewellyn Way 72 A2
Lockkeepers Wk 44 C1
Lock Rd 50 C2
Lodge, The 75 F4
Loftus La 85 E2
Lohunda Cres 24 A4
Lohunda Dale 24 A4
Lohunda Downs 24 A4
Lohunda Dr 24 A4
Lohunda Gro 24 A4
Lohunda Pk 23 F3
Lohunda Rd 24 A4
Lombard Ct 85 H3
Lombard St E 85 H4
Lombard St W 55 F3
Lomond Av 46 C3
London Br 57 D3
Londonbridge Dr
off Londonbridge Rd 57 D3
Londonbridge Rd 57 D3
Longdale Ter 28 A2
Longfield Rd 31 E3
Longford La
off Longford St Gt 85 E5
Longford Pl 75 E3
Longford St Gt 85 E5
Longford St Little 85 E5
Longford Ter 75 D3
Longlands 13 D2
Long La *Dublin 7* 85 E1
Long La (Tenter Flds) *Dublin 8* 84 D6
Long La Gro 84 D6
Longmeadow 77 D3
Longmeadow Gro 77 E2
Long Mile Rd 61 F1
Longs Pl 84 A5
Longwood Av 55 F3
Longwood Pk 71 F1
Lorcan Av 28 C3
Lorcan Cres 28 C3
Lorcan Dr 28 C3
Lorcan Grn 29 D3
Lorcan Gro 28 C3
Lorcan O'Toole Pk 62 C2
Lorcan Pk 28 C3
Lorcan Rd 28 C3
Lorcan Vil 29 D3
Lord Edward St 84 D4
Lordello Rd 81 D4
Lord's Wk 44 C4
Loreto Av *Dublin 14* 71 F1
Loreto Av *Dalkey* 78 C3
Loreto Ct 71 F1
Loreto Cres 71 F1
Loreto Gra 82 B4
Loreto Pk 71 F1
Loreto Rd 84 A6
Loreto Row 71 F1
Loreto Ter 71 F1
Loretto Av **2** 82 C3
Loretto Ter **3** 82 C3
Loretto Vil **4** 82 C3
Lorne Ter
off Brookfield Rd 55 D2
Lotts 85 F3
Lough Conn Av 53 E1
Lough Conn Dr 53 E1
Lough Conn Rd
(Bothar Loch Con) 53 E1
Lough Conn Ter 53 E1
Lough Derg Rd 48 B1
Loughlinstown Dr 81 D1
Loughlinstown Ind Est 81 D1
Loughlinstown Pk 81 D1
Loughlinstown Wd 81 D1
Lough-na-mona 39 D3
Lough-Na-Mona Cl 39 D3
Lough-Na-Mona Cres 39 D3
Lough-Na-Mona Dr 39 D3
Lough-Na-Mona Pk 39 D2
Loughsallagh Br 21 D3
Louisa Br 39 D2
Lourdes Rd 84 A6
Louvain 65 D4
Louvain Glade 65 D4
Love La E 56 C3
Lower Dargle Rd 82 A2
Lower Dodder Rd 63 F3
Lower Glen Rd 43 E4
Lower Kilmacud Rd *Dublin 14* 73 D1
Lower Kilmacud Rd *Still.* 73 E1
Lower Lucan Rd 41 F2
Lower Rd *Dublin 20* 43 D3
Lower Rd *Shank.* 81 E4
Luby Rd 54 C2
Lucan 41 D4
Lucan Br 41 D4
Lucan Bypass 51 D1
Lucan Hts 41 D4
Lucan Rd *Dublin 20* 43 E4
Lucan Rd *Lucan* 41 F4
Lucan Rd *Palm.* 42 C4
Lucan Shop Cen 50 C1
Ludford Dr 72 B2
Ludford Pk 72 B3
Ludford Rd 72 B2
Lugaquilla Av 61 F3
Lugmore La 67 F4
Luke St 85 G3
Lullymore Ter 55 E3
Lurgan St 84 D2
Lutterell Hall 20 B1
Luttrell Pk 42 B1
Luttrell Pk Cl 42 B1
Luttrell Pk Ct 42 B1
Luttrell Pk Cres 42 B2
Luttrell Pk Dr 42 B1
Luttrell Pk Grn 42 B1
Luttrell Pk Gro 42 B1
Luttrell Pk La 42 B1
Luttrell Pk Vw 42 B1
Luttrellstown Av 42 B2
Luttrellstown Beeches 42 B2
Luttrellstown Chase 42 A2
Luttrellstown Cl 42 B2
Luttrellstown Ct 42 A2
Luttrellstown Dale 42 A2
Luttrellstown Dr 42 B2
Luttrellstown Glade 42 B2
Luttrellstown Grn 42 B2
Luttrellstown Gro 42 B2
Luttrellstown Heath 42 B2
Luttrellstown Hts 42 B2
Luttrellstown Lawn 42 B2
Luttrellstown Oaks 42 B2
Luttrellstown Pk 42 B2
Luttrellstown Pl 42 B2
Luttrellstown Ri 42 B2
Luttrellstown Thicket 42 B2
Luttrellstown Vw 42 B2
Luttrellstown Wk 42 B2
Luttrellstown Way 42 B2
Luttrellstown Wd 42 C2
Lymewood Ms 28 A1
Lynchs La 53 F2
Lynchs Pl 45 F4
Lyndon Gate 44 C3
Lynwood 72 C2
Lyreen Ct **5** 36 B2
Lyreen Pk 36 B1

M

M50 Business Pk 61 E3
Mabbot La 85 G2
Mabel St 46 B3
Macartney Br 56 B3
McAuley Av 48 A1
McAuley Dr 48 A1
McAuley Pk 48 A1
McAuley Rd 48 A1
McCabe Vil 65 F3
McCarthy's Bldgs
off Cabra Rd 45 F3
McCreadie's La 14 C4
McDowell Av 55 D2
McGrane Ct **3** 72 C2
McKee Av 27 D2
McKee Barracks 45 D4
McKee Dr 45 D4
McKee Pk 45 D4
McKee Rd 27 D3
McKelvey Av 26 C2
McKelvey Rd 27 D2
Macken St 56 C2
Macken Vil 56 C2
Mackies Pl 85 G6
Mackintosh Pk 77 D2
McMahon St 84 D6
McMorrough Rd 63 E2
Macroom Av 29 F2
Macroom Rd 29 F2
Mac Uilliam Av 67 F2
Mac Uilliam Cl **11** 67 F2
Mac Uilliam Ct **1** 67 F2
Mac Uilliam Cres 67 F2
Mac Uilliam Dale **3** 67 F2
Mac Uilliam Dr **10** 67 F2
Mac Uilliam Grn **8** 67 F2
Mac Uilliam Gro **7** 67 F2
Mac Uilliam Lawns **4** 67 F2
Mac Uilliam Ms **2** 67 F2
Mac Uilliam Par **5** 67 F2
Mac Uilliam Rd 67 F2
Mac Uilliam Wk **6** 67 F2
Mac Uilliam Way **9** 67 F2
Madden's La 77 F4
Madeleine Ter 54 B2
Madison Rd 55 D3
Magennis Pl 85 H4
Magennis Sq
off Pearse St 85 H4
Magenta Cres 28 C2
Magenta Hall 28 C3
Magenta Pl 75 F4
Mageough Home 64 A2
Magna Business Pk 67 F2
Magna Dr 67 F3
Mahers Pl
off Macken St 56 C2
Maiden Row 53 F1
Main Rd 69 E1
Main Rd Tallaght 69 F1
Main St (Raheny) *Dublin 5* 48 B2
Main St (Ballymun) *Dublin 9* 28 A2
Main St (Finglas) *Dublin 11* 27 D3
Main St (Baldoyle) *Dublin 13* 31 F3
Main St (Howth) *Dublin 13* 33 F3
Main St (Dundrum) *Dublin 14* 72 B1
Main St (Rathfarnham)
Dublin 14 63 E4
Main St *Dublin 20* 53 F1
Main St *Dublin 24* 69 E1
Main St *Black.* 74 B2
Main St *Bray* 82 B3
Main St *Celbr.* 37 E4
Main St *Clond.* 60 B1
Main St *D'bate* 11 F2
Main St *Dunb.* 20 B2
Main St *Leix.* 39 F3
Main St *Lucan* 40 C4
Main St *Mala.* 15 D4
Main St *Mayn.* 36 A2
Main St *R'coole* 66 A3
Main St *Swords* 12 C2
Maitland St 82 A2
Malachi Rd 84 B2
Malahide Rd *Dublin 3* 47 D3
Malahide Rd *Dublin 5* 47 E1
Malahide Rd *Dublin 17* 30 A4
Malahide Rd *Balg.* 30 B1
Malahide Rd *Swords* 13 D2
Malahide Rbt 13 D2
Malahide Sta 15 D4
Malborough Ct **9** 78 A3
Mall, The *Dublin 13* 32 A1
Mall, The *Dublin 15* 24 B4
Mall, The *Leix.* 39 F3
Mall, The *Lucan* 40 C4
Mall, The *Mala.* 15 D4
Mallin Av 84 A6
Malone Gdns 57 D2
Malpas Pl
off Malpas St 84 D6
Malpas St 84 D6
Malpas Ter
off Malpas St 84 D6
Maltings, The 82 B2
Mander's Ter
off Ranelagh Rd 56 B4
Mangerton Rd 54 A4
Mannix Rd 46 A2
Manor Av *Dublin 6W* 63 D3
Manor Av *Grey.* 83 F3
Manor Cl 72 A3
Manor Ct 36 B2
Manor Cres 23 E2
Manor Dr 30 C3
Manorfields 23 E2
Manor Grn 71 F3
Manor Heath 72 A2
Manor Pk (Ballinteer) *Dublin 16* 71 F3
Manor Pk *Dublin 20* 53 D1
Manor Pl *Dublin 7* 84 B2
Manor Pl *Clons.* 23 D2
Manor Ri 72 A3
Manor Rd 53 D1
Manor Sq 23 D2
Manor St 84 B1
Mansion Ho 85 F5
Mantua Pk 13 D1
Maolbuille Rd 28 A4
Mapas Av 78 A3
Mapas Rd 78 B3
Maple Av *Castle.* 42 C1
Maple Av *Still.* 73 E3
Maple Cl 42 C1
Maple Dr *Dublin 6W* 63 E2
Maple Dr *Castle.* 42 C1
Maple Dr *Dunb.* 20 C2
Maple Glen 42 C1
Maple Grn 42 C1
Maple Gro *Ashb.* 8 C2
Maple Gro *Bray* 82 A2
Maple Gro *Castle.* 42 C1
Maple Gro *R'coole* 66 B2
Maple Lawn 42 C1
Maple Manor 77 E3
Maple Rd 64 C2
Maples, The *Dublin 14* 64 C3
Maples, The *D.L.* 74 C3
Maples Rd 73 D3
Maplewood Av 68 C2
Maplewood Cl 68 C2
Maplewood Ct 68 C2
Maplewood Dr 68 C2
Maplewood Grn 68 C2
Maplewood Lawn 68 C2
Maplewood Pk 68 C2
Maplewood Rd 68 B2
Maplewood Way 68 C2
Maquay Br 56 C3
Maretimo Gdns E 74 C2
Maretimo Gdns W
off Newtown Av 74 C2
Maretimo Pl
off Newtown Av 74 C2
Maretimo Rd
off Newtown Av 74 C2
Maretimo Vil
off Newtown Av 74 B2
Marewood Cres 27 F2
Marewood Dr
off Belclare Cres 27 F2
Marfield Cl **5** 69 D4
Marfield Ct **6** 69 D4
Marfield Cres **8** 69 D4
Marfield Grn 69 D4
Marfield Gro **7** 69 D4
Marfield Lawn **4** 69 D4
Marfield Pl 69 D4
Margaret Pl 57 D2
Marguerite Rd 46 A2
Marian Cres 71 D1
Marian Dr 63 D4
Marian Gro 71 D1
Marian Pk *Dublin 13* 31 E4
Marian Pk (Rathfarnham)
Dublin 14 71 D1
Marian Pk *Black.* 74 B4
Marian Rd 71 D1
Marie Vil **5** 82 C3
Marigold Av 30 A3
Marigold Ct **4** 30 A3
Marigold Cres **5** 30 A3
Marigold Gro **6** 30 A3
Marigold Pk **7** 30 A3
Marina Village 15 D3
Marine Av 78 A2
Marine Ct 78 A2
Marine Dr 57 E3
Marine Par 78 A2
Marine Rd 75 F3
Mariners Cove 33 F4
Mariner's Port 56 C1
Marine Ter **9** *Bray* 82 C2
Marine Ter *D.L.* 75 F3
Marine Ter *Grey.* 83 F2
Marino Av 47 D2
Marino Av E 79 F2
Marino Av W 79 E2
Marino Grn 47 D2
Marino Inst of Ed 46 C2
Marino Mart 47 D3
Marino Pk 46 C3
Marino Pk Av 46 C3
Marion Vil 84 B5
Market Sq **8** 82 B3
Market St S 84 B5
Marks All W 84 D5
Marks La 85 H4
Mark St 85 H4
Marlay Vw 72 A4
Marlborough Ms 45 D4
Marlborough Pk **2** 77 F1
Marlborough Pl 85 F2
Marlborough Rd (Donnybrook)
Dublin 4 64 B1
Marlborough Rd *Dublin 7* 45 D4
Marlborough Rd *G'geary* 78 A3
Marlborough St 85 F2
Marlborough Ter **10** 82 C2
Marley Av 71 F2
Marley Cl 72 A2
Marley Ct N 72 A2
Marley Ct S 72 A2
Marley Dr 71 F2
Marley Gro 71 F2
Marley Lawn 71 F2
Marley Ri 71 F2
Marley Vil **1** 71 F2
Marley Wk 71 F2
Marlfield 77 D3
Marne Vil 84 C1
Marrowbone La 84 B6
Marrowbone La Cl 84 B5
Marshal La 84 B4
Marsham Ct 73 E2
Martello Av 75 F3
Martello Ct 19 F2
Martello Ms 65 F1
Martello Ter *Boot.* 74 A1
Martello Ter **1** *Bray* 82 C2
Martello Vw 57 E3
Martello Wd 57 F4
Martin Savage Pk 44 A1
Martin Savage Rd 44 B3
Martins Row 43 F4
Martin St 56 A4
Mart La 76 C2
Maryfield Av 29 E4
Maryfield Coll 46 C1
Maryfield Cres 29 E4
Maryfield Dr 29 E4
Maryland **3** 81 E3
Mary's Abbey 84 D3
Mary's La 84 D3
Mary St 85 E3
Mary St Little 84 D3
Maryville Rd 48 A2
Mask Av (Ascal Measc) 29 F4
Mask Cres 29 F4
Mask Dr 29 F4
Mask Grn 29 F4
Mask Rd 29 F4
Mastersons La
off Charlemont St 56 A3
Mather Rd N 65 E4
Mather Rd S 65 E4
Maunsell Pl
off Mountjoy St 85 E1
Maxwell Rd 64 A1
Maxwell St 84 B6
Mayberry Pk 61 D4
Mayberry Rd 61 D4
Mayeston Boul 27 E1
Mayeston Cl 27 E1
Mayeston Ct 27 E1
Mayeston Cres 27 E1
Mayeston Downs 27 E1
Mayeston Dr 27 E1
Mayeston Lawn 27 E1
Mayeston Ri 27 E1
Mayeston Sq 27 E1
Mayeston Wk 27 E1
Mayfair 15 E4
Mayfield 63 F3
Mayfield Rd (Terenure)
Dublin 6W 63 E2
Mayfield Rd (Kilmainham)
Dublin 8 55 D3
Mayfield Ter *Dublin 16* 72 B3
Mayfield Ter **4** *Bray* 82 B4
May La 84 C3
Mayne, The 21 F2
Mayne Br 31 F2
Mayne River Av 30 B2

Mayne Rd 31 D1
Maynooth Business Campus 36 B4
Maynooth Pk 36 B3
Maynooth Rd 20 A3
Maynooth Sta 36 B2
Mayola Ct 64 B4
Mayor St Lwr 56 C1
Mayor St Upr 57 D1
May St 46 B3
Mayville Ter **1** 78 C3
Maywood Av 48 C2
Maywood Cl 48 C2
Maywood Cres 48 C2
Maywood Dr 48 C2
Maywood Gro 48 C2
Maywood La 48 C2
Maywood Pk 48 C2
Maywood Rd 48 C2
Meades Ter 56 C2
Meadow, The *Dublin 16* 72 B3
Meadow, The *Mala.* 19 F1
Meadow Av **2** 72 B2
Meadowbank 63 F3
Meadowbrook 36 A3
Meadowbrook Av *Dublin 13* 31 F4
Meadowbrook Av *Mayn.* 36 A3
Meadowbrook Cl 36 A3
Meadow Brook Ct *Ashb.* 8 C3
Meadowbrook Ct *Mayn.* 36 A3
Meadowbrook Cres 36 A3
Meadowbrook Dr 36 A3
Meadowbrook Lawn 31 F4
Meadowbrook Lawns 36 A3
Meadowbrook Pk 31 F4
Meadowbrook Rd 36 A3
Meadow Cl *Dublin 16* 72 A2
Meadow Cl *Black.* 74 B4
Meadow Copse 23 F2
Meadow Ct **1** *Grey.* 83 D4
Meadow Ct **1** *Lough.* 81 D1
Meadow Dale **1** 23 F2
Meadow Downs 23 F3
Meadow Dr 23 F2
Meadow Grn 23 F3
Meadow Gro 72 A2
Meadow Mt 72 A2
Meadow Pk 72 A2
Meadow Pk Av 72 A1
Meadows, The *Dublin 5* 48 A2
Meadows, The *Celbr.* 37 D2
Meadows, The *Dunb.* 20 B2
Meadows E, The 60 C4
Meadows W, The 60 C4
Meadow Vale 77 D2
Meadow Vw *Dublin 14* 72 A2
Meadow Vw *Dunb.* 20 B2
Meadowview Gro 50 B1
Meadow Vil **1** 72 A2
Meadow Way 23 F2
Meakstown Cotts 27 D1
Meath Pl *Dublin 8* 84 C5
Meath Pl *Bray* 82 C2
Meath Rd 82 C3
Meath Sq
off Gray St 84 C5
Meath St 84 C4
Meehan Sq 65 E3
Meetinghouse La
off Mary's Abbey 85 E3
Mellifont Av 75 F3
Mellowes Av 26 C3
Mellowes Ct 27 D3
Mellowes Cres 27 D3
Mellowes Pk 26 C3
Mellowes Rd 26 C3
Mellows Br 84 B3
Melrose Av *Dublin 3* 46 C3
Melrose Av *Clond.* 51 F4
Melrose Cres 51 F4
Melrose Grn 51 F4
Melrose Gro 51 F4
Melrose Lawn 51 F4
Melrose Pk *Clond.* 51 F4
Melrose Pk *Swords* 13 E4
Melrose Rd 51 F4
Melville Cl 27 E2
Melville Ct 27 D2
Melville Cres 27 D2
Melville Dr 27 D2
Melville Grn 27 D2
Melville Gro 27 E2
Melville Pk 27 D2
Melville Ter 27 D2
Melville Vw 27 D2
Melville Way 27 D2
Melvin Rd 63 E2
Memorial Rd 85 G3
Mercer St Lwr 85 E5
Mercer St Upr 85 E6
Merchamp 48 A4
Merchants Quay 84 C4
Merchants Rd 57 D1
Meretimo Vil **26** 82 C3
Meridianpoint 83 F3
Merlyn Dr 65 E1
Merlyn Pk 65 E1
Merlyn Rd 65 E1
Merrion Cres 65 F2
Merrion Gro 65 F3
Merrion Pk 65 F4
Merrion Pl 85 G5
Merrion Rd 57 D4
Merrion Row 85 G6
Merrion Shop Cen 65 E1
Merrion Sq E 85 H5
Merrion Sq N 85 H5
Merrion Sq S 85 H5
Merrion Sq W 85 G5
Merrion Strand 65 F1
Merrion St Lwr
off Clare St 85 H5
Merrion St Upr 85 G6
Merrion Vw Av 65 E1
Merrion Village 65 E1
Merrywell Ind Est 61 E2
Merton Av 55 E3
Merton Cres 64 B2
Merton Dr 64 B1
Merton Rd 64 B2
Merton Wk 64 B2
Merville Av *Dublin 3* 46 C3
Merville Av *Still.* 73 F2
Merville Rd 73 F2
Mespil Rd 56 B3
Mews, The *Dublin 3* 47 F3
Mews, The (Dollymount)
Dublin 3 48 B4
Mews, The **6** *Mala.* 19 F1
Mews, The *Sally.* 77 E2
Michael Collins Pk 52 A4
Middle III 47 F2
Milesian Av 13 E3
Milesian Ct 13 E3
Milesian Gro 13 E3
Milesian Lawn 13 E3
Milford 14 B3
Military Cem 44 C3
Military Rd (Rathmines)
Dublin 6 56 A4
Military Rd (Kilmainham)
Dublin 8 55 D2
Military Rd (Phoenix Pk)
Dublin 8 54 A1
Military Rd *Kill.* 79 E2
Millbank 19 E4
Millbourne Av 46 A2
Millbrook Av 30 B4
Millbrook Ct 55 D2
Millbrook Dr 30 C4
Millbrook Gro 30 B4
Millbrook Lawns 69 E2
Millbrook Rd 30 B4
Millbrook Village
off Prospect La 64 C2
Mill Cen 52 B4
Mill Ct Av 59 F1
Mill Ct Dr 59 F1
Mill Ct Way 59 F1
Millennium Br 85 E3
Millennium Business Pk 25 F1
Millers Wd 82 A3
Millfarm 20 C2
Millfield 19 E4
Millgate Dr 62 B3
Mill Gro 83 E4
Mill La *Dublin 8* 84 C6
Mill La *Dublin 15* 44 A1
Mill La *Dublin 20* 43 D4
Mill La *Leix.* 39 F3
Mill La *Lough.* 81 E2
Mill La Business Pk 40 A3
Millmount Av 46 A2
Millmount Gro 64 B3
Millmount Pl 46 B2
Millmount Ter (Drumcondra)
Dublin 9 off Millmount Av 46 B2
Millmount Ter (Dundrum)
Dublin 14 off Millmount Gro 64 B3
Millmount Vil 46 A2
Mill Pk 60 A1
Mill Pond Apts, The **4** 60 B1
Mill Race Av 66 C3
Millrace Cl 44 A2
Mill Race Ct 66 C3
Mill Race Cres 66 C3
Mill Race Dr 66 C3
Mill Race Gdn 66 C3
Mill Race Grn 67 D3
Mill Race Pk 66 C3
Millrace Rd 44 A2
Mill Race Vw 66 C3
Mill Race Wk 66 C3
Mill Rd *Dublin 15* 25 D4
Mill Rd *Grey.* 83 E4
Mill Rd *Sagg.* 66 C3
Millstead 25 D4
Millstream 19 E4
Millstream Rd 40 B4
Mill St 84 C6
Milltown Av 64 B2
Milltown Br 9 D3
Milltown Br Rd 64 B2
Milltown Dr 64 A4
Milltown Est 8 C3
Milltown Gro 64 A4
Milltown Hill
off Milltown Rd 64 B2
Milltown Path 64 B2
Milltown Rd *Dublin 6* 64 B2
Milltown Rd *Ashb.* 9 D3
Milltown Sta 64 B2
Millview Cl **1** 14 B4
Millview Ct 14 B4
Millview Lawns 14 B4
Millview Rd 14 B4
Millwood Pk 30 B4
Millwood Vil 30 B4
Milners Sq 28 B3
Milton Ter **14** 82 B2
Milward Ter **16** 82 C3
Mine Hill La 80 A4
Misery Hill 56 C2
Moatfield Av 30 A4
Moatfield Pk 30 A4
Moatfield Rd 30 A4
Moatview Av 29 F2
Moatview Ct 29 F1
Moatview Dr 29 F1
Moatview Gdns 29 F2
Moeran Rd 62 B1
Moira Rd 84 A2
Moland Pl
off Talbot St 85 G2
Molesworth Pl
off Molesworth St 85 G5
Molesworth St 85 F5
Molyneux Yd 84 C4
Monalea Dr 70 A2
Monalea Gro 70 A2
Monalea Pk 70 A2
Monalea Wd 70 A2
Monaloe Av 77 D3
Monaloe Ct **1** 77 D3
Monaloe Cres **2** 77 D2
Monaloe Dr 77 D2
Monaloe Pk 77 D2
Monaloe Pk Rd 77 D2
Monaloe Way 77 D2
Monarch Ind Est 69 D1
Monasterboice Rd 54 C4
Monastery Cres 60 C1
Monastery Dr 60 C1
Monastery Gate 61 D1
Monastery Gate Av 60 C1
Monastery Gate Cl 61 D1
Monastery Gate Copse 60 C1
Monastery Gate Grn 60 C1
Monastery Gate Lawns 61 D1
Monastery Gate Vil 60 C1
Monastery Heath 60 C1
Monastery Heath Av 60 C1
Monastery Heath Ct 60 C1
Monastery Heath Grn 60 C1
Monastery Heath Sq 60 C1
Monastery Hts **1** 60 C1
Monastery Pk 60 B1
Monastery Ri 60 B1
Monastery Rd 60 B1
Monastery Shop Cen 60 B1
Monastery Wk 60 C1
Monck Pl 45 F4
Monksfield 60 C1
Monksfield Ct 60 C1
Monksfield Downs 52 C4
Monksfield Gro 60 C1
Monksfield Hts 60 C1
Monksfield Lawn 52 C4
Monksfield Meadows 60 C1
Monksfield Wk 60 C1
Monkstown Av 75 D4
Monkstown Cres 75 D3
Monkstown Fm 75 D4
Monkstown Gate 75 E3
Monkstown Gro 75 D4
Monkstown Rd 74 C2
Monkstown Sq **4** 75 D4
Monkstown Valley 75 D3
Montague Ct
off Protestant Row 85 E6
Montague La 85 E6
Montague Pl
off Montague La 85 E6
Montague St 85 E6
Montebello Ter **17** 82 C3
Monte Vella **4** 78 B3
Montgommery Vw 13 E2
Montone Business Pk 53 D4
Montpelier Dr 55 D1
Montpelier Gdns 55 D1
Montpelier Hill 55 D1
Montpelier Par 74 C3
Montpelier Pk 84 A2
Montpelier Pl 74 C2
Montpelier Vw 68 A3
Montrose Av 29 D4
Montrose Cl 29 D4
Montrose Ct 29 D4
Montrose Cres 29 E3
Montrose Dr 29 D3
Montrose Gro 29 D4
Montrose Pk 29 D4
Moorefield 77 F4
Moore La 85 F2
Moore's Cotts **4** 74 B4
Moore St 85 F2
Mooretown Av 12 C1
Mooretown Gro 12 C1
Mooretown Pk 12 C1
Mooretown Rd 12 C1
Moorfield 52 A3
Moorfield Av 52 B3
Moorfield Cl **2** 52 B3
Moorfield Dr 52 B3
Moorfield Grn 52 B3
Moorfield Gro 52 A3
Moorfield Lawns 52 B3
Moorfield Par 52 B3
Moorfield Wk 52 A3
Moorings, The 15 E4
Moreen Av 73 D3
Moreen Cl 73 D4
Moreen Lawn **3** 73 D4
Moreen Pk 73 D4
Moreen Rd 73 D4
Moreen Wk 73 D4
Morehampton La 56 C4
Morehampton Rd 56 C4
Morehampton Sq 56 B4
Morehampton Ter 56 C4
Morgan Pl
off Inns Quay 84 D3
Morgan's Pl 43 F1
Morning Star Av 84 C2
Morning Star Rd 84 A6
Mornington Av 78 B2
Mornington Gro 29 F4
Mornington Rd 64 B1
Morrogh Ter 46 C2
Moss St 85 G3
Mountain Pk 69 E2
Mountain Vw 81 D4
Mountain Vw Apts **5** 82 B4
Mountain Vw Av
off Shamrock Vil 63 F1
Mountain Vw Cotts *Dublin 6* 64 B1
Mountain Vw Cotts *Castle.* 42 B2
Mountain Vw Dr 72 A1
Mountain Vw Pk *Dublin 14* 72 A1
Mountainview Pk *Grey.* 83 E2
Mountain Vw Rd *Dublin 6* 64 B1
Mountain Vw Rd **1** *Kill.* 79 E2
Mountain Vil **2** 79 E2
Mount Albany 74 B4
Mount Albion Rd 72 A1
Mount Albion Ter **1** 72 A1
Mount Alton 70 B2
Mount Alton Ct 70 B2
Mount Andrew 41 F4
Mount Andrew Av 42 A4
Mount Andrew Cl 42 A4
Mount Andrew Ct 41 F4
Mount Andrew Dale 42 A4
Mount Andrew Gro 42 A4
Mount Andrew Ri 42 A4
Mount Annville 73 E1
Mount Annville Conv 73 D1
Mount Annville Lawn 73 D1
Mount Annville Pk 73 E1
Mount Annville Rd 73 D1
Mount Annville Wd 73 E1
Mount Argus Cl 63 E1
Mount Argus Ct 63 E1
Mount Argus Cres 63 E1
Mount Argus Grn 63 E1
Mount Argus Gro 63 E1
Mount Argus Pk 63 E1
Mount Argus Rd 63 E1
Mount Argus Ter 63 E1
Mount Argus Vw 63 E1
Mount Argus Way 63 E1
Mount Auburn **1** 78 A4
Mount Bellew Cres **1** 51 F1
Mount Bellew Grn **2** 51 E1
Mount Bellew Ri **1** 51 E1
Mount Bellew Way 51 E1
Mount Brown 55 D2
Mount Carmel Av 64 C4
Mount Carmel Pk 70 A2
Mount Carmel Rd 64 C4
Mount Dillon Ct 29 F4
Mountdown Dr 62 B3
Mountdown Pk 62 B3
Mountdown Rd 62 B3
Mount Drinan Av 13 E4
Mount Drinan Cres 13 E4
Mount Drinan Gro **5** 13 E4
Mount Drinan Lawn **1** 18 A1
Mount Drinan Pk 13 E4
Mount Drinan Wk 13 E4
Mount Drummond Av 55 F4
Mount Drummond Sq 55 F4
Mount Eagle Dr 73 E4
Mount Eagle Grn 73 E4
Mount Eagle Gro 73 E4
Mount Eagle Lawn 73 E4
Mount Eagle Pk 73 E4
Mount Eagle Ri 73 E4
Mount Eagle Vw 73 E4
Mount Eagle Way 73 E4
Mount Eden Rd 64 C1
Mountfield 19 D1
Mount Gandon 40 C4
Mount Harold Ter 63 F1
Mounthaven 83 E1
Mount Jerome Cem 55 E4
Mountjoy Cotts 46 A3
Mountjoy Par
off North Circular Rd 46 B4
Mountjoy Pl 85 G1
Mountjoy Prison 46 A3
Mountjoy Prison Cotts
off Cowley Pl 46 A3
Mountjoy Sq E 46 B4
Mountjoy Sq N 46 A4
Mountjoy Sq S 85 F1
Mountjoy Sq W 46 A4
Mountjoy St 84 D1
Mountjoy St Mid 84 D1
Mount Merrion Av 65 F4
Mount Norris Vil **18** 82 C3
Mount Olive Gro 30 C4
Mount Olive Pk 30 C4
Mount Olive Rd 30 C4
Mountpleasant Av Lwr 56 A4
Mountpleasant Av Upr 56 A4
Mountpleasant Par
off Mountpleasant Pl 56 A4
Mountpleasant Pl 56 A4
Mountpleasant Sq 56 A4
Mountpleasant Vil **15** 82 A2
Mount Prospect Av 48 A4
Mount Prospect Dr 48 A3
Mount Prospect Gro 48 B3
Mount Prospect Lawns 48 A4
Mount Prospect Pk 48 A4
Mount Sackville Conv 43 E3

Mount Salus Rd 78 C4
Mountsandel 76 C4
Mount Sandford 64 C1
Mount Shannon Rd 55 D3
Mount St Cres 56 C3
Mount St Lwr 56 C2
Mount St Upr 85 H6
Mount Symon 23 E3
Mount Symon Av 23 F4
Mount Symon Cl 23 F3
Mount Symon Cres 23 E3
Mount Symon Dale 23 E3
Mount Symon Dr 23 F3
Mount Symon Grn 23 E4
Mount Symon Lawn 23 F4
Mount Symon Pk 23 F4
Mount Symon Ri 23 F3
Mount Tallant Av 63 E2
Mount Tallant Ter
off Harolds Cross Rd 55 F4
Mount Temple Rd 84 B2
Mount Town Lwr 75 E4
Mounttown Pk **4** 75 E4
Mount Town Rd Upr 75 E3
Mount Vw Rd 24 A3
Mount Wd 75 E4
Mourne Rd 55 D3
Moyclare Av 31 F4
Moyclare Cl 31 F4
Moyclare Dr 31 F4
Moyclare Gdns 32 A2
Moyclare Pk 31 F4
Moyclare Rd 31 F4
Moycullen Rd 53 D2
Moy Elta Rd 46 C4
Moyglare Meadows 36 A1
Moyglare Rd 36 A1
Moyglare Village 36 A1
Moy Glas Av 51 E2
Moy Glas Chase 51 E2
Moy Glas Cl 51 E2
Moy Glas Ct 51 E2
Moy Glas Dale 51 E2
Moy Glas Dene 51 E2
Moy Glas Dr 51 E2
Moy Glas Glen 51 E2
Moy Glas Grn 51 E2
Moy Glas Gro 51 E2
Moy Glas Lawn 51 E2
Moy Glas Pk 51 E2
Moy Glas Rd 51 E2
Moy Glas Vale 51 E2
Moy Glas Vw 51 E2
Moy Glas Way 51 E2
Moy Glas Wd 51 E2
Moyle Cres 60 B1
Moyle Rd 45 D2
Moyne Pk 31 E2
Moyne Rd 64 B1
Moynihan Ct 69 F1
Moyville 71 D3
Moyville Lawns 71 D2
Muckross Av 62 B2
Muckross Cres 62 B2
Muckross Dr 62 C2
Muckross Grn 62 C2
Muckross Gro 62 B2
Muckross Par
off Killarney Par 46 A3
Muckross Pk 62 B2
Muirfield Dr 54 A4
Mulally's La 66 B3
Mulberry Cres 42 C2
Mulberry Dr 42 C2
Mulberry Pk 42 C2
Mulcahy Keane Est 62 A2
Muldowney Ct 15 E4
Mulgrave St 75 F3
Mulgrave Ter 75 F4
Mulhuddart Wd 24 A1
Mullinastill Rd 81 D2
Mulroy Rd 45 E2
Mulvey Pk 64 C4
Munster St 45 F3
Munster Ter **3** 78 B2
Murphystown Rd 73 E4
Murrays Cotts
off Sarsfield Rd 54 B2
Murtagh Rd 84 A2
Museum Sta 84 A3
Muskerry Rd 53 F2
Mygan Business Pk 27 D2
Mygan Pk Ind Est 27 D2
Myra Cotts 54 C2
Myra Manor 18 C2
Myrtle Av *Dublin 13* 31 E3
Myrtle Av **16** *D.L.* 75 F4
Myrtle Ct 31 E3
Myrtle Dr 31 E3
Myrtle Gro *Bray* 82 A2
Myrtle Gro *Still.* 73 F2
Myrtle Pk 75 F4
Myrtle Sq 31 E3
Myrtle St 84 D1
Méile An Rí Cres 51 F2
Méile An Rí Dr 51 F2
Méile An Rí Grn 51 F2
Méile An Rí Pk 51 F2
Méile An Rí Rd 51 F3

N

Naas Rd *Dublin 12* 61 E1
Naas Rd *Dublin 22* 61 D1
Naas Rd *R'coole* 66 A3
Naas Rd *Sagg.* 67 D1
Naas Rd Business Pk 54 A4
Naas Rd Ind Pk 54 A4
Nangor Cres **1** 60 A1
Nangor Pl **2** 59 F1
Nangor Rd *Dublin 12* 52 C4
Nangor Rd *Clond.* 60 A1
Nangor Rd Business Cen 53 D4
Nanikin Av 48 B2
Nash St 54 A3
Nashville Pk 33 F3
Nashville Rd 33 F3
Nassau Pl 85 G5
Nassau St 85 F4
National Mus *Dublin 2* 85 G5
National Mus (Collins Barracks)
Dublin 7 84 A3
National Transport Mus 33 D3
Naul Rd 16 B1
Navan Rd *Dublin 7* 44 B2
Navan Rd *Dublin 15* 43 E1
Navan Rd (Blanchardstown)
Dublin 15 24 B2
Navan Rd *Clonee* 23 E1
Navan Rd *Dunb.* 20 B2
Navan Rd *Mulh.* 23 F1
Neagh Rd 63 E2
Neillstown Av 52 B3
Neillstown Cres 52 B3
Neillstown Dr 52 B2
Neillstown Gdns 52 B3
Neillstown Pk 52 B3
Neilstown Cotts **2** 52 B4
Neilstown Rd 52 B2
Neilstown Shop Cen 52 A3
Neilstown Village Ct **1** 52 B3
Nelson St 46 A4
Nephin Rd 44 C3
Neptune Ter **4** 78 B2
Nerano Rd 78 C3
Nerneys Ct 46 A4
Neville Rd 64 A2
Nevinstown La 12 C4
New Bawn Dr 69 E2
New Bawn Pk 69 E2
New Bride St 85 E6
Newbridge Av *Dublin 4* 57 D3
Newbridge Av *D'bate* 11 E2
Newbridge Dr 57 D3
New Brighton Ter **9** 82 B3
Newbrook Av 31 D4
Newbrook Rd 31 D4
Newbury Av 29 E2
Newbury Dr 29 E2
Newbury Gro 29 E2
Newbury Lawns 29 E2
Newbury Pk 29 E2
Newbury Ter **1** 29 E2
Newcastle Business Cen 58 A1
Newcastle Rd *Lucan* 50 C1
Newcastle Rd *R'coole* 66 A2
New Ch St 84 C3
Newcomen Av 46 C4
Newcomen Br 46 C4
Newcomen Ct
off North Strand Rd 46 C4
Newcourt 13 D1
Newcourt Av 82 C4
Newcourt Ms 13 D1
Newcourt Rd 82 C4
Newcourt Vil **6** 82 B4
New Gra Rd *Dublin 7* 45 E3
New Gra Rd *Black.* 74 B4
Newgrove Av 57 E3
New Gro Est 31 D3
Newhall Ct 68 A3
New Ireland Rd 55 D3
Newlands Av 60 C2
Newlands Business Cen 60 B2
Newlands Dr 60 B2
Newlands Manor 60 A3
Newlands Manor Ct 60 A3
Newlands Manor Dr 60 A3
Newlands Manor Fairway 60 A3
Newlands Manor Grn 60 A3
Newlands Manor Pk 60 A3
Newlands Pk 60 B2
Newlands Retail Cen 60 B2
Newlands Rd *Clond.* 60 B2
Newlands Rd *Lucan* 41 D4
Newlands Rd *Ronan.* 51 F2
New Lisburn St
off Coleraine St 84 D2
New Lucan Rd 42 B4
Newman Pl 36 B2
Newmarket 84 C6
Newmarket St 84 C6
New Nangor Rd 52 A4
New Pk Lo **7** 76 B1
New Pk Rd 74 B4
Newport St 84 A5
New Rathmore Ter **16** 82 A2
New Ravenswell Row **17** 82 A2
New Rd (Inchicore) *Dublin 8* 54 A3
New Rd *Dublin 13* 33 F4
New Rd *Clond.* 60 B1
New Rd *Grey.* 83 E1
New Rd (Killincarrig) *Grey.* 83 E4
New Rd **1** *Swords* 13 D2
New Rd, The *Dublin 11* 25 F2
New Row S 84 D6
New Row Sq 84 D5
New St 15 D4
New St Gdns 84 D6
New St S 84 D6
Newtown 20 A2
Newtown Av *Dublin 17* 30 A3
Newtown Av *Black.* 74 C2
Newtown Cotts 30 A4
Newtown Dr 30 A4
Newtown Glendale 39 F2
Newtown Gro 36 A2
Newtown Ind Est 30 A3
Newtown Pk *Dublin 17* 30 A3
Newtown Pk *Dublin 24* 69 F1
Newtown Pk *Black.* 74 B4
Newtown Pk *Leix.* 39 F2
Newtownpark Av 74 B3
Newtown Pk Ct **5** 74 B4
Newtown Rd *Dublin 17* 30 A3
Newtown Rd *Celbr.* 37 E4
Newtownsmith 78 A1
Newtown Vil 74 C2
New Vale 81 D3
New Vale Cotts 81 D4
New Vale Cres 81 D3
New Wapping St 56 C1
Niall St 84 A1
Nicholas Av
off Church St 84 D2
Nicholas Pl
off Patrick St 84 D5
Nicholas St 84 D5
Ninth Lock Rd 60 B1
Nore Rd 45 D2
Norfolk Mkt
off Parnell St 85 F1
Norfolk Rd 45 F3
Norseman Pl 84 B2
North Av 65 E4
Northbrook Av 56 B4
Northbrook Av Lwr
off North Strand Rd 46 C4
Northbrook Av Upr 46 C4
Northbrook La 56 B4
Northbrook Rd 56 A4
Northbrook Ter 46 C4
Northbrook Vil
off Northbrook Rd 56 A4
Northbrook Wk 56 B4
North Circular Rd *Dublin 1* 46 A4
North Circular Rd *Dublin 7* 46 A3
Northcote Av 75 E3
Northcote Pl 75 E3
North Dublin Docklands 57 E1
Northern Cl 29 F1
Northern Cross Business Pk 26 C2
North Gt Clarence St 85 H1
North Gt Georges St 85 F1
Northland Dr 45 E1
Northland Gro 45 E1
North Pk Business & Off Pk 26 C2
North Quay Ext 57 D1
North Rd *Dublin 8* 44 A2
North Rd *Dublin 11* 26 C2
North Rd Number 1 57 E1
Northside Shop Cen 29 E2
North Strand Rd *Dublin 1* 46 C4
North Strand Rd *Dublin 3* 46 C4
North St 13 D1
North St Business Pk 13 D1
Northumberland Av 75 F3
Northumberland Pk 75 F3
Northumberland Pl
off Northumberland Av 75 F3
Northumberland Rd 56 C3
North Wall Quay 56 C1
Northway Est 26 C2
Nortons Av 45 F4
Norwood 81 E1
Norwood Pk 64 B1
Nottingham St 46 C4
Novara Av 82 B2
Novara Ms **15** 82 B2
Novara Pk **10** 82 B3
Novara Ter **11** 82 B3
Nugent Rd 72 A1
Nurney Lawn 30 C3
Nurseries, The **4** *B'brack* 79 E2
Nurseries, The *Bray* 82 A4
Nurseries, The *Grey.* 83 D4
Nurseries, The *Mulh.* 24 B1
Nurseries, The *Swords* 12 B3
Nutgrove Av
(Ascal An Charrain Chno) 71 F1
Nutgrove Cres 72 A1
Nutgrove Enterprise Pk 72 A1
Nutgrove Off Pk 72 A1
Nutgrove Pk 64 C3
Nutgrove Shop Cen 72 A1
Nutgrove Way 72 A1
Nutley Av 65 D1
Nutley La 65 E2
Nutley Pk 65 E2
Nutley Rd 65 D1
Nutley Sq 65 D2

O

Oak Apple Grn 63 F2
Oak Av 28 C2
Oak Cl 53 D4
Oak Ct 28 C2
Oakcourt Av 53 D1
Oakcourt Cl 53 D1
Oakcourt Dr 53 D1
Oakcourt Gro 53 D1
Oakcourt Lawn 53 D1
Oakcourt Lawns 53 D1
Oakcourt Pk 53 D1
Oak Cres 28 C1
Oakdale Cl 70 A4
Oakdale Cres 69 F4
Oakdale Dr *Dublin 24* 70 A4
Oakdale Dr *Corn.* 77 E2
Oakdale Gro 70 A4
Oakdale Pk 69 F4
Oakdale Rd 69 F4
Oak Dene 78 A4
Oakdown Rd 72 A1
Oak Downs 60 A2
Oak Dr *Dublin 9* 28 C2
Oak Dr *Dublin 12* 61 D1
Oakfield 52 B4
Oakfield Ind Est 52 B4
Oakfield Pl 55 F3
Oak Grn 28 C2
Oak Gro 28 C2
Oaklands 83 E2
Oaklands Av 13 D2
Oaklands Cres 64 A2
Oaklands Dr *Dublin 4* 57 D4
Oaklands Dr *Dublin 6* 64 A2
Oaklands Pk *Dublin 4* 57 D4
Oaklands Pk *Swords* 13 D2
Oaklands Ter *Dublin 4*
off Serpentine Av 57 D4
Oaklands Ter *Dublin 6* 63 F2
Oak Lawn *Dublin 9* 28 C2
Oak Lawn *Dublin 15* 43 D1
Oak Lawn *Castle.* 43 E1
Oaklawn *Leix.* 39 E3
Oaklawn Cl 39 E3
Oaklawn W 39 E2
Oakleigh 37 D4
Oakley Gro 74 B3
Oakley Pk *Dublin 3* 48 A4
Oakley Pk *Black.* 74 B3
Oakley Rd 56 B4
Oak Lo 43 E2
Oak Pk Av 28 C3
Oak Pk Cl 28 C3
Oak Pk Dr 28 C2
Oak Pk Gro 28 C2
Oak Ri *Dublin 9* 28 C2
Oak Ri *Clond.* 60 A2
Oak Rd *Dublin 9* 47 D2
Oak Rd *Dublin 12* 61 D1
Oak Rd Business Pk 53 D4
Oaks, The *Dublin 3* 48 B4
Oaks, The *Dublin 14* 72 B1
Oaks, The *Dublin 16* 72 B3
Oaks, The (Cookstown)
Dublin 24 60 C4
Oaks, The **16** *Abb.* 81 E1
Oaks, The *Celbr.* 37 E3
Oaks, The **5** *Lough.* 81 D1
Oaks, The (Hilltown) *Swords* 12 B3
Oakton Ct 77 F4
Oakton Dr 77 F4
Oakton Grn **2** 77 F4
Oakton Pk 77 F4
Oaktree Av 42 C1
Oaktree Dr 42 C1
Oaktree Grn 42 C1
Oaktree Gro 42 C1
Oaktree Lawn 42 C1
Oaktree Rd 73 F3
Oak Vw 28 C2
Oakview Av 23 F3
Oakview Cl 23 F3
Oakview Ct 23 F3
Oakview Dr 23 F3
Oakview Gro **1** 23 F3
Oakview Lawn 23 F3
Oakview Pk 23 F3
Oakview Ri 23 F3
Oakview Wk 23 F3
Oakview Way 23 F3
Oak Way 60 A2
Oakwood Av *Dublin 11* 27 E3
Oakwood Av *Swords* 12 C2
Oakwood Cl 27 E2
Oakwood Gro Est 52 A4
Oakwood Pk 27 E2
Oakwood Rd 27 E2
Oatfield Av 52 B2
Oatfield Cl 52 B2
Oatfield Cres 52 B2
Oatfield Dr 52 B2
Oatfield Gro 52 B2
Oatfield Lawn 52 B2
Oatfield Pk 52 B2
Obelisk Ct **6** 74 B4
Obelisk Gro 74 B3
Obelisk Ri 74 B4
Obelisk Vw 74 A4
Obelisk Wk 74 B3
O'Brien Rd 62 B1
O'Brien's Inst 47 D2
O'Brien's Pl N 46 A2
O'Brien's Ter
off Prospect Rd 45 F3
Observatory La 56 A4
O'Byrne Rd 82 B4
O'Byrne Vil **7** 82 B4
O'Carolan Rd 84 C6
Ocean Pier 57 E1
O'Connell Av 45 F4
O'Connell Br 85 F3
O'Connell Gdns 57 D3
O'Connell St Lwr 85 F2
O'Connell St Upr 85 F2
O'Curry Av 84 C6
O'Curry Rd 84 C6
O'Daly Rd 46 A1
Odd Lamp Rd 44 B3
O'Devaney Gdns 55 D1
O'Donnell Gdns **9** 75 F4
O'Donoghue St 54 A3
O'Donovan Rd 55 F3
O'Donovan Rossa Br
off Winetavern St 84 D4

O'Dwyer Rd 62 B1
Offaly Rd 45 E3
Offington Av 32 C2
Offington Ct 32 C3
Offington Dr 32 C3
Offington Lawn 32 C3
Offington Pk 32 C2
O'Hanlon's La 15 D4
O'Hogan Rd 54 A2
Olaf Rd 84 B2
Olcovar 81 E4
Old Ballycullen Rd 70 A2
Old Bawn Av 69 D2
Old Bawn Cl 69 E3
Old Bawn Ct 69 E2
Old Bawn Dr 69 E2
Old Bawn Pk 69 D3
Old Bawn Rd 69 E2
Old Bawn Ter **1** 69 E3
Old Bawn Way 69 D2
Old Belgard Rd 60 C3
Old Belgard Rd Business Pk 60 C4
Oldbridge 51 D3
Oldbridge Cl 51 E2
Oldbridge Ct 51 D3
Oldbridge Glen 51 E3
Oldbridge Grn 51 E3
Oldbridge Gro 51 E3
Oldbridge Pk 51 D3
Old Br Rd 62 C4
Oldbridge Vw 51 E3
Oldbridge Wk 51 E2
Oldbridge Way 51 D3
Old Brighton Ter **12** 82 B3
Old Cabra Rd 45 D3
Old Camden St
off Harcourt Rd 56 A3
Old Castle Av 32 C4
Oldcastle Dr 59 E1
Oldcastlepark 59 E1
Oldcastlepark Cl 59 E1
Oldcastlepark Grn 59 E1
Oldcastlepark Gro 59 E1
Oldcastlepark Lawn 59 E1
Oldcastlepark Vw 59 E1
Oldchurch Av 59 F1
Oldchurch Cl 59 F1
Oldchurch Ct 59 F1
Oldchurch Cres 59 F1
Oldchurch Dr 59 F1
Oldchurch Gro 59 F1
Oldchurch Lawn 59 F1
Oldchurch Pk 59 F1
Oldchurch Way 59 F1
Old Connaught Gro 82 A2
Old Connaught Vw 82 A2
Old Conna Wd 82 A2
Old Corduff Rd 24 C3
Old Cornmill Rd 40 B4
Old Co Glen 55 D4
Old Co Rd 54 C4
Oldcourt Av *Dublin 24* 69 F4
Oldcourt Av *Bray* 82 A4
Oldcourt Cl 69 F3
Oldcourt Cotts 69 F4
Oldcourt Dr 82 A4
Oldcourt Fm 69 F3
Oldcourt Gro 82 A4
Oldcourt Lawn 69 E3
Oldcourt Lo 69 F3
Oldcourt Manor 69 F4
Oldcourt Pk 82 A4
Oldcourt Rd 70 A4
Oldcourt Ter **8** 82 B4
Oldcourt Vw 69 F3
Old Dublin Rd 73 F1
Old Dunleary 75 E3
Old Fairgreen 20 B2
Old Fm, The 73 D1
Old Forge, The 51 D3
Old Golf Links, The 15 E4
Old Greenfield 36 A2
Old Hill *Leix.* 39 E3
Old Hill, The *Lucan* 41 D4
Old Kilmainham 54 C2
Old Kilmainham Village 55 D2
Old Malahide Rd 29 F3
Old Mill Ct 84 D6
Old Mountpleasant
off Mountpleasant Pl 56 A4
Old Naas Rd *Dublin 12* 53 F4
Old Naas Rd *Kings.* 59 F4
Old Orchard 70 C1
Old Quarry 78 B3
Old Rathmichael 80 C4
Old Rathmore Ter **18** 82 A2
Old Ravenswell Row **19** 82 A2
Old Rectory 41 D4
Old Rectory Pk 72 C1
Old Rd 19 D4
Old Sawmills Ind Est 62 A2
Old St 15 D4
Oldtower Cres 52 A1
Oldtown Av 28 A3
Oldtown Cotts 37 D3
Oldtown Mill 37 D3
Oldtown Mill Rd 37 D3
Oldtown Pk 28 A3
Oldtown Rd 28 A3
Old Yellow Walls Rd 14 B3
O'Leary Rd 54 C3
Olivemount Gro 64 C3
Olivemount Rd 64 C3
Oliver Bond St 84 C4
Oliver Plunkett Av (Irishtown)
Dublin 4 57 D2
Oliver Plunkett Av *D.L.* 75 D4
Oliver Plunkett Rd 75 D4
Oliver Plunkett Sq **9** 75 D4
Oliver Plunkett Ter **10** 75 D4
Oliver Plunkett Vil **5** 75 D4
Olney Cres 63 E3
Omac Business Cen 60 B1
Omni Pk 28 B3
Omni Pk Shop Cen 28 B3
O'Moore Rd 54 A2
O'Neachtain Rd 46 A2
O'Neill Pk 36 B1
O'Neill's Bldgs 85 E6
Ongar Chase 22 C2
Ongar Grn 23 D3
Ongar Pk 23 E3
Ongar Village 23 D3
Ontario Ter 56 A4
Onward Cl 19 F2
Onward Wk 19 F2
Ophaly Ct 64 C4
O'Quinn Av 55 D2
O'Rahilly Par
off Moore St 85 F2
Oranmore Rd 53 D2
Orchard, The *Dublin 3* 46 C3
Orchard, The *Dublin 5* 47 F1
Orchard, The *Dublin 6W* 63 D2
Orchard, The *Dublin 13* 30 B3
Orchard, The *Black.* 74 B4
Orchard, The **3** *Cool.* 42 B1
Orchard, The *Palm.* 42 C4
Orchard Av *City W* 67 E1
Orchard Av *Clons.* 24 A4
Orchard Cl (Blanchardstown)
Dublin 15 24 B4
Orchard Cl *D'bate* 11 F1
Orchard Cotts **2** 74 B3
Orchard Ct 24 B4
Orchard Grn 24 B4
Orchard Gro (Blanchardstown) 24 B4
Orchard La *Dublin 6* 56 A4
Orchard La *Black.* 74 B4
Orchard Lawns 53 D2
Orchard Pk 27 F2
Orchard Rd *Dublin 3* 46 C3
Orchard Rd *Dublin 5* 49 D2
Orchard Rd *Dublin 6* 64 A2
Orchard Rd *Clond.* 60 B1
Orchard Rd *Grey.* 83 D4
Orchardston 71 D1
Orchardstown Av 71 D1
Orchardstown Dr 70 C1
Orchardstown Pk 71 D1
Orchardstown Vil 71 D1
Orchard Ter **9** 82 B4
Orchardton **1** 71 D2
Orchard Vw 83 D4
Ordnance Survey Off 43 F3
Ordnance Survey Rd 43 F3
O'Reilly's Av 55 D2
Oriel Pl 46 C4
Oriel St Lwr 56 C1
Oriel St Upr 56 C1
Orlagh Av 70 B3
Orlagh Cl 70 C3
Orlagh Ct 70 B3
Orlagh Cres 70 B3
Orlagh Downs 70 C3
Orlagh Gra 70 C3
Orlagh Grn 70 B3
Orlagh Gro 70 B3
Orlagh Lawn 70 B3
Orlagh Lo 70 C3
Orlagh Meadows 70 C3
Orlagh Pk 70 B3
Orlagh Pines 70 B3
Orlagh Ri 70 B3
Orlagh Vw 70 C3
Orlagh Way 70 B3
Orlagh Wd 70 C3
Ormeau Dr 78 B3
Ormeau St
off Gordon St 56 C2
Ormond Av 12 A1
Ormond Cl 12 A1
Ormond Cres 12 A1
Ormond Dr 12 A1
Ormond Gro 12 A1
Ormond Lawn 12 A1
Ormond Mkt Sq
off Ormond Quay Upr 84 D3
Ormond Quay Lwr 85 E3
Ormond Quay Upr 84 D3
Ormond Rd N 46 B2
Ormond Rd S (Rathmines) 64 A1
Ormond Sq 84 D3
Ormond St 84 B6
Ormond Vw 12 A1
Ormond Way 12 A1
Oromont 83 D3
O'Rourke Pk 77 E1
Orpen Cl 74 A3
Orpen Dale 74 A3
Orpen Grn 74 A4
Orpen Hill 74 A4
Orpen Ri 74 A4
Orwell Gdns 64 A3
Orwell Pk 64 A3
Orwell Pk Av 62 B4
Orwell Pk Cl 62 B4
Orwell Pk Cres 62 B4
Orwell Pk Dale 62 B4
Orwell Pk Dr 62 B4
Orwell Pk Glade 62 B4
Orwell Pk Glen 62 B4
Orwell Pk Grn 62 B4
Orwell Pk Gro 62 B4
Orwell Pk Hts 62 B4
Orwell Pk Lawns 62 B4
Orwell Pk Ri 62 B4
Orwell Pk Vw 62 B4
Orwell Pk Way 62 B4
Orwell Rd *Dublin 6* 63 F2
Orwell Rd *Dublin 6W* 62 B4
Orwell Rd *Dublin 14* 64 A3
Orwell Shop Cen 62 B4
Orwell Wk 64 A3
Orwell Wds 64 A3
Oscar Sq 84 C6
Oscar Traynor Rd 29 E2
O'Shea's Cotts **3** 77 D3
Osprey Av 62 A3
Osprey Dr 62 B4
Osprey Lawn 62 B3
Osprey Pk 62 A3
Osprey Rd 62 B4
Ossory Rd 46 C4
Ossory Sq 84 C6
Ostman Pl 84 B1
O'Sullivan Av 46 B3
Oswald Rd 57 E3
Otranto Pl 78 A2
Otterbrook 71 E1
Oulart 12 C3
Oulton Rd 47 F3
Our Ladys Cl 84 A5
Our Lady's Hospice 55 E4
Our Lady's Rd 84 A6
Oval, The 43 D4
Ovoca Rd 55 F3
Owendoher Haven 71 D2
Owendoher Lo 71 D2
Owendore Av 63 E4
Owendore Cres 63 E4
Owens Av 55 D2
Owenstown Pk 65 E4
Oxford Rd 56 A4
Oxford Ter *Dublin 3*
off Church Rd 56 C1
Oxford Ter *Dublin 6*
off Oxford Rd 56 A4
Oxmantown La
off Blackhall Pl 84 B3
Oxmantown Rd 84 A1
Oxmantown Rd Lwr
off Arbour Hill 84 A2

P

Pace Av 23 E1
Pace Cres 23 E1
Pacelli Av 49 E1
Pace Rd 23 E1
Pace Vw 23 E1
Packenham 75 E3
Paddock, The *Dublin 7* 44 A2
Paddock, The *Celbr.* 37 D2
Paddocks, The **4** *Clons.* 23 D2
Paddocks, The *Dalkey* 78 B2
Paddocks, The *Dunb.* 20 B2
Pairc Baile Munna 27 F3
Pairc Clearmont (Claremont Pk) 57 E3
Pairc Gleannaluinn
(Glenaulin Pk) 43 E4
Pairc Gleann Trasna 69 D4
Pairc Mhuire 67 D3
Pairc Na Cuilenn 27 F3
Pakenham Br 23 D4
Pakenham Rd 75 D3
Pakerton
off Sloperton 75 E3
Palace St
off Dame St 85 E4
Palmer Pk 71 E2
Palmers Av 52 C1
Palmers Cl 52 C1
Palmers Copse 52 C1
Palmers Ct 52 C1
Palmers Cres 52 C1
Palmers Dr 52 C1
Palmers Glade 52 C1
Palmers Gro 52 C1
Palmers Lawn 52 C1
Palmers Pk 52 C1
Palmers Rd 52 C1
Palmerston Av 53 D1
Palmerston Dr 43 D4
Palmerston Gdns 64 A2
Palmerston Gro 64 C2
Palmerston La 64 A2
Palmerston Pk *Dublin 6* 64 A2
Palmerston Pk *Palm.* 52 C1
Palmerston Pl 84 D1
Palmerston Rd 64 A1
Palmerston Vil 64 A2
Palmerstown Av 52 C1
Palmerstown Cl 52 C1
Palmerstown Ct 52 C1
Palmerstown Dr 43 D4
Palmerstown Grn 52 C1
Palmerstown Hts 52 C1
Palmerstown Lawn 52 C1
Palmerstown Manor 52 C1
Palmers Wk 52 C1
Palms, The 65 D4
Paradise Pl 85 E1
Parc Na Silla Av 81 D2
Parc Na Silla Cl 81 D2
Parc Na Silla La 81 D2
Parc Na Silla Ri 81 D2
Park, The *Dublin 9* 29 D4
Park, The *Dublin 24* 69 F2
Park, The (Greenhills)
Dublin 24 61 D3
Park, The (Oldtown Mill Rd)
Celbr. 37 D3
Park, The (Wolstan Haven Av)
Celbr. 37 D3
Park, The (Dunboyne Castle)
Dunb. 20 B3
Park, The (Lutterell Hall) *Dunb.* 20 B1
Park, The (Plunkett Hall) *Dunb.* 20 A1
Park, The *Gra M.* 51 D2
Park, The *Kins.* 13 E3
Park, The *Lou.V.* 39 E2
Park, The *Mala.* 19 F1
Park Av *Dublin 4* 57 E4
Park Av (Willbrook) *Dublin 14* 71 E2
Park Av *Dublin 15* 43 D2
Park Av *Dublin 16* 71 E1
Park Av *Deans Gra* 76 C1
Park Av (Hilltown) *Swords* 12 B2
Park Cl 77 F1
Park Ct 77 F1
Park Cres *Dublin 8* 44 C3
Park Cres *Dublin 12* 62 C2
Park Dr *Dublin 6* 64 B1
Park Dr *Cabin.* 76 C3
Park Dr Av 43 D1
Park Dr Cl 43 D1
Park Dr Ct 43 D1
Park Dr Cres 43 D1
Park Dr Grn 43 D2
Park Dr Gro 43 D1
Park Dr Lawn 43 D1
Parker Hill 56 A4
Parkgate Pl Business Cen 55 D1
Parkgate St 55 D1
Parkhill Av 61 D4
Parkhill Cl
off Parkhill Ri 61 D4
Parkhill Ct 61 D4
Parkhill Dr 61 D4
Parkhill Grn 61 D4
Parkhill Lawn 61 D4
Parkhill Ri 61 D4
Parkhill Rd 61 D4
Parkhill Way 61 E4
Parklands *Castle.* 43 D1
Parklands *Mayn.* 36 C2
Parklands, The *Dublin 14* 63 E4
Parklands Av 69 F3
Parklands Cl 36 B2
Parklands Ct *Dublin 24* 69 F3
Parklands Ct *Mayn.* 36 B2
Parklands Cres 36 B2
Parklands Dr 69 F4
Parklands Gro 36 C2
Parklands Lawns 36 B2
Parklands Ri 36 B2
Parklands Rd 70 A3
Parklands Sq 36 B2
Parklands Vw 69 F3
Parklands Way 36 B2
Park La *Dublin 4* 57 E4
Park La *Dublin 20* 53 F1
Park La E 85 G4
Park Lawn 48 B3
Park Lo 43 D1
Park Manor 42 C2
Parkmore 43 E1
Parkmore Dr 63 D3
Parkmore Ind Est 61 F1
Park Pl
off South Circular Rd 54 C1
Park Rd *Dublin 7* 44 B2
Park Rd *D.L.* 75 F3
Park Rd *Sally.* 77 F2
Park Shop Cen 45 E4
Park St 54 A2
Park Ter 84 C5
Parkvale *Dublin 13* 31 F4
Parkvale *Dublin 16* 72 C3
Parkview *Dublin 7* 45 D4
Park Vw *Dublin 15* 43 F2
Park Vw *Clons.* 24 A4
Park Vw *Mala.* 19 F1
Parkview *Port.* 19 F2
Parkview *Swords* 12 A2
Parkview Av (Haroldscross)
Dublin 6 63 F1
Park Vw Av (Rathmines)
Dublin 6 64 A1
Park Vw Lawns 60 A2
Parkview Ter **20** 82 A2
Park Vil *Dublin 15* 43 E1
Park Vil *Black.* 74 A3
Parkway Business Cen 61 E2
Park W Av *Dublin 10* 53 D4
Park W Av *Dublin 22* 53 D4
Park W Business Pk 53 D3
Park W Ind Pk 53 E3
Park W Rd 53 D3
Parkwood Av 69 E3
Parkwood Gro 69 E3
Parkwood Lawn 69 E3
Parkwood Rd **2** 69 E3
Parliament Row
off Fleet St 85 F3
Parliament St 85 E4
Parnell Av
off Parnell Rd 55 F4
Parnell Cotts 19 D1
Parnell Ct 55 F4
Parnell Pl 85 F1
Parnell Rd *Dublin 12* 55 E3
Parnell Rd *Bray* 82 B2
Parnell Sq E 85 F1
Parnell Sq N 85 E1
Parnell Sq W 85 E1

Parnell St *Dublin 1* 85 E2
Parnell St *Sally.* 77 F1
Parochial Av **2** 31 F3
Parslickstown Av 24 B1
Parslickstown Cl 24 B1
Parslickstown Ct 24 B1
Parslickstown Dr 24 B1
Parslickstown Gdns 24 A1
Parslickstown Grn 24 B1
Parson Ct 36 A2
Parson Lo 36 A2
Parson St 36 A2
Partridge Ter 54 A3
Patrician Pk **5** 75 E4
Patrician Vil 74 A3
Patrick Doyle Rd 64 B3
Patricks Row
off Carysfort Av 74 B2
Patrick St *Dublin 8* 84 D5
Patrick St *D.L.* 75 F3
Patrickswell Pl 27 D4
Patriotic Ter
off Brookfield Rd 55 D2
Paul St 84 C3
Pavilion Rd 83 F3
Pavilions Shop Cen, The 13 D2
Pavillion Gate **1** 76 C4
Pea Fld 74 A2
Pearse Av 77 E2
Pearse Brothers Pk 71 E2
Pearse Cl **9** 77 E1
Pearse Dr 77 E1
Pearse Gdns 77 E1
Pearse Grn **10** 77 E1
Pearse Gro
off Great Clarence Pl 56 C2
Pearse Ho 85 H4
Pearse Pk 77 E1
Pearse Rd *Bray* 82 A2
Pearse Rd *Sally.* 77 E1
Pearse Sq *Dublin 2* 56 C2
Pearse Sq **21** *Bray* 82 A2
Pearse Sta 85 H4
Pearse St *Dublin 2* 85 G4
Pearse St *Sally.* 77 E2
Pearse Vil 77 E2
Pear Tree Fld **3** 74 A4
Pebble Hill 36 B1
Pecks La 43 E1
Pelletstown Av 44 B1
Pembroke Cotts (Donnybrook)
Dublin 4 64 C1
Pembroke Cotts (Ringsend)
Dublin 4 57 D2
Pembroke Cotts (Dundrum)
Dublin 14 72 C1
Pembroke Cotts *Boot.* 65 F3
Pembroke Gdns 56 C3
Pembroke La *Dublin 2* 85 G6
Pembroke La *Dublin 4* 56 C3
Pembroke Pk 56 C4
Pembroke Pl
off Pembroke St Upr 56 B3
Pembroke Rd 56 C3
Pembroke Row 85 H6
Pembroke St 57 D2
Pembroke St Lwr 85 G6
Pembroke St Upr 56 B3
Penrose St 56 C2
Percy French Rd 62 B1
Percy La 56 C3
Percy Pl 56 C3
Peter Row 85 E5
Petersons Ct 85 H3
Peters Pl 56 A3
Peter St 85 E5
Petrie Rd 55 F3
Pheasant Run 23 F1
Pheasant Run The Dr 23 F1
Pheasant Run The Grn 23 F1
Pheasant Run The Gro 23 F1
Pheasant Run The Pk 23 F1
Phelan Av 44 C1
Phibsborough 45 F3
Phibsborough Av 45 F4
Phibsborough Pl 45 F4
Phibsborough Rd 84 D1
Philipsburgh Av 46 C3
Philipsburgh Ter 46 C2
Philomena Ter 57 D2
Phoenix Av 43 E1
Phoenix Ct *Dublin 7*
off Cavalry Row 84 A2
Phoenix Ct *Dublin 15* 43 E1
Phoenix Dr 43 E1
Phoenix Gdns 43 E1
Phoenix Manor 45 D4
Phoenix Pk Av 44 A2
Phoenix Pk Way 44 A2
Phoenix Pl 43 E1
Phoenix St *Dublin 7* 84 C3
Phoenix St *Dublin 10* 54 A2
Phoenix Ter 74 A1
Pigeon Ho Rd 57 D2
Pig La 85 G1
Piles Bldgs
off Golden La 84 D5
Piles Ter
off Sandwith St Upr 85 H4
Pilot Vw 78 B2
Pimlico 84 C5
Pimlico Sq
off The Coombe 84 C5
Pim St 84 A5
Pine Av 76 B2
Pinebrook 23 F2
Pinebrook Av 47 E1
Pinebrook Cl 23 F2
Pinebrook Cres
off Pinebrook Av 29 E4
Pinebrook Downs 23 F2
Pinebrook Glen 23 F2
Pinebrook Gro
off Pinebrook Rd 47 E1
Pinebrook Hts 23 F2
Pinebrook Lawn 24 A2
Pinebrook Ri 47 E1
Pinebrook Rd 47 E1
Pinebrook Vale 23 F2
Pinebrook Vw 23 F2
Pinebrook Way 23 F2
Pine Copse Rd 72 B2
Pine Ct *Black.* 74 B4
Pine Ct *Port.* 19 F3
Pine Gro 70 C1
Pine Gro Pk 12 B1
Pine Gro Rd 12 B1
Pine Haven 74 A1
Pine Hurst 45 D3
Pine Lawn *Dublin 24* 69 E2
Pine Lawn *Black.* 74 B4
Pine Rd 57 E2
Pines, The *Dublin 5* 47 F1
Pines, The *Dublin 14* 73 D2
Pines, The *Dublin 15* 43 E1
Pines, The *Dublin 16* 72 A4
Pines, The **3** *Bray* 82 A3
Pinetree Cres 61 D4
Pinetree Gro 61 D4
Pine Valley Av 72 A4
Pine Valley Dr 72 A4
Pine Valley Gro 72 A4
Pine Valley Pk 72 A4
Pine Valley Way 72 A4
Pineview Av 69 D3
Pineview Dr 69 D3
Pineview Gro 69 D3
Pineview Lawn 69 D3
Pineview Pk 69 E3
Pineview Ri 69 D3
Pineview Rd 69 D3
Pinewood 77 F4
Pinewood Av 27 F3
Pinewood Cl 82 B4
Pinewood Ct *Ashb.* 8 C3
Pinewood Ct *Mulh.* 24 A2
Pinewood Cres 27 F3
Pinewood Dr 27 F3
Pinewood Grn 27 F3
Pinewood Gro 27 F3
Pinewood Pk 71 D1
Pinewoods 60 A2
Pinewood Vil 27 F3
Pinnockhill Rbt 12 C3
Place, The 20 B3
Plaza Shop Cen, The 13 D2
Pleasants La 85 E6
Pleasants Pl 56 A3
Pleasants St 85 E6
Plums Rd 73 D3
Plunkett Av *Dublin 11* 26 C2
Plunkett Av *Fox.* 76 B2
Plunkett Cres 26 C2
Plunkett Dr 26 C2
Plunkett Grn 26 C2
Plunkett Gro 26 C2
Plunkett Hall 20 A1
Plunkett Rd 26 C3
Poddle Pk 63 D2
Polo Rd 44 C4
Poolbeg St 85 G3
Poole St 84 B5
Poplar Row 46 C3
Poplars, The *D.L.* 74 C3
Poplars, The *Grey.* 83 D3
Poppintree Ind Est 27 E2
Poppintree Pk La W 27 E2
Porters Av 24 B4
Portersfield 24 B4
Porters Gate 23 E4
Porters Gate Av 23 F4
Porters Gate Cl 23 E4
Porters Gate Ct 23 F4
Porters Gate Cres 23 E4
Porters Gate Dr 23 E4
Porters Gate Grn 23 E4
Porters Gate Gro 23 F4
Porters Gate Hts 23 F4
Porters Gate Ri 23 F4
Porters Gate Vw 23 E4
Porters Gate Way 23 F4
Porters Rd 24 A4
Porterstown Rd 24 A4
Portland Cl 85 H1
Portland Pl 46 A3
Portland Rd 83 F3
Portland Rd N 83 F3
Portland Row 46 B4
Portland St N 46 B4
Portmahon Dr 55 D3
Portmarnock Av **2** 19 F2
Portmarnock Br 19 E4
Portmarnock Cres 19 F2
Portmarnock Dr 19 F2
Portmarnock Gro 19 F2
Portmarnock Pk 19 F2
Portmarnock Ri 19 F3
Portmarnock Sta 19 D4
Portmarnock Wk 19 F2
Portobello Harbour 56 A4
Portobello Pl 56 A4
Portobello Rd 55 F4
Portobello Sq
off Clanbrassil St Upr 55 F4
Portraine Rd 11 F1
Portside Business Cen 47 D4
Port Side Ct 46 C4
Potato Mkt
off Green St Little 84 D3
Pottery Rd 77 D2
Pound La 36 A2
Pound Pk 36 A1
Pound St 39 F3
Powers Ct
off Warrington Pl 56 C3
Powers Sq
off John Dillon St 84 D5
Prebend St 84 D2
Preston St 85 H1
Price's La *Dublin 2* 85 F3
Prices La *Dublin 6* 56 A4
Priestfield Cotts 55 E3
Priestfield Dr
off Dolphin Av 55 E3
Priestfield Ter
off South Circular Rd 55 E3
Primrose Av 45 F4
Primrose Gate 37 F4
Primrose Gro 30 A3
Primrose Hill *Celbr.* 37 E4
Primrose Hill *D.L.* 75 E3
Primrose La 40 C4
Primrose St 84 D1
Prince Arthur Ter 64 A1
Prince of Wales Ter *Dublin 4* 57 D4
Prince Of Wales Ter **16** *Bray* 82 B2
Princes St N 85 F3
Princes St S 85 H3
Princeton 65 D4
Priorswood Rd 29 F2
Priory, The *Dublin 7* 44 C2
Priory, The *Dublin 16* 71 F2
Priory, The **4** *Mala.* 15 D4
Priory Av 74 A2
Priory Chase 37 D4
Priory Cl 37 D4
Priory Ct *Dublin 16* 71 F3
Priory Ct *Celbr.* 37 D4
Priory Cres 37 D4
Priory Dr *Black.* 73 F1
Priory Dr *Celbr.* 37 D4
Priory E 44 C2
Priory Grn 37 D4
Priory Gro *Black.* 73 F1
Priory Gro *Celbr.* 37 D4
Priory Hall *Dublin 12* 62 C3
Priory Hall *Black.* 73 F1
Priory Lo 37 D4
Priory N 44 C2
Priory Ri **3** 83 D4
Priory Rd *Dublin 6W* 63 E1
Priory Rd *Grey.* 83 D4
Priory Vw 37 D4
Priory Wk *Dublin 12* 62 C2
Priory Wk *Celbr.* 37 D4
Priory Way *Dublin 12* 62 C3
Priory Way *Celbr.* 37 D3
Priory Way **4** *Grey.* 83 D4
Priory W 44 C2
Proby Pk 78 A3
Probys La 85 E3
Proby Sq 74 B3
Promenade Rd 47 E4
Prospect Av *Dublin 9* 45 F2
Prospect Av *Dublin 16* 71 D3
Prospect Cem 45 F2
Prospect Ct 71 D4
Prospect Dr 71 D3
Prospect Glen 71 D4
Prospect Gro 71 D3
Prospect Heath 71 D3
Prospect Hts 71 D4
Prospect Hill 11 E2
Prospect La 64 C2
Prospect Lawn 77 D3
Prospect Meadows 71 D3
Prospect Rd 45 F3
Prospect Sq 45 F2
Prospect Ter (Sandymount)
off Beach Rd 57 E3
Prospect Vw 71 D3
Prospect Way 45 F2
Protestant Row 85 E6
Prouds La 85 F5
Prussia St 45 E4
Puck's Castle La 80 B3
Purley Pk 19 F2
Purser Gdns 64 A1
Putland Rd 82 B4
Putland Vil **10** 82 B4

Q

Quarry Dr 62 B2
Quarryfield Ct 60 C2
Quarry Rd (Cabra) *Dublin 7* 45 E3
Quarry Rd *Grey.* 83 F3
Queens Pk 74 C3
Queens Rd 75 F3
Queen St 84 C3
Quinns La 85 G6
Quinn's Rd 81 E4
Quinsborough Rd 82 B2

R

Racecourse Shop Cen 31 E3
Race Hill Cl 8 B2
Race Hill Cres 8 C2
Race Hill La 8 B1
Race Hill Lo 8 B1
Race Hill Manor 8 C1
Race Hill Pk 8 B1
Race Hill Rd 8 B2
Race Hill Vw 8 B2
Radlett Gro 19 F2
Rafters Av 54 C4
Rafters La 54 C4
Rafters Rd 54 C4
Raglan La 56 C4
Raglan Rd 56 C4
Raheen Av 68 B2
Raheen Cl 68 B2
Raheen Ct 68 B2
Raheen Cres 68 B2
Raheen Dr *Dublin 10* 53 E3
Raheen Dr *Dublin 24* 68 B2
Raheen Lawn 82 C4
Raheen Pk *Dublin 10* 53 E3
Raheen Pk *Dublin 24* 68 B2
Raheen Pk *Bray* 82 C4
Raheen Rd 68 B2
Raheny Pk 48 C2
Raheny Rd 48 B1
Raheny Sta 48 B2
Rail Pk 36 B3
Railway Av *Dublin 8*
off Tyrconnell Rd 54 B3
Railway Av (Inchicore) *Dublin 8* 54 A3
Railway Av *Dublin 13* 32 A2
Railway Av **3** *Mala.* 15 D4
Railway Cotts
off Serpentine Av 57 D4
Railway Ct **2** 15 D4
Railway Ms 31 D3
Railway Rd *Dublin 13* 31 E3
Railway Rd **5** *Dalkey* 78 B3
Railway St 85 G1
Railway Ter
off Grattan St 56 C2
Rainsford Av 84 B4
Rainsford La **3** 79 E2
Rainsford St 84 B4
Ralahine 77 F4
Raleigh Sq 54 C4
Ralph Sq **1** 39 F3
Ramillies Rd 53 F2
Ramleh Cl 64 C2
Ramleh Pk 64 C2
Ramleh Vil 64 B2
Ramor Pk 24 C4
Ranelagh Av 56 B4
Ranelagh Rd 56 A4
Ranelagh Sta 56 B4
Raphoe Rd 54 C4
Rathbeale Ct 12 C1
Rathbeale Cres 12 C1
Rathbeale Ri 12 C2
Rathbone Av 44 B1
Rathbone Cl 44 B1
Rathbone Dr 44 B1
Rathbone Pl 44 B1
Rathbone Way 44 B1
Rathclaren **2** 82 A3
Rathcoole Pk 66 B3
Rath Cross Rds 8 B1
Rathdown Av 63 E3
Rathdown Cl 83 E2
Rathdown Ct *Dublin 6W* 63 E2
Rathdown Ct *Grey.* 83 E2
Rathdown Cres 63 E3
Rathdown Dr 63 E3
Rathdown Gro **6** 73 D3
Rathdown Pk *Dublin 6W* 63 E3
Rathdown Pk *Grey.* 83 E2
Rathdown Rd *Dublin 7* 45 F4
Rathdown Rd *Grey.* 83 E2
Rathdown Sq 45 E4
Rathdown Ter **7** 73 D3
Rathdown Vil 63 E3
Rathdrum Rd 55 E4
Rathfarham Gate 63 E4
Rathfarnham Castle 63 E4
Rathfarnham Mill 63 E4
Rathfarnham Pk 63 E3
Rathfarnham Rd *Dublin 6W* 63 E3
Rathfarnham Rd *Dublin 14* 63 E3
Rathfarnham Shop Cen 63 D4
Rathfarnham Wd 63 F4
Rathgar Av 63 F1
Rathgar Pk 63 F2
Rathgar Rd 63 F2
Rathgar Vil 63 F2
Rathingle Rd 12 B3
Rathland Rd (Bothar Raitleann) 63 D2
Rathlawns 66 A3
Rathlin Rd 46 A1
Rath Lo 8 B1
Rathlyon 70 A3
Rathlyon Pk 70 A3
Rathmichael Dales 80 C3
Rathmichael Haven 80 C3
Rathmichael Hill 80 C3
Rathmichael La 80 C3
Rathmichael Manor 81 D2
Rathmichael Pk 81 E3
Rathmichael Rd 80 B3
Rathmichael Wds 81 E3
Rathmines Av 64 A1
Rathmines Cl 64 A2
Rathmines Pk 64 A1
Rathmines Rd Lwr 56 A4
Rathmines Rd Upr 64 A1
Rathmintan Cl **3** 68 A3
Rathmintan Ct 68 A3
Rathmintan Cres 68 A3
Rathmintan Dr 68 A3

Rathmore 19 E4
Rathmore Av 73 E2
Rathmore Pk 48 C2
Rathmore Vil 63 E2
Rath Row 85 G3
Rathsallagh Av 81 E2
Rathsallagh Br 81 E2
Rathsallagh Dr 81 E3
Rathsallagh Gro 81 E2
Rathsallagh Pk 81 E2
Rathvale Av 30 A4
Rathvale Dr 30 A4
Rathvale Gro
off Rathvale Av 30 A4
Rathvale Pk 30 A4
Rathvilly Dr 26 C4
Rathvilly Pk 26 C4
Rathvilly Rd 26 C4
Ratoath Av
(Ascal Ratabhachta) 26 B4
Ratoath Dr 26 B3
Ratoath Est 44 C2
Ratoath Rd *Dublin 7* 45 D3
Ratoath Rd *Dublin 11* 26 B4
Ratra Rd 44 B2
Ravens Ct 26 C3
Ravensdale Cl 63 D2
Ravensdale Pk 63 D2
Ravensdale Rd 47 D4
Ravens Rock Rd 73 E3
Ravenswell Rd 82 B2
Ravenswood 23 E2
Ravenswood Av 23 E3
Ravenswood Cres 23 E3
Ravenswood Dr 23 E3
Ravenswood Grn 23 E3
Ravenswood Lawn 23 E3
Ravenswood Ri 23 E2
Ravenswood Rd 23 E3
Ravenswood Vw 23 E3
Raverty Vil **3** 82 A2
Raymond St 55 F3
Red Arches Av 31 E3
Red Arches Dr 31 E3
Redberry 50 C2
Red Brick Ter **3** 74 B3
Redcourt Oaks 48 B4
Red Cow Business Pk 61 E1
Red Cow Cotts **3** 43 D4
Red Cow La 84 C2
Red Cow Sta 61 D2
Redesdale Cres 73 E1
Redesdale Rd 73 E1
Redfern Av 19 F2
Redford Br 83 D1
Redford Pk 83 E1
Redmonds Hill 85 E6
Redwood Av 61 E4
Redwood Cl
off Redwood Av 61 E4
Redwood Ct *Dublin 14* 64 A4
Redwood Ct *Dublin 24*
off Parkhill Rd 61 D4
Redwood Dr 61 D4
Redwood Gro 74 A2
Redwood Hts
off Redwood Pk 61 E4
Redwood Lawn 61 D4
Redwood Pk 61 E4
Redwood Ri
off Redwood Pk 61 E4
Redwood Vw
off Redwood Av 61 E4
Redwood Wk 61 D4
Reginald Sq
off Gray St 84 C5
Reginald St 84 C5
Rehoboth Av 55 E3
Rehoboth Pl 55 E3
Reillys Av
off Dolphin's Barn St 55 E3
Reuben Av 55 D3
Reuben St 84 A6
Rialto Br 55 D3
Rialto Bldgs
off Rialto Cotts 55 D3
Rialto Cotts 55 D3
Rialto Dr 55 D3
Rialto Sta 55 D3
Rialto St 55 D3
Ribh Av 48 A2
Ribh Rd 48 A2
Richelieu Pk 65 E1
Richmond 74 B4
Richmond Av 75 D3
Richmond Av N 46 C3
Richmond Av S 64 B2
Richmond Cotts *Dublin 1* 46 B4
Richmond Cotts (Inchicore)
Dublin 8 54 C2
Richmond Cotts N
off Richmond Cotts 46 B4
Richmond Ct 64 B3
Richmond Cres 46 B4
Richmond Est 46 C3
Richmond Grn 75 D3
Richmond Gro 75 D3
Richmond Hill *Dublin 6* 56 A4
Richmond Hill *Black.* 75 D3
Richmond La
off Russell St 46 B4
Richmond Ms 56 A4
Richmond Par 46 B4
Richmond Pk 75 D3
Richmond Pl 56 A4
Richmond Pl S
off Richmond St S 56 A4
Richmond Rd 46 B2
Richmond Row 56 A4
Richmond Row S
off Richmond St S 56 A3
Richmond St N 46 B4
Richmond St S 56 A3
Richmond Ter **19** 82 C3
Richview Off Pk 64 C2
Richview Pk 64 B2
Ridge Hill 81 E1
Ridgewood Av 12 A3
Ridgewood Cl 12 A3
Ridgewood Ct 12 A3
Ridgewood Grn 12 A4
Ridgewood Gro 12 B4
Ridgewood Pk 12 A3
Ridgewood Pl 12 A3
Ridgewood Sq 12 A3
Rinawade Av 39 D3
Rinawade Cl 39 D3
Rinawade Cres 39 D3
Rinawade Downs 39 D3
Rinawade Glade 39 D3
Rinawade Gro 39 D3
Rinawade Lawns 38 C3
Rinawade Pk 39 D3
Rinawade Ri 39 D3
Rinawade Vw 39 D3
Ringsend Br 57 D2
Ringsend Pk 57 D2
Ringsend Rd 56 C2
Ring St 54 A3
Ring Ter 54 B3
Ripley Ct 82 A4
Ripley Hills 82 A4
Rise, The (Drumcondra)
Dublin 9 46 A1
Rise, The (Ballinteer)
Dublin 16 72 B4
Rise, The (Ballyboden)
Dublin 16 71 D3
Rise, The (Cookstown)
Dublin 24 60 C4
Rise, The (Kilnamanagh)
Dublin 24 61 D3
Rise, The *Dalkey* 78 B3
Rise, The *Kins.* 13 E3
Rise, The *Leix.* 39 E2
Rise, The *Mala.* 15 D4
Rise, The (Robswall) **3** *Mala.* 19 F1
Rise, The *Manor.* 23 F2
Rise, The *Still.* 65 F4
Riverbank Hall 45 F1
River Cl **2** 81 E2
River Ct **1** 20 C3
Riverdale 39 F3
Riverfield 83 D4
River Forest 39 F2
River Forest Vw 39 E1
River Gdns 46 A1
River La *Bray* 82 A2
River La *Lough.* 81 E2
River Rd *Dublin 11* 44 B1
River Rd *Dublin 15* 24 D4
Riversdale 42 C4
Riversdale Av *Dublin 6* 63 F3
Riversdale Av *Clond.* 52 B4
Riversdale Av *Palm.* 42 C4
Riversdale Ct 42 C4
Riversdale Cres 52 B4
Riversdale Dr 52 B4
Riversdale Grn 52 B4
Riversdale Gro *Dublin 6W* 63 D2
Riversdale Gro *Palm.* 42 C4
Riversdale Ind Est 53 F4
Riversdale Pk *Clond.* 52 B4
Riversdale Pk *Palm.* 42 C4
Riversdale Rd 52 B4
Riverside **3** 52 B4
Riverside Av 29 E2
Riverside Cotts 63 D4
Riverside Cres 29 E2
Riverside Dr *Dublin 14* 63 F4
Riverside Dr *Dublin 17* 29 E2
Riverside Dr *Palm.* 42 C4
Riverside Gro 29 E2
Riverside Pk 29 E2
Riverside Rd 29 E2
Riverside Wk 64 C2
Riverston Abbey 44 C2
Rivervale Apts **1** 82 A3
River Valley Av 12 C2
River Valley Cl 12 B2
River Valley Ct 12 B2
River Valley Dr 12 B2
River Valley Gro 12 B3
River Valley Hts 12 B2
River Valley Lawn 12 C3
River Valley Pk 12 B3
River Valley Ri 12 B3
River Valley Rd 12 B2
River Valley Vw 12 B2
River Valley Way 12 B2
Riverview *Dublin 24* 69 E3
Riverview *Palm.* 43 D4
Riverview Business Cen 53 D4
Riverview Ct 53 F1
Riverwood Chase 42 A1
Riverwood Cl 42 B1
Riverwood Copse 42 A1
Riverwood Ct 42 B1
Riverwood Cres 42 B2
Riverwood Dale 42 B1
Riverwood Dene 42 A1
Riverwood Dr 42 B1
Riverwood Gdns 42 B2
Riverwood Glebe 42 A2
Riverwood Glen 42 B1
Riverwood Grn 42 B1
Riverwood Gro 42 B1
Riverwood Heath 42 A1
Riverwood Lawn 42 B1
Riverwood Pk 42 B1
Riverwood Pl 42 A2
Riverwood Rd 42 B1
Riverwood Ter 42 A1
Riverwood Vale 42 B1
Riverwood Vw 42 B1
Riverwood Way 42 B1
Road, The 23 F2
Road Number 1 57 E1
Road Number 2 57 E1
Road Number 3 57 E1
Robert Emmet Br 55 F4
Robert Pl
off Clonliffe Rd 46 B3
Robertstown Br 9 E4
Robert St *Dublin 3*
off Clonliffe Rd 46 B3
Robert St *Dublin 8* 84 B5
Robinhood Business Pk 61 E1
Robinhood Ind Est 61 F1
Robinhood Rd 61 F1
Robinsons Ct 84 C5
Robin Vil 43 D4
Robswall 19 F1
Rochestown Av 77 E2
Rochestown Pk 77 E2
Rochfort Av 51 F1
Rochfort Cl 51 F1
Rochfort Cres 51 F2
Rochfort Downs 51 F1
Rochfort Grn 51 F1
Rochfort Pk 51 F1
Rochfort Way 51 F2
Rock Br 37 D4
Rock Enterprise Cen 59 D4
Rockfield *Dublin 14* 72 C2
Rockfield *Lucan* 50 C2
Rockfield *Mayn.* 36 B3
Rockfield Av *Dublin 12* 62 B3
Rockfield Av *Mayn.* 36 B3
Rockfield Cl 42 B1
Rockfield Dr *Dublin 12* 62 C2
Rock Fld Dr *Clond.* 60 B2
Rockfield Dr *Cool.* 42 B1
Rockfield Gdns 36 B2
Rockfield Grn 36 B2
Rockfield Lo 36 B3
Rockfield Manor 36 B3
Rockfield Pk *Clons.* 24 B4
Rockfield Pk *Mayn.* 36 B3
Rockfield Ri 36 B2
Rockfield Sq 36 B2
Rockfield Wk 36 B2
Rockford Pk 74 C3
Rockfort Av 78 C3
Rock Hill 74 B2
Rockingham Av 39 E2
Rockingham Grn 39 E2
Rockingham Gro 39 E2
Rockingham Pk 39 E2
Rocklands **2** 78 C2
Rock Lo 78 A4
Rock Rd 65 F2
Rockview 72 C4
Rockville Cres 74 C3
Rockville Dr 74 C3
Rockville Pk 74 C3
Rockville Rd 74 C3
Rockwood 50 C2
Rocwood 76 A1
Roebuck Av 65 F4
Roebuck Castle 65 D3
Roebuck Downs 64 C4
Roebuck Dr 62 B2
Roebuck Hall 65 D4
Roebuck Rd 64 C3
Roe La 84 B4
Roger Casement Pk 82 A2
Roger's La 85 G6
Rollins Ct **7** 77 E1
Rollins Vil 77 E1
Roncalli Rd 49 E1
Rookery, The 70 C2
Roosevelt Cotts 44 C3
Rooske Ct 20 B3
Rooske Rd 20 B3
Rope Wk Pl 57 D2
Rory O'Connor Pk 75 D4
Rory O'More Br 84 B3
Rosapenna Dr 30 C3
Rosary Gdns E 75 E3
Rosary Gdns W 75 E3
Rosary Rd 84 A6
Rosary Ter 57 D2
Rosbeg Ct 49 E1
Rosberry 51 D3
Rosberry Av 51 D3
Rosberry Ct 51 D3
Rosberry La 51 D3
Rosberry Pk 51 D3
Rosberry Pl 51 D3
Rosebank 69 E2
Rosedale (Hartstown) *Clons.* 23 D2
Rosedale *Dunb.* 20 B2
Rosedale Dr 23 D2
Rose Glen Av 49 D1
Rose Glen Rd 48 C1
Rosehaven **1** 42 B1
Rosehill **7** 74 B4
Roselawn 41 E4
Roselawn Av 24 C4
Roselawn Cl 25 D4
Roselawn Ct 25 D4
Roselawn Cres 24 C4
Roselawn Dr *Bray* 82 B4
Roselawn Dr *Castle.* 24 C4
Roselawn Glade 24 C4
Roselawn Gro 24 C4
Roselawn Pk 82 B4
Roselawn Rd 25 D4
Roselawn Vw 24 C4
Roselawn Wk 24 C4
Roselawn Way 25 D4
Rosemount 64 B4
Rosemount Av 47 F1
Rosemount Business Pk 25 F2
Rosemount Ct *Dublin 14* 72 C1
Rosemount Ct *Boot.* 65 F3
Rosemount Cres 64 C3
Rosemount Pk 64 C4
Rosemount Pk Rd 25 E2
Rosemount Rd 45 F4
Rosemount Ter 65 F3
Rose Pk 75 D4
Rosevale Ct
off Brookwood Glen 48 A2
Rosevale Mans 48 A2
Roseville Ct **4** 82 A2
Rosewood Gro 51 F2
Rosmeen Gdns 75 F3
Rosmeen Pk 75 F4
Rossecourt Av **2** 51 F2
Rossecourt Grn **6** 51 F2
Rossecourt Gro **1** 51 F2
Rossecourt La **5** 51 F2
Rossecourt Ri **8** 51 F2
Rossecourt Sq **4** 51 F2
Rossecourt Ter **7** 51 F2
Rossecourt Way **3** 51 F2
Rossfield Av 68 A1
Rossfield Cres 68 A2
Rossfield Dr 68 A1
Rossfield Gdns 68 A2
Rossfield Grn 68 A2
Rossfield Gro 68 A2
Rossfield Pk 68 A1
Rossfield Way 68 A2
Rosslyn **13** 82 B3
Rosslyn Ct 82 B3
Rosslyn Gro **14** 82 B3
Rossmore Av *Dublin 6W* 62 B4
Rossmore Av *Dublin 10* 53 E2
Rossmore Cl 70 B1
Rossmore Cres 62 B4
Rossmore Dr *Dublin 6W* 62 B4
Rossmore Dr *Dublin 10* 53 E1
Rossmore Gro 62 B4
Rossmore Lawns 62 B4
Rossmore Pk 70 B1
Rossmore Rd *Dublin 6W* 62 B4
Rossmore Rd *Dublin 10* 53 E1
Ross Rd 84 D5
Ross St 45 D4
Ross Vw 43 D4
Rostrevor Rd 63 F3
Rostrevor Ter 63 F3
Rothe Abbey 54 C3
Rowan Av 73 E3
Rowanbyrn 74 C3
Rowan Cl 37 E3
Rowan Gro 82 A2
Rowan Hall
off Prospect La 64 C2
Rowan Pk Av 74 C3
Rowans, The **17** 81 E1
Rowans Rd 73 D3
Rowlagh Av 52 A2
Rowlagh Cres 52 A2
Rowlagh Gdns 52 A2
Rowlagh Grn 52 A2
Rowlagh Pk 52 A2
Roxboro Cl 78 A4
Royal Canal Av 44 B1
Royal Canal Bk 84 D1
Royal Canal Ter 45 F4
Royal Hosp
(Museum of Modern Art) 55 D2
Royal Liver Retail Pk 53 F4
Royal Marine Ter **3** 82 C2
Royal Oak 28 C2
Royal Ter
off Inverness Rd 46 C3
Royal Ter E 75 F4
Royal Ter La **9** 75 E4
Royal Ter N **10** 75 F4
Royal Ter W 75 F4
Royse Rd 45 F3
Royston 62 C2
Ruby Hall 77 D1
Rugby Rd 56 A4
Rugby Vil
off Rugby Rd 56 A4
Rugged La 42 A2
Rushbrook 24 C4
Rushbrook Av 62 A4
Rushbrook Ct 62 B4
Rushbrook Dr 62 B4
Rushbrooke Cres 62 A4
Rushbrooke Rd 62 A4
Rushbrook Gro 62 B4
Rushbrook Pk 62 B4
Rushbrook Vw 62 A4
Rushbrook Way 62 B4
Rusheeney 23 E2
Rusheeney Av 23 F2
Rusheeney Cl 23 E2
Rusheeney Ct 23 F2

Rusheeney Cres 23 F2
Rusheeney Grn 23 F2
Rusheeney Gro 23 F2
Rusheeney Manor 23 E2
Rusheeney Pk 23 E2
Rusheeney Vw 23 F2
Rusheeney Way 23 F2
Rus-in-Urbe Ter **11** 75 F4
Russell Av *Dublin 3* 46 A3
Russell Av *Jobs.* 68 A2
Russell Av E 46 C4
Russell Cl 68 A2
Russell Ct 68 A2
Russell Cres 68 A2
Russell Downs 68 A2
Russell Dr 68 A2
Russell Grn 68 A2
Russell Gro 68 A2
Russell La 68 A2
Russell Lawns 68 A2
Russell Meadows 68 A2
Russell Pl 68 A2
Russell Ri 68 A2
Russell St 46 B4
Russell Vw 68 A2
Russell Wk 68 A2
Rutland Av 55 E4
Rutland Gro 55 E4
Rutland Pl
off Clontarf Rd 47 F4
Rutland Pl N 46 B4
Rutland Pl W 85 F1
Rutland St Lwr 85 G1
Rutledges Ter 55 E3
Ryders Row
off Parnell St 85 E2
Rye Br 39 F3
Ryecroft 82 B3
Ryemont Abbey 39 E2
Rye River 39 F2
Rye River Av 39 F3
Rye River Cl 39 F3
Rye River Ct 39 F3
Rye River Cres 39 F3
Rye River Gdns 39 F3
Rye River Gro 39 F3
Rye River Mall 39 F3
Rye River Pk 39 F3
Ryevale Lawns 39 F2

S

Sackville Av 46 B4
Sackville Gdns 46 B4
Sackville La
off O'Connell St Lwr 85 F2
Sackville Pl 85 F3
Saddlers Av 24 B2
Saddlers Cl 24 B2
Saddlers Cres 24 B2
Saddlers Dr **1** 24 B2
Saddlers Glade 24 B2
Saddlers Gro 24 B2
Saddlers Lawn 24 B2
Sadleir Hall 20 A2
Saggart Abbey 67 E3
St. Agnes Pk 62 C1
St. Agnes Rd 62 C1
St. Aidan's Dr 65 D4
St. Aidan's Pk 47 D3
St. Aidan's Pk Av 47 D3
St. Aidan's Pk Rd 47 D3
St. Aidan's Ter **20** 82 B2
St. Alban's Pk 65 F1
St. Alban's Rd 55 F3
St. Alphonsus Av 46 B3
St. Alphonsus Rd 46 A3
St. Andoens Ter
off Cook St 84 C4
St. Andrews 41 E4
St. Andrews Dr 41 F4
St. Andrews Fairway 51 F1
St. Andrews Grn 41 F4
St. Andrew's Gro 15 D4
St. Andrew's La
off Trinity St 85 F4
St. Andrews Pk 12 B1
St. Andrew's St 85 F4
St. Andrews Wd 41 F4
St. Annes 62 C2
St. Anne's Av 48 B2
St. Anne's Dr 48 B2
St. Anne's Pk 81 E4
St. Annes Rd 55 E3
St. Anne's Rd N 46 A3
St. Anne's Sq 74 B2
St. Anne's Ter 48 B2
St. Ann's Sq **5** 19 E4
St. Ann's Sq Lwr **4** 19 E4
St. Anthony's Av 60 B2
St. Anthony's Business Pk 61 D1
St. Anthony's Cres 62 A2
St. Anthony's Pl
off Temple St N 85 F1
St. Anthony's Rd 55 D3
St. Aongus Cres 61 F4
St. Aongus Grn 61 F4
St. Aongus Gro 61 F4
St. Aongus Lawn 61 F4
St. Aongus Rd 61 F4
St. Assam's Av 48 C2
St. Assam's Dr 48 C2
St. Assam's Pk 48 C1
St. Assam's Rd E 48 C2
St. Assam's Rd W 48 C2
St. Attracta Rd 45 E3
St. Aubyn's Ct **9** 81 E1
St. Audoens Ter
off School Ho La W 84 D4
St. Augustine's Pk 74 B4
St. Augustine St 84 C4
St. Barnabas Gdns 46 C4
St. Begnet's Vil 78 B3
St. Brendan's Av 29 F4
St. Brendan's Cotts 57 D2
St. Brendan's Cres 62 A3
St. Brendan's Dr 29 F4
St. Brendan's Pk 48 A1
St. Brendan's Ter *Dublin 5* 29 F3
St. Brendan's Ter *D.L.*
off Library Rd 75 E3
St. Bricin's Pk 84 A2
St. Bridget's Av 46 C4
St. Bridget's Dr 62 A2
St. Bridget's Pk 83 E2
St. Brigid's Av **3** 19 E4
St. Brigids Ch Rd 74 A4
St. Brigid's Cotts
(Blanchardstown) *Dublin 15* 25 D4
St. Brigids Cotts *Clond.* 60 C2
St. Brigid's Ct
off St. Brigid's Dr 47 F1
St. Brigid's Cres 29 F4
St. Brigid's Dr *Dublin 5* 47 F1
St. Brigid's Dr *Clond.* 60 B2
St. Brigids Flats 64 C2
St. Brigids Gdns 56 C1
St. Brigids Grn 47 F1
St. Brigids Gro 47 F1
St. Brigids Lawn 47 F1
St. Brigid's Pk (Blanchardstown)
Dublin 15 25 D4
St. Brigid's Pk **1** *Clond.* 60 B2
St. Brigid's Pk *Corn.* 76 C2
St. Brigid's Rd *Dublin 5* 29 F4
St. Brigid's Rd *Clond.* 60 B2
St. Brigid's Rd Lwr 46 A3
St. Brigid's Rd Upr 46 A3
St. Brigids Shop Mall 29 F4
St. Brigid's Ter **21** 82 B2
St. Broc's Cotts 64 C1
Saintbury Av 79 E2
St. Canice's Pk 27 F4
St. Canice's Rd 27 F4
St. Catherine's Av 55 E3
St. Catherines Gro **3** 59 F1
St. Catherine's La W 84 C4
St. Catherine's Pk *Dalkey* 78 A3
St. Catherine's Pk *D.L.* 78 A2
St. Catherine's Rd 78 A3
St. Clair's Lawn 82 A4
St. Clair's Ter **3** 82 A4
St. Clare's Av
off Harolds Cross Rd 55 F4
St. Clare's Home 27 F4
St. Clare's Ter
off Mount Drummond Av 55 F4
St. Clement's Rd 46 A3
St. Colmcilles Ct **1** 12 C2
St. Colmcille's Way 70 A3
St. Columbanus Av 64 B3
St. Columbanus Pl 64 B3
St. Columbanus Rd 64 B3
St. Columbas Hts 12 C2
St. Columbas Ri 12 C2
St. Columba's Rd 62 A2
St. Columba's Rd Lwr 46 A3
St. Columba's Rd Upr 46 A3
St. Columcille's Cres **2** 13 D2
St. Columcille's Dr 13 D2
St. Columcille's Ter **22** 82 B2
St. Columcills Pk 13 D2
St. Conleth's Rd 62 A2
St. Cronan's Av 12 B1
St. Cronan's Cl **1** 12 B2
St. Cronan's Ct 12 B1
St. Cronan's Gro 12 B1
St. Cronan's Lawn 12 B1
St. Cronan's Rd **23** 82 B2
St. Cronan's Vw **2** 12 B2
St. Cronan's Way **3** 12 B2
St. Davids 47 E1
St. Davids Pk 47 E1
St. David's Ter *Dublin 7*
off Blackhorse Av 45 D4
St. David's Ter (Glasnevin)
Dublin 9 46 A1
St. Davids Wd 46 A1
St. Declan Rd 46 C2
St. Declan Ter 47 D2
St. Dominic's Av 69 E2
St. Dominic's Cen 69 E2
St. Dominic's Ct **3** 69 E2
St. Dominic's Rd 69 E2
St. Dominic's Ter 69 E2
St. Donagh's Cres 30 C4
St. Donagh's Pk 31 D4
St. Donagh's Rd 30 C4
St. Edmunds 42 A4
St. Eithne Rd 45 E3
St. Elizabeth's Ct
off North Circular Rd 45 E4
St. Enda's Dr 71 E1
St. Enda's Pk 71 E1
St. Enda's Rd 63 E2
St. Finbar's Cl 62 A3
St. Finbar's Rd 45 D2
St. Finian's 51 D1
St. Finian's Av 51 D1
St. Finian's Cl 51 D1
St. Finian's Cres 51 D1
St. Finian's Gro 51 D1
St. Fintan Rd 45 E3
St. Fintan's Cres 32 C4
St. Fintan's Gro 32 C4
St. Fintan's Pk *Dublin 13* 32 C4
St. Fintan's Pk *Black.* 74 C4
St. Fintan's Rd 32 C4
St. Fintan's Ter **4** 43 D4
St. Fintan's Vil 74 C4
St. Fintan Ter 45 E2
St. Gabriel's 77 E3
St. Gabriels Ct 48 B4
St. Gabriel's Rd 48 B4
St. Gall Gdns N 64 B3
St. Gall Gdns S 64 B3
St. Gatien Ct 71 E2
St. Gatien Rd **2** 71 E2
St. George's Av *Dublin 3* 46 B3
St. George's Av *Kill.* 79 E1
St. Gerard's Rd 62 A2
St. Helena's Dr 27 D4
St. Helena's Rd 27 D4
St. Helen's 78 A2
St. Helen's Rd 65 F3
St. Helens Wd 65 F4
St. Ignatius Av 46 A3
St. Ignatius Rd 46 A3
St. Ita's Rd 46 A2
St. Ive's 15 D4
St. James Pl 54 B2
St. James's Av *Dublin 3* 46 B3
St. James's Av *Dublin 8* 84 A4
St. James's Pl
off Tyrconnell Rd 54 B3
St. James's Rd 62 A2
St. James's Ter 55 E3
St. James's Wk 55 D3
St. Jarlath Rd 45 E3
St. Johns 65 E1
St. John's Av *Dublin 8*
off John St S 84 C5
St. John's Av *Clond.* 60 A2
St. John's Cl 60 A2
St. John's Ct *Dublin 3* 47 E2
St. Johns Ct *Dublin 5* 29 E3
St. John's Ct *Clond.* 60 A2
St. John's Cres 60 A2
St. John's Dr 60 A2
St. John's Grn 60 A2
St. John's Lawn 60 A2
St. John's Pk *Clond.* 60 A2
St. John's Pk *D.L.* 75 E3
St. John's Pk W 60 A2
St. John's Rd *Dublin 4* 57 E4
St. John's Rd *Clond.* 60 A2
St. John's Rd W 54 C2
St. John St
off Blackpitts 84 C6
St. Johns Wd *Dublin 3* 47 F3
St. John's Wd *Clond.* 60 A1
St. Johns Wd Ct 8 B2
St. Johns Wd Dr 8 B2
St. Johns Wd Pk 8 B2
St. John's Wd W 60 A2
St. Joseph's 26 B4
St. Joseph's Av *Dublin 3* 46 B3
St. Joseph's Av *Dublin 9* 46 A3
St. Joseph's Conv 63 E2
St. Josephs Ct 84 B1
St. Josephs Gro 72 C1
St. Joseph's Par 46 A4
St. Joseph's Pl
off St. Joseph's Par 46 A4
St. Joseph's Rd *Dublin 7* 84 A1
St. Joseph's Rd *Dublin 12* 62 A2
St. Joseph's Sq
off Vernon Av 48 A4
St. Joseph's St
off Synnott Pl 46 A4
St. Joseph's Ter *Dublin 1*
off North Circular Rd 46 B4
St. Joseph's Ter *Dublin 3* 46 C3
St. Kevins Ct 64 A2
St. Kevins Gdns 64 A2
St. Kevin's Par 55 F3
St. Kevins Pk (Rathgar)
Dublin 6 64 A2
St. Kevin's Pk *Still.* 73 E2
St. Kevin's Rd 55 F4
St. Kevin's Sq 82 B2
St. Kevin's Ter **15** 82 B3
St. Kevin's Vil 75 E4
St. Killian's Av 61 F2
St. Killian's Pk **1** 60 B1
St. Laurence Gro 53 F1
St. Laurence Rd 53 F1
St. Laurence's Mans 56 C1
St. Laurences Pk 73 F1
St. Laurence's Ter **24** 82 B2
St. Laurence St N
off Sheriff St Lwr 85 H2
St. Lawrence Gro 47 E3
St. Lawrence O'toole Av **1** 19 E4
St. Lawrence Pl
off Sheriff St Lwr 85 H2
St. Lawrence Rd (Clontarf)
Dublin 3 47 E3
St. Lawrence Rd (Howth)
Dublin 13 33 E3
St. Lawrences Ct 47 E3
St. Lawrence St
off Sheriff St Lwr 85 H2
St. Lawrence Ter 33 F3
St. Lomans Rd 41 F4
St. Luke's Av 84 C5
St. Luke's Cres 64 B3
St. Maelruans Pk 69 E2
St. Magdalene Ter 57 D2
St. Malachy's Dr 62 A2
St. Malachy's Rd 46 A2
St. Margaret's Av *Dublin 5* 49 D1
St. Margaret's Av *Mala.* 15 D4
St. Margaret's Av N
off North Circular Rd 46 B4
St. Margaret's Business Pk 26 C2
St. Margaret's Cl **5** 78 B2
St. Margaret's Ct **1** 27 D2
St. Margaret's Halting Site 27 F1
St. Margaret's Pk 15 D4
St. Margaret's Rd *Dublin 11* 27 D2
St. Margaret's Rd *Mala.* 15 D4
St. Margaret's Ter 84 A6
St. Mark's Av 52 A1
St. Mark's Cres 52 A2
St. Mark's Dr 52 B2
St. Mark's Gdns 52 A2
St. Mark's Grn 52 A2
St. Mark's Gro 52 A2
St. Marnock's Av 19 E4
St. Martin's Dr 63 D2
St. Martin's Pk 63 D1
St. Mary's Av (Rathfarnham) 63 E4
St. Mary's Av N 85 E1
St. Mary's Av W 54 B2
St. Mary's Coll 56 A4
St. Mary's Cres 54 B4
St. Mary's Dr 54 B4
St. Mary's La 56 C3
St. Mary's Pk *Dublin 12* 62 B1
St. Mary's Pk *Dublin 15* 26 B4
St. Mary's Pk *Leix.* 39 F2
St. Mary's Pl
off Main St 33 F3
St. Mary's Pl N 85 E1
St. Mary's Rd *Dublin 3* 46 C4
St. Mary's Rd *Dublin 12* 62 B1
St. Mary's Rd *Dublin 13*
off Main St 33 F3
St. Mary's Rd N 46 C4
St. Mary's Rd S 56 C3
St. Mary's St 75 E3
St. Mary's Ter *Dublin 7* 85 E1
St. Marys Ter **22** *Bray* 82 C3
St. Mary's Ter **1** *Dunb.* 20 B2
St. Mel's Av 62 A3
St. Michael's Est 54 C3
St. Michael's Hill 84 D4
St. Michael's La
off High St 84 D4
St. Michael's Rd 46 A2
St. Michael's Ter 84 C6
St. Michan's St 84 D3
St. Mobhi Boithirin 46 A1
St. Mobhi Ct 46 A1
St. Mobhi Dr 46 A2
St. Mobhi Gro 46 A2
St. Mobhi Rd 46 A2
St. Mobhis Br 46 A2
St. Mochtas 42 B1
St. Mochtas Av 24 B4
St. Mochtas Chase 24 B4
St. Mochtas Dr 42 A1
St. Mochtas Grn 42 B1
St. Mochtas Gro 42 B1
St. Mochtas Lawn 24 A4
St. Mochtas Rd 42 A1
St. Mochtas Vale 24 B4
St. Nessan's Ter
off Tuckett's La 33 E3
St. Nicholas Pl 84 D5
St. Oliver's Pk 52 C3
St. Pappin Grn 27 F4
St. Pappin Rd 27 F4
St. Patrick Av
off North Strand Rd 46 C4
St. Patrick's Av **1** *Clond.* 52 A4
St. Patrick's Av **6** *Dalkey* 78 B3
St. Patrick's Av *Port.* 19 E4
St. Patrick's Cath 84 D5
St. Patrick's Cl *Dublin 8* 84 D5
St. Patrick's Cl **11** *D.L.* 75 D4
St. Patrick's Coll Maynooth 36 A2
St. Patrick's Cotts 71 E1
St. Patrick's Cres *D.L.* 75 D4
St. Patrick's Cres *R'coole* 66 A3
St. Patrick's Nat Sch 46 B2
St. Patrick's Par 46 A3
St. Patrick's Pk (Blanchardstown)
Dublin 15 24 C4
St. Patrick's Pk *Celbr.* 37 E3
St. Patrick's Pk *Clond.* 52 A4
St. Patricks Pk *D'bate* 11 F2
St. Patrick's Pk *Dunb.* 20 B2
St. Patrick's Rd *Dublin 9* 46 A3
St. Patrick's Rd *Dublin 12* 62 A2
St. Patrick's Rd *Clond.* 52 A4
St. Patrick's Rd *Dalkey* 78 B3
St. Patrick's Sq **1** *Bray* 82 B2
St. Patrick's Sq **7** *Dalkey* 78 B3
St. Patrick's Ter *Dublin 1*
off Russell St 46 B4
St. Patrick's Ter *Dublin 3*
off North Strand Rd 46 C4
St. Patrick's Ter *Dublin 8* 54 B2
St. Patricks Ter *D'bate* 11 F2
St. Patrick's Ter **6** *D.L.* 75 E4
St. Patrick's Vil 57 D2
St. Paul's Dr 62 B2
St. Paul's Ter **21** 78 A2
St. Peters Av 45 F3
St. Peters Cl 45 F4
St. Peter's Cres 62 B2
St. Peter's Dr 62 B2
St. Peter's Pk 20 B2
St. Peter's Rd *Dublin 7* 45 F3
St. Peter's Rd *Dublin 12* 62 A2

St. Peter's Rd *Bray* 82 A1
St. Peter's Ter *Dublin 13* 33 E3
St. Peter's Ter **3** *Bray* 82 A1
St. Peter's Ter **6** *D.L.* 78 A2
St. Philomena's Rd 45 F3
St. Raphaels Av 37 D4
St. Ronan's Av 52 A3
St. Ronan's Cl 52 A2
St. Ronan's Cres 52 A2
St. Ronan's Dr 52 A2
St. Ronan's Gdns 52 A2
St. Ronan's Grn 52 A2
St. Ronan's Gro 52 A2
St. Ronan's Pk 52 A2
St. Ronan's Way 52 A3
St. Stephen's Grn 85 G6
St. Stephen's Grn N 85 F5
St. Stephen's Grn Pk 85 F6
St. Stephen's Grn Shop Cen 85 F5
St. Stephen's Grn S 85 F6
St. Stephen's Grn Sta 85 F5
St. Stephen's Grn W 85 F6
St. Stephen's Pl 85 H6
St. Sylvester Vil 19 D1
St. Teresa's La 62 C2
St. Teresa's Pl *off Prospect Av* 45 F2
St. Teresa's Rd *Dublin 9* 45 F2
St. Teresa's Rd (Crumlin) *Dublin 12* 62 C2
St. Theresa Gdns 55 E3
St. Thomas' Mead 65 F4
St. Thomas' Rd (Tenter Flds) *Dublin 8* 84 C6
St. Thomas' Rd *Still.* 65 E4
St. Thomas's Av *off Constitution Hill* 84 D2
St. Vincent's Home 44 B2
St. Vincent's Pk 74 C2
St. Vincents Rd 83 F3
St. Vincent St N 45 F4
St. Vincent St S (Tenter Flds) 55 F3
St. Vincent St W 54 B2
St. Werburghs 13 E2
St. Wolstan's Abbey 37 E4
Salamanca 65 D4
Sallowood Vw 28 B2
Sallyglen Rd 77 F1
Sallymount Av 56 B4
Sallymount Gdns 56 B4
Sallynoggin Pk 77 E1
Sallynoggin Rd 77 E1
Sally Pk 70 A2
Sally Pk Cl 70 A2
Sally's Br 55 E4
Salthill & Monkstown Sta 75 D2
Salzburg 65 D4
Sampsons La 85 E2
Sandford Av (Donnybrook) *Dublin 4* 64 C1
Sandford Av *Dublin 8* 55 E3
Sandford Cl 64 B1
Sandford Gdns *Dublin 4* 64 C1
Sandford Gdns *Dublin 8 off Donore Av* 55 E3
Sandford Rd 64 B1
Sandford Ter 64 B1
Sand Holes, The 43 D2
Sandon Cove 47 F3
Sandsfords Br 38 B1
Sandwith Pl 85 H4
Sandwith St Lwr 85 H4
Sandwith St Upr 85 H4
Sandycove Av E 78 B2
Sandycove Av N 78 B1
Sandycove Av W 78 A2
Sandycove E La 78 B2
Sandycove Glastule Sta 75 F4
Sandycove Pt 78 B1
Sandycove Rd 78 A2
Sandyford Business Cen 73 E3
Sandyford Downs 73 D4
Sandyford Ind Est 73 E3
Sandyford Off Pk 73 F3
Sandyford Pk *Dublin 16* 73 D4
Sandyford Pk *Leo.* 73 F3
Sandyford Rd 72 C2
Sandyford Sta 73 F3
Sandyford Vw 72 C4
Sandyford Village 73 D4
Sandyhill Ct 27 F2
Sandyhill Gdns 27 F2
Sandymount Av 57 D4
Sandymount Castle Dr 57 E4
Sandymount Castle Rd 57 E4
Sandymount Grn 57 E3
Sandymount Rd 57 E3
Sandymount Sta 57 E4
Sans Souci Pk 65 F3
Sans Souci Wd 82 B3
Santa Sabina Manor 32 C3
Santry Av 28 A2
Santry Av Ind Est 28 B2
Santry Business Pk 28 C1
Santry Cl 28 C2
Santry Ct 28 C2
Santry Hall Ind Est 28 B3
Santry Vil 28 C2
Santry Way 28 B2
Sarah Curran Av 71 E2
Sarah Curran Rd **1** 71 E2
Sarah Pl 54 C1
Sarsfield Ct 40 C4
Sarsfield Pk 41 D4
Sarsfield Quay 84 B3
Sarsfield Rd *Dublin 8* 54 B2
Sarsfield Rd *Dublin 10* 54 A2
Sarsfield St *Dublin 7* 45 F4
Sarsfield St *Sally.* 77 E1
Sarsfield Ter **4** 40 C4
Sarto Lawn 31 E4
Sarto Pk 31 E4
Sarto Ri 49 E1
Sarto Rd 49 E1
Saul Rd 55 D4
Saval Gro 78 A4
Saval Pk Cres 78 A4
Saval Pk Gdns 78 A3
Saval Pk Rd 78 A3
Scholarstown Pk 70 C3
Scholarstown Rd 70 C3
School Av 47 F1
Schoolhouse La 85 F5
School Ho La W 84 D4
School St 84 B5
Scotchstone Br 13 D1
Scott Pk 82 C4
Scribblestown 44 B1
Scribblestown Rd 44 A1
Seabank Ct 78 A2
Seabrook Manor 19 D4
Seabury 57 F4
Seabury Av 14 B3
Seabury Cl 14 B3
Seabury Ct **5** 14 B4
Seabury Cres 14 B4
Seabury Dale **3** 14 B3
Seabury Downs 14 B4
Seabury Dr 14 B3
Seabury Gdns 13 F2
Seabury Glen 14 B3
Seabury Grn 14 B3
Seabury Gro **4** 14 B4
Seabury Hts 13 F2
Seabury La 14 B4
Seabury Lawns **1** 13 F2
Seabury Meadows 13 F2
Seabury Orchard 14 B3
Seabury Par 14 B3
Seabury Pk 13 F2
Seabury Pl 14 B4
Seabury Rd 14 B3
Seabury Vale 14 B3
Seabury Vw 13 F2
Seabury Wk 14 B4
Seabury Wd 13 F2
Seacliff Av 31 F4
Seacliff Dr 31 E4
Seacliff Rd 31 E4
Seacourt 48 A4
Seacrest 82 C3
Seafield 81 F2
Seafield Av *Dublin 3* 48 A4
Seafield Av *Black.* 75 D3
Seafield Cl 65 E3
Seafield Ct *Dublin 13* 32 A2
Seafield Ct *Kill.* 81 E1
Seafield Ct *Mala.* 15 D4
Seafield Cres 65 F3
Seafield Down 48 B4
Seafield Dr 65 E3
Seafield Gro 48 B4
Seafield Pk 65 F3
Seafield Rd *Boot.* 65 E3
Seafield Rd *Kill.* 81 E1
Seafield Rd E 48 A4
Seafield Rd W 47 F3
Seafield Ter **6** 78 C3
Seafort Av 57 E3
Seafort Cotts *off Seafort Av* 57 E3
Seafort Gdns 57 E3
Seafort Vil *off Seafort Av* 57 E3
Seagrange Av 31 E3
Seagrange Dr 31 F4
Seagrange Rd 31 E4
Seagrave 19 E4
Seagrave Cl 27 E1
Seagrave Ct 27 D1
Seagrave Dr 27 D1
Seagrave Ri 27 E1
Seagrave Ter 27 E1
Seagrave Way 27 D1
Seamount Dr 19 E1
Seamount Gro 19 E1
Seamount Hts 19 E1
Seamount Pk 19 E1
Seamount Rd 19 E1
Seamount Vw 13 E2
Seamus Ennis Rd 27 D3
Sean Heuston Br 55 D1
Sean McDermott St Lwr 85 G1
Sean McDermott St Upr 85 F2
Sean More Rd 57 E3
Sean O'Casey La 46 B4
Seapark *Dublin 3* 48 A4
Seapark *Mala.* 15 E4
Seapark Dr 48 A4
Seapark Hill 19 E1
Seapark Rd 48 A4
Seapoint Av *Dublin 13* 31 F3
Seapoint Av *Black.* 74 C2
Seapoint Ct *Dublin 13* 31 F3
Seapoint Ct *Bray* 82 B2
Seapoint Rd 82 B2
Seapoint Sta 74 C2
Seapoint Ter **17** 82 B2
Seapoint Vil **18** 82 B2
Sea Rd 14 C3
Seatown Pk 13 D1
Seatown Rd 13 D1
Seatown Rbt 13 D1
Seatown Ter 13 D2
Seatown Vil 13 D1
Seatown Wk 13 D2
Seatown W 13 D1
Seaview Av 46 C4
Seaview Av N 47 E3
Seaview Cotts 83 D1
Seaview Lawn 81 D2
Seaview Pk 81 D2
Sea Vw Ter *Dublin 4* 65 D1
Seaview Ter *Dublin 13* 33 F3
Seaview Wd 81 D2
Second Av *Dublin 1* 56 C1
Second Av (Cookstown) *Dublin 24* 60 C4
Sefton Grn 77 D1
Selskar Ter 56 A4
Serpentine Av 57 D4
Serpentine Pk 57 D3
Serpentine Rd 57 D3
Serpentine Ter 57 D4
Seskin Vw Av 69 E2
Seskin Vw Dr 69 E2
Seskin Vw Pk 69 E3
Seskin Vw Rd 69 E2
Seven Hos **12** 75 F4
Seven Oaks 46 B1
Seville Pl 46 C4
Seville Ter 85 H1
Seymour Rd 82 B2
Shamrock Cotts *off Shamrock Pl* 46 C4
Shamrock Pl 46 C4
Shamrock St *off Primrose St* 84 D1
Shamrock Ter 46 C4
Shamrock Vil 63 F1
Shanard Av 28 A3
Shanard Rd 28 A3
Shanboley Rd 28 C3
Shancastle Av 52 A1
Shancastle Cl 52 A1
Shancastle Cres 52 A1
Shancastle Dr 52 A1
Shancastle Lawns 52 A1
Shancastle Pk 42 A4
Shandon Cres 45 F3
Shandon Dr 45 F3
Shandon Gdns 45 E2
Shandon Pk *Dublin 7* 45 F3
Shandon Pk *Black.* 74 C2
Shandon Rd 45 F3
Shanganagh Cliffs 81 E2
Shanganagh Gro 81 E4
Shanganagh Rd 81 E1
Shanganagh Ter 79 E2
Shanganagh Vale 77 E4
Shanganagh Wd 81 E3
Shangan Av 28 B3
Shangan Cres 28 B2
Shangan Gdns 28 B3
Shangangh Rd 46 A3
Shangan Grn 28 B3
Shangan Pk 28 B3
Shangan Rd 28 A3
Shanglas Rd 28 C3
Shanid Rd 63 E2
Shankill Business Cen 81 E3
Shankill Shop Cen 81 E3
Shankill Sta 81 E3
Shankill Vw **19** 82 B2
Shanliss Av 28 B3
Shanliss Dr 28 B3
Shanliss Gro 28 B3
Shanliss Pk 28 B3
Shanliss Rd 28 A3
Shanliss Wk 28 B3
Shanliss Way 28 B3
Shannon Ter 55 D2
Shanowen Av 28 A4
Shanowen Cres 28 B3
Shanowen Dr 28 B3
Shanowen Gro 28 A3
Shanowen Pk 28 A3
Shanowen Rd 28 B3
Shanowen Rd Ind Est 28 B4
Shanrath Rd 28 C3
Shantalla Av 28 C4
Shantalla Dr 28 C4
Shantalla Pk 28 C4
Shantalla Rd 28 C4
Shanvarna Rd 28 C3
Sharavogue 78 A3
Shaws La 57 D3
Shaw St 85 G4
Sheelin Av 81 E1
Sheelin Dr 81 E1
Sheelin Gro 81 E1
Sheelin Hill **8** 81 E1
Sheelin Wk 81 E1
Sheephill Av 25 D2
Sheephill Grn 25 D2
Sheephill Pk 25 D2
Sheepmoor Av 24 A3
Sheepmoor Cl 24 A3
Sheepmoor Cres 24 A3
Sheepmoor Gdns 24 A3
Sheepmoor Grn 24 A3
Sheepmoor Gro 24 A3
Sheepmoor Lawn 24 A3
Sheepmoor Way 24 A3
Shelbourne Av 57 D3
Shelbourne La 56 C3
Shelbourne Pk Greyhound Stadium 57 D2
Shelbourne Rd 57 D3
Shelerin Rd 24 A4
Shellysbanks Rd 57 F3
Shelmalier Rd 46 C4
Shelmartin Av 46 C3
Shelmartin Ter 46 C2
Shelton Dr 62 C2
Shelton Gdns 62 C2
Shelton Gro 62 C2
Shelton Pk 62 C2
Sheriff St Lwr 85 H2
Sheriff St Upr 57 D1
Sherkin Gdns 46 B1
Sherrard Av 46 A3
Sherrard St Lwr 46 A4
Sherrard St Upr 46 A4
Shielmartin Dr 32 C4
Shielmartin Pk 34 B3
Shielmartin Rd 34 B3
Shinkeen Br 37 F3
Ship St Gt 85 E4
Ship St Little 84 D4
Shrewsbury 57 E4
Shrewsbury Hall 81 E4
Shrewsbury Lawn 77 E3
Shrewsbury Pk 57 E4
Shrewsbury Rd *Dublin 4* 65 D1
Shrewsbury Rd *Shank.* 81 E4
Shrewsbury Wd 77 E3
Sibthorpe La 56 B4
Sidbury Ct **20** 82 C3
Sidmont Gdns 82 B3
Sidmonton Av 82 C3
Sidmonton Ct 82 C3
Sidmonton Gdns 82 C3
Sidmonton Pk 82 C3
Sidmonton Pl **6** 82 C3
Sidmonton Rd *Bray* 82 C3
Sidmonton Rd *Grey.* 83 F2
Sidmonton Sq **7** 82 C3
Sigurd Rd 84 B1
Silchester Ct 75 F4
Silchester Cres 75 F4
Silchester Pk 75 F4
Silchester Rd 75 F4
Silchester Wd **3** 77 F1
Silken Vale 36 A2
Silleachain La 40 A2
Silloge Av 27 F3
Silloge Gdns 28 A3
Silloge Rd 27 F2
Silverberry 51 D2
Silver Birches *Dublin 14* 72 C1
Silver Birches *Dunb.* 20 C2
Silver Birches Cl 20 C2
Silver Birches Cres 20 C2
Silverdale 50 C2
Silverpine 82 A3
Silver Pines **3** 73 F3
Silverwood 51 D2
Silverwood Dr *Dublin 6W off Templeville Dr* 62 C4
Silverwood Dr *Dublin 14* 71 D1
Silverwood Rd 71 D1
Simmon's Ct *off Simmonscourt Castle* 57 D4
Simmonscourt Av 65 D1
Simmonscourt Castle 57 D4
Simmonscourt Rd 57 D4
Simmonscourt Ter 65 D1
Simmonstown Manor 37 E4
Simmonstown Pk 37 E4
Simonscourt Sq 57 D4
Simonscourt Vw 57 D4
Simons Ridge 72 C4
Sion Hill 74 A1
Sion Hill Av 63 E1
Sion Hill Ct 46 C1
Sion Hill Rd 46 C1
Sion Rd 77 F2
Sir Ivor Mall **1** 76 A2
Sir John Rogersons Quay 56 C1
Sitric Rd 84 B2
Skelligs Ct 25 D2
Skellys La 29 D4
Skippers All 84 D4
Skreen Rd 44 C3
Slade Av 67 D3
Slade Castle 67 D3
Slade Cl 67 D3
Slade Hts 67 D3
Slademore Av 30 A3
Slademore Cl 30 B4
Slademore Ct 30 A3
Slademore Dr 30 B4
Slade Row 84 A2
Slane Rd 55 D4
Slaney Cl 45 E2
Slaney Rd 45 E2
Slemish Rd 44 C3
Slieve Bloom Pk 54 B4
Slieve Bloom Rd 54 B4
Slievemore Rd 54 C4
Slievenamon Rd 54 C3
Slieve Rua Dr 73 E1
Sloan Ter **21** 82 C3
Sloperton 75 E3
Slopes, The 75 E3
Slí An Chanáil 39 D3
Smithfield 84 C3
Smithfield Sta 84 C3
Smiths Vil 75 E3
Snowdrop Wk 30 A3
Snugborough Rd 25 D2
Snugborough Rd (Ext) 24 B4
Solus Pk Business Cen 82 B1
Somerby Rd 83 F3
Somerset St *off Doris St* 57 D2
Somerton *D'bate* 11 F1

Somerton *Sally.* 77 E1
Somerville Av 62 B1
Somerville Grn 62 B1
Somerville Pk 62 B1
Sommerton La 42 B3
Sommerville 64 B4
Sonesta 14 C3
Sorbonne 65 D4
Sorrel Dale 24 A4
Sorrel Dr 24 A4
Sorrel Heath 24 A4
Sorrento Cl **7** 78 C3
Sorrento Ct **8** 78 C3
Sorrento Dr 78 B3
Sorrento Hts **1** 78 C4
Sorrento Lawn **9** 78 C3
Sorrento Ms **2** 78 C4
Sorrento Rd 78 B3
South Av 73 E1
South Bk Rd 57 E2
South Circular Rd 54 C1
South Co Business Pk 73 F4
Southdene 75 D3
South Docks Rd 57 D2
Southern Cross Av 54 C2
Southern Cross Route 72 A4
South Esplanade 82 C3
South Gt Georges St 85 E5
South Hill *Dublin 6* 64 A2
South Hill *Dublin 13* 32 C4
South Hill Av 65 F4
South Hill Pk 65 F4
South Lotts Rd 57 D3
South Pk 76 C2
South Pk Dr 76 C2
South Rd Number 4
off Alexandra Rd 57 F1
South Winds **11** 78 B2
Southwood Pk 74 A2
Spade Enterprise Cen 84 B2
Spafield Ter 57 D4
Spa Rd (Kilmainham) *Dublin 8* 54 B2
Spa Rd (Phoenix Pk) *Dublin 8* 44 C4
Spawell Br 70 C1
Spencer Dock 56 C1
Spencer St
off South Circular Rd 55 E3
Spencer St N 46 C4
Spencer Vil 78 A2
Sperrin Rd 54 B3
Spiddal Pk 53 D2
Spiddal Rd 53 D2
Spires, The 11 F2
Spire Vw Ct 63 F1
Spire Vw La 63 F1
Spitalfields 84 C5
Spring Bk Cotts 66 C2
Springdale Rd 30 A4
Springfield *Dublin 7* 44 C3
Springfield *Dublin 24* 68 C1
Springfield Av 63 D4
Springfield Cl 37 D4
Springfield Cres 63 D4
Springfield Dr 63 D4
Springfield Pk *Dublin 6W* 63 D4
Springfield Pk *Deans Gra* 76 B2
Springfield Rd 63 D4
Spring Gdn La 85 G4
Spring Gdn St 46 C4
Springhill Av 74 C4
Springhill Cotts **3** 74 C4
Springhill Pk *Dalkey* 78 A3
Springhill Pk *Deans Gra* 74 C4
Springlawn 24 C3
Springlawn Cl 24 C3
Springlawn Ct 24 C4
Springlawn Dr 24 C4
Springlawn Hts 24 C3
Springlawn Rd 24 C3
Springvale 71 D3
Spruce Av 73 E3
Square, The *Dublin 4* 57 D2
Square, The *Dublin 6W* 63 E1
Square, The *Dublin 24* 69 D2
Square, The *Greenogue* 66 A1
Square, The **3** *Lucan* 40 C4
Square Ind Complex, The 69 D1
Square Shop & Leisure Cen, The 69 D2
Stable La *Dublin 2* 85 F6
Stable La *Dublin 4*
off Londonbridge Rd 57 D3
Stables, The 65 F3
Stadium Business Pk 26 A2
Stamer St 56 A3
Stanford Grn 62 B1
Stanhope Cen 84 C1
Stanhope Grn 84 B2
Stannaway Av 62 C1
Stannaway Dr 63 D1
Stannaway Rd 62 C1
Stapolin Av 31 E3
Stapolin Lawns 31 E3
Station Cl 52 B4
Stationcourt *Cool.* 42 B1
Station Ct *D'bate* 11 E2
Stationcourt Pk 42 B1
Stationcourt Vw 42 B1
Stationcourt Way 42 B1
Station Rd *Dublin 5* 48 B2
Station Rd *Dublin 13* 32 A2
Station Rd *Clond.* 52 B4
Station Rd *Dunb.* 20 C2
Station Rd *D.L.* 78 A2
Station Rd *Kill.* 79 F2
Station Rd *Lou.V.* 39 E2
Station Rd *Port.* 19 D4
Station Rd **4** *Shank.* 81 E3
Station Rd Business Pk 52 B3
Station Vw **2** 42 B1
Station Way 31 D3
Steeples, The 54 A2
Steevens La 84 A4
Stella Av 46 A1
Stephens La 56 C3
Stephens Pl
off Stephens La 56 C3
Stephens Rd 54 C3
Stephen St 85 E5
Stephen St Upr 85 E5
Stiles Ct, The
off The Stiles Rd 47 E3
Stiles Rd, The 47 E3
Stillorgan Ct **2** 73 F2
Stillorgan Gro 74 A4
Stillorgan Heath 73 F2
Stillorgan Ind Est 73 D3
Stillorgan Pk 74 A3
Stillorgan Pk Av 74 A3
Stillorgan Rd *Dublin 4* 65 D1
Stillorgan Rd *Still.* 65 F4
Stillorgan Shop Cen 73 F1
Stillorgan Sta 73 E3
Stillorgan Wd 73 E2
Stirling Pk 64 A3
Stirrup La
off Beresford St 84 D2
Stockhole La 16 C1
Stocking Av 70 C4
Stocking La 70 C4
Stocking Wd 70 B4
Stockton Ct 43 E1
Stockton Dr 43 E2
Stockton Grn 43 E2
Stockton Gro 43 E2
Stockton Lawn 43 E1
Stockton Pk 43 E2
Stonebridge 23 E3
Stonebridge Av 23 F3
Stonebridge Cl **1** 81 E4
Stonebridge Dr 23 E3
Stonebridge La **1** 81 D3
Stonebridge Rd *Clons.* 23 E3
Stonebridge Rd *Shank.* 81 D3
Stonemasons Grn **2** 72 A3
Stonemasons Way 72 A3
Stonepark Abbey 71 F1
Stonepark Ct 71 F1
Stonepark Dr 71 F1
Stonepark Grn 71 F1
Stonepark Orchard 71 F1
Stoneview Pl 75 F3
Stoneybatter 84 B2
Stoneylea Ter **11** 82 B4
Stoney Pk 66 B3
Stoney Rd *Dublin 3*
off East Wall Rd 46 C4
Stoney Rd (Dundrum)
Dublin 14 72 C1
Store St 85 G2
Stormanstown Rd 27 F4
Stradbrook Cl 74 C4
Stradbrook Gdns 74 C3
Stradbrook Hill **4** 74 C4
Stradbrook Lawn 74 C3
Stradbrook Pk 74 C3
Stradbrook Rd 74 C3
Straffan Av 36 A3
Straffan Cl 36 A3
Straffan Ct 36 A3
Straffan Cres 36 A3
Straffan Dr 36 A3
Straffan Grn 36 A3
Straffan Gro 36 A3
Straffan Lawn 36 A3
Straffan Way 36 B3
Stralem Ct 23 E3
Stralem Gro 23 E3
Stralem Ms 23 E3
Stralem Ter 23 E3
Strand, The 11 F2
Strandmill Av 19 F4
Strandmill Pk **1** 19 F4
Strandmill Rd 19 F4
Strand Rd (Sandymount)
Dublin 4 57 E3
Strand Rd *Dublin 13* 32 C3
Strand Rd (Baldoyle) *Dublin 13* 32 A1
Strand Rd *Bray* 82 C2
Strand Rd *Kill.* 79 F2
Strand Rd *Mala.* 14 C3
Strand Rd *Port.* 19 E4
Strand St *Dublin 4* 57 D2
Strand St *Mala.* 15 D4
Strand St Gt 85 E3
Strandville Av E 47 E3
Strandville Av N 46 C4
Strandville Ho 47 E3
Strangford Gdns 46 C4
Strangford Rd E 46 C4
Strathmore Rd 79 E1
Streamstown La 18 B1
Streamville Ct **10** 81 E1
Streamville Rd 30 C4
Suffolk St 85 F4
Sugarloaf Cres 82 B4
Sugarloaf Ter **12** 82 B4
Suir Rd 54 C2
Suir Rd Sta 54 C3
Sullivan St 55 D1
Summerfield (Blanchardstown)
Dublin 15 24 C4
Summerfield *Dublin 24* 69 E2
Summerfield Av 24 C4
Summerfield Cl (Blanchardstown)
Dublin 15 24 C4
Summerfield Cl **8** *Dalkey* 78 B3
Summerfield Grn 24 C4
Summerfield Lawns 24 C4
Summerfield Meadows 24 C4
Summerfield Pk 24 C4
Summerfield Ri 24 C3
Summerhill 85 G1
Summerhill Par *Dublin 1* 46 B4
Summerhill Par *D.L.* 75 F3
Summerhill Pl 85 G1
Summerhill Rd *Dunb.* 20 A1
Summerhill Rd *D.L.* 75 F3
Summer Pl 85 G1
Summerseat Ct 23 D1
Summer St N 46 B4
Summer St S 84 B5
Summerville 47 F3
Summerville Pk 64 A1
Sunbury Gdns 64 A2
Suncroft Av **2** 19 F4
Suncroft Dr 68 A2
Suncroft Pk 68 A2
Sundale Av 68 A3
Sundale Cl 68 A3
Sundale Cres 68 A2
Sundale Grn 68 A2
Sundale Gro 68 A2
Sundale Hts 68 A2
Sundale Lawn 67 F2
Sundale Meadows **12** 67 F2
Sundale Par 67 F2
Sundale Pk 68 A2
Sundale Rd 68 A3
Sundale Vil 68 A2
Sundale Wk 68 A2
Sundrive Pk 63 E1
Sundrive Rd 55 D4
Sundrive Shop Cen 63 E1
Sunnybank Ter 72 B1
Sunshine Ind Est 54 C4
Superquinn Shop Cen
Dublin 12 62 A1
Superquinn Shop Cen
Dublin 16 70 C2
Susan Ter 84 C6
Susanville Rd 46 B3
Sussex Rd 56 B4
Sussex St 75 F3
Sussex Ter Lwr
off Mespil Rd 56 B3
Sussex Ter Upr
off Sussex Rd 56 B3
Sutton Ct 31 F4
Sutton Cross Shop Cen 32 B2
Sutton Downs 49 F1
Sutton Gro 31 F4
Sutton Lawns 31 F4
Sutton Pk 31 F4
Sutton Rd 82 A2
Sutton Sta 32 A2
Sutton Vil **22** 82 A2
Swallowbrook 23 F1
Swallowbrook Cres 23 F1
Swallowbrook Pk 23 F1
Swallowbrook Vw 23 F1
Swan Pl
off Morehampton Rd 56 C4
Swan Shop Cen 64 A1
Swans Nest Av 31 D4
Swans Nest Ct 31 D4
Swans Nest Rd 30 C4
Swanville Pl 64 A1
Swanward Business Cen 61 E2
Swanward Ct 55 E4
Swan Yd
off Harry St 85 F5
Sweeneys Ter
off Mill St 84 C6
Sweetbriar La 73 E2
Sweetmans Av 74 B2
Sweetmount Av 72 B1
Sweetmount Dr 72 B1
Sweetmount Pk 72 B1
Swiftbrook 68 A2
Swiftbrook Av 68 A2
Swiftbrook Cl 68 A2
Swiftbrook Dr 68 A2
Swiftbrook Pk 68 A2
Swifts All 84 C5
Swift's Gro 29 E1
Swifts Row
off Ormond Quay Upr 84 D3
Swiftwood 67 D2
Swilly Rd 45 D3
Swords Business Pk 13 D1
Swords Manor Av 12 B1
Swords Manor Ct 12 B1
Swords Manor Cres 12 B1
Swords Manor Dr 12 B1
Swords Manor Gro 12 B1
Swords Manor Vw 12 B1
Swords Manor Way 12 B1
Swords Rd *Dublin 9* 46 B1
Swords Rd *Collins.* 16 B3
Swords Rd *Mala.* 14 B4
Swords St 84 A1
Sybil Hill Av 48 A2
Sybil Hill Rd 48 A2
Sycamore Av *Dublin 24* 61 D3
Sycamore Av *Cabin.* 76 C3
Sycamore Av *Castle.* 42 C1
Sycamore Cl *Dublin 24* 61 D3
Sycamore Cl *Cabin.* 76 C3
Sycamore Ct **6** 77 E1
Sycamore Cres *Cabin.* 76 C3
Sycamore Cres *Still.* 65 F4
Sycamore Dr *Dublin 16* 72 B2
Sycamore Dr *Dublin 24* 61 E3
Sycamore Dr *Cabin.* 76 C3
Sycamore Dr *Castle.* 42 C1
Sycamore Grn 76 C3
Sycamore Gro *Cabin.* 76 C3
Sycamore Gro **3** *Fox.* 76 B1
Sycamore Lawn *Cabin.* 76 C3
Sycamore Lawn *Castle.* 42 C1
Sycamore Pk *Dublin 11* 27 E2
Sycamore Pk *Dublin 24* 61 E3
Sycamore Pk *Castle.* 42 C1
Sycamore Rd (Finglas)
Dublin 11 27 E2
Sycamore Rd *Dublin 12* 61 E1
Sycamore Rd *Dublin 16* 72 B2
Sycamore Rd *Still.* 65 F4
Sycamores, The **18** *Abb.* 81 E1
Sycamores, The *Mala.* 15 E4
Sycamore St 85 E4
Sycamore Vw 42 C1
Sycamore Wk 76 C3
Sydenham Ms *Bray* 82 C3
Sydenham Ms *D.L.* 75 F3
Sydenham Rd (Sandymount)
Dublin 4 57 D4
Sydenham Rd (Dundrum)
Dublin 14 72 C1
Sydenham Vil *Dublin 14* 72 C1
Sydenham Vil **27** *Bray* 82 C3
Sydney Av 74 B2
Sydney Par Av 65 E1
Sydney Par Sta 65 E1
Sydney Ter 74 B2
Sykes La 63 F2
Sylvan Av 61 D3
Sylvan Cl 61 D3
Sylvan Dr 61 D3
Synge La 56 A3
Synge Pl 56 A3
Synge St 56 A3
Synge Way 52 C4
Synnott Pl 46 A4
Synnott Row 46 A3

T

Tailor's Mkt 84 D4
Talbot Av 14 B4
Talbot Ct *Dublin 15* 25 D4
Talbot Ct **6** *Mala.* 14 B4
Talbot Downs 25 D4
Talbot La *Dublin 1*
off Talbot St 85 F2
Talbot La *Kill.* 78 A4
Talbot Lo 74 A3
Talbot Mem Br 85 G3
Talbot Pk 14 B4
Talbot Pl 85 G2
Talbot Rd **2** *Kill.* 79 E1
Talbot Rd *Mala.* 14 B4
Talbot St 85 F2
Tallaght Business Pk 68 C2
Tallaght Bypass 69 E2
Tallaght Enterprise Cen 69 E1
Tallaght Retail Cen 69 D1
Tallaght Rd 70 A1
Tallaght Sta 68 C1
Tallagt Rd 70 B1
Tamarisk Av 61 E3
Tamarisk Cl
off Tamarisk Way 61 E3
Tamarisk Ct 61 E4
Tamarisk Dale
off Tamarisk Dr 61 E3
Tamarisk Dr 61 E3
Tamarisk Gro
off Tamarisk Pk 61 E4
Tamarisk Hts 61 E4
Tamarisk Lawn 61 E4
Tamarisk Pk 61 E4
Tamarisk Vw
off Tamarisk Pk 61 E4
Tamarisk Wk
off Tamarisk Dr 61 E3
Tamarisk Way 61 E3
Tandys La 50 C2
Taney Av 72 C1
Taney Ct 72 C1
Taney Cres 72 C1
Taney Dr 72 C1
Taney Gro 73 D1
Taney Lawn 72 C1
Taney Manor 72 C1
Taney Pk 72 C1
Taney Ri 72 C1
Taney Rd 72 C1
Tara Cl 8 C4
Tara Hill Cres 71 E1
Tara Hill Gro 71 E1
Tara Hill Rd 71 E1
Tara Lawn 30 C4
Tara Pl 8 C4
Tara St 85 G3
Tara St Sta 85 G3
Tassagard Grns 67 D3
Tassagart Dr 67 D3
Tay La 66 A3
Taylor's Hill 72 A4
Taylors La *Dublin 8* 84 B5
Taylor's La *Dublin 16* 71 D2
Temple Bar 85 E4
Temple Cotts 84 D1
Temple Ct *Dublin 7* 84 A2
Temple Ct *Dublin 9* 28 B1
Temple Cres 74 C2

Temple Gdns 64 A2
Temple Hill 74 C2
Temple La N 85 F1
Temple La S 85 E4
Temple Lawns *Dublin 9* 28 B1
Temple Lawns *Celbr.* 37 E4
Temple Manor 20 C1
Temple Manor Av 62 A3
Temple Manor Cl 62 A3
Temple Manor Ct 62 A3
Temple Manor Dr 62 A3
Temple Manor Gro 62 A3
Temple Manor Way 62 A3
Templemore Av 63 F2
Templeogue Lo 62 B4
Templeogue Rd 63 D4
Templeogue Wd 62 C4
Temple Pk 64 B2
Temple Pk Av 74 C2
Temple Pl 56 B4
Temple Rd *Dublin 6* 64 A2
Temple Rd *Black.* 74 B2
Templeroan 70 C2
Templeroan Av 70 C2
Templeroan Cl 70 C2
Templeroan Ct 70 C2
Templeroan Cres 70 C2
Templeroan Downs 71 D2
Templeroan Dr 70 C2
Templeroan Grn 70 C3
Templeroan Gro 70 C2
Templeroan Lo
off Ballyboden Way 70 C3
Templeroan Meadows 71 D2
Templeroan Ms 70 C2
Templeroan Pk 70 C2
Templeroan Vw 70 C2
Templeroan Way 70 C2
Temple Sq 64 A2
Temple St N 46 A4
Temple St W 84 A3
Temple Ter **10** 78 C3
Templeview Av 30 B3
Templeview Cl 30 B3
Templeview Copse 30 B3
Templeview Ct 30 B3
Templeview Cres 30 B3
Templeview Downs 30 B3
Templeview Dr 30 C3
Templeview Grn 30 B3
Templeview Gro 30 B3
Templeview Lawn 30 B3
Templeview Pk 30 B3
Templeview Pl 30 B3
Templeview Ri 30 B3
Templeview Row 30 B3
Templeview Sq 30 B3
Templeview Vale **1** 30 B3
Templeview Wk 30 C3
Templeview Way
off Templeview Grn 30 C3
Temple Vil
off Palmerston Rd 64 A1
Templeville Av 62 C4
Templeville Dr 62 C4
Templeville Pk 63 D4
Templeville Rd 62 B3
Terenure Coll 63 D3
Terenure Pk 63 E2
Terenure Pl 63 E3
Terenure Rd E 63 E2
Terenure Rd N 63 E2
Terenure Rd W 63 D2
Termon Ct **1** 27 F2
Tetrarch Gro 20 C1
Texas La 14 C4
Thatch Rd, The 28 C4
Thicket, The 76 B3
Third Av *Dublin 1* 56 C1
Third Av *Dublin 8*
off Dolphin's Barn 55 E3
Third Av (Cookstown)
Dublin 24 68 C1
Thomas Ct 84 B5
Thomas Davis St S 84 D5
Thomas Davis St W 54 B3
Thomas La
off O'Connell St Upr 85 F2
Thomas Moore Rd 62 A1
Thomas St E 57 D2
Thomas St W 84 B4
Thomastown Cres **11** 77 E1
Thomastown Rd 77 F2
Thomond **5** 81 E3
Thomond Rd 53 F2
Thormanby Lawns 33 F3
Thormanby Lo 35 F2
Thormanby Rd 33 F3
Thormanby Wds 33 F4
Thornbury Apts 23 F1
Thorncastle St 57 D2
Thorncliffe 64 B3
Thorncliffe Pk 64 A3
Thorndale Av
off Elm Mt Rd 47 E1
Thorndale Ct 28 C4
Thorndale Cres
off Elm Mt Rd 47 E1
Thorndale Dr 46 A1
Thorndale Gro 46 A1
Thorndale Lawns
off Elm Mt Rd 47 E1
Thorndale Pk
off Elm Mt Rd 47 E1
Thornhill Gdns 37 D2
Thornhill Hts 37 D2
Thornhill Meadows 37 D2
Thornhill Rd 73 E1
Thornhill Vw **5** 82 A2
Thornville Av 49 D1
Thornville Dr 49 D1
Thornville Pk 49 D1
Thornville Rd 49 D1
Thor Pl 84 A2
Three Rock Cl 61 F3
Three Rock Rd 73 E3
Thundercut All
off Smithfield 84 C2
Tibradden Cl
off Tibradden Dr 61 F3
Tibradden Dr 61 F3
Tibradden Gro
off Tibradden Dr 61 F3
Ticknock Av 72 B4
Ticknock Dale 72 C4
Ticknock Gro 72 B4
Ticknock Hill 72 B4
Ticknock Pk 72 B4
Ticknock Way 72 B4
Timber Quay 57 E1
Tinkler's Path 43 F3
Tionscail Ind Est 13 D2
Tivoli Av 63 F1
Tivoli Cl 75 E4
Tivoli Rd 75 E3
Tivoli Ter E 75 E3
Tivoli Ter N 75 E3
Tivoli Ter S 75 E3
Tolka Cotts 45 E1
Tolka Est Rd 45 E1
Tolka Quay 57 D1
Tolka Quay Rd 57 F1
Tolka Rd 46 B3
Tolka Vale 45 E1
Tolka Valley Business Pk 45 D1
Tolka Valley Grn 45 D1
Tolka Valley Ind Est 45 D1
Tolka Valley Rd 44 C1
Tom Clarke Ho 46 C3
Tom Kelly Rd 56 A4
Tonduff Cl
off Lugaquilla Av 61 F3
Tonguefield Rd 63 D1
Tonlegee Av 30 B4
Tonlegee Dr 30 A4
Tonlegee Rd 30 A4
Torca Rd 78 C4
Torlogh Gdns 46 C3
Torlogh Par 46 C2
Torquay Rd 76 A1
Torquay Wd 76 A1
Tory Sq 24 C3
Tourmakeady Rd 28 B4
Tower Av 63 F2
Tower Rd *Dublin 15* 43 E3
Tower Rd *Clond.* 60 B1
Tower Shop Cen 60 B1
Tower Vw Cotts 45 F2
Townsend St 85 G3
Townyard La 15 D4
Trafalgar La 74 C2
Trafalgar Rd 83 F2
Trafalgar Ter *Black.* 74 C2
Trafalgar Ter **4** *Bray* 82 C2
Tramway Cotts 45 F3
Tramway Ct
off Station Rd 32 A2
Tramway Ter 57 E4
Tranquility Gro 29 E3
Treepark Av 61 E4
Treepark Cl 61 E4
Treepark Dr 61 E4
Treepark Rd 61 E4
Trees Av 73 F1
Trees Rd Lwr 73 F1
Trees Rd Upr 73 E1
Tresilian 76 B3
Trevor Ter
off Grattan St 56 C2
Trimbleston 65 D4
Trimleston Av 65 F2
Trimleston Dr 65 F2
Trimleston Gdns 65 F2
Trimleston Pk 65 F2
Trimleston Rd 65 F3
Trim Rd 29 D3
Trinity Coll 85 G4
Trinity Coll Enterprise Cen 56 C2
Trinity St 85 F4
Trinity Ter 46 C3
Tritonville Av 57 E3
Tritonville Ct 57 D3
Tritonville Cres 57 E3
Tritonville Rd 57 D3
Trosyrafon Ter **23** 82 C3
Tryconnell Pk 54 B2
Tubber La 50 A1
Tubbermore Av **11** 78 C3
Tubbermore Rd 78 B3
Tuckett's La 33 E3
Tudor Ct **2** 14 B3
Tudor Cres 8 B2
Tudor Gro 8 B2
Tudor Hts 8 B2
Tudor Lawns 76 A2
Tudor Rd 64 B2
Tulip Ct 30 A3
Tullyhall 51 D3
Tullyhall Av 51 D3
Tullyhall Cl 51 D3
Tullyhall Ct 51 D3
Tullyhall Cres 51 D3
Tullyhall Grn 51 D3
Tullyhall Pk 51 D3
Tullyhall Ri 51 D3
Tullyhall Way 51 D3
Tullyvale 80 C1
Turnapin Cotts 29 D1
Turnapin Grn 28 C1
Turnapin Gro 29 D1
Turnapin La 28 C1
Turnberry 31 F4
Turnpike Rd 61 D1
Turret Rd 53 D1
Turrets, The 57 D3
Turrets Flats
off Rathmines Rd Upr 64 A1
Turvey Av 10 C1
Turvey Br 10 B1
Turvey Business Cen 10 B1
Turvey Business Pk 10 B1
Turvey Cl 11 E1
Turvey Cres 11 E2
Turvey Dr 11 E2
Turvey Gdn 11 E2
Turvey Gro 11 E2
Turvey Pk 11 E2
Turvey Wds 11 E1
Tuscany Downs 48 B1
Tuscany Pk 31 F4
Tymon Cl 69 D3
Tymon Cres 69 D2
Tymon Gro 69 D2
Tymon Hts 69 F3
Tymon La 62 A4
Tymon Lawn 69 D3
Tymon N Av 61 F4
Tymon N Gdns 69 F1
Tymon N Grn 61 F4
Tymon N Gro 61 F4
Tymon N Lawn 61 F4
Tymon N Pk 69 F1
Tymon N Rd 61 F4
Tymonville Av 61 F4
Tymonville Ct 61 E4
Tymonville Cres 61 E4
Tymonville Dr 61 F4
Tymonville Gro 61 F4
Tymonville Pk 61 F4
Tymonville Rd 61 F4
Tynan Hall 61 D3
Tynan Hall Av 61 D3
Tynan Hall Gro 60 C3
Tynan Hall Pk 60 C3
Tyrconnell Rd 54 B3
Tyrconnell St 54 B3
Tyrconnell Vil
off Grattan Cres 54 B2
Tyrone Pl 54 B3

U

Ullardmor **9** 78 B3
Ulster St 45 F3
Ulster Ter **1** 74 A3
Ulverton Cl 78 B2
Ulverton Ct **12** 78 B2
Ulverton Rd 78 B2
University Coll *Dublin 2* 85 F6
University Coll *Dublin 4* 65 D3
University Coll (Sch of Nursing & Midwifery) *Dublin 4* 57 D3
Upper Cliff Rd 33 F3
Uppercross 41 F4
Uppercross Rd 55 D3
Upper Dargle Rd 82 A3
Upper Glen Rd 43 F4
Upper Portraine Rd 11 F1
Urney Gro 78 A4
U.S.A. Embassy (Residence) 44 A4
Ushers Island 84 B3
Ushers Quay 84 C3
Usher St 84 C4

V

Vale, The *Celbr.* 37 D3
Vale, The *Palm.* 42 C4
Valentia Par 46 A3
Valentia Rd 46 A1
Vale Vw **23** 82 A2
Vale Vw Av 76 C3
Vale Vw Cl 76 C3
Valeview Cres 26 C4
Valeview Dr 26 C4
Valeview Gdns 26 C4
Vale Vw Gro 76 C3
Vale Vw Lawn 76 C3
Valley Av 80 C1
Valley Cl 80 C1
Valley Dr 80 C1
Valley Pk Av 26 B4
Valley Pk Dr 44 B1
Valley Pk Rd 44 B1
Valley Vw *Lough.* 80 C1
Valley Vw *Swords* 12 B1
Valley Wk 80 C1
Vanessa Cl 37 D3
Vanessa Lawns 37 D3
Vauxhall Av 84 A6
Vavasour Sq 57 D3
Venetian Hall 47 F1
Ventry Dr 45 D2
Ventry Pk 45 D2
Ventry Rd 45 D2
Verbena Av *Dublin 13* 49 E1
Verbena Av *Fox.* 76 B2
Verbena Gro 31 E4
Verbena Lawns 31 E4
Verbena Pk 31 E4
Verdemont 24 B4
Vergemount
off Clonskeagh Rd 64 C2
Vergemount Hall 64 C2
Vergemount Pk 64 C1
Vernon Av (Clontarf) *Dublin 3* 48 A4
Vernon Av *Dublin 6*
off Frankfort Av 63 F1
Vernon Dr 48 A3
Vernon Gdn 48 A4
Vernon Gro *Dublin 3* 48 A4
Vernon Gro (Rathgar) *Dublin 6* 64 A2
Vernon Heath 48 A3
Vernon Par
off Clontarf Rd 47 E3
Vernon Pk 48 A4
Vernon Ri 48 A3
Vernon St 84 D6
Vernon Ter
off Frankfort Av 64 A2
Veronica Ter 57 D2
Verschoyle Av 67 E3
Verschoyle Cl 67 F3
Verschoyle Ct
off Verschoyle Pl 56 C3
Verschoyle Cres 67 F3
Verschoyle Glen 67 F3
Verschoyle Grn 67 E3
Verschoyle Hts 67 E3
Verschoyle Pk 67 F3
Verschoyle Pl 56 C3
Verschoyle Ri 67 E3
Verschoyle Vale 67 E3
Vesey Ms 75 E3
Vesey Pk 50 C1
Vesey Pl 75 E3
Vevay Cres **16** 82 B3
Vevay Rd 82 B4
Vevay Vil **13** 82 B4
Vicar St 84 C4
Vico Rd 79 F1
Victoria Av *Dublin 4* 64 C1
Victoria Av *Bray* 82 C3
Victoria Br 56 C2
Victoria Quay 84 A3
Victoria Rd (Clontarf) *Dublin 3* 47 E3
Victoria Rd (Terenure) *Dublin 6* 63 F3
Victoria Rd *Dalkey* 78 C3
Victoria Rd *Grey.* 83 E2
Victoria Rd *Kill.* 79 F1
Victoria St 55 F3
Victoria Ter *Dublin 14* 72 B1
Victoria Ter **1** *Dalkey* 78 B3
Victoria Vil *Dublin 3* 47 D3
Victoria Vil (Rathgar) *Dublin 6* 63 F2
View, The *Dublin 16* 72 B4
View, The *Dublin 24* 69 F2
View, The (Cookstown)
Dublin 24 60 C4
View, The (Oldtown Mill) *Celbr.* 37 D3
View, The (St. Wolstan's Abbey)
Celbr. 37 E4
View, The *Dunb.* 20 A3
View, The *Mala.* 19 F1
View, The *Manor.* 23 E2
Viking Pl
off Arbour Hill 84 B2
Viking Rd 84 B2
Villa, The 13 E3
Villa Blanchard 25 D4
Village, The *Dublin 5* 48 C2
Village, The *Dublin 9* 46 B1
Village, The *Clons.* 23 F4
Village Cen *Clond.* 60 B1
Village Cen, The **5** *Lucan* 40 C4
Village Ct *Dublin 14* 63 E4
Village Ct, The **6** *Lucan* 40 C4
Village Gate, The 78 B3
Village Grn 69 E1
Village Hts 24 B2
Village Sq 69 E2
Villa Pk Av
(Ascal Pairc An Bhailtini) 44 C3
Villa Pk Dr
(Ceide Pairc An Bhailtini) 44 C3
Villa Pk Gdns
(Gardini Pairc An Bhailtini) 44 C3
Villa Pk Rd
(Bothar Pairc An Bhailtini) 44 C3
Villarea Pk 78 A2
Villiers Rd 64 A2
Vincent Ter 46 A2
Violet Hill Dr 45 E1
Violet Hill Pk 45 E1
Violet Hill Rd 45 E1
Virginia Dr
off Virginia Pk 26 C4
Virginia Hts 68 C1
Virginia Pk 26 C4
Viscount Av 28 C1

W

Wad Br 28 A4
Wadelai Grn 28 A4
Wadelai Rd 27 F4
Wade's Av 48 B2
Wainsfort Av 62 C3
Wainsfort Cres 62 C3
Wainsfort Dr 62 C2
Wainsfort Gdns
off Wainsfort Cres 62 C3
Wainsfort Gro 63 D3
Wainsfort Manor Cres 62 C3
Wainsfort Manor Dr 62 C3
Wainsfort Manor Grn 62 C3
Wainsfort Manor Gro 62 C3
Wainsfort Pk 62 C3

Wainsfort Rd 62 C3
Waldemar Ter 72 B1
Waldrons Br 64 A3
Walk, The *Dublin 6W* 62 C4
Walk, The *Dublin 16* 72 B4
Walk, The *Dublin 24* 69 E2
Walk, The *Celbr.* 37 D3
Walk, The *Dunb.* 20 B3
Walk, The *Kins.* 13 E4
Walk, The *Lou.V.* 39 E2
Walk, The *Mala.* 19 F1
Walk, The *Manor.* 23 E2
Walkinstown Av 62 A1
Walkinstown Cl 62 A1
Walkinstown Cres 62 A1
Walkinstown Cross 62 A1
Walkinstown Dr 62 A1
Walkinstown Grn 62 A1
Walkinstown Mall 62 A1
Walkinstown Par 62 A1
Walkinstown Pk 62 A1
Walkinstown Rd
(Bothar Chille Na Manac) 62 A1
Wallace Rd 62 B1
Walled Gdns, The 37 E2
Walnut Av *Dublin 9* 46 B1
Walnut Av *Dublin 24* 61 D3
Walnut Cl 61 D3
Walnut Ct 46 B1
Walnut Dr **2** 61 D3
Walnut Lawn 46 B1
Walnut Pk 46 B1
Walnut Ri 46 B1
Walnut Vw **5** 71 D3
Walsh Rd 46 A1
Waltersland Rd 73 F2
Waltham Ter 74 A2
Walworth Rd
off Victoria St 55 F4
Warburton Ter **24** 82 C3
Wards Hill 84 C6
Warners La 56 B3
Warren, The 14 B4
Warren Av 42 B2
Warren Cl 42 B2
Warren Cres 42 B2
Warren Grn *Dublin 13* 32 A2
Warren Grn *Carp.* 42 B2
Warrenhouse Rd 32 A1
Warrenmount 84 C6
Warrenmount Pl 84 C6
Warrenpoint 47 E3
Warrenstown 24 C2
Warrenstown Cl 24 C2
Warrenstown Ct 24 C2
Warrenstown Downs 24 C2
Warrenstown Dr 24 C1
Warrenstown Garth 24 B2
Warrenstown Grn 24 C2
Warrenstown Gro 24 C2
Warrenstown Lawn 24 C2
Warrenstown Pk 24 C2
Warrenstown Pl 24 B2
Warrenstown Ri 24 C2
Warrenstown Row 24 C2
Warrenstown Vale 24 C2
Warrenstown Vw 24 B2
Warrenstown Wk 24 C2
Warrenstown Way 24 C2
Warren St 56 A4
Warrington La
off Warrington Pl 56 C3
Warrington Pl 56 C3
Warwick Ter
off Sallymount Av 56 B4
Wasdale Gro 63 F3
Wasdale Pk 63 E3
Washington La 71 D1
Washington Pk 63 D4
Washington St 55 F3
Watercourse 62 B4
Waterfall Av 46 B3
Waterfall Rd 48 B2
Watergate Est 69 D2
Waterloo Av 46 C4
Waterloo La 56 B4
Waterloo Rd 56 C4
Watermeadow Dr 69 D2
Watermeadow Pk 69 D2
Watermill Av 48 B2
Watermill Cl 69 E3
Watermill Dr 48 B2
Watermill Gro 69 E3
Watermill Lawn *Dublin 5* 48 C2
Watermill Lawn *Dublin 24* 69 E3
Watermill Pk 48 B2
Watermill Rd (Bothar An Easa) 48 B2
Waterside Av 13 E3
Waterside Cl 13 E3
Waterside Ct 13 E3
Waterside Cres *Port.* 19 F2
Waterside Cres *Swords* 13 F3
Waterside Dr 13 E3
Waterside Grn 13 E3
Waterside Lawn 13 E3
Waterside Pk 13 E3
Waterside Ri **4** 13 E3
Waterside Rd **1** 13 E3
Waterside Wk 13 E3
Waterside Way **3** 13 E3
Waterstown Av 43 D4
Waterville Rd 25 D2
Waterville Row 24 C3
Waterville Ter 25 D3
Watery La *Clond.* 52 B4
Watery La *Swords* 12 C1
Watling St 84 B4
Watson Av 77 F3
Watson Dr 77 F3
Watson Pk 77 F3
Watson Rd 77 F3
Watson's Est 77 F3
Waverley Av 46 C3
Waverley Business Pk 53 F4
Waverley Ter *Dublin 6*
off Kenilworth Rd 63 F1
Waverley Ter **5** *Bray* 82 C2
Way, The 20 B3
Weatherwell Ind Est 52 B3
Weaver La
off Phibsborough Rd 45 F4
Weaver's Row 23 F4
Weavers Sq 84 C6
Weaver's St 84 C5
Wedgewood Est 73 D3
Weirview 40 C3
Weirview Dr 73 F2
Weldon's La **8** 31 F3
Wellesley Pl
off Russell St 46 B4
Wellfield Br 30 C2
Wellington Ct **17** 82 B3
Wellington La *Dublin 4* 56 C4
Wellington La *Dublin 6W* 62 B4
Wellington Monument 55 D1
Wellington Pk 62 B3
Wellington Pl (Donnybrook) 56 C4
Wellington Pl N 84 D1
Wellington Quay 85 E4
Wellington Rd *Dublin 4* 56 C4
Wellington Rd *Dublin 6W* 62 B4
Wellington Rd *Dublin 8* 54 C1
Wellington St 75 E3
Wellington St Lwr 85 E1
Wellington St Upr 84 D1
Wellmount Av 26 C4
Wellmount Ct 26 C4
Wellmount Cres 26 C4
Wellmount Dr 26 C4
Wellmount Grn 26 C4
Wellmount Par 26 C4
Wellmount Pk 26 C4
Wellmount Rd 26 C4
Wellpark Av 46 B1
Well Rd **2** 12 C2
Wellview Av 24 B1
Wellview Cres 24 B1
Wellview Pk 24 B1
Wendell Av 19 F2
Wenden Dr 83 D4
Wenden Pk 83 D4
Wentworth Ter
off Hogan Pl 56 C2
Werburgh St 84 D4
Wesbury 73 F2
Wesley Hts 72 C3
Wesley Lawns 72 C3
Wesley Pl 55 F3
Wesley Rd 63 F2
Westbourne 59 F1
Westbourne Av 59 F1
Westbourne Cl 59 F1
Westbourne Dr 59 F1
Westbourne Gro 59 F1
Westbourne Lo 70 B2
Westbourne Ri 59 E1
Westbourne Rd 63 E3
Westbourne Ter **25** 82 B2
Westbourne Vw 59 F1
Westbrook 62 C2
Westbrook Lawns 67 F3
Westbrook Pk 50 B1
Westbrook Rd 64 B4
Westbury 50 C1
Westbury Av 50 C1
Westbury Cl 50 C2
Westbury Dr 50 C1
Westbury Pk 50 C2
Westcourt
off Basin St Upr 84 A5
Westcourt La 84 A5
Westend Village 24 B3
Western Ind Est 61 E1
Western Parkway *Dublin 15* 42 C2
Western Parkway *Dublin 20* 52 C1
Western Parkway *Dublin 22* 61 D2
Western Parkway *Dublin 24* 61 D2
Western Parkway Business Cen 61 F2
Western Parkway Business Pk 61 F2
Western Rd 55 E3
Western Way 84 D1
Westerton Ri **5** 72 B2
Westfield Av 40 A4
Westfield Grn 8 B2
Westfield Pk 82 C3
Westfield Rd 63 E1
Westfield Vw 8 B2
Westgate Business Pk 61 E2
Westhampton Pl 63 E2
Westhaven 23 F2
Westland Ct
off Cumberland St S 85 H5
Westland Row 85 H4
Westlink Ind Est 53 F3
Westminster Ct **4** 76 B3
Westminster Lawns 76 A1
Westminster Pk 76 B1
Westminster Rd 76 B2
Westmoreland Pk 56 B4
Westmoreland St 85 F4
West Oil Jetty 57 F2
Weston Av 72 B1
Weston Cl *Dublin 14* 72 B1
Weston Cl *Lucan* 40 B4
Weston Ct 40 A4
Weston Cres 40 A4
Weston Dr 40 A4
Weston Grn 40 A4
Weston Gro 72 B1
Weston Hts 40 A4
Weston La 40 A4
Weston Lawn 40 A4
Weston Meadow 40 A4
Weston Pk *Dublin 14* 72 B1
Weston Pk *Lucan* 40 B4
Weston Rd 72 B1
Weston Ter 72 B1
Weston Way 40 A4
West Pk *Dublin 5* 48 A1
Westpark *Dublin 24* 69 E2
Westpark *R'coole* 66 B3
West Pk Dr 45 F1
Westpoint Business Pk 23 F1
Westpoint Ct Business Pk 53 F4
West Rd 46 C4
West Row 85 E2
West Ter 54 B2
Westview 8 B3
Westview Ter **6** 82 C2
Westway 25 D2
Westway Cl 25 D2
Westway Gro 25 D2
Westway Lawns
off Westway Gro 25 D2
Westway Pk 25 D2
Westway Ri 25 D2
Westway Vw 25 D2
Westwood Av 26 B4
Westwood Rd 26 B4
Wexford St 85 E6
Wharton Ter
off Harolds Cross Rd 55 F4
Whately Pl 73 F2
Wheatfield 82 B4
Wheatfield Gro 19 F2
Wheatfield Rd *Dublin 20* 53 D1
Wheatfield Rd *Port.* 19 F2
Wheatfields Av 52 B2
Wheatfields Cl 52 B2
Wheatfields Ct 52 B2
Wheatfields Cres 52 B2
Wheatfields Dr 52 B2
Wheatfields Gro 52 B2
Wheatfields Pk 52 B2
Whiteacre Ct 28 B3
Whiteacre Cres 28 B3
Whitebank Rd 57 F2
Whitebarn Rd 64 A4
Whitebeam Av 64 C2
Whitebeam Rd 64 C2
Whitebeams Rd 73 D3
Whitebrook Pk 68 B2
Whitechapel Av 24 A3
Whitechapel Ct 24 A3
Whitechapel Cres 24 A3
Whitechapel Grn 24 A3
Whitechapel Lawn 24 A3
Whitechapel Pk 24 A3
Whitechapel Rd 24 A3
Whitechurch 71 E3
Whitechurch Abbey **7** 71 E1
Whitechurch Av 71 E3
Whitechurch Cl 71 E3
Whitechurch Ct 71 E3
Whitechurch Cres 71 E3
Whitechurch Dr 71 E3
Whitechurch Grn 71 E3
Whitechurch Gro 71 E3
Whitechurch Hill 71 E4
Whitechurch Lawn 71 E3
Whitechurch Pk 71 E3
Whitechurch Pines 71 E1
Whitechurch Pl 71 E3
Whitechurch Rd *Dublin 14* 71 E1
Whitechurch Rd *Dublin 16* 71 E1
Whitechurch Stream **5** 71 E1
Whitechurch Vw 71 E3
Whitechurch Wk 71 E3
Whitechurch Way 71 E3
Whitecliff 71 E2
Whitefriar Pl
off Peter Row 85 E5
Whitefriar St 85 E5
White Hall 60 C3
Whitehall Cl 62 B3
Whitehall Gdns 62 C2
Whitehall Ms 76 B2
Whitehall Pk 62 B3
Whitehall Rd (Rathfarnham) 72 A1
Whitehall Rd E 62 B3
Whitehall Rd W 62 B3
White Oak 64 C3
Whites La N 45 F4
Whites Rd 43 E3
Whitestown 24 B2
Whitestown Av 24 B2
Whitestown Business Pk 68 C3
Whitestown Cres 24 B2
Whitestown Dr *Dublin 24* 68 C2
Whitestown Dr *Mulh.* 24 A2
Whitestown Gdns 24 B3
Whitestown Grn 24 B2
Whitestown Gro 24 B2
Whitestown Pk 24 B2
Whitestown Rd 68 C2
Whitestown Wk 24 B3
Whitestown Way 69 D2
White's Vil 78 B3
Whitethorn 52 C2
Whitethorn Av 29 E4
Whitethorn Cl 29 D4
Whitethorn Cres *Dublin 5* 29 E4
Whitethorn Cres *Dublin 10* 52 C2
Whitethorn Dr 52 C2
Whitethorn Gdns 52 C2
Whitethorn Gro 29 E4
Whitethorn La
off Thorncastle St 57 D2
Whitethorn Pk *Dublin 5* 29 E4
Whitethorn Pk *Dublin 10* 52 C2
Whitethorn Ri 29 E4
Whitethorn Rd *Dublin 5* 29 D4
Whitethorn Rd *Dublin 14* 64 C2
Whitethorn Wk **1** *D.L.* 77 D1
Whitethorn Wk **2** *Fox.* 76 B2
Whitethorn Way 52 C2
Whitshed Rd 83 E3
Whitton Rd 63 E2
Whitworth Av
off Whitworth Pl 46 A3
Whitworth Pl 46 A3
Whitworth Rd *Dublin 1*
off Seville Pl 46 C4
Whitworth Rd *Dublin 9* 45 F3
Whyteleaf Gro 30 C3
Wicklow La
off Wicklow St 85 F4
Wicklow St 85 F4
Wigan Rd 46 A3
Wilderwood Gro 62 B4
Wilfield 57 E4
Wilfield Rd 57 E4
Wilford Ct 82 A1
Wilfrid Rd 63 F1
Willans Av 23 D3
Willans Dr 23 D3
Willans Grn 23 D3
Willans Ri 23 D3
Willans Row 23 D3
Willans Way 23 D3
Willbrook 71 E2
Willbrook Downs 71 E2
Willbrook Gro 71 E1
Willbrook Lawn 71 E1
Willbrook Pk 71 E1
Willbrook Rd 71 E1
Willbrook St 71 E1
Willfield Pk 57 E4
William's La
off Princes St N 85 F3
William's Pk 56 A4
William's Pl S 84 D6
William's Pl Upr 46 A3
William's Row
off Abbey St Mid 85 F3
William St N 46 B4
William St S 85 F5
Willie Nolan Rd 31 F3
Willington Av 62 B3
Willington Ct 62 B3
Willington Cres 62 B4
Willington Dr 62 B4
Willington Grn 62 B3
Willington Gro 62 B4
Willington Pk
off Willington Gro 62 B4
Willmont Av 78 A2
Willow Av *Celbr.* 37 F4
Willow Av *Clond.* 60 A2
Willow Av *Lough.* 80 C1
Willowbank *Dublin 16* 72 C2
Willow Bk *D.L.* 75 E3
Willowbank *Grey.* 83 D2
Willowbank Dr 71 E2
Willowbank Pk 71 D1
Willow Brook *Celbr.* 37 F4
Willowbrook *D'bate* 11 F1
Willowbrook Gro 37 D3
Willowbrook Lawns 37 D3
Willowbrook Lo 37 D2
Willowbrook Pk 37 D2
Willow Business Pk 53 E4
Willow Cl 37 F4
Willow Ct *Clond.* 60 A2
Willow Ct *Lough.* 80 C1
Willow Cres *Celbr.* 37 F4
Willow Cres *Lough.* 80 C1
Willow Dr *Celbr.* 37 F4
Willow Dr *Clond.* 60 A2
Willowfield 57 E4
Willowfield Av 65 D4
Willowfield Pk 65 D4
Willow Gate 72 B2
Willow Grn 37 F4
Willow Gro *Clond.* 60 A2
Willow Gro *Corn.* 76 C2
Willow Gro **4** *D.L.* 77 E1
Willow Lawn 37 F4
Willowmere 83 D1
Willow Ms 65 F1
Willow Par 37 F4
Willow Pk *Dunb.* 20 C2
Willow Pk **5** *Fox.* 76 B1
Willow Pk *Lough.* 80 C1
Willow Pk Av 27 F3
Willow Pk Cl 27 F3
Willow Pk Cres 27 E3
Willow Pk Dr 27 F3
Willow Pk Gro 27 F3
Willow Pk Lawn 27 F3
Willow Pk Rd 27 F3
Willow Pl *Boot.* 74 A1
Willow Pl *Lough.* 80 C1
Willow Ri 37 F4
Willow Rd *Dublin 12* 53 D4
Willow Rd *Dublin 16* 72 B2

Willows, The *Dublin 11* 45 E2
Willows, The **19** *Abb.* 81 E1
Willows, The *Celbr.* 37 E3
Willows, The *D.L.* 74 C3
Willows Ct 23 F3
Willows Dr 23 F3
Willows Grn 23 F3
Willow Sq 37 F4
Willows Rd 23 F3
Willow Ter
off Rock Rd 74 A1
Willow Vale 77 F4
Willow Vw 37 F4
Willow Way 37 F4
Willow Wd Cl 23 F3
Willow Wd Downs 23 F3
Willow Wd Grn 23 F3
Willow Wd Gro 23 F3
Willow Wd Lawn 23 F3
Willow Wd Pk 23 F3
Willow Wd Ri 23 F3
Willow Wd Vw 23 F3
Willow Wd Wk 23 F3
Willsborough Ind Est 29 D1
Willsbrook Av 41 E4
Willsbrook Cres 41 F4
Willsbrook Dr 41 E4
Willsbrook Gdns 41 E4
Willsbrook Grn 41 E4
Willsbrook Gro 41 E4
Willsbrook Pk 41 E4
Willsbrook Pl 41 E4
Willsbrook Rd 51 E1
Willsbrook Vw 41 E4
Willsbrook Way 41 E4
Wilson Cres 65 E4
Wilson Rd 65 E4
Wilsons Pl
off Grants Row 56 C2
Wilton Pl 56 B3
Wilton Ter 56 B3
Windele Rd 46 A2
Windermere 23 E3
Windgate Ri 35 E3
Windgate Rd 33 F4
Windmill Av *Dublin 12* 62 C1
Windmill Av *Swords* 12 C2
Windmill Cres 54 C4
Windmill La 85 H3
Windmill Pk 62 C1
Windmill Ri 12 C2
Windmill Rd 62 C1
Windrush 81 E3
Windsor Av 46 C3
Windsor Ct **12** 75 D4
Windsor Dr 75 D4
Windsor Ms **5** 15 D4
Windsor Pk 75 D4
Windsor Pl 85 G6
Windsor Rd 64 A1
Windsor Ter *Dublin 8* 55 F4
Windsor Ter *D.L.* 75 F3
Windsor Ter *Mala.* 15 D4
Windsor Vil 46 C3
Windy Arbour Sta 64 B4
Winetavern St 84 D4
Winton Av 63 F2
Winton Rd 56 B4
Wogans Fld 39 E3
Wolfe Tone Av 75 E3
Wolfe Tone Quay 84 A3
Wolfe Tone Sq E 82 B4
Wolfe Tone Sq Mid 82 B4
Wolfe Tone Sq N 82 B4
Wolfe Tone Sq S 82 B4
Wolfe Tone Sq W 82 B4
Wolfe Tone St 85 E3
Wolseley St 55 F3
Wolstan Haven Av 37 D3
Wolstan Haven Rd 37 D3
Wolverton Glen 78 A3
Wood, The *Dublin 24* 69 E2
Wood, The *Shank.* 81 D4
Wood Avens 52 A3
Woodbank Av 26 B4
Woodbank Dr 26 B4
Woodberry *Castle.* 42 C2
Woodberry *Lucan* 50 C2
Woodbine Av 65 E2
Woodbine Cl 30 B4
Woodbine Dr 48 B1
Woodbine Pk *Dublin 5* 48 B1
Woodbine Pk *Boot.* 65 F2
Woodbine Rd *Dublin 5* 30 C4
Woodbine Rd *Boot.* 65 E2
Woodbrook Ct 42 A1
Woodbrook Cres 42 A1
Woodbrook Glen 82 B1
Woodbrook Hall 42 A1
Woodbrook Lawn 82 B4
Woodbrook Pk *Dublin 16* 70 C1
Woodbrook Pk *Carp.* 42 A1
Woodbrook Sq 42 A1
Woodcliff Hts 33 F4
Wood Dale Cl 70 A4
Wood Dale Cres 70 A3
Wood Dale Dr 70 A3
Wood Dale Grn 70 A3
Wood Dale Gro 70 A3
Wood Dale Oak **2** 70 A3
Wood Dale Vw 70 A3
Woodfarm Av 53 D1
Woodfarm Dr 53 D1
Woodfield 70 C3
Woodfield Av 54 B2
Woodfield Pl
off Woodfield Av 54 B2
Woodford 73 F3
Woodford Av 60 C1
Woodford Business Pk 28 C1
Woodford Cl 60 C1
Woodford Ct 60 C1
Woodford Cres 52 C4
Woodford Downs 60 C1
Woodford Dr 60 C1
Woodford Garth 60 C1
Woodford Gro 60 C1
Woodford Hts 60 C1
Woodford Hill 60 C1
Woodford Lawn 60 C1
Woodford Meadows 52 C4
Woodford Par 52 C4
Woodford Pk 52 C4
Woodford Pk Rd 60 C1
Woodford Ri 60 C1
Woodford Rd 60 C1
Woodford Ter 60 C1
Woodford Vw 60 C1
Woodford Vil 60 C1
Woodford Wk 60 C1
Woodford Way 52 C4
Woodhaven 64 B2
Woodhazel Cl 28 A2
Woodhazel Ter 28 A2
Woodhazel Way 28 A2
Woodlands *Dublin 6* 63 F3
Woodlands *Grey.* 83 F4
Woodlands **5** *Mulh.* 24 A2
Woodlands *Port.* 19 F3
Woodlands, The *Dublin 14* 63 F4
Woodlands, The *Celbr.* 37 E3
Woodlands Av *Corn.* 77 E3
Woodlands Av *Still.* 73 F1
Woodlands Ct 19 F3
Woodlands Dr *Corn.* 77 E3
Woodlands Dr *Still.* 73 F1
Woodlands Pk *Black.* 65 F4
Woodlands Pk *Corn.* 77 E3
Woodlands Rd 77 E3
Woodland Vil 56 B4
Woodlawn 28 C2
Woodlawn Av 29 D2
Woodlawn Cl 29 D2
Woodlawn Ct 29 D2
Woodlawn Cres *Dublin 14* 64 B4
Woodlawn Cres *Dublin 17* 29 D2
Woodlawn Dr 29 D2
Woodlawn Grn 29 D2
Woodlawn Gro *Dublin 14* 64 B4
Woodlawn Gro *Dublin 17* 29 D2
Woodlawn Ind Est 16 B4
Woodlawn Pk *Dublin 14* 64 B4
Woodlawn Pk *Dublin 17* 29 D2
Woodlawn Pk *Dublin 24* 70 A3
Woodlawn Pk **7** *D.L.* 75 E4
Woodlawn Pk Av 69 F2
Woodlawn Pk Dr 70 A2
Woodlawn Pk Gro 70 A2
Woodlawn Ri 29 D2
Woodlawn Ter 72 B1
Woodlawn Vw 29 D2
Woodlawn Wk 29 D2
Woodlawn Way 29 D2
Woodley Pk 73 D2
Woodley Rd 77 E3
Woodpark *Dublin 15* 25 D4
Woodpark *Dublin 16* 72 B3
Wood Quay 84 D4
Woodscape 50 C2
Woodside *Dublin 3* 48 A3
Woodside *Dublin 14* 63 F4
Woodside *Leix.* 39 E2
Woodside Dr 63 F4
Woodside Gro 63 F4
Woodstock Gdns 64 B1
Woodstock Pk 70 C2
Woodstown 70 A3
Woodstown Abbey 70 B3
Woodstown Av 70 A3
Woodstown Cl 70 B3
Woodstown Ct **3** 70 A3
Woodstown Dale 70 B3
Woodstown Dr 70 B3
Woodstown Gdns 70 B3
Woodstown Grn 70 B3
Woodstown Heath 70 A4
Woodstown Height 70 B4
Woodstown La 70 B4
Woodstown Lawn 70 A3
Woodstown Meadow 70 B3
Woodstown Par 70 B3
Woodstown Pk 70 A3
Woodstown Pl 70 B4
Woodstown Ri 70 B3
Woodstown Rd **2** 70 B3
Woodstown Vale 70 B4
Woodstown Village Cen 70 A3
Woodstown Wk **1** 70 B3
Woodstown Way 70 B4
Wood St 85 E5
Woodthorpe **4** 73 F2
Woodtown Pk 70 C4
Woodvale Av 24 A3
Woodvale Cres 24 A3
Woodvale Dr 24 A3
Woodvale Garth 24 A3
Woodvale Grn 24 A2
Woodvale Gro 24 A3
Woodvale Pk 24 A2
Woodvale Way 24 A2
Woodview *Black.* 74 A2
Woodview *Celbr.* 37 E2
Woodview *Lucan* 40 B4
Woodview Cl 30 C4
Woodview Cotts 63 E4
Woodview Ct **4** 74 A4
Woodview Dr **14** 82 B4
Woodview Gro 24 C4
Woodview Hts *Dunb.* 20 B3
Woodview Hts *Lucan* 50 B1
Woodview Pk *Dublin 13* 30 C4
Woodview Pk *Dublin 15* 43 E1
Woodville Av 41 E4
Woodville Cl 41 E4
Woodville Ct 29 E3
Woodville Grn 41 E4
Woodville Gro 41 E4
Woodville Lawn 41 E4
Woodville Rd
off Botanic Av 46 A2
Woodville Wk 41 E4
Wyattville Cl 81 D1
Wyattville Hill 81 D1
Wyattville Pk 81 D1
Wyattville Rd 81 D1
Wyckham Pk Rd 72 B2
Wyckham Pl 72 C2
Wyckham Pt 72 C2
Wyckham Way 72 C3
Wynberg Pk 74 C3
Wyndham Pk 82 B2
Wynnefield Rd 64 A1
Wynnsward Dr 64 C3
Wynnsward Pk 64 C3
Wyteleaf Gro 30 C3
Wyvern Est 78 A4

X

Xavier Av 46 C4

Y

Yale 65 D4
Yankee Ter 74 B3
Yeates Way 53 D3
Yellow Meadows Av 52 C4
Yellow Meadows Dr 52 C4
Yellow Meadows Est 52 C4
Yellow Meadows Gro 52 C4
Yellow Meadows Lawn 52 C4
Yellow Meadows Pk 52 C4
Yellow Meadows Vale 52 C4
Yellow Rd 28 C4
Yellow Walls Rd 14 C3
Yewland Ter 63 E2
York Av 64 A1
York Rd *Dublin 4* 57 D2
York Rd *Dublin 6* 64 A1
York Rd *D.L.* 75 E3
York St 85 E5
York Ter 75 E3

Z

Zion Rd 63 F3
Zoo Rd 55 D1